역사학의 역사

역사학의 역사

영국사 연구의 흐름과 쟁점

영국사학회 편
책임편집 이내주 원태준

아카넷

서문

영국사에 대한 심층적 이해,
서양사 공부의 출발점

지난 몇 년간 '브렉시트'란 용어가 전 세계적으로 뜨거운 화두로 대두했다. 영국이 유럽연합(EU)에서 탈퇴하는 문제는 당사국 영국에 엄청난 정치적 소용돌이를 일으켰을 뿐만 아니라 세계적으로도 큰 혼란을 불러왔다. 오늘날에도 영국의 유럽 대륙 이탈이 이처럼 큰 영향력을 발휘하는데 지금부터 100여 년 전 영국의 일거수일투족이 국제사회에 미친 영향력이야 오죽했겠는가. 주지하다시피 당시 영국은 명실상부한 세계 제일의 강대국으로서 제반 분야에서 세계의 흐름을 주도했기 때문이다.

그렇다. 영국은 오늘날 근대세계가 형성되는 데 일종의 주춧돌을 놓은 선구자적 국가였다. 왜 하필이면 스페인도, 프랑스도, 그리고 독일도 아닌 영국이 이러한 역할을 했을까? 우리가 세계사 시간에 배웠듯이, 영국은 오늘날 근대세계를 특징짓는 주요 요소들을 최초로 창시 또는 발전시켜 이를 전 세계로 확산시켰다. 대표적으로 정치에서 (양당제에 기초한) 의회민주주의, 경제에서 (산업혁명과 자유무역에 기초한) 자본주의, 사회에서 (지속적 사회개혁에 기초한) 노동운동과 복지국가 이념, 그리고 문화에서 (문학 및 문화예술상 각종 용례의 기본 언어인) 영어 사용 등을 꼽을 수 있을 것이다. 양차 세계대전을 수행하면서 왜소해진 영국 대신 세계적 패권 국가로 등장한 미국 역시 실상은 이전 세기에 영국인들이 쌓아 놓은 토대 위에 서 있다고 볼 수 있다. 따라서 우리가 서양 세계를 이해하기 위해서는 무엇보다도 먼저 영국인들의 역사에 대해 고찰할 필요가 있다. 이처럼 근대 이후 서양 세계를 주도한 국가가 영국이라는 점이 분명한바, 그들의 역사를 보다 심층적으로 이해하는 일은 서양사 공부의 출발점이라고 해도 과언이 아니리라.

이러한 영국사의 중요성과 필요성을 인지한 일단의 영국사 전공자들이 1991년 2월 이래 나종일 교수(서울대학교, 학회 초대회장)를 중심으로 '영국사연구회'라는 이름으로 정례 회합을 출범했다. 이후 빠르게 인원이 늘고 조직이 갖추어지면서 1996년 8월에 '영국사학회'라는 정식 명칭을 내걸고, 이듬해부터 매년 2회씩 학회지 『영국연구』를 발간하기 시작했다. 매년 8회 이상의 월례발표회 및 6월의 전국학술대회 등을 통해 사전에 검증된 순도 높은 논문들을 짜임새 있는 편집으로 엮어온 『영국연구』는 횟수를 거듭하면서 학계의 주목과 호평을 받았다. 이러한 노력이 뒷받침되어 『영국연구』는 '학진 등재 후보 학술지'(2002. 12. 제8호)를 거쳐서 단기간 내에 '학진 등재 학술지'(2005. 12. 제14호)로 선정되는 쾌거를 이뤘다. 이후로도 한-일 영국사 국제학술대회 개최 및 교류, 200회 이상의 학술발표회, 학술지 40회 이상 발간 등 질적 및 양적으로 발전을 거듭한 영국사학회는 지난 2018년 대구에서 3박 4일간의 한-영-일 국제학술대회를 성공적으로 개최하기도 했다.

학회의 이러한 내적 및 외적인 발전은 다른 무엇보다도 학회 구성원들의 연구역량이 꾸준히 축적되어왔기에 가능한 일이었다. 그런데 거의 30년 동안 쌓아온 학회의 지적 자산을 회원들만 간직하고 향유하는 데 머문다면 무슨 소용이 있으랴. 더구나 타자인 우리가 서양의 역사를 공부하는 가장 중요한 목적 중 하나가 '지피지기'(知彼知己)일진대, 서양 세계에 대한 유용한 지식을 널리 알리는 것은 해당 분야 연구자들의 '묵시적' 의무사항이 아니겠는가. 이러한 취지 아래 설혜심 학회장의 주도 아래 일단 학회의 축적된 연구역량을 정리해 이를 다른 분야 연구자와 학생, 그리고 궁극적으로는 일반 대중과 공유해야겠다는 공감대가 형성됐고, 이를 계기로 이 책의 발간을 기획하고 본격적으로 관련 글들을 모으는 작업으로 이어졌다.

그렇다면 왜 하필이면 책의 제목을 『역사학의 역사: 영국사 연구의 흐름과 쟁점』으로 정했을까? 기본적으로 이 책의 성격은 영국사에 관심을 가진 학생이나 일반인, 또는 영국사를 좀 더 깊이 공부해보려는 이들에게 길잡이 역할을 하는 일종의 입문서로 구상됐다. 산에 들어가는 사람이 숲속에서 길을 잃고 방황하지 않기 위해서는 무엇보다도 입산(入山) 전에 숲의 전체적인 모습을 염두에 두어야 하는 것처럼, 본격적인 공부 이전에 영국사 연구의 기본 줄기를 이해하는 것이 선행될 필요가 있다는 판단에서였다. 한마디로 본서는 17세기 이래 영국사에서 나타난 핵심 쟁점들에 대한 연구사 정리를 토대로 영국사의 과거, 현재, 그리고 미래를 조망하고, 궁극적으로는 과거의 역사적 실상(實相)에 좀 더 다가가려는 시도이다. 총 15명의 필진이 참여하여 근대 이래 영국사에서 중요하다고 여겨지는 주제들을 다면적으로 고찰하였다. 따라서 일반 독자 입장에서는 여차한 경우 관심이 있거나 흥미가 느껴지는 주제에 대한 글만을 선별해서 읽어도 무방하다.

앞에서 언급한 바와 같이, 이 책은 근현대 영국사의 핵심 키워드에 대해 주제별로 해당 분야 전공자가 연구사(研究史, historiography)를 정리하고, 이를 통해 일반 독자의 영국 역사에 대한 체계적이고 심층적인 이해를 도우려는 목적 아래 집필됐다. 이를 위해 선별된 총 15개의 주제에 대한 글들을 크게 4부로 편집했다. 각 부의 제목과 순서를 왜 (1) 휘그주의적 전통과 재해석, (2) 하이 폴리틱스와 그 양상, (3) 젠더와 권리의 신장, 그리고 (4) 새로운 시각과 전망으로 설정했는지에 대해 그 이유를 영국 사학사의 흐름에 기초해 설명하고자 한다. 이하의 설명은 독자들에게 일단 영국사의 흐름에 대한 큰 그림을 제시함으로써 다소 전문적일 수도 있는 본서의 내용을 이해하는 데 도움을 주기 위함이다. 이러한 차원에서 개별 소주제들에 대한 상세한 요약은 이 서문에서 생략했음을 밝힌다.

19세기 중엽 근대 역사학이 등장한 이래 영국 역사를 바라보는 세 개의 커다란 관점이 형성됐다. 전통적인 토리주의 해석(보수주의 사관)에 대항해 19세기 중반부터 휘그주의 해석(자유주의 사관)이 대두했다. 이 사조를 이끈 매콜리 및 트러벨리언과 같은 일군의 역사가들은 영국사의 흐름을 부단한 개혁을 통한 자유의 확대 과정으로 설명했다. 한편, 얼마 후 마르크스와 엥겔스로부터 배태된 마르크스주의 해석(진보주의 사관)이 등장했고, 20세기에 접어들면서 본격적으로 역사 해석에 적용되기 시작했다. 그리고 이러한 세 가지 흐름을 관통하는 핵심적인 질문은 바로 "과연 누가(또는 어느 계층) 역사발전을 이끌어온 주역(主役)인가?" 하는 점이었다. 이 질문에 대해 토리주의 해석은 사회의 소수 엘리트를, 휘그주의 해석은 중산계급을, 그리고 마르크스주의 해석은 노동계급을 역사 전개의 주인공으로 내세웠다.

그런데 제2차 세계대전 이후 영국사의 해석에 새로운 바람이 불어 닥쳤다. 우선, 영국의 역사를 일련의 개혁을 통해 꾸준히 자유가 확대되어온 모범사례로 평가하는 휘그주의 해석에 대한 도전이 다양한 측면에서 불거져 나왔다. 바로 제1부(휘그주의적 전통과 재해석)에서 다루고 있는 내용이다. 물론 이들이 점진적인 자유의 확대 과정 자체를 부정하는 것은 아니다. 다만, 이 과정이 연속적인 진보로만 이뤄진 것이 아니라 순류(順流)와 역류(逆流)가 쉼 없이 교차하면서 전개되어왔음을 보여주려는 것이다. 더 나아가서 그동안 너무 '밝게만' 보아온 영국사의 흐름을 다소 흐리고 불투명한 모습으로 묘사하려는 시도이기도 하다. 이러한 맥락에서 제1부에서는 영국 휘그주의 해석의 핵심 주제라고 할 수 있는 영국혁명(김중락), 명예혁명(김대륜), 공화주의(조승래), 그리고 산업혁명(이영석)에 대한 기존의 해석이 어떻게 재해석되어왔는가를 고찰한다.

첫 번째 글은 흔히 국내에서 영국혁명으로 알려진 1640년대 역사적 사건에 대한 시공간적 범위와 그에 따른 정확한 명칭의 문제를 제기하고, 이어서 두 번째 글은 영국 근대 의회민주주의의 초석을 놓은 사건으로 널리 알려진 명예혁명의 '칭송' 일색에 대한 신화 벗기기 과정을 추적한다. 세 번째 글은 17세기 중엽 이래 영국 근대정치사상사의 흐름을 존 로크로 대변되는 개인주의적 자유주의 위주로 파악하는 휘그주의자의 주장과는 달리 이에 못지않게 시민의 덕성과 소속 공동체에 대한 의무를 강조하는 공화주의의 전통이 강하게 자리 잡고 있었다는 점을 새삼 일깨워준다. 마지막 글은 영국사의 대표적 자랑거리인 산업혁명을 관련된 핵심 키워드들을 중심으로 재검토함으로써 이전 시기와의 단절보다는 연속에 더 가까운 '조용한(점진적) 혁명'으로 규정하는 한편, 지구사적 차원이라는 확대된 공간 속에서 이 주제에 접근할 필요성을 제기하고 있다.

휘그주의 진영의 연구자들이 이처럼 일종의 자체 정화작업을 펼치는 동안 토리주의 진영의 연구 경향은 총체적인 도전에 직면하게 됐다. 1960년대 이래 영국 사학계에서 거세게 등장한 마르크스주의 해석에 발을 딛고 있는 사회사(Social History)가 크게 주목받으면서 위기감이 엄습하기 시작한 것이었다. 사회사의 입장은 단적으로 근대, 특히 19세기 중엽 이래 영국사의 물길을 주도적으로 헤쳐온 주체가 전통적인 소수의 엘리트 계층이 아니라 사회의 저변을 구성하고 있는 무수한 대중(민중)이었다는 것이다. 토리주의 측의 '위로부터의 역사 읽기'에 대항해 이들은 '아래로부터의 역사 읽기'를 주창하면서 무엇보다도 토리주의 역사관의 뿌리를 뒤흔들어 놓았다.

이에 대한 토리주의 신봉자들의 대응으로 도출된 것이 바로 '하이 폴리틱스(High Politics)적' 접근법이다. 양당정치의 정립과 작동을 통해 영국 사회의 발전을 이끌어온 주체는 누가 뭐래도 소수의 걸출한 엘리트들(정치가)이었음을 보다 정치(精緻)한 분석 방법으로 재차 강조한 해석이다. 이러한 맥락에서 휘그주의에 대한 재해석을 다룬 제1부에 이어서 토리주의 진영의 변신 또는 재무장을 다룬 글들을 제2부(하이 폴리틱스와 그 양상)에 배치했다. 여기에서는 19세기 후반기의 정치발전을 자유당과 보수당의 양당정치로 정착시키는 데 핵심적 역할을 수행한 글래드스턴과 디즈레일리의 정치 생애에 대한 고찰(김기순)과 이어서 외교 분야에서 19세기를 '영국의 세기'(팍스 브리타니카)로 만드는 데 공헌한 캐슬레이, 캐닝, 그리고 파머스턴을 비롯한 대표적인 외교관들의 활동을 살펴보고 있다(김현수). 끝으로 '하이 폴리틱스'를 영국사 해석의 한 흐름으로 정립하는 데 산파이자 유모 역할까지 한 장본인인 모리스 카울링과 그의 대표 3부작을 중심으로 일반 독자에게는 다소 낯선 표현이자 분야인 '하이 폴리틱스'적 역사 해석의 정의, 필요성, 그리고 한계와 기여점 등을 재음

미하고 있다(원태준).

한편, 역사의 흐름을 아래로부터 보려는 진보주의 사관의 시도는 기존 주류 해석이던 토리주의와 휘그주의에 충격을 주는 선에서 머물지만은 않았다. 무엇보다도 유사 이래 인류 역사발전의 중요한 한 축을 지탱해 왔음에도 장구한 세월 동안 역사서술의 장에서 철저하게 소외되어온 여성에 대한 관심을 촉발시켰다. 특히 여성사는 1970년대 중반 이래 대두한 포스트모더니즘의 영향에 힘입어 1980년대 접어들어서는 역사학의 중요한 분야로 자리 잡게 되는데, 이러한 새로운 흐름에서도 그동안 줄기차게 참신한 영역을 개척해온 영국사 분야는 선구자적인 면모를 드러냈다.

애초 역사에서 배제되었던 여성을 되살려내고자 역사 속 여성 문제에 주목해온 여성사는 남성에 대한 관심으로도 그 영역을 확대하기 시작했다. 여성사보다는 양성을 모두 포괄하는 젠더사란 명칭이 대두하게 된 것도 이런 움직임의 일환이다. 이러한 맥락에서 제3부(젠더와 권리의 신장)에서는 가장 기초적으로 여성의 몸을 둘러싸고 전개된 담론(배혜정)을 출발점으로 삼아서 여성의 의식이 본격적으로 기지개를 켜기 시작하는 19세기 영국에서 여성의 사회적 역할과 위상의 진화 과정(배인성) 및 19세기 말이래 영국 여성의 정치적 자각의 대명사인 여성참정권 쟁취 운동(염운옥)을 살펴본다. 마지막으로는 여성사의 대립 쌍으로 1980년대 이래 영미권에서 관심이 증폭되고 있는 여성 이외의 또 다른 젠더로서 남성의 역사적 역할을 찾는 남성사 연구의 네 가지 주요 논제들을 천착(설혜심)함으로써 장(章)의 구성상 일견 '양성평등'을 꾀하고 있다.

그런데 영국사에 대한 역사적 해석의 진화와 확대는 '역사 전개의 주체가 누구였는가?'라는 도식적 차원에만 머물지 않았다. 그동안 주류 역사가들의 관심 밖에 놓여 있던 주제들을 역사 연구의 울타리 안으로 포괄하거나, 기존 주제들의 공간적 범위를 확대하는 움직임도 동반했다. 제4부(새로운 시각과 전망)는 바로 이러한 흐름과 관련된 글들로 꾸며져 있다. 구체적으로 영국사를 대서양사라는 확대된 공간 속에서 파악하려는 최신의 연구 경향을 노예무역 폐지 이슈를 사례로 고찰(윤영휘)해보는가 하면, 실제로는 역사학의 전통적인 터줏대감임에도 한동안 연구자들의 관심 뒤편으로 밀려나 있던 군대와 전쟁의 역사를 침체와 회복이라는 굴곡진 실상을 통해 검토(이내주)하고 있다.

이어지는 글들은 역사 공간의 확대를 영국사 안으로 적극 수용한 연구들이다. 잉글랜드 위주의 역사 연구의 한계를 극복하는 차원에서 영국 제국주의 확장의 중요한 공로자이자 수혜자이기도 한 스코틀랜드인들의 해외 식민지로의 이주를 주목(이민경)하는 한편, 매번 브리튼섬의 주변부로 취급되며 박해와 저항의 악순환을 거듭해온 북아일랜드의 아픈 역사(강미경)에 대한 독자의 동병상련을 촉구하기도 한다. 사실상 제4부를 구성하고 있는 글들은 그동안 상대적으로 뒤늦게 부상한 주제들로서 최근 한창 폭넓은 관심을 받는 추세에 있다.

총 15개의 각기 다른 글들을 모아 이처럼 멋진 한 권의 책으로 선보일 수 있게 된 데는 필자들의 적극적인 참여 및 협조와 더불어 무엇보다도 이 책의 출판을 흔쾌히 수락해준 아카넷 출판사의 결단이 있었기 때문이다. 지면을 통해서나마 도움을 준 모든 분께, 특별히 필자들에 대한 연락과 원고 수집 등 번거로운 업무를 맡아 수고한 원태준 교수와 알차고 세련된 편집으로 본서의 품격을 높여준 김일수 편집자께 감사드린다.

끝으로 이 책이 좁게는 영국의 역사에 관심이 있는 일반 독자와 학생들에게 유용한 길잡이가 되고, 넓게는 국가적 차원에서 세계사의 중요성과 필요성을 자극하는 촉매제가 되길 기대한다.

2020년 4월
집필진을 대표해서
이내주 씀

차례

1부

휘그주의적 전통과 재해석

1. 잉글랜드혁명과 영국혁명 그리고 새로운 영국사*

김중락

1. 머리말

논의를 시작하기 전에 '영국혁명'과 '잉글랜드혁명'에 대한 용어부터 다루어보자. 1642-1649년 잉글랜드에서 발발한 혁명인 the English Revolution에 대하여 한국의 영국사 연구자들은 오랫동안 '영국혁명'으로 번역해왔다. 이러한 용어 사용은 독자들에게 상당한 혼란을 주고 있다. 우리말 '영국'은 잉글랜드, 스코틀랜드, 웨일스 그리고 북아일랜드를 합한 국가이고, 공식 명칭은 The United Kingdom of Great Britain and

---

* 이 글은 필자의 아래 글에서 발췌 작성되었다. 「영국혁명과 잉글랜드혁명: 수정주의의 한계와 극복」, 『역사교육논집』 23-4호 (1992); 「혁명의 이중성과 해석의 이중성」, 『역사교육논집』 23-4호 (1992); 「크리스토퍼 힐과 잉글랜드혁명 그리고 시민혁명론」, 『영국연구』 10호 (2003); 「잉글랜드 제임스 1세의 얼스터 식민정책」, 『역사교육논집』 62호 (2017).

Northern Ireland[1]이다. 따라서 영국의 일부인 잉글랜드를 영국으로 번역하는 것은 심각한 오류이다. 이는 마치 네덜란드의 일부인 홀란드를 네덜란드 전체를 가리키는 용어로 사용하는 것과 마찬가지이다. 이러한 표기법은 현재 정치적, 경제적 그리고 사회적으로 널리 사용되고 있는 '영국'의 개념과는 달라 혼란을 초래하기도 한다. 물론 원래 잉글랜드라는 용어가 영어의 '잉글랜드'(England)의 음을 차용한 것이지만 언어란 변하는 개념이니 이제는 바른 표기가 필요하다.

잉글랜드혁명을 '영국혁명'이라고 부르지 말아야 하는 또 하나의 이유가 있다. 그것은 20세기 말부터 the British Revolutions이라는 용어가 영국학계에서 사용되고 있기 때문이다. 17세기 정치사를 연구하는 많은 학자들은 17세기 중반의 세 가지 사건, 즉 1638년 스코틀랜드혁명(the Scottish Revolution)과 1641년 아일랜드 반란(the Irish Rebellion) 그리고 1642년 잉글랜드혁명을 세 개의 독립된 사건으로 보기보다는, 서로 관련이 있는 큰 사건에 포함된 작은 사건들로 보고 있다. 따라서 하나의 큰 사건을 '영국혁명'(the British Revolution) 또는 '영국 내전'(the British Civil Wars)이라 부르고 있다.[2]

물론 잉글랜드혁명은 1707년 통합법(Act of Union)에 의해 잉글랜드와 스코틀랜드 두 나라가 통합되기 전에 일어난 사건이기 때문에 이를 '영국혁명'으로 불러도 큰 문제가 되지 않는다고 볼 수 있다. 그러나 당시에도 그들 사이에는 느슨한 통합국가로서 영국의 개념이 존재하고 있었다는 사실을 고려해야 한다. 주지하다시피 17세기 중반에는 오늘날 우리가 의미하는 국가로서의 영국은 존재하지 않았다. 잉글랜드와 웨일스, 스코틀랜드 그리고 아일랜드는 각각 정부와 의회 그리고 법과 제도를 독립적으로 운영하였다. 오직 국왕이라는 개인에 의해 통합된 개인적 통합이었다. 그러나 당시 세 나라 국민들 사이에는 복합왕국(composite kingdoms)으로서의 영국의식이 있었던 것으로 보인다. 1603년 잉글랜드의 튜터(Tudor) 왕가의 단절로 인해 스코틀랜드의 제임스 6세(James VI, 재위 1567-1625)가 잉글랜드의 제임스 1세(James I, 재위 1603-1625)로 즉위하면서 이미 통치자의 통합은 이루어졌고, 정치적으로 상호 의존적인 관계가 이루어진 것이다. 무엇보다도 제임스 6세 겸 1세는 두 나라를 하나의 정치적 공동체로 만들려고 노력하였고 '브리튼'(Britain)이라는 용어를 즐겨 사용하였다.[3] 이처럼 17세기 중반, 스코틀랜드와 잉글랜드를 포함하는 정치, 지역 그리고 문화적 공동체로서 영국의 존재와 동시대인들의 영국(Britain) 또는 영국성(Britishness)에 대한 의식을 확인할 수 있다면 17세 중반의 '브리튼'을 '영국'이라 칭해도 무리는 없을 듯하다.

요컨대 우리는 그동안의 오용과 모든 혼란의 종지부를 찍기 위해 the English Revolution을 '잉글랜드혁명'으로, the British Revolutions를 '영국혁명'으로 사용해야 할 것이다. 더 나아가 모든 곳에서, 그리고 시대를 초월하여 England를 '잉글랜드'로 번역하면 좋을 것이다. 이미 우리 사회의 모든 부분에서 그렇게 사용되고 있으니 이제는 역사가들이 동참할 차례이다.

잉글랜드와 스코틀랜드 그리고 아일랜드의 국왕 찰스 1세(Charles I, 1625-1649)는 1638년부터 5년간 자신이 통치하던 세 왕국으로부터 무력 저항에 직면해야만 했다. 이 세 사건은 영국사에서 가장 많은 역사가들의 관심을 차지해왔다. 그러나 20세기 말까지 역사가들은 스코틀랜드혁명과 아일랜드 반란 그리고 잉글랜드혁명을 하나의 사건, 또는 관련된 세 사건으로 보기보다는 독립적으로 간주하였다. 그중에서도 잉글랜드혁명은 다른 두 사건과는 비교가 되지 않을 정도로 많은 역사가들의 관심을 끌어왔다. 잉글랜드혁명을 둘러싼 역사가들의 첨예한 대립은 혁명 당시 내전의

안토니 반 다이크, 〈찰스 1세〉

잉글랜드와 스코틀랜드 그리고 아일랜드 세 왕국을
모두 통치한 찰스1세를 상징하고 있다.

두 당사자 왕당파와 의회파의 대립만큼이나 분명하다.[4] 역사가들의 대립은 주로 내전의 원인에 대한 이견 때문만은 아니다. 그들은 잉글랜드혁명의 성격에 있어서도 첨예한 대립을 보여왔다.

잉글랜드혁명과 영국혁명을 둘러싼 그간 학계의 논의는 크게 세 단계로 나누어볼 수 있다. 먼저는 잉글랜드혁명의 원인과 성격을 둘러싼 연구이다. 잉글랜드혁명에 대한 전통적 학설은 휘그-마르크스적 접근(Whig-Marxist approach)이라 할 수 있다. 이들에 따르면 잉글랜드혁명은 정치적 경제적 자유를 추구한 부르주아의 시민혁명(市民革命, bourgeois revolution)이었다.

두 번째는 20세기 후반에 나타난 수정주의 해석이다. 수정주의 해석은 전통적 해석을 거부한다. 수정주의는 17세기 중반까지 잉글랜드는 사회적으로나 정치적인 신념에 의한 분열은 없었으며 혁명이 일어날 만한 상황이 아니었다고 본다. 다만, 그들의 경우 오랜 사회분열보다는 우연적이고 단기적인 상황에 의해 혼란이 나타났다고 보고 있다. 휘그-마르크스주의 역사가들이 혁명에는 장기적인, 그리고 필연적인 원인이 있었다고 보는 반면, 수정주의자들은 단기적인 우발적인 이유로 '혁명'이 아닌 '내전'이 일어났다고 보는 것이다. 그러나 수정주의자들의 경우 단기적이고 우연적인 원인이 무엇이었는가에 대해서는 각자의 주장이 상이하다.

세 번째 학파는 '새로운 영국사'(New British History) 학파라고 할 수 있으며, 17세기 세 왕국에서 일어난 모든 사건을 영국적 상황(British context)에서 보아야 한다는 입장을 가지고 있다. 그들은 잉글랜드 중심의 역사보다는 세 왕국 간의 관계의 역사에 주목한다. 17세기 중반의 내전에 대해서 그들은 스코틀랜드혁명과 아일랜드 반란 그리고 잉글랜드혁명을 독립적인 세 개의 사건이 아니라 하나의 사건, 즉 '영국혁명'(the British Revolutions) 또는 '세 왕국 전쟁'(war of three kingdoms)으로 보고 있다.

본고는 이들 세 단계의 역사서술을 하나씩 살펴보고자 한다.

2. 전통학파: 시민혁명으로서의 잉글랜드혁명

휘그-마르크스적 해석은 잉글랜드혁명이 장기적인 원인(long-term causes)에 의해 유발되었다고 주장한다. 이 해석에 따르면, 잉글랜드 사회 내에는 혁명이 일어나기 오래전부터 정치·종교적 분열 또는 사회·경제적 분열이 존재하였다. 19세기에 유행한 휘그 해석은 16세기부터 잉글랜드 사회의 종교와 정치에 큰 분열이 존재하였고, 의회가 법에 의한 통치, 재산권, 개인의 자유를 보호하기 위해 전제왕권에 대항한 것이 내전의 원인이라 강조하고 있다. 반면 마르크스주의자들은 17세기 중반에 내전으로 발전한 정치적 분열은 오랜 사회적 경제적 변화로부터 기인한 것이라 주장한다.

휘그-마르크스적 접근의 대표적 학자는 청교도혁명론을 주장한 사무엘 가드너(Samuel Gardiner)와 시민혁명론을 주장한 크리스토퍼 힐(John Edward Christopher Hill)이다. 휘그사관이란 영국의 역사를 자유의 발전 과정, 즉 진보로 이해하고자 한 사관이다. 가드너에 따르면 잉글랜드혁명은 여전히 가톨릭의 요소를 지닌 엘리자베스 여왕(Elizabeth I, 재위 1558-1603)의 종교정착에 반발해온 청교도가 일으킨 혁명 즉 '청교도혁명'이다. 동시에 이 혁명은 전제왕권을 수립하려는 스튜어트 왕조에 저항한, 자유를 위한 헌정적 혁명이기도 하였다.[5]

이 같은 청교도혁명론에 도전하여 잉글랜드혁명을 1789년 프랑스혁명과 같은 시민혁명으로 해석한 인물은 힐이다. 힐에 따르면 혁명 이전의 잉글랜드 사회는 '본질적으로 봉건적'이었다. 16세기는 "시민과 진보적인 젠

작가 미상, 〈네이즈비 전투〉

휘그사관에 의하면 잉글랜드혁명은 엘리자베스 여왕의 종교정착에
반발해온 청교도가 일으킨 청교도혁명이다.

트리가 한편에, 그리고 봉건귀족이 다른 한편에서 서로 세력균형"을 이루는 시기였고, 17세기는 시민과 젠트리가 앞으로 더 나아가기 위해서는 봉건적 질서의 폐지가 불가피하다고 여긴 시기였다. 힐은 1640년 출판된 그의 저서 『잉글랜드혁명』(*The English Revolution 1640*, 1940) 서문에서 다음과 같이 주장한다.

> 1640-60년의 잉글랜드혁명은 1789년 프랑스혁명처럼 대규모 사회적 운동이었다. 본질적으로 봉건적이었던 구질서를 보호한 국가권력은 폭력적으로 무너졌으며, 권력은 새로운 계급의 손에 들어갔고, 더 자유로운 자본주의의 발전이 가능해졌다. 잉글랜드 내전은 계급전쟁이었으며, 제도교회와 보수적인 귀족들의 반동적인 힘이 찰스 1세의 전제정을 보호하고자 하였다. 의회는 국왕을 패배시켰으며, 이는 도시와 농촌의 상업과 산업 계급 그리고 요맨과 진보적인 젠트리 그리고 많은 대중들의 지지 덕분이었다.[6]

그러나 이러한 힐의 주장은 실증적 연구를 바탕으로 한 수정주의자들의 공격을 받았고, 이에 대해 힐은 잉글랜드혁명의 원인이 봉건적 계급과 부르주아계급 간의 갈등이라는 그의 주장을 철회할 수밖에 없었다. 그러면서도 힐은 잉글랜드혁명의 혁명적 성격을 고수하였다. 그는 이 혁명이 부르주아에 의한 시민혁명은 아니었지만 내전이 전개되는 가운데 중간계급이 주도권을 장악하면서 중간계급 혁명이 되었다는 입장이었고, 이후 자본주의 팽창으로의 길을 열었다고 주장한 것이다.

이 같은 힐의 후퇴는 그의 입장을 다소 약화시키기는 했으나 여전히 넓은 관점에서 마르크스주의적 접근에 머물렀다. 그는 계급투쟁이라는 마르크스주의 해석 틀을 유지했지만, 그의 계급은 경제적으로 환원된 계급이 아니라 경제뿐 아니라 정치와 종교까지도 포함하는 사회적 계급이었다.

"우리는 사회의 총체적 활동을 포괄할 수 있도록 우리의 시야를 확장시켜야 한다. 혁명 같은 복잡한 사건은 그것이 어떠하든 간에 전체로서 조망되지 않으면 안 된다. 수많은 사람이 경제적 필요에 의해서만이 아니라 종교적·정치적 이상에 의해 정치운동 속으로 이끌려 들어갔던 것이다." 즉, 힐에 의하면 계급은 경제가 아니라 사회적으로 결정되는 것이다.

힐이 관심을 가진 사회적 계급은 청교주의의 신념을 가진 자들이었다. 그는 이제 시민과 젠트리라는 경제적 계급에서 청교주의라는 포괄적이고 사회적인 계급으로 이동한 것이다. 얼핏 보면 힐은 자신이 비판한 가드너의 명제로 돌아온 것처럼 보인다. 그러나 힐에게 있어 청교주의란 단순히 종교적 측면만을 의미하는 것이 아니라 정치적 측면과 경제적 측면 등 사회 전체를 포함하는 개념이었다. 힐에 따르면 청교주의를 신봉하거나 지지한 사람들은 중간계급이었고, 이들은 종교적, 정치적, 문화적 그리고 경제적으로 동일한 경험을 한 자들이며, 동일한 이념과 가치를 추구한 자들이었다. 그들은 부유한 차지농, 독립 자영농, 수공업자 그리고 중소 규모의 상인들로서 종교적으로는 엘리자베스의 종교정착 그 이상의 교회개혁을 원하였고, 정치적으로는 의회의 권한과 자유의 확대를 추구하였으며, 사회적으로는 노동을 중시한 사람들이었다. 이들이 내전을 혁명으로 전환시킨 사람들이며, 잉글랜드를 자본주의 국가로 만든 자들이었다.

어떤 면에서 청교주의의 사회적 역할에 대한 힐의 강조는 막스 베버(Max Weber)와 토니(Richard Henry Tawney)의 테제를 재구성한 것이라 할 수 있다. 베버와 토니가 이념 즉 프로테스탄트 윤리가 합리적 자본주의에 준 영향을 강조하였다면, 힐의 접근은 청교주의 가치가 자본주의적 시각을 지닌 이들에게 어떻게 수용되었는가를 논하고 있다. 힐의 접근은 단순한 순서의 도치가 아니라 프로테스탄티즘과 자본주의가 어떻게 사회 발전에 따라 서로 손을 잡을 수 있었는가를 보여주고자 한 것이었다. 그는 청교주의의 바른 이해는 우리가 "경건한 수공업자, 상인, 요맨, 젠틀맨, 목사 그리고 그들의 아내가 가졌던 필요, 희망, 두려움 그리고 영감"을 이해할 때 가능한 것이다.[7]

이처럼 힐은 부르주아계급에서 중간계급으로, 경제결정론에서 사회적 결정론으로 그의 입장을 바꾸었다. 그러면 힐은 잉글랜드혁명에서 부르주아계급의 역할을 무엇으로 보았는가? 힐에게 있어서 부르주아는 그들이 해체한 사회보다 여러 면에서 가난한 자들에게 더 어려운 세계를 만들었다. 이 점은 마르크스(Karl Marx)와 엥겔스(Friedrich Engels)가 오래전에 직시한 부분이었다. "부르주아계급은 봉건적이고, 가부장적이고, 목가적인 모든 관계에 종말을 가져왔다. 그들은 냉정하게 개인과 그들의 '자연적 상위자'를 묶어준 봉건적 결합을 분쇄해버렸으며, 인간과 인간 사이의 유대보다는 적나라한 이익 추구와 무정한 '현금거래'를 남겨놓았다." 그럼에도 불구하고 힐에게 있어서 자본주의는 이전의 생산양식보다는 더 많은 해방의 잠재성을 가진 생산양식이며, 자본주의로의 변화는 완전한 해방으로 향하는 중요한 진일보였다. 힐이 중간계급에 찬사를 보낸 것은 그들의 계급의식과 당시 그들의 자유와 권익을 방해하였던 지배계급에 대한 계급투쟁이었다. 이들은 기본적으로는 봉건세력이었으나 17세기의 기준으로 볼 때 진보적인 계급이었다.

3. 수정주의: 우발적인 사건으로서의 잉글랜드 내전

휘그-마르크스적 접근을 비판하는 수정주의 역사가들은 어떠한 큰 사건이 필연적으로 큰 이유나 원인을 가지는 것은 아니라는 입장을 견지하고 있다.[8] 수정주의사가들은 단기적이고 우발적인 원인을 강조한다. 그들에게 있어 17세기 중반의 잉글랜드 내전은 혁명이 아니라 반란 또는 단순한 내전일 뿐이다. 이들에 따르면 내전이 일어나기 직전까지 잉글랜드는 내란으로 발전할만한 정치적 사회경제적 분열이 없었다. 대표적인 수정주의자인 콘래드 러셀(Conrad Russell)의 저서 『혁명적이지 않은 잉글랜드』(*Unrevolutionary England, 1603-1642*, 1990)는 그 제목에서 보이듯이 왕실 통합 이후 내전이 일어나기 직전까지 잉글랜드는 안정된 사회였다.[9]

그러나 문제는 잉글랜드 내전은 일어났으며, 일어난 사건은 설명되어야만 한다는 것이다. 수정주의자들의 설명은 무엇인가? 수정주의를 잉글랜드혁명의 원인에 대한 하나의 일관된 이론을 가진 학파로 보는 것은 위험하다. 수정주의자들은 휘그‒마르크스적 접근에 대해서는 한목소리로 거부했으나, 잉글랜드혁명의 원인을 주장하는 데 있어서는 그들 사이에 다양한 견해가 있기 때문이다.[10] 이를 잘 보여주는 연구는 1973년 러셀이 편집한 『잉글랜드 내전의 기원』(*The Origins of the English Civil War*, 1973)이다. 이 저술에는 러셀뿐 아니라 대표적인 수정주의자들인 존 모릴(John Morrill), 마크 키쉬랜스키(Mark Kishlansky) 그리고 케빈 샤프(Kevin Sharpe) 등의 역사가들이 참여했는데, 잉글랜드 내전의 원인을 설명함에 있어 완전히 다른 이야기를 하고 있다.[11] 그들의 주장은 모두 상이하지만 내전의 원인이 우발적이고 단기적이라는 점에서는 입장을 같이하고 있다.

그럼에도 불구하고 대부분의 수정주의자들이 동의하는 부분은 종교적 문제 외에는 잉글랜드의 정치적 분열을 설명할 수 없다는 것이다. 가드너 이후 종교를 잉글랜드 혁명사의 중앙무대로 다시 이끌어낸 사람은 모릴이다. 그는 당시 잉글랜드의 상황은 종교 외에는 어떠한 정치적·사회적 불만 요인도 혁명을 유발할 만큼 크지 않았다고 주장하고 있다. 따라서 그에게 있어 잉글랜드혁명은 유럽 '최초의 시민혁명'이 아니라 유럽 '최후의 종교전쟁'이다.[12]

대부분의 수정주의자들에 의하면 1560년부터 1620년대 사이 잉글랜드에 종교적인 분열은 없었다. 견해의 스펙트럼은 존재하였지만 잉글랜드 신교도들은 연합해 있었고, 절대다수가 칼뱅주의(Calvinism)에 그들의 신학적 기초를 두고 있었으며, 가톨릭에 대한 적의를 공유하고 있었다. 엘리자베스의 종교정착과 주교제도(episcopacy)에 반대하는 자들의 수는 지극히 적었으며, 대부분이 이를 합법적인 교회조직으로 수용하고 있었다. 청교도는 소외된 반대파가 아니라 국교회 내에서 좀 더 열성을 가진 이들에 불과하였다.

니콜라스 타이아케(Nicholas Tyacke)은 1620년대에 나타난 잉글랜드 아르미니안주의(Arminianism)의 흥기에 주목한다. 아르미니안주의는 기본적으로 칼뱅주의 예정설에 적대적이며, 잉글랜드에서 가톨릭적인 종교의식을 강조하는 사상이었다. 1630년대 국왕 찰스 1세는 윌리엄 로드(William Laud)와 아르미니우스주의자들을 고위직에 등용했으며, 아르미니우스주의에 입각한 여러 가지 종교정책을 실시하였다. 타이아케에 따르면, 이러한 정책들이 청교도뿐 아니라 보수적인 잉글랜드 국교도조차 국왕의 반대편에 서게 만든 것이었다.[13]

그러나 샤프와 피터 화이트(Peter White)와 같은 수정주의자들에 따르면 칼뱅주의와 아르미니안주의 사이의 갈등이란 존재하지 않았다. 오히려 갈등의 주요인은 가톨릭적 의식에 집착한 국왕 개인의 강요 때문이었다. 줄리안 데이비스(Julian Davis)에 따르면 대주교 로드는 온건한 국교회 지도자였으며, 1630년대 국교회 내에 새로운 종교의식을 도입한 사람은 바로 국왕이었다. 한편, 샤프는 950쪽이 넘는 방대한 저서에서 내전의 원인을 궁정의 조언제도의 붕괴로 보고 있다. 주요 정책의 결정 과정에서 찰스 1세가 신하들의 조언을 멀리하였고 철저히 혼자 결정하였으므로 이것이 정치적 붕괴를 가져왔다는 것이다.[14]

칼뱅주의와 아르미니안주의의 대립을 인정하지만 이것이 중요하게 작용한 것은 아니었다고 여긴 역사가는 모릴이다. 그에 따르면 종교적 분열은 다른 곳에서 기인했다. 모릴은 휘그적 의미와는 다른 관점에서 영국 내란은 청교도혁명이라고 주장하고 있다. 모릴에 있어서 청교도는 자유를 추구하는 휘그적 가치 기준의 옹호자가 아니라, 엄격한 종교적 생활을 핑계 삼아 오락과 축제를 제거하여 사람들로 하여금 일체의 기쁨을 빼앗고, 늘 문제를 일으키는 소수였다. 이들 소수의 청교도들이 전통적인 마을 공동체의 단결을 공격한 자들이었다. 대다수 국교도들은 정해진 공동기도서(*The Book of Common Prayer*)와 국교회 의식을 받아들이고 있었으며, 주교제도에 만족하고 있었다. 그러므로 내전은 찰스의 종교정책에서 전통적인 국교회로 되돌아가기를 원한 온건 국교도와 기존의 국교회 제도는 훼손되기 쉬우므로 스코틀랜드 교회나 제네바 교회의 예를 따라 새로운 개혁을 요구한 청교도들 간의 대립이었다.[15]

1637년 세인트자일스 기도서 사건
스코틀랜드혁명의 시발점이 되었다.

타이아케와 모릴의 차이는 강조점의 차이에 불과하며 상호절충이 가능하다. 타이아케가 아르미니안주의의 흥기에 강조를 둔 반면, 모릴은 아르미니안주의의 흥기가 가져온 상황을 교묘히 이용한 청교도에 강조를 두고 있다. 두 주장은 1630년대 아르미니안주의의 흥기를 종교적 대립의 시초로 보고 있다는 점에서 차이가 없다. 그럼에도 불구하고 내전의 책임 문제에 있어서는 매우 극명한 차이를 나타낸다. 만일 전통적인 칼뱅주의 국교회를 변형시킨 아르미니안주의로 인해 대립이 일어난 것이라면 그 책임은 당연히 아르미니안주의의 지도자들이나 이를 후원한 국왕이 져야한다. 반면, 내전이 단순히 아르미니안주의의 변형을 바로잡기 위한 것을 벗어나 무리하게 새로운 개혁을 원하여 일어났다면 이는 청교도의 책임이다.

잉글랜드 내전이 전통적인 칼뱅주의와 새로이 강요된 아르미니안주의 간의 대립의 결과이든지 아니면 온건한 국교도와 전투적이고 호전적인 청교도 간의 대립의 결과이든지 간에, 17세기 중반의 잉글랜드의 위기들을 설명함에 있어서 종교를 무대의 중앙으로 재등장하게 만든 것은 이들 수정주의사가들이다. 이견이 없지 않지만 잉글랜드를 내전으로 이끈 것이 종교라는 주장은 이제 확고부동한 이론인 듯하다.[16]

4. 영국혁명

서론에서 언급하였듯이, 20세기 말 새로운 경향은 수정주의 해석 중 하나로 스코틀랜드혁명과 아일랜드 반란 그리고 잉글랜드혁명을 각각 다른 사건이 아니라 하나의 사건으로 해석하는 견해이다. 그들은 이를 '영국혁명' 또는 "영국 내전" 또는 "세 왕국 전쟁"(war of three kingdoms)으로 불렀다.

17세기 영국사에 있어서, 각 나라의 역사보다 영국사(British History)를 처음으로 강조한 역사가는 존 포코크(John Pocock)이다. 포코크에 의하면 영국사는 "대서양 군도의 역사"(History of Atlantic Archipelago)이며, "세 문화 간의 접촉과 관통의 역사"이다.[17] 이 역사는 한 국가 중심의 역사가 아니며, 잉글랜드 역사를 스코틀랜드나 아일랜드로 확장한 것도 아니다. 이러한 이유로 포코크는 스코틀랜드 역사가들, 아일랜드 역사가들, 특히 잉글랜드 역사가들에게 기존의 편협하고 민족주의적인 접근을 버려야 한다고 주장하였다.

그로부터 한 세대가 지난 21세기에 이르러, 포코크의 호소는 제대로 응답된 느낌을 준다. 많은 17세기 영국사 연구자들이 그의 주장에 동조하고 있는 상황이다. 다음의 6개 편집서는 이러한 경향을 잘 보여준다. 브랜든 브래드쇼(Brandon Bradshaw)와 존 모릴의 『영국 문제』(British Problem, 1996), 알렉산더 그랜트(Alexander Grant)와 키이스 스트린저(Keith Stringer)의 『왕국의 통합?』(Uniting the Kingdom?, 1995), 스티븐 엘리스(Steven G. Ellis)와 사라 바버(Sarah Barber)의 『정복과 통합』(Conquest and Union, 1995), 브랜든 브래드쇼와 피터 로버츠(Peter Roberts)의 『영국 의식과 정체성』(British Consciousness and Identity, 1998), 신 코널리(Sean J. Connolly)의 『통합왕국?』(Kingdoms United?, 1999), 그리고 마지막으로 글렌 버제스(Glenn Burgess)의 『영국과 아일랜드』(Great Britain and Ireland since 1500, 1999)가 바로 그것이다.[18]

잉글랜드혁명을 연구하는 많은 학자들이 스코틀랜드혁명과 아일랜드 반란에 점차 많은 관심을 가지는 것은 고무적인 일이다. 그러나 이 시도들은 잉글랜드혁명을 영국 내전(the British Civil Wars)의 일부로서 이해한 것이 아니라 근본적으로 잉글랜드혁명에서 스코틀랜드와 아일랜드의 역할을 강조하는 것이어서 진정한 의미의 영국사(British history)라 부르기는 어려운 실정이다.

예를 들면 콘래드 러셀의 접근이다. 러셀은 잉글랜드 내전을 '영국 문제'(British Problem)로 해석해야 한다고 주장한다. 잉글랜드 내전을 시작한 사람들은 잉글랜드인들이 아니라 잉글랜드인들에게 내전의 기회를 제공한 스코틀랜드인들과 아일랜드인들이다. 러셀에 따르면 종교개혁은 세 왕국에, 특히 잉글랜드와 스코틀랜드에 상이한 교회를 정착시켰고, 이 상이한 종교정착은 두 국가 간의 갈등을 야기하였다. 더구나 각국에는 서로 다른 국가의 교회 제도를 더 선호하는 아주 활동적인 소수 반대자, "잉글랜드파 스코틀랜드인"(Anglocizing Scots)과 "스코틀랜드파 잉글랜드인"(Scotticizing Englishmen)이 존재하고 있어서 정치·종교적 불안을 심화시켰다. 게다가 1603년 왕실 통합은 종교개혁이 만든 이러한 긴장 관계를 완화시키기보다는 강화시키는 역할을 하였다. 복합왕국의 통치자들은 왕국 간의 종교적 이질성을 해소하기를 원하였고, 각 왕국은 각 교회의 특성에서 민족적 정체성을 발견하고 이를 고수하려 하였기 때문이다. 당시에는 이러한 불안이 내전을 야기할 정도는 아니었지만, 1638년 스코틀랜드 혁명 이후 정치적 해결의 부재와 결합하면서 내전으로 이어진 것이다. 러셀은 1638년부터 1642년까지의 기간에 내전을 피할 수 있는 일곱 차례의 기회가 있었지만 모두 실패했다고 주장한다. "두 차례의 주교전쟁, 주교전쟁에서의 패배, 1640년 11월과 1641년 5월 사이 협상의 실패, 장기의회의 해산 실패, 편 가르기, 1642년 협상의 실패, 국왕의 권위 약화." 러셀은 이러한 상황 중 어느 하나라도 피하였다면 잉글랜드 내전이 일어나지 않았을 것이지만, 그중 단 하나도 피할 수 없었던 이유는 종교적으로 이질적인 복합왕국의 문제 때문이었다고 주장한다. 즉, 스코틀랜드인들의 간섭과 스코틀랜드인들의 힘을 얻고자 하는 당파들 때문이라는 것이다.[19]

이러한 러셀의 접근은 그의 저서 『잉글랜드 내전의 기원』(The Causes of

the English Civil War, 1990)이라는 제목이 가리키듯 잉글랜드 내전사를 벗어나지 못하고 있다. 그의 또 다른 저서 『영국 군주정의 몰락』(*The Fall of the British Monarchies*, 1991)은 모릴이 지적하였듯이 영국사에 대한 총체적 접근이 아니라 '더 부유해진 잉글랜드사'일 뿐이다.[20]

그러나 이러한 새로운 영국사에 대한 요구와 영국적 관점의 잉글랜드 내전사는 다른 두 나라의 사건 연구에도 큰 자극을 준 것이 사실이다. 17세기 스코틀랜드와 아일랜드의 역사서술은 잉글랜드에 대한 역사서술과 비교해서 지역적 경향이 약했던 것이 사실이다. 사실 스코틀랜드와 아일랜드 사가들은 대체적으로 잉글랜드와의 관련 속에서 역사를 서술하지 않을 수 없었다. 그것은 단순히 그들이 잉글랜드와 왕을 공유하였고, 정치의 중심이 런던으로 이동했기 때문만은 아니다. 진정한 이유는 17세기 스코틀랜드와 아일랜드는 모든 면에서 훨씬 크고, 강대한 이웃 국가인 잉글랜드의 영향 속에 있었기 때문이다.

먼저 스코틀랜드의 경우를 살펴보면 1973년에 나온 데이비드 스티븐슨(David Stevenson)의 『스코틀랜드혁명』(*The Scottish Revolution, 1637-44*, 1973)은 모든 면에서 잉글랜드와 관련되어 서술되어 있다. 그러나 이러한 연구는 국왕과 추밀원의 관계에서 일부 잉글랜드 정치인과 교회지도자들이 개입하는 문제 이상을 벗어나지 못하는 모습을 보여주고 있다. 영국적 현상으로서 스코틀랜드 문제를 다루지 못한 것이다. 최근 새로운 영국사의 대두에 따라 스코틀랜드혁명사가 잉글랜드와 아일랜드의 역사와 깊이 결부된 모습을 보여주고 있다. 피터 도날드(Peter Donald)는 스코틀랜드 문제를 다루는 무능한 영국 왕의 입장에서 "스코틀랜드 문제"를 다루었으며, 스티븐슨 역시 이러한 경향에 편승하였다. 그는 스코틀랜드 언약파 군대가 아일랜드 반란의 진압에 있어서 어떠한 역할을 했는지를 규명하였다.[21]

존 모릴 역시 영국적 상황에서 스코틀랜드의 역사를 이해해야 한다고 주장한다. 모릴은 『영국적 상황에서의 스코틀랜드 국민언약』(The Scottish Covenant in Its British Context, 1990)에서 1640년대 스코틀랜드의 언약파 (the Covenanters)의 활동에 대한 여러 연구자들의 입장을 보여주고 있다. 피터 도날드는 1640년 스코틀랜드 국민언약을 영국의 정치 속에서 분석 했으며, 마이클 퍼시발 – 맥스웰(Michael Perceval-Maxwell)은 1638년에서 1648년까지 스코틀랜드와 아일랜드의 관계를 다루었다.[22] 그러나 이 시기 스코틀랜드 연구는 잉글랜드와 아일랜드에 대한 연구와 비교하면 미미한 상황이다.

새로운 영국사로 인해 가장 큰 영향을 받은 분야는 17세기 아일랜드의 역사이다. 영향을 받았다기보다는 모든 17세기 영국사를 연구하는 역사가 들이 대부분 아일랜드 역사로 옮겨간 듯한 인상을 줄 만큼 연구업적이 폭 증한 분야이다. 새로운 영국사가 대서양 군도의 역사를 강조하면서 아일 랜드가 역사서술의 중심지역으로 등장하게 된 것이다. 토비 바나드(Toby Barnard), 브랜든 브래드쇼, 칼 보티하이머(Karl Bottigheimer), 시아란 브래 디(Ciaran Brady), 니콜라스 캐니(Nicholas Canny), 마이클 퍼시발 – 맥스웰, 제인 올마이어(Jane Ohlmeyer) 등은 모두 이러한 관점에서 아일랜드 역사 를 다루었다.[23] 이들 대다수는 아일랜드에 대한 잉글랜드의 지배와 그 성 격을 규명하고자 하였다.

이들의 연구는 시기와 지역의 확대를 가져왔다. 캐니는 아일랜드 역사 를 영국 해외 확장의 역사, 식민지 활동 또는 대서양 역사에 포함시켜야 한다고 주장하였다. 아메리카 식민지를 포함하여 대서양 내 영어사용권 전체로 확장되어야 한다는 입장이다. 휴 키어니(Hugh Kearney)는 아일랜 드 역사를 웨일스를 포함한 '네 왕국' 차원에서 보아야 한다고 주장하였 고, 올메이어는 웨일스가 아니라 프랑스와 에스파냐를 포함한 '다섯 왕국'

이 더 적합하다고 보았다. 프랑스와 에스파냐 국가의 지엽적 연관성을 고려한다면 '다섯 왕국'은 아마도 과장된 것일 테지만, 이 주장은 아일랜드 정황 속에서 대륙적인 측면의 중요성을 강조한 것이다.[24]

이러한 지역의 확대와 큰 흐름 속에서 아일랜드 역사를 연구하려는 경향은 잉글랜드의 아일랜드 통치를 영국이라는 국가 만들기의 일환으로서 이해하려는 기조를 낳았다. 이는 시기적으로 튜터왕조뿐 아니라 그 이전까지 거슬러 올라가는 경향을 보였다. 케니는 그의 책 제목 『아일랜드를 영국으로 만들기』(*Making Ireland British*, 2001)가 보여주듯이 '영국 만들기'라는 큰 흐름으로 보았고, 올메이어는 엘리자베스 시대 국가 형성과 스

■□ 1641 아일랜드 반란군의
□ 학살 상상도 1

□□ 1641 아일랜드 반란군의
■ 학살 상상도 2

□ 사무엘 쿠퍼, 〈올리버 크롬웰〉
□■

튜어트 시대의 '제국' 프로젝트라는 관점에서 아일랜드에 대한 잉글랜드의 식민정책을 이해하고자 하였다. 올메이어에게 있어 얼스터(Ulster) 식민은 이후 확장될 잉글랜드 제국주의의 실험이었다.[25]

아일랜드 반란 연구에 더해진 또 하나의 자극은 최근 디지털화된 『1641년 증언』(*1641 Depositions*, 2012)이다. 이는 아일랜드 반란 당시 반란군의 학살에 대한 8천여 건의 신교도 피해자들의 증언을 다룬 것이다. 지난 200년 간 얼마나 많은 신교도가 학살당했으며, 학살의 주체가 누구였는지에 대해 학자들은 의견의 일치를 보지 못하고 있었다. 이 자료는 아일랜드 반란 당시의 잔학성(atrocity) 논쟁에 다시 불을 붙였다. 그러나 대부분의 증언 연구자들은 반란군의 잔학성이 너무 과장되었다고 밝히고 있다. 그러면서 잔학성 논쟁은 크롬웰(Oliver Cromwell)의 아일랜드 정복으로 옮겨가고 있는 중이다.[26]

새로운 영국사가 지니는 문제점도 분명히 존재한다. 먼저는 여전히 잉글랜드 중심적으로 아일랜드와 스코틀랜드 역사를 기술하고 있다는 것이다. 세 왕국의 상황을 고려한다 해도 잉글랜드가 가지는 구심점은 확실하다. 그 결과 스코틀랜드와 아일랜드 역사에서 잉글랜드 상황과 연결되지 않는 부분들이 경시되었다는 것이다. 또 하나의 비판은 이런 식으로 연결된 나라들의 역사를 포함하고 확대한다면 5개 국가뿐만 아니라 모든 유럽 국가들이 포함될 수 있을 것이며, 나아가 전 세계가 연결될 수도 있다는 것이다. 결국은 어느 순간 멈추어야 할 필요가 있는 것이다.

5. 맺음말

잉글랜드혁명 연구에 있어서 힐의 공헌은 지대하다. 그는 처음의 시민혁명론에서는 후퇴했지만 17세기 중반의 청교주의에 가장 방대한 저술을 남긴 인물이다. 브라이언 매닝(Brian Manning)의 표현처럼 힐과 "잉글랜드혁명은 동의어"였다. 잉글랜드 혁명사에 있어 힐의 공헌은 절대적이다.

그럼에도 불구하고 휘그‒마르크스주의 접근은 치밀한 사료분석과 세밀한 사건묘사로 무장한 수정주의에 길을 열어줄 수밖에 없었다. 잉글랜드혁명의 원인에 대한 수정주의자들의 설명은 다양했지만, 종교의 역할에 대한 분석은 잉글랜드혁명뿐 아니라 영국혁명의 원인분석에도 크게 기여하였다. 잉글랜드 내전 또는 영국 내전의 일차적 원인은 찰스 또는 아르미니우스주의자들의 종교정책이었다.

17세기 역사 전체를 대서양 군도 간의 관계로 보아야 한다는 새로운 영국사의 등장은 잉글랜드 내전에 대한 설명뿐 아니라 영국 내전의 원인과 과정 그리고 결과를 분석하는 데 새로운 이정표를 세웠다. 잉글랜드 내전을 종교적으로 이질적인 복합왕국의 문제, 즉 영국 문제(British Problem)로 설명하고자 한 러셀의 공헌은 지대하다. 그러나 그의 연구는 진정한 영국사가 아니라 '더 부유해진 잉글랜드사'라는 비판은 아직도 넘어야 할 장애물이 있음을 의미한다.

새로운 영국사는 17세기 스코틀랜드와 아일랜드의 역사를 보다 풍요롭게 만들었다. 무엇보다 가장 큰 혜택은 아일랜드 역사이다. 17세기 아일랜드 역사는 새로운 영국사를 통해 모든 주제에서 역사가들의 관심을 끌고 있다. 아일랜드 반란에 대한 연구는 디지털화된 『1641년 증언』으로 인해 인기를 구가하고 있으며, 17세기 얼스터 식민 역시 영국 또는 잉글랜드 제국주의의 기원으로 흥미를 끌고 있다. 물론 새로운 영국사 역시 비판을 받고 있지만, 한 민족이나 지역을 벗어나 큰 그림으로 이해하려는 흐름은 역사 해석의 프레임뿐 아니라 우리의 선호를 보여주는 것이다. 그런 의미에서 역사는 과거이지만 역사서술은 현재이고 미래인 것이다.

2. 휘그 해석을 넘어서:
명예혁명 연구사*

김대륜

1. 머리말

명예혁명에 대한 연구는 오랫동안 휘그 해석이 지배했다. 그 뿌리는 혁명 직후에 출간된 저술부터 흄(David Hume)의 『잉글랜드의 역사』(*The History of England*, 1778)까지 거슬러 올라간다. 하지만 널리 알려진 내러티브는 19세기 초에 출간된 매콜리(Thomas Babington Macaulay)의 『제임스 2세 즉위 이후 잉글랜드의 역사』(*The History of England from the Accession of James the Second*, 1848)로 완성되었다. 여기서 매콜리는 휘그 해석의 골격을 완성했을 뿐만 아니라 혁명에 참여한 주요 인물에 대한 생생한 묘사와 평가 또한 제시했다. 이 장대한 내러티브의 요점을 요령 있게 제시한 것이 그의 종

---

* 이 글은 필자가 이전에 발표한 다음의 연구논문을 축약하고 대폭 개고한 것이다. 「휘그 해석을 넘어서: 명예혁명 연구사에 대한 검토」, 『영국연구』 41 (2019. 6).

토머스 매콜리
Thomas Macaulay
(1800–1859)

G. M. 트레벨리언
George Macaulay Trevelyan
(1876–1962)

손 트러벨리언(G. M. Trevelyan)의 『잉글랜드혁명, 1688-1689』(*The English Revolution, 1688-1689*, 1938)였다. 제2차 세계대전 직전에 출간된 이 책에서 트러벨리언은 사회혁명을 거치지 않고도 근대 민주주의 체제를 수립한 잉글랜드 역사의 성취를 찬양한다.

물론 휘그 해석에 대한 도전이 전혀 없었던 것은 아니다. 무엇보다 명예혁명의 혁명성에 의문을 품는 이들이 있었다. 대표적으로 버크(Edmund Burke)를 꼽을 수 있다. 프랑스혁명의 열기가 영국에 확산되는 일을 두려워했던 그는 이런 폭력적인 문명 파괴 없이도 영국이 개혁을 성취할 수 있다고 주장했다. 그러면서 버크는 명예혁명을 보라고 이야기했다. 거기서 버크는 문명 파괴에 앞장서는 무도한 인민의 개입 없이 엘리트가 개혁을 일궈낸 역사를 보았다. 그에 따르면, 권리장전도 "전 인민의 이름으로 채택된 것이었으나 젠틀맨과 그들의 당파에만 속한 것이었다. 잉글랜드 인민은 거기서 어떤 역할도 하지 않았다."[1]

이념적으로 버크와 대척점에 서 있는 마르크스주의자도 명예혁명의 혁명성에 회의적이다. 마르크스주의 역사학의 주요 주제였던 봉건제에서 자본주의로의 이행, 특히 봉건 질서를 타도한 부르주아혁명은 잉글랜드에서 1640년대에 일어났다. 왕당파와 의회파가 대결하는 가운데 지주와 임차인 사이의 전통적인 가부장 관계가 무너지고, 부르주아는 권력을 쟁취했다. 그 후에 일어난 명예혁명은 이런 새로운 사회관계를 재확인하는 사건일 뿐이었다.[2] 마르크스주의 역사학이 득세하면서 1640년대 내전과 혁명에 대한 연구는 폭과 깊이를 더해간 반면 명예혁명에 대한 관심은 뒷전으로 밀려났다.

1988년, 혁명 300주년을 맞이해 논문집들과 새로운 개설서가 나오면서 연구사를 되짚어 보면서 몇 가지 새로운 의제를 제시했지만, 활력은 오래 가지 않았다. 21세기에 들어서야 비로소 휘그 해석은 물론 보수주의와 마르크스주의 해석과도 거리를 둔 새로운 성과가 나왔다. 1660년 왕정복고부터 명예혁명까지 아우르는 연구서가 출간되었고, 사회과학의 다양한 혁명 이론을 바탕으로 명예혁명을 재조명하는 연구 성과도 제출되었다. 그런 만큼 우리에게 익숙한 명예혁명의 모습은 꽤 달라졌다. 그러면서도 휘그 해석의 고갱이는 어느 정도 살아남았다고도 볼 수 있는데, 아래에서는 역사 해석의 이런 연속과 변화를 되짚어본다.

2. 휘그 해석

명예혁명에 대한 휘그 해석은 흄의 『잉글랜드의 역사』에서 출발하지만, 19세기 중반에 다섯 권으로 출간된 매콜리의 『잉글랜드의 역사』에서 완성되었다. 수만 부가 팔린 이 대작에서 그가 제시한 명예혁명의 내러티브는 우리가 영국사 교과서에서 흔히 접하는 바로 그것이다. 익숙한 내러티브를 여기서 되풀이할 필요는 없을 테고, 매콜리의 해석에서 주목해야 할

제임스 2세
James II
(1633–1701)

두 대목만 살펴본다.

하나는 매콜리가 제임스 2세(James II, 재위 1685-1688) 자신의 그릇된 정치적 판단과 완고한 인품에서 혁명의 원인을 찾는다는 사실이다. 그의 서술과 분석이 돋보이고, 여전히 흥미로운 대목은 명예혁명과 연관된 수많은 정치인들의 품성에 관한 과감한 평가인데, 그 가운데서도 제임스 2세의 품성에 대한 평가는 지극히 부정적이다. 그에 따르면, 가톨릭교도 제임스 2세는 품성에 심각한 결함을 갖고 있던 데다가 권력욕도 무한했다. 정치적 판단력도 떨어져서 제임스는 악화되는 정치 상황을 뒤집을 수 있는 기회를 매번 놓치고 말았다. 토리파와 국교회의 지지가 약화되자 관용령을 선포해 비국교도에게 호소했던 일이나, 두 번째 관용령에 대한 국교회 지도자의 저항에 체포와 투옥으로 맞선 일이 대표적이다.

매콜리의 서술에서 주목해야 할 또 다른 대목은 혁명 직전 사회경제 상황과 혁명의 관계를 다룬 대목이다. 첫 번째 권 말미에서 이 문제를 다루는데, 매콜리는 1685년 잉글랜드가 미개한 농업사회였다고 주장한다. 반면 자신의 시대, 그러니까 1840년대 잉글랜드의 처지는 몰라보게 개선되었다. 혁명 이후 1840년대까지 잉글랜드가 성취한 사회경제적 '진보'는 모두 1688년 이후에 일어난 정치 변화 덕분이라는 생각이 깔려 있는 셈이다. 이런 주장은 사회경제 변화가 정치 변화를 이끈다는 마르크스주의 역사학의 기본 상식과는 배치된다.[3]

매콜리의 이런 주장은 최근 신제도주의 경제사 연구로 계승된다. 노벨 경제학상 수상자 노스(Douglass C. North) 같은 연구자가 주장하는 바를 따른다면, 경제성장의 원동력은 경제행위를 규제하는 한 사회의 약속과 규칙, 즉 '제도'(institution)에서 찾아야 한다. 이렇게 볼 때 18세기 잉글랜드 경제의 성취는 재산권 보호와 의회 우위의 자유로운 헌정질서에서 뿌리를 찾을 수 있다. 여러 논란에도 이런 주장은 18세기 잉글랜드 경제를 설명하는 유력한 가설로 남아 있는데, 여기서 매콜리가 제시한 휘그 해석의 위력을 찾아볼 수 있다.[4]

『잉글랜드의 역사』의 핵심 주장은 1688년에서 1689년에 일어난 평화로운 정치변화는 권력을 남용하는 절대군주를 끌어내리는 데 동의한 다수 잉글랜드인의 합의 아래 일어난 사건이었다는 것이다. 그럼으로써 그것은 19세기 자유주의 잉글랜드의 근원을 이룬다. 선거법 개정이나 노예무역 폐지, 가톨릭교도와 비국교도에 대한 평등한 시민권 부여 같은 개혁이 모두 명예혁명 덕분에 자리 잡은 의회 중심 체제에서 비롯했다는 것이다. 여기에는 잉글랜드 역사의 특수성에 대한 예찬과 더불어 바람직한 정치 변화는 혁명적인 격변이 아니라 점진적인 타협으로만 이룰 수 있다는 신념이 깔려 있다.

『잉글랜드의 역사』는 빼어난 문장과 생생한 인물과 사건묘사, 신랄한 비평으로 읽는 재미가 쏠쏠하지만 분량이 너무 많아 선뜻 도전하기 어렵다. 그래서 휘그 해석의 핵심을 편안하게 맛보는 데는 트러벨리언의 『잉글랜드혁명』이 좋은 대안이 된다. 250쪽 정도에 불과한 짧은 책에서 트러벨리언은 명예혁명의 핵심을 간결하게 제시한다. 그 역시 당시 영국과 유럽의 정치 사정을 예민하게 의식하면서 책을 썼던 것으로 보인다. 전간기의 정치 혼란, 그러니까 러시아혁명과 주요 자본주의 국가를 강타한 극심한 경기침체와 계급 갈등, 파시즘의 준동에 대한 깊은 우려가 명예혁명 해석 아

래 깔려 있다는 것이다.[5]

트러벨리언의 주장에 따르면, 명예혁명은 '분별 있는 혁명'(Sensible Revolution)이었다. 그 시대 지배 엘리트는 제임스의 권력남용을 깊이 우려했고 군주 교체도 생각했지만 극단적인 조치에는 동의하지 않았다. 트러벨리언 시대의 정치 상황에 빗대어 이야기하자면, 지배 엘리트가 정치 변화를 추구했으나 파시즘이나 혁명 같은 극단주의에 기대지는 않았다는 것이다. 따라서 "제임스 2세 축출은 혁명적인 행동이었지만, 다른 면에서 이 이상한 혁명은 혁명적인 것과는 정반대였다." 혁명가들은 법을 전복하는 게 아니라 오히려 법을 어기는 군주에 대항해 법을 지키려 했기 때문이다. 또한 그들은 정치나 종교 영역에서 특정 견해를 강요하기보다는 법치 아래에서 마음껏 의견을 개진할 자유를 옹호했다. 그러므로 명예혁명은 보수적이면서도 자유주의적인 것이었다.[6]

트러벨리언은 혁명이 "모든 계급의 통합에 의해서, 전 국민에 의해서 진행된" 사건이라고 본다. 그래도 귀족과 젠트리의 주도적인 역할은 부정하기 어렵다. 농업사회인 잉글랜드에서 그들이 지도층을 이루고 있었고, 다른 계급은 이들을 통해서만 혁명 직전의 비상 상황에 대처할 수 있었던 탓이다. 그런데 이 중요한 집단이 혁명 전에 휘그파와 토리파로 나뉘어 대립하며 정치적으로 몇 가지 심각한 실수를 저지른 게 문제였다. 휘그파는 가톨릭교도 제임스가 국가와 교회 수장으로 제 역할을 하지 못할 것이라고 정확히 판단했다. 하지만 제임스를 왕위계승에서 배제하는 데 그치지 않고 찰스의 서자 몬머스를 왕위에 올리려는 극단적인 길을 택하는 실수를 저질렀다. 토리파는 루이 14세(Louis XIV, 재위 1643-1715)의 위력을 제대로 보지 못해서 네덜란드와의 동맹 필요성을 간과했다. 게다가 왕권신수설과 수동적 복종 원칙을 지나치게 옹호해 절대주의를 지지하는 것처럼 보이기도 했다. 필요한 것은 중용이었으니, 이런 중용의 미덕은 제임스

2세의 극단적인 가톨릭화 정책과 절대 군주정 수립 기도가 본격화되면서 나타났다.[7]

두 당파가 합의에 이르게 되자 잉글랜드 국민 90퍼센트가 제임스를 반대하게 되었다. 비국교도를 자기편으로 끌어들이려는 제임스의 관용령도 아무 효과가 없었다. 단합된 잉글랜드 정치지도자들과 국민은 윌리엄(William III, 재위 1689-1702) 원정군의 진격과 제임스의 도주 이후 상황을 수습하는 데서도 중용의 미덕을 보였다. 왕위계승 문제에서는 휘그파의 노선을 따르고, 교회 문제를 처리하는 데는 토리파의 견해를 따랐으니, 그것은 평화를 보장하는 유일한 길이었다. 그 덕분에 혁명은 "[국민을] 분열시키기보다는 화해시키는" 일이 될 수 있었다.[8] 이런 타협으로 혁명 후 잉글랜드는 신앙의 자유를 포함해서 개인의 자유를 극대화하는 정치체제를 갖추게 되었다.

휘그 해석은 명예혁명이 잉글랜드인 특유의 타협정신이 발현된 사건이었다고 주장한다. 혁명 이후 잉글랜드의 역사를 끝없는 진보의 역사로 그리면서도, 진보는 18세기 말부터 대륙에서 여러 차례 일어난 급진적이고 폭력적인 혁명보다는 상식에 바탕을 둔 합리적이고 점진적인 개혁의 산물이었다는 점을 강조한다. 이런 개혁은 사회경제 변화로 출현한 새로운 사회세력에 힘입은 것이 아니라 전통적인 지주계급이 주도했다. 바로 그 점에서 잉글랜드 역사의 특수성, 아니 매콜리나 트러벨리언이라면 어쩌면 수월성이라 불렀을, 특징이 드러난다. 이런 진보의 역사는 17세기 말 이후 잉글랜드가 주도한 개신교 승리의 역사이기도 했다. 훗날 콜리(Linda Colley)나 아미티지(David Armitage)의 연구로 잘 알려진 것처럼 개신교는 영국, 더 나가서 영제국에 살았던 영국민의 국민 정체성을 규정하는 핵심 요소가 된다.[9]

3. 수정주의와 그 비판

휘그 해석은 제2차 세계대전 이후에도 명예혁명에 대한 표준 해석으로 그 지위를 유지했다. 물론 비판도 있었다. 가령, 매콜리 자신도 언급했던 명예혁명의 유럽적 문맥을 강조하면서 윌리엄의 의도를 되짚어보는 시도가 있었다. 그에 따르면, 윌리엄이 잉글랜드의 지도자 7인이 보낸 초청에 응한 까닭은 잉글랜드의 헌정질서를 지키기 위해서가 아니라 그 자신의 개신교 신앙과 조국 네덜란드를 지키기 위해서였다. 제임스의 탈출 이후 혼란한 정치 상황을 정리한 것도 매콜리나 트러벨리언의 주장처럼 토리파와 휘그파의 지도자들이 아니라 윌리엄 자신이었다는 해석도 제시된 바 있다.[10]

매콜리나 트러벨리언이 제임스 2세에 대해서 내렸던 가혹한 평가에도 의문이 제기되었다. 1970년대에 나온 제임스 2세의 평전 두 편이 대표적이다. 애슐리(Maurice Ashley)의 평전에서 제임스는 신앙심이 투철하지만 정치적으로는 무능한 인물로 등장한다. 제임스는 가톨릭교도로 신실하면서도 양심의 자유를 처음부터 믿었다. 관용령은 정치적 술책이 아니라 양심의 자유에 대한 제임스의 믿음을 그대로 반영했다는 것이다. 하지만 정치인으로서 제임스는 너무 고지식했다. 그는 관용정책에 대한 반대파의 우려나 공포를 제대로 이해하지 못했고, 이들을 용납하려 하지도 않았다.[11] 밀러(John Miller)의 평전도 비슷한 평가를 내린다. 제임스는 너무 순진하게도 가톨릭교도를 옭아매던 법전의 질곡에서 풀어주어 잉글랜드 정치사회에 자연스럽게 스며들게 만들면 국교회파도 가톨릭교의 진면목을 알게 되리라 믿었다는 것이다.[12]

1970년대에 나온 이 두 평전이 제임스의 품성에 대한 매콜리의 평가에 의문을 제기한다면, 제임스 2세의 관용정책에 대한 휘그 해석도 재평가되었다. 휘그 해석은 그것이 기본적으로 정치적 기회주의의 산물이라고 일축하지만, 수정주의 역사가들은 잉글랜드인이 모두 관용정책에 무관심했는지 묻는다. 가령 존스(J. R. Jones)는 찰스 2세(Charles II, 재위 1660-1685) 치세 후기에 몰락한 휘그파 가운데 상당수가 제임스의 관용령을 반기고 협력하려 했다고 주장한다. 제임스에게는 휘그 협력자들이 있었다는 것이고, 따라서 명예혁명은 휘그 해석이 제시하듯 개신교도와 가톨릭교도의 갈등이 낳은 산물로만 치부할 수 없다는 것이다.[13]

이런 해석은 최근에 소어비(Scott Sowerby)의 연구 성과에서 더 정교하게 되살아났다. 소어비의 제임스 2세는 종교관용이라는 대의에 충실하면서도 정치적으로도 명민한 군주였다. 제임스는 종교관용을 입법화하는 평민원에서 다수를 구축하는 데 전력했던 대중운동의 지지자였고, 백성이 관용에 대해 자유롭게 토론할 수 있는 공적 공간을 열어주었다. 그러면서 제임스는 종교 자유를 지지하는 수많은 국왕 연설문(royal address)을 조직하는 데 힘을 보탰고, 이에 바탕을 두고 도시 의회 선거구에 자신의 지지자를 채워 넣기 위해 선거권자를 대거 교체했다. 2,342명의 선거권자, 그러니까 전체의 41퍼센트 정도가 이렇게 교체되었다.[14]

이런 연구 성과는 제임스 2세의 정치 역량을 재평가하는 데 도움이 되지만 두 가지 물음은 여전히 해결하지 못한다. 우선 제임스의 종교관용이 얼마나 진지한 것이었는지가 불분명하다. 제임스가 왕위에 오르기 전부터 종교관용을 받아들였다면 어째서 1차 관용령이 거센 반발을 불러일으킨 후에야 비국교도에게 손을 내밀었는가 같은 의문에 대한 답은 미제로 남아 있다. 수정주의 연구가 제임스의 정치 역량을 과대평가한 것은 아닌가 하는 의문도 있다. 소어비 자신도 인정하듯, 제임스를 지지한 이들은 아무리 많이 잡아도 잉글랜드인의 20퍼센트 정도다. 다수는 여전히 제임스를 반대했다는 것인데, 그런데도 종교관용을 고집한 게 정치적으로 현명한 일이겠는가 하는 물음이 남는다는 것이다.

전후에 나온 수정주의 해석은 명예혁명을 그저 왕조교체일 뿐이라는 식으로 평가 절하하는 경향이 있는데, 혁명 300주년을 맞아 나온 글들은 이런 해석에 다시 문제를 제기하면서도 휘그 해석을 미세하게 수정했다. 가령, 모릴은 혁명의 보수성과 '혁명 타협'(Revolution Settlement)에 따른 분열을 강조하면서도 기본적으로 트러벨리언을 좇아 명예혁명을 '분별 있는 혁명'이라고 부른다.[15] 이스라엘(Jonathan Israel)은 더 분명하게 수정주의를 비판한다. 그에 따르면, "혁명에 대한 전반적인 평가에서 좀 더 오해한 것은 휘그 역사가들이 아니라 … '수정주의자들'이었다."[16] 비슷한 시기에 슈워러(Lois G. Schwoerer)가 편집한 또 따른 논문집에서도 편자 자신은 휘그 해석에 가까운 태도를 취한다.[17]

이 시기에 나온 글들에 휘그 해석을 크게 수정한 대목이 있다면 그것은 해석의 시야와 연관된 것이다. 1688년에서 1689년 사이에 잉글랜드에서 일어난 일을 영제도와 유럽, 대서양의 문맥에서 살펴보는 글들이 여러 편 나왔던 것이다.[18] 그래도 이런 작업이 본격적으로 진행되었다고 보기는 어려운 면이 있다. 영국적 문맥을 주목하는 시각은 이미 트러벨리언도 스코틀랜드와 아일랜드 문제를 다뤘기 때문에 전혀 새로운 시도라고 이야기하기 어렵다. 혁명이 유럽 정치와 어떻게 연관되었고, 그 결과가 어떤 파급 효과를 낳았는지 살펴보는 일은 좀 더 유망한 작업이지만 세밀한 연구 성과로 뒷받침되지 않았다. 휘그 해석과 수정주의 모두를 넘어서는 논의는 시작일 뿐이었던 것이다.

그래도 이스라엘이 네덜란드 문제를 살펴본 일은 의미 있는 진전이라고 할 수 있다. 7의 핵심 주장은 윌리엄의 잉글랜드 침공이 네덜란드 전국 의회, 특히 홀란드 의회의 열렬한 지지 덕분에 가능했다는 것이다. 그래야 윌리엄이 이제까지 알려진 것보다 훨씬 규모가 큰 병력을 동원했다는 사실을 설명할 수 있다. 새로운 계산에 따르면, 원정군은 436척의 선박과 4만 명의 인력으로 구성되었다. 육군만 해도 21,000명에 이르렀는데, 모두 풍부한 전투 경험과 굳건한 규율, 최신 무기를 갖추고 있었다. 그러니 제임스 2세가 윌리엄과의 정면 대결을 피한 것도 이해할 만하다. 윌리엄의 목표도 더 분명하게 드러난다. 처음부터 왕위를 노리지는 않았다고 하더라도 잉글랜드 정치를 완전히 통제하려 했다는 점은 분명해지는 것이다.[19]

이렇듯 혁명 300주년을 맞아 출간된 논문집들은 휘그 해석의 요점을 수용하면서 연구 시야를 확장하는 데 기여했다고 평가할 수 있다. 하지만 1688년혁명을 일목요연한 내러티브로 제시하는 데는 어려움을 보였다. 이런 요구는 비슷한 시기에 출간된 스펙(William Speck)의 『주저하는 혁명가들』(Reluctant Revolutionaries, 1988)이 어느 정도 채워주고 있지만, 이 짧은 개설서는 혁명에 대한 잉글랜드인의 지지가 휘그 해석만큼 광범위하지 않았다는 사실을 지적한 것 외에는 특별히 새로운 해석을 내놓지 못했다. 스코틀랜드에서의 혁명을 서술하려면 새로운 자료를 섭렵해야 해서 감히 시도하지 않았다는 저자 자신의 고백처럼, 세 왕국의 문맥에서 명예혁명 내러티브를 매끄럽게 풀어내는 데도 어려움을 보였다.[20] 이런 시도는 거의 한 세대가 지난 후에나 제대로 등장한다.

4. 최근의 종합

21세기에 접어들어 나온 성과 가운데 먼저 주목할 만한 업적은 2006년에 해리스(Tim Harris)가 내놓은 두 권의 연구서다.[21] 매콜리와 트러벨리언처럼 해리스도 명예혁명을 이해하려면 적어도 왕정복고 초기까지 거슬러 올라가야 한다고 주장한다. 그에 따르면, 찰스 2세의 등극은 처음에 잉글랜드뿐만 아니라 영국 전역에서 환영받았다. 하지만 가톨릭 세력의 위협에 대한 공포가 퍼지고 그에 따라 왕위계승 배제 운동이 등장하면서 위기가 찾아왔다. 하지만 찰스 2세는 흔히 생각하는 것보다 정치적으로 훨씬 명민했다. 그는 의회를 우회해 토리파와 국교회 세력의 지지를 동원하는 한편 프랑스 루이 14세의 지지를 얻어 위기를 돌파했던 것이다. 왕위가 제임스에게 넘어갈 때만 해도 지지는 견고했다. 하지만 몇 년 만에 스튜어트 왕조는 총체적인 위기에 직면하게 되었으니, 주된 원인은 왕정의 핵심 지지층이었던 토리파와 국교회가 가톨릭화 정책 때문에 등을 돌렸던 것이다.

시기 구분과 핵심 내러티브는 휘그 해석을 따르는 것처럼 보이지만, 해리스는 시각과 방법론에서 휘그 해석과 구별되는 새로운 해석을 제시한다. 시각 면에서 중요한 점은 그가 세 왕국의 맥락을 적극적으로 도입한 것이다. 아일랜드를 통치하던 터커널(Richard Talbot, 1st Earl of Tyrconnell)은 윌리엄에게 격렬히 저항했고, 결국 윌리엄 3세는 15,000명의 다국적 원정군을 이끌고 직접 원정에 나섰다. 그 결과, 아일랜드에서는 다시 한번 소수 개신교도가 다수 가톨릭교도를 억압하는 사실상의 재식민화가 일어났다. 스코틀랜드에서도 혁명은 장기적으로 중요한 결과를 낳았으니 다름 아니라 스코틀랜드가 주권을 잃어버리고 잉글랜드에 통합된 것이다. 이렇게 볼 때 명예혁명은 오랫동안 영제도의 역사를 혼란스럽게 했던 세 왕국의 갈등을 일단락 짓고 잉글랜드가 명실상부한 지배권력으로 부상하는 계기가 되

윌리엄 3세
William III
(1650–1702)

었다.

방법론 면에서도 해리스는 '정치의 사회사'라 부르는 관점, 그러니까 '아래로부터의 역사'가 표방한 문제의식을 정치사에 원용함으로써 명예혁명의 혁명성을 부정하는 수정주의 해석에 도전한다. 이런 방법론으로 잉글랜드인이 혁명을 실제로 어떻게 경험했는가라는 새로운 문제를 제기하고, 이에 답하기 위해 해리스는 '군중'(crowd)의 정치문화에 주목한다. 그래서 해리스는 잉글랜드인이 다수 참여한 청원 활동과 이들이 동원한 상징, 카니발과 교황 초상화형식 같은 정치의례를 자세히 살펴본다. 이처럼 활발한 정치문화는 저항세력뿐만 아니라 국왕 지지세력에서도 발견되는바, 명예혁명이 잉글랜드인 사이에 치열한 갈등을 수반한 사건이었음이 드러난다. 이렇게 해서 혁명이 쿠데타일 뿐이었다는 수정주의 해석은 물론 혁명이 합의에 바탕을 둔 사건이었다는 휘그 해석에도 의문을 제기할 수 있다.

해리스의 연구에서 드러나는 한 가지 문제가 있다면 그가 명예혁명의 중요한 변수였던 유럽의 문맥을 소홀하게 다뤘다는 점이다. 2009년에 나온 핀커스(Steve Pincus)의 『1688: 최초의 근대 혁명』(*1688: The First Modern Revolution*, 2009)은 이런 문제점을 보완하는 데 유용하다.[22] 흥미로운 점은 혁명 300주년에 나온 글들이 대개 루이 14세 치하 프랑스의 공격적인 팽창정책과 이를 저지하려는 연합세력 사이의 대결을 조명하면서 특히 네덜란드 상황에 주목한 반면, 핀커스는 유럽 정치 상황이 잉글랜드에서 어떤 반향을 불러일으켰는지 세밀하게 살펴본다는 것이다. 그는 공적 영역, 특히 신문과 팸플릿 같은 인쇄매체를 통한 토론과 커피하우스 같은 공간에서의 토론을 통해 유럽 정치 상황이 활발하게 토론되었음을 주목한다.[23]

더 나가서 그는 이런 공적 영역의 활성화가 사회경제 변화, 즉 상업화와 연결된 현상이라고 주장한다. 그러므로 핀커스는 매콜리의 해석과 결별한다. 이미 언급했듯이, 매콜리는 혁명 직전 잉글랜드가 낙후한 농업사회였다고 생각했다. 다시 말해 사회경제 변화는 혁명의 원인이 아니라 결과로 보는 편이 옳다는 것이다. 반면 핀커스는 최근 사회경제사 연구를 폭넓게 활용해 당시 잉글랜드에서 도시화가 빠르게 진행되고 있었고, 해외 무역을 포함한 상업이 급성장하고 있었으며, 교통통신망이 뚜렷하게 개선되고 있었다고 지적한다. 그는 이런 변화가 공적 영역에서의 토론을 중심으로 한 '새로운 유형의 정치'를 낳았다고 주장하는 것이다.[24]

제임스 2세에 대해서도 핀커스의 평가는 휘그 해석이나 수정주의 해석과 확연히 다르다. 그는 제임스 2세를 우둔하고 비뚤어진 인물로 묘사했던 매콜리의 해석은 물론 그가 절대 군주정을 지향하지 않았다는 수정주의 해석 모두 거부한다. 핀커스가 볼 때 제임스 2세는 오히려 정치적 수완을 발휘해 자신의 국가를 근대화하려는 야망을 품고 있었고, 그럴만한 역량도 갖추고 있었다. 이것을 '근대화 기획'이라 부를 수 있는 까닭은 그것이 "공격적이고 매우 근대적인 의제, 특별히 관용적이었다는 점에서 근대적이었다기보다는 국가 건설에 관한 가장 최신의 인식을 채택했기 때문"이다. 제임스 2세가 모범으로 받아들인 것은 루이 14세의 프랑스식 가톨릭주의였고, 그런 만큼 그가 표방했던 종교관용정책은 "숙고된 원칙이 아니라 목적을 위한 수단"에 지나지 않았다.[25]

구체적으로 제임스 2세는 육군 개혁과 정적(政敵)에 대한 면밀한 감시와 통제를 통해 권력을 집중하는 데 매진했으니, 이런 '가톨릭 근대화'는 그 범위와 역동성에 상응하는 반작용을 낳았다. 그런데 제임스의 이런 정책 지향에 대한 저항은 이제까지 역사가들이 생각했던 것보다도 훨씬 더 광범위한 것이었고, 그것은 근본적으로 종교적인 것이 아니라 세속적인 성격을 보였다. 저항세력의 핵심 구호가 '시민의 자유'였기 때문이다. 이 지적은 혁명의 성격을 이해하는 데 매우 중요한데, 여기서 핀커스는 친가톨릭 정책에 대한 토리파와 국교회의 저항이 혁명의 근본 원인이었다는 기존 주장을 수정하고 있기 때문이다.

혁명 직후 역사에 대해서도 핀커스는 타협보다는 갈등을 강조한다. 휘그파와 토리파의 대립을 조명하면서 그는 이것이 잉글랜드 정치경제의 미래에 대한 서로 다른 비전의 충돌에서 비롯했다고 주장한다. 논쟁의 근본물음은 부의 근원이 무엇인가였다. 토리파는 중상주의 전통에 충실해 토지를 부의 근원으로 생각했고, 그런 만큼 세계의 부는 한정되어 있다고 믿었다. 휘그파는 노동을 부의 근원으로 제시했다. 인구가 늘어나면 노동은 자연스럽게 늘어나므로 세계의 부도 무한하다. 이렇게 생각이 다르니 정책 방향도 달랐다. 토리파는 새로운 토지 획득, 특히 제국 확장에 관심을 기울인 반면, 휘그파는 제조업의 진작에 주목했다.[26] 후속 연구에서 핀커스는 하노버 왕조 개창 이후 휘그파가 오랫동안 우위를 차지하면서 이들이 제조업을 진작하는 강력한 보호주의 정책을 펼쳤다는 데 주목한다. 그런 점에서 명예혁명은 영국 정치경제에도 일대 전환점이었다.[27]

핀커스가 혁명의 세 가지 주요한 결과로 꼽은 것은 앞에서 언급한 잉글랜드 정치경제에 관한 전망에서 일어난 변화 외에도 외교정책과 종교에서 일어난 변화다. 외교정책에서 잉글랜드는 1688년혁명을 계기로 제임스 2세의 친프랑스 및 반네덜란드 정책에서 완전히 벗어나 루이 14세의 야망에 대항하는 유럽 연합세력을 이끌어가는 주도적인 지위를 차지하게 되었다. 종교적으로는 혁명을 계기로 잉글랜드 국교회가 비국교도에 대한 관용정책을 추진하고, 그러면서 시민의 자유를 지지하는 세력으로 변신했다는 점이 눈에 띈다. 이러한 변화는 모두 잉글랜드가 더 근대적이면서도 자유로운 국가로 변모하게 되는 계기였을 뿐만 아니라 잉글랜드가 유럽에서 가장 막강한 세력으로 떠오르는 밑거름이 되었다. 그러므로 1688년혁명은 수정주의 해석이 제시하듯 일부 귀족의 쿠데타와 네덜란드의 침공으로 일어난 왕조교체에 불과한 사건이 아니라 유럽에서 잉글랜드의 위상을 뒤바꿔놓은 일대 전환점이었다.

5. 맺음말

명예혁명에 대한 휘그 해석은 역사학이 분과학문으로 독립하기 이전에 완성되었는데도 연구 깊이와 문학적 성취 덕분에 후대 역사가의 해석은 물론 잉글랜드인의 국민 정체성 형성에도 지대한 영향을 끼쳤다. 그에 따르면, 명예혁명은 잉글랜드를 가톨릭 국가로 되돌려놓기 위해 법에 위배되는 행동도 서슴지 않았던 군주를 퇴위시켜 잉글랜드인의 기본권을 되찾고 입헌군주제의 기초를 놓아 영국 근대사를 점진적인 개혁과 진보의 역사로 만든 결정적인 분기점이었다. 유럽 대륙에서 폭력적인 정치적 격변을 거듭하면서도 쉽게 이루지 못했던 근대 정치질서를 피 한 방울 흘리지 않고 성취해냈다는 점에서 1688년의 사건은 그야말로 '명예'로운 일이었다. 이런 성취를 이루어낸 잉글랜드인의 미덕도 상찬할만했다. 그러므로 명예혁명에 대한 휘그 해석은 일종의 잉글랜드 예외주의의 출발점이자 잉글랜드인이란 어떤 이들인가라는 물음에 대한 답변이기도 하다. 그런 만큼 휘그 해석의 영향력은 대단했다.

20세기 중반 이후, 특히 1980년대 후반부터 휘그 해석을 뛰어넘으려는 역사가의 노력이 본격적으로 진행되었다. 상식으로 통하던 명예혁명이라는 명칭부터 재검토되었다. 먼저 잉글랜드 중심의 시야를 더 넓혀 1688년 사건을 세 왕국의 문맥에서 살펴보려는 작업이 진행되었고, 그러면서 스코틀랜드와 아일랜드에서 일어난 무력 갈등과 정치적 갈등이 재조명되었다. 그 결과, 무혈혁명이라는 신화는 깨지고 1688년의 사건은 이제 흔히

1688년혁명이라 불리게 되었다. 더 나가서 연구자들은 명예혁명의 주요 등장인물도 재평가했다. 제임스 2세가 과연 폭정을 일삼았던 완고하고 우둔한 군주였는가라는 물음을 다시 묻기 시작했고, 수정주의 연구와 이를 뛰어넘는 최근 연구는 제임스의 정치적 수완과 역량을 과소평가하지 말아야 한다는 결론에 이르렀다. 윌리엄에 대한 재평가도 진행되었다. 3만 명이 넘는 대규모 원정군을 이끌고 잉글랜드를 침공한 윌리엄이 순전히 잉글랜드 헌정질서의 회복이라는 목표만을 지향했다는 휘그 해석은 당시 유럽 정치 상황, 특히 보편왕국 건설을 지향하는 루이 14세에 대항한 연합세력의 형성이라는 문맥을 세밀하게 검토함으로써 수정되었다. 다시 말해, 연구의 시야가 잉글랜드 중심에서 영제도와 유럽이라는 더 넓은 문맥으로 확대된 것이다.

최근 해석은 잉글랜드인이 실제로 혁명을 어떻게 경험했는가라는 새로운 물음을 던지기도 했다. '아래로부터의 역사'라는 사회사의 시각을 정치사 서술에 원용하려는 움직임이 시작되었고, 그러면서 군중의 정치 행위와 담론에 대한 세밀한 연구가 나오게 되었다. 이런 움직임은 경험적인 연구가 더 축적되고 사회사와 인류학의 이론적인 성과를 적극적으로 활용해야 풍부한 연구 성과를 낳을 것으로 보이지만, 일단 첫발을 내디뎠다

메리 2세와 윌리엄 3세에게 1689년 권리장전을 제출하는 모습을 담은 판화

는 점에서 중요하다. 더 풍성한 성과를 거둔 연구 분야는 공적 영역 개념을 원용해 1688년혁명까지 공적 토론이 진행되는 양상과 이를 통해 생산된 담론을 세밀하게 복원하는 작업이었다. 역사가들은 그간 활용되지 않았던 정기간행물과 팸플릿, 미간행 수고를 발굴해내 혁명을 낳았던 숱한 논쟁과 혁명 결과를 둘러싼 치열한 갈등을 재구성했다. 그 덕분에 1688년혁명이 제임스 2세에 대항한 전 잉글랜드인의 저항이었다는 휘그 해석은 상당 부분 극복되어 혁명이 정치사회적으로 얼마나 분열적인 사건이었는지 분명해졌다.

이렇듯 휘그 해석이 여러 대목에서 극복되었으나 그래도 그 핵심이라 할 수 있는 주장, 그러니까 1688년혁명이 잉글랜드 근대사의 결정적인 전환점이었다는 주장은 여전히 남아 있다. 2000년대 이후에 나온 주요 연구서도 대체로 이런 주장에 공감하고 있으니 말이다. 그런데 이 문제는 '장기 18세기'라는, 이제는 익숙해진 시기 구분과 긴밀하게 연관된 것이니만큼 세밀한 논의가 필요하다고 생각된다. 최근에는 장기 18세기의 출발점을 왕정복고에서 찾는 모습을 흔히 볼 수 있는데, 이런 시각은 1688년혁명에서 시대의 단절보다는 연속성을 강조하는 것이다. 따라서 1688년혁명을 분기점으로 볼 것인지 여부는 왕정복고를 맞이해 제기된 잉글랜드 정치와 종교의 핵심 문제가 언제 해결되었는가라는 물음에 대한 답에 달려 있다고 하겠다. 물론 이 문제에는 잉글랜드 고위급 정치에서 진행된 정치논쟁뿐만 아니라 공적 영역에서 일어난 광범위한 토론이 연관되어 있다. 게다가 논쟁은 잉글랜드 내부뿐만 아니라 세 왕국은 물론 유럽의 정치논쟁과도 얽혀 있었으므로 연구 시야를 폭넓게 잡아야 할 것으로 보인다. 이런 논의는 1688년혁명 연구자와 스튜어트 후기 정치문화를 천착하는 연구자 사이의 대화가 좀 더 활발해져야 진전될 수 있을 것으로 보인다.

3. 공화주의에 대한 연구사적 검토

조승래

1. 머리말

지난 세기 후반 이후 영국과 미국의 정치사상사 학계에서 가장 심도 깊게
논의되었던 주제는 공화주의(republicanism)라고 할 수 있다.[1] 공화주의란
개인주의적 자유주의 혹은 소유적 개인주의(possessive individualism)[2]에
대비되는 개념으로서 개인이 사적으로 누려야 할 권리의 확보보다는 시
민(혹은 공민)으로서 갖추어야 할 덕(德)의 고양을 강조하는 정치적 이데올
로기를 말한다. 즉, 사적인 이해관계를 떠나 공선사후의 정신으로 공동체
의 일에 헌신함으로써 인간은 자아를 실현할 수 있으며, 아리스토텔레스
(Aristotle)가 이미 규정한 바 있는 정치적 동물(zoom politikon)로서의 목
적을 달성할 수 있다는 주장이다.[3] 덕이란 바로 이러한 공동체에의 헌신과
그 조건을 말한다. 그 조건이란 공동체에 동등자로서 참여, 헌신할 수 있
는 물질적 도덕적 기초를 말하는바 그것은 곧 경제적 군사적 독립을 견지

하며 인격의 자율성을 확보하는 것을 말한다.[4]

　그런데 공화주의론자들에 의하면 영국혁명을 거쳐 미국혁명과 프랑스 혁명을 전후한 시기의 영미 세계의 역사 형성력으로 작용한 중요한 정치적 저술들은 바로 이러한 공화주의 언어로써 쓰여졌다는 것이다. 즉, 이 시기의 정치사상사의 주류는 부르주아지의 성장에 발맞춘 로크(John Locke)의 자연권 사상과 계약론에 바탕을 둔 개인주의적 자유주의 혹은 소유적 개인주의의 등장과 발전이라고 보아온 전통적 역사 해석에 대한 일대 도전으로서 공화주의론은 사학계에 등장했던 것이다. 바로 이러한 공화주의론의 사학사적 혹은 지성사적 뿌리는 한스 바론(Hans Baron)과 한나 아렌트(Hannah Arendt) 등과 같은 나치의 제3제국으로부터 망명한 지식인들의 지적 작업이라 할 수 있다. 일찍이 한스 바론은 시민적 휴머니즘(civic humanism)론을 통해 15세기 피렌체 공화국 지식인들의 적극적 현실참여의 공화정신을 밝혔으며,[5] 한나 아렌트는 공공적 정치적 삶의 중요성을 설파하였음은 주지의 사실이다.[6] 공화주의론의 주창자라고 할 수 있는 포코크(John Greville Agard Pocock)는 바로 한스 바론의 시민적 휴머니즘이라는 역사적 개념과 한나 아렌트의 '활동적 공공적 삶'(vita activa)이라는 정치철학적 개념을 원용하여 산업화 이전의 영미 세계에서 여가 형성력으로서 작동하고 있던 공화주의라는 이데올로기를 찾아낸 것이었다.[7] 그에 의하면 적어도 17-18세기 영미 사회는 자본적 부르주아계급 대 봉건적 귀족계급이라는 구도로는 파악할 수 없으며, 또한 그 역사 과정을 자본적 부르주아계급의 빛나는 승리의 과정으로 파악할 수도 없다는 것이다. 그리하여 봉건적 질서가 극복된 다음 필연직으로 나타나야 할 자본주의적 자유주의의 성장을 주제로 하여 로크의 정치사상에 초점을 맞추는 종래의 18세기 정치사상사는 수정되어야 한다는 것이다. 오히려 17세기 말 금융혁명 이후 사회가 상업화되어가는 과정에서 나타난 종속적 인간관계의 심화와 이로 인한 정치적 부패의 만연에 대항해 시민적 덕의 고양을 외치는 공화주의가 훨씬 더 큰 역사적 영향력을 발휘하고 있었다는 것이다.[8]

공화주의론의 수정주의로서의 면모는 우선 그 방법론에서부터 찾아볼 수 있다. 전통적으로 정치사상사의 연구와 서술은 위대한 철학자와 사상가들의 보편적인 관념에 대한 분석과 비판으로 이루어져 온 것이 주지의 사실이다. 신, 인간성, 자연, 국가, 사회, 재산, 권리, 법, 자유 등 추상적이고 보편적인 관념들에 대한 논리적인 분석이 정치사상사 연구의 주된 접근방법이었던 것이다. 그런데 공화주의론의 방법론은 이와는 달리 퀜틴 스키너(Quentin Skinner)의 화행론(話行論, speech-act theory)적 방법과 토머스 쿤(Thomas Kuhn)의 패러다임론 등 복잡하고 난해한 이론들에 기초하고 있다.

스키너에 의하면 정치사상사에 있어서 어떤 역사적 문헌이나 저술은 결코 정치나 사회에 대한 탈시간적 의문과 이에 대한 대답으로 기술되었다고 생각해서는 안 된다.[9] 정치적 관념이나 사상은 특수한 상황에 대한 그 시대 인간의 반응으로서 파악되어야 하며 이를 이해하기 위해서는 문헌이나 저술의 내용 그 이상의 것을 알아야 한다는 것이다. 즉, 어떤 저술이 쓰여졌다면 그 저자는 그것을 통해 무엇을 말하려고 했을 것인바 이를 알아야 하는데 이를 위해 단순히 그 저술의 내용만을 분석해서는 안 된다는 것이다. 저자의 의도를 파악하기 위해서는 저자의 주장이나 생각이 어떤 특수한 문제나 논쟁을 해결하기 위해 피력되었을 것이므로 그것을 둘러싸고 있던 정치, 사회, 경제적 상황을 알아야 함은 물론이고 더 나아가 어떤 특정한 시대에 사용되었던 언어 — 어휘와 구문 — 의 정확한 용법을 밝힘으로써 그것이 지니고 있었던 중요한 의미를 이해하여야 된다는 것이다. 이를 통해 정치사상사가는 어떤 저술의 저자가 말하려고 했던 것뿐만 아니라 저자의 그러한 화행(담화 행위)이 당시의 독자들에게 어떤 의미를 던져

주는 것이었는가까지도 이해할 수 있다고 스키너는 주장한다.[10]

　그리하여 어떤 정치적 개념이나 관념은 그 자체의 내용이 중요한 것이 아니라 그것이 무엇을 위해서 쓰였는가 하는 것이 중요하다. 스키너의 이와 같은 언명은 다음과 같이 요약될 수 있을 것이다. 즉, 개념 혹은 관념의 역사란 있을 수 없고 오로지 그것들이 논쟁 안에서 쓰인 용법의 역사만 있을 수 있다는 것이다.

　공화주의론의 주창자라고 할 수 있는 포코크는 이러한 스키너의 방법론과 일맥상통하는 방법론을 구사한다. 그에 의하면 어떤 개인의 사상은 하나의 사회적 사건이요, 의사소통과 대응의 행위이다.[11] 그리하여 정치사상사라는 말보다는 정치적 담론의 역사(history of political discourse)라는 말이 더 좋다.[12] 그리고 이러한 담론은 모두 언어 행위이기 때문에 정치사상사를 연구한다는 것은 바로 과거 특정한 사회에서 정치적 문제를 논의하는 데 쓰였던 언어에 대한 연구요, 그 언어를 씀으로써 드러난 그 사회와 그 안에서 일어난 사건들의 성격에 대한 연구가 된다.[13] 그런데 언어란 인간들이 마음대로 선택해서 사용할 수 있는 것이 아니다. 오히려 인간들은 언어와 수사의 구조적인 틀 안에 갇혀 있다. 포코크의 다음과 같은 언명이 이를 잘 말해준다. "인간은 그들이 무엇을 했다고 말할 수 있는 방법을 가지고 있지 못한 것을 행할 수 없다. 그리고 그들이 행한 것은 반드시 그들이 이것이라고 말할 수 있고 인지할 수 있는 것이다."[14] 정치사상가에게 중요한 것은 과거의 정치사상가 개개인이 아니라 그들의 담화 행위와 논술이 구조적으로 벗어날 수 없었던 당시의 언어와 수사의 틀인 것이다.[15]

　여기서 포코크는 쿤의 패러다임론을 빌아들인다.[16] 앞서 말한 특정한 시대의 구조적인 언어와 수사의 틀이 바로 패러다임으로서 그것은 특정한 시대의 한 국가 사회에서 행해지는 공공적 담화에서 공식적으로 그리고 통상적으로 쓰이는 관용어들이다. 이 패러다임은 특정한 사회에서 발생한 정치 문제들에 대한 사고와 행위를 일련의 정해진 방향으로 가게하고 이를 위해 어떤 형태의 정치적 행위와 신념은 인정하되 다른 것은 금지하는 것과 같은 방식을 취한다. 즉, 정치에 대한 모든 정보를 선별적으로 구별하고 적절한 언어 사용법을 규정함으로써 정치사상의 저술가들에게 그들이 쓸 수 있는 언어를 제공하며 그 울타리 안에 그들을 제한시킨다. 그리하여 이 패러다임은 그 사회에서 공통으로 견지되는 정치적 견해를 요약 표현하는 기능을 수행하는 것이다.[17]

이러한 포코크의 주장은 관념이나 개념 혹은 사상을 정치사상의 저술가들이 자유 시장에서 물건을 사고팔듯이 마음대로 선택하여 자신의 주장을 펼 수 있다는 생각을 당연한 것으로 생각해왔던 종래의 전통적 자유주의적 정치사상사에 대한 방법론적 도전이었다.[18] 포코크에 의하면 바로 15-16세기 피렌체 공화국의 지식인들이 살고 있었던 시민적 휴머니즘의 언어 세계가 하나의 패러다임으로서 영국혁명에서 프랑스혁명을 전후한 시기까지의 영국과 미국의 정치적 저술가들에게 작용하고 있었다는 것이다.

2. 포코크의 공화주의론

1) 시민적 휴머니즘

앞서 말하였듯이 덕이란 아리스토텔레스가 규정한 정치적 동물로서의 인간의 목적을 실현하는 것을 말한다. 시간의 적대적 상황에 늘 노출되어 있는 공화국이 살아남기 위해서는 시민들은 그들의 덕을 고양해야 된다는 것이 ─ 덕만이 운명(fortuna)을 막을 수 있는 튼튼한 둑이라는 것이 ─ 바로 자유도시의 지론인 것이다. 즉, "시민들은 시간의 정치학을 반드시 마스터해야 되는 것이다."[19] 시간의 횡포, 즉 운명의 변덕을 이겨내고 공화국

로마 공화정의 유산인 포룸 로마눔 유적

이 살아남기 위해 자유도시 등 피렌체의 시민적 휴머니스트들이 해석한 아리스토텔레스의 정치학의 골자는 다음과 같이 정리될 수 있다.[20]

인간은 본성상 시민(혹은 공민)이다. 시민의 덕은 자치적 공화국에 참여하는 것인바 공화국은 그 구성원들이 각기 다른 자질과 능력을 지니고 있다는 점에서는 계서적이고, 그들이 서로의 특별한 자질과 능력을 서로 인정하면서 동등자로서 지배하고 지배받는다는 점에 있어서는 평등적이다.

이러한 이상적 공화국의 시민이 되기 위해서는, 즉 인간의 본성상 목적을 실현하기 위해서는 각각의 시민들은 반드시 도덕적 물질적으로 충분한 자율성을 확보하여 그의 행위가 그 자신의 것이요, 공화국의 것이지 다른 인간 혹은 다른 집단의 도전할 수 없는 명령에 따른 것이 아니라는 것을 보여주어야 한다. 한 인간이 경제적으로 타인에게 종속되어 있다면 그는 하인이지 시민은 아니며, 시민들도 사회적 관계가 변화해 타인에게 정치적으로 종속되어가면 공화국은 곧 부패한다. 즉, 인간이 시민이기 위해서는 물질적 도덕적 자유성은 필수 불가결한 것이다. 시민이 되는 것이 인간 본성을 실현하는 것이기에 시민으로서의 덕은 ― 그의 평등과 공공적 행위의 능력은 ― 그의 도덕적 심리적 건강에 필수적이다. 만약 덕을 잃는다면, 즉 자율성과 자유와 평등을 잃는다면, 그것은 곧 인격의 본질적 구성 내용을 잃는다는 것이요, 그리하여 타인에게 종속된다는 것은 자신의 자아의 일부를 떼어준다는 것이니, 이는 곧 공화국과 시민의 부패를 초래하는 것이다.

아리스토텔레스에게 있어서는 이러한 시민적 혹은 공공적 인격의 물질적 기초는 가계(oikos)로 표현되었다. 자신의 여자와 자녀들 그리고 하인들을 지배하면서 시민은 지배의 첫 번째 수업을 하며 그것은 그가 동등자들 사이에서 지배하고 지배받는 능력을 키워준다는 것이다. 자신의 가계 안에서 살고 지배한다는 것은 타인의 가계 안에서 살며 지배받을 필요가 없다는 것을 말해준다. 그런데 자유도시는 아리스토텔레스의 가계의 개념에서 무장의 개념으로 강조점을 옮긴다. 개인이 그 자신을 무장시킨다면 그것은 공화국을 위해 쓸 수 있고, 그럼으로써 개인은 시민이 된다는 것이다. 그런데 무력 수단을 다른 개인을 위해 사용하면 — 예를 들어 봉건 기사나 용병처럼 — 그 무력 수단의 소유자는 시민이 아니다. 무기 소유자들이 종속적 지위로 몰락하면 공화국은 부패하고 몰락한다. 카밀루스(Camilus)와 신시나투스(Cincinatus)의 로마에서 폼페이우스(Gnaeus Pompeius Magnus)와 카이사르(Gaius Caesar)의 로마로의 이행이 이를 보여준다. 따라서 시민군(militia)의 존재 유무가 자유의 존재 유무요, 공화국과 인간적 덕의 흥망성쇠의 관건이다. 마키아벨리(Niccolò Machiavelli)에게 있어서 재산 혹은 부는 무장 수단을 소유하기 위한 선행 조건일 뿐 덕의 척도는 아니다. 즉, 재산이 많으면 많을수록 더 유덕하다는 논리가 성립하지 않는다는 것이다. 오히려 마키아벨리는 부와 사치에 대한 고전적 의심을 가지고 있었다. 그의 스파르타적 엄격성과 질박성에 대한 찬양이 이를 잘 나타내준다.[21]

이러한 덕과 부패 그리고 시민군이라는 시민적 휴머니즘과 마키아벨리

1642년 찰스 1세의
'19개조에 대한 답변' 표제지

의 언어는 17세기 영국의 제임스 해링턴(James Harrington)에게로 전수되고 그것은 하나의 패러다임으로 형성되었다고 포코크는 주장한다.[22] 그렇다면 이탈리아 도시국가의 시민적 휴머니즘이 봉건적 농경사회의 영국왕국에서 받아들여질 수 있었던 이유는 무엇일까? 첫째 영국의 퓨리터니즘은 영국을 하나의 선택된 국민(Elect Nation)의 공동체로 설정하여 정치적 혁신의 필연성을 주장하고 국민들에게 이를 인식시키고 있었기 때문이며, 둘째로 1642년 찰스 1세의 '19개조에 대한 답변'(*His Majesty's Answer to the Nineteen Propositions of Both Houses of Parliament*)에서 명백히 나타나듯 하향성 권위를 지니는 세습 절대 군주정으로서의 영국이라는 관념 대신 왕, 귀족, 평민, 즉 일인, 소수, 다수에 귀속된 국가라는 아리스토텔레스와 폴리비오스(Polybios) 이래의 혼합정체(mixed constitution)론이 사회에 정착되고 있었기 때문이다.[23] 이러한 배경하에서 시민적 휴머니즘을 받아들여 그것을 영국화하여 18세기 영미 세계의 정치사상의 패러다임으로 형성시킨 인물은 바로 제임스 해링턴이었다.[24]

2) 제임스 해링턴

포코크에게 있어서 해링턴은 바로 영국 정치사상사의 구패러다임을 돌파하고 나온 인물이었다. 해링턴은 시민적 휴머니즘과 마키아벨리적 공화주의의 개념들에 비추어 영국사의 해석을 수정하고 새로운 정치이론을 제공한 인물이라는 것이다.[25] 일찍이 포코크는 해링턴을 봉건주의에 대한 역사가로 파악하면서,[26] 해링턴의 주된 관심사는 군사적 의무를 지닌 종속적인 봉건적 토지 보유자들이 역사의 무대에서 사라진 뒤 어떻게 안정된 정치 체제가 가능한가 하는 문제였다고 규정한다.[27] 그리하여 해링턴의 『오세아나』(The Oceana, 1656)는 그러한 문제에 대한 해답으로서 봉건주의에 대한 마키아벨리적 고찰이라는 것이다.[28]

이는 해링턴이 당시 봉건적 과거에 대한 논쟁에 있어서 그것을 법적인 문제가 아니라 덕의 문제로 접근하였다는 것을 뜻한다. 스튜어트 왕조의 왕들과 의회와의 마찰이 심화되어가는 과정에서 '고래의 헌정'(the Ancient Constitution)을 주장하는 ― 즉 영국의 헌정은 오랜 과거로부터 변하지 않고 존재해왔기에 하원의 역할과 지위는 의심받아서는 안 되는 하나의 관습(custom)이라고 주장하는 ― 헌정파와 노르만 정복자(Norman Yoke)들에 의해 파괴된 색슨족의 민주주의를 부활시켜야 한다고 주장하는 급진파들 그리고 봉건제적 원리에 의존하는 왕당파들이 제각기 논쟁을 벌이는 가운데 이들이 발견한 것은 바로 지난 시대 영국에 봉건법이 존재하였다는 사실이었다. 그리하여 이 봉건법과 고래의 관습법과의 투쟁이 바로 해링턴 정치사상의 배경이라는 것이다. 그런데 해링턴은 정치적 현실의 구성 요인을 실정법이든 관습법이든 간에 법적인 것으로 파악하려는 이러한 전통을 거부하였다.[29]

정치 현실을 법적이고 권리적인 것으로 파악한 17세기의 대표적인 정치사상가는 바로 홉스(Thomas Hobbes)라고 할 수 있다. 포코크는 홉스와 해링턴을 다음과 같이 대비하고 있다. 즉, 홉스는 권리들이 모여 주권을 구성함으로써 법적으로 복종해야 하는 주권 국가(imperium)가 나타난다고 보았으나 해링턴은 신에 의해 인간 본성 안에 심어진 그 무엇에 의해, 자치능력의 적극적인 실천을 통해 실현될 수 있는 덕에 의해, 공동체로서의 공화국(res publica)이 나타난다고 보았다는 것이다.[30] 홉스가 이탈리아 도시 국가인 루카(Lucca)의 탑들에 그 시민들의 자유가 새겨져 있어도 시는 그 시민들에게 절대적인 주권을 행사할 수 있다고 주장한 데 대하여 해링턴은 이를 홉스의 오해라고 지적하였다. 루카의 시민들의 자유의 권리는 그들이 공동체로서의 공화국에 참여하는 구성원이기 때문에 이미 존재하는 것이라고 그는 단정하고 있다.[31] 이것을 예로 들어 포코크는 해링턴이 법적인 문제에 정치적 관심을 집중시키는 사법적 전통(jurisprudential tradition)의 정치사상가가 아니라 공동체에의 참여를 통해 덕을 실현하느냐 못하느냐에 정치적 관심을 집중시키는 공화주의적이고 휴머니스트적인 전통의 정치사상가라고 규정하고 있는 것이다.[32]

그렇다면 돌아가서 해링턴이 파악한 봉건제의 본질은 무엇인가? 그것은 바로 부패이다. 봉토를 매개로 봉신들의 주군에게로의 종속은 바로 시민적 평등이 상실된 부패 그 자체라는 것이다.[33] 해링턴은 이를 '근대적 분별'(modern prudence)과 '고대적 분별'(ancient prudence)이라는 용어로 대비시킴으로써 표현한다. 전자는 카이사르 이후 고딕 왕국들의 봉건시대까지 지속된 통치 방식으로서 사적 이해에 의해 통치하는 것이요, 후자는 공공의 이익과 공동선에 의해 통치하는 고대 도시국가들(polis)의 통치 방식이라는 것이다.[34] 바로 포코크의 해링턴에 대한 해석을 뒷받침해주는 주장이라고 할 수 있다.

그런데 해링턴에 의하면 튜터 왕조 이래 영국 사회에 있어서 부의 새로운 분배 현상이 일어났는바 이제 근대적 분별에 의한 통치는 끝나고 다시 자유 토지 보유농(freeholder)의 고전적 분별에 의한 통치로의 회복이 이루어져야 한다.[35] 왜냐하면 주지하다시피 해링턴의 정치사상의 기초적 원리는 바로 권력은 부를 따른다는 것이기 때문이다. 이러한 해링턴의 역사 해석은 역사 변화에 대한 경제적 원인 고찰이라기보다는 고대의 순환사관의 그것이었다. 즉, 폴리비오스식의 정체 순환론의 원리인 퇴락(degeneration)으로부터의 회복이라는 방식으로 해링턴은 영국 역사를 해석했다는 것이다. 뿐만 아니라 이러한 고전적 분별, 즉 덕의 회복으로 스파르타적이고 로마적인 자유 토지 보유농들의 공화국의 원리가 영국에서 실현될 수 있는 기회는 공화국이 시간의 변화라는 운명의 변덕을 극복하고 탈 시간적 안정성을 획득할 수 있는, 일찍이 마키아벨리가 언급한 바 있는 바로 그러한 기회라고 해링턴은 파악했다는 것이다.[36]

포코크의 이러한 해링턴의 해석은 17세기 중반 영국 사회에서 시장 원리에 입각한 부르주아적 이데올로기인 소유적 개인주의의 등장을 찾아내려는 맥퍼슨(Crawford Brough Macpherson)의 해석을 정면으로 거부하는 것이다. 맥퍼슨에 의하면 해링턴은 그 당시 영국 사회에 나타난 시장 원리에 입각한 기업적 경제행위로의 이행이라는 현상을 인지하고 있었으며, 해링턴이 『오세아나』에서 제시한 농지법이 규정한 5천 명의 토지 보유자들도 공개적인 토지 시장의 존재를 원하고 있었던 기업적 집단으로서의 토지의 가치를 시장 지향적으로 파악하고 있었다는 것이다.[37] 포코크는 이러한 주장은 곧 장원에서 시장으로의 필연적 이행이라는 마르크스주의의 도식적 역사 해석의 일환이라고 비판하면서,[38] 해링턴은 근대적 인물이 아닌 고전 고대적 인물임을 다음과 같이 재차 강조한다.

첫째, 해링턴에게 있어서 경제라는 것은 아리스토텔레스적인 가계의 개념이었지 근대적 부르주아 개념이 아니라는 것이다. 이는 유산자가 무산자에게 행사할 수 있는 권력이 양자의 경제적인 관계로 설정되는 것이 아니라 양자의 독립 의존 관계로 설정된다는 뜻이다. 즉, 스스로 독립적인 가계를 이끌어나갈 수 있는 주인 시민(master)과 그렇지 못하고 주인 시민에게 의존할 수밖에 없는 하인(servant)이라는 구분이 있을 뿐이지 유산자가 곧 지배계급이요, 무산자가 피지배계급이라는 구분은 있을 수 없다는 것이다. 예를 들어, 오두막살이 품팔이 농부(cottager)도 독립적인 가계를 유지하는 한 곧 시민이 될 수 있다는 것이다. 경제적으로 임금을 받고 고용된 인간도 독립적인 가계를 타인에게 의존하지 않고 유지할 수 있는 한 이미 공공적 행위의 가능성을 지니고 있기 때문에, 즉 덕을 발휘할 수 있는 잠재능력이 있기 때문에, 시민으로서 권리를 행사할 수 있다는 것이다.[39]

둘째, 해링턴은 토니가 주장하듯이 당시 영국 사회를 경제적으로 퇴락시키는 봉건 귀족과 신흥 젠트리라는 구도로 보지 않았다는 것이다. 해링턴이 목격한 것은 토지를 빌리는 대가로 군사적 의무를 지고 있는 차지인, 즉 타인의 사사로운 싸움에 참여해야 하는 봉건적 차지인과 자신과 공동체를 위한 싸움에 참여하기 위해 자유롭게 무장할 수 있는 능력이 있는 자유 토지 보유농(freeholder)이라는 구도였다. 즉, 부패 대 덕의 구도 안에서 영국 사회를 보았지 전근대적 봉건적 요인 대 근대적 요인의 구도 안에서 영국 사회를 본 것은 아니라는 뜻이다. 그리하여 해링턴의 '오세아나'는 오늘날 마르크스주의자들이 말하는, 혹은 일반적으로 말해지는, 자유민주주의 사회가 아니라 그것은 곧 유산자 전사인 시민들의 확산된 폴리스요, 확대된 백인대(comitia centuriata)라는 것이다. 해링턴에게 있어서도 마키아벨리와 마찬가지로 자유는 곧 시민들이 무장할 능력이 있을 때 가능한 것이지 재산에 대한 더 많은 권리를 행사할 때 가능한 것은 아니라는 뜻이다.[40]

이러한 해링턴의 현실 인식 구도는 명예혁명 이후, 혹은 휘그 과두정이 수립된 후 궁정파(Court)의 독점적 지배체제가 굳어진 후, 격렬해진 지방파(Country)의 현실 비판에서 그대로 나타났다. 따라서 이러한 지방파의 이데올로그들 ─ 예를 들어 네빌(Henry Neveille), 플레처(Andrew

Flectcher), 트렌차드(John Trenchard), 고든(Thomas Gordon), 볼링브록(Lord Bolingbroke) 등 — 은 신해링턴주의자(Neo-Harringtonians)라고 명명할 수 있을 것이다. 18세기 초반의 정치사상은 바로 이들이 상업 사회의 변화해 가는 제 조건에 대해 벌인 일종의 지적 전투였던 것이다.[41]

3) 신해링턴주의

포코크는 해링턴과 신해링턴주의자들 사이에는 약간의 차이는 있지만 그것이 단절적인 것은 아니라고 주장한다. 그 차이라는 것은 해링턴은 고래의 헌정이라는 것이 존재하지 않았고 오직 근대적 분별의 봉건제만이 존재했다고 주장한 반면, 신해링턴주의자들은 고래의 헌정이 바로 '고딕적 자유'의 봉건제로 존재했으며 봉건적 고딕 사회는 바로 독립무장 토지 보유자들의 공동체였다고 주장하는 것이다. 해링턴이 튜터 왕조와 함께 독립무장 토지 보유자들의 공동체가 등장할 수 있게 되었다고 본 반면에 신해링턴주의자들은 거꾸로 튜터 왕조의 등장과 함께 그러한 공동체가 퇴락하게 되었다고 보았던 것이다.[42] 어떻게 보면 이것은 단절적인 차이로 보인다.[43] 해링턴이 부패 그 자체라고 본 봉건사회가 신해링턴주의자들에게는 오히려 덕의 공동체로 보였으니 말이다. 그러나 해링턴이나 신해링턴주의자들이나 모두 독립무장 토지 보유자들의 덕의 실천으로 실현되는 공화국을 인간적 정치질서의 규범적 형태로 본 것은 양자 사이에 본질적인 차이가 존재하지 않음을 말해준다. 양자 모두 아리스토텔레스적인 가계 개념과 마키아벨리의 무장 개념에서 인간적 자유의 원천을 찾으려고 했던 것이다.[44]

이러한 신해링턴주의자들의 등장을 가능케 했던 배경적 요인은 명예혁명 이후 나타난 구정파의 독점적 지배와 1690년대의 금융혁명이었다. 명예혁명 이후 로크의 계약론대로 정부가 말소되었기에 새로운 체제를 만들어야 한다는 주장과 그보다는 고래의 헌정 체제를 잘 수호하여 앞으로 왕권을 철저히 제한시키면 된다는 주장이 대립하였으나 후자의 주장이 압도적으로 우세하였는바 여기서 신해링턴주의자들이 나타날 수 있었다.[45] 그러나 결정적으로 중요한 계기는 1690년대의 금융혁명이었다. 영국 은행의 발전과 공채의 지속적인 발행으로 새로운 형태의 재산을 소유하게 되는 계층이 나타나면서 이들 때문에 부패가 만연되었다고 비판하는 신해링턴주의자들이 등장하게 된 것이다.

그리하여 포코크는 이데올로기의 역사에 있어서 금융혁명은 명예혁명보다 그 의의가 훨씬 더 크다고 주장한다.[46] 이는 곧 18세기 정치사상사에 대한 그의 수정적 해석의 출발점이 된다. 앞서 지적하였듯이, 그는 로크적 부르주아 이데올로기의 18세기에 대한 획일적 지배를 단호히 거부한다. 18세기 그 어느 시점에서도 자유주의가 당당히 승리하는 계기를 찾을 수 없다고 그는 주장한다. 이는 로크의 계약론적 정부론과 재산권론이 명예혁명과 향후 부르주아계급의 지배에 정당성을 부여했으며, 이는 18세기 정치사상사의 방향을 제시하는 것이라는 종래의 해석을 거부하는 것이다.[47] 포코크는 이를 "자유주의라는 패러다임과 이것과 관련된 로크적 패러다임의 왕관을 벗기는" 작업이라고 규정하였다.[48] 이러한 그의 작업이 ― 즉 로크의 18세기에 대한 권위를 해체하는 작업의 ― 기저에는 로크가 금융혁명으로 야기된 정치적 논쟁과 지적 전투에 무관심했고 그 소용돌이의 바깥에 존재했다는 사실이 깔려 있다. 포코크에게 있어서 18세기 정치사상사는 금융혁명으로 야기된 정치적 논쟁과 지적 전투의 소용돌이의 파문에 불과한 것이었기 때문에, 또한 앞서 말했듯이 모든 사상의 역사적 의미는 그것이 하나의 사회적 사건으로서 존재할 때 비로소 나타난다는 그의 믿음 때문에, '로크의 신화'는 마땅히 해체되어야 한다는 것이다.[49]

그렇다면 금융혁명으로 야기된 정치적 논쟁과 지적 전투의 본질적 내용은 무엇인가? 그것은 바로 덕 대 부패의 전투였다. 금융혁명으로 토지가 아닌 화폐적 이익(monied-interest)에 근거한 재산 소유자들이 사회에 등장하게 되었는바 이들은 정부가 발행하는 공채에 투자한 계층이었기에 정부에 의존하여 그 후원(patronage)하에서 살아가고 있었다. 또한 정부는 공채를 통해 빌린 돈으로 상비군(standing army)이라는 전례가 없는 근대적 제도를 수립하고 의원들을 매수하고 전쟁을 통해 ─ 7년 전쟁에서 미국 식민지와의 전쟁과 혁명 프랑스와의 전쟁에 이르기까지 ─ 공채 발행을 계속 확대해가고 있었다. 이러는 가운데 자연스럽게 부패는 만연하고 정부는 과두정적인 성격으로 바뀌어갔다.[50] 이러한 상황에서 이를 비판하는 세력들은 ─ 지방의 젠트리이건 아니면 도시의 무역상 또는 대표권이 없는 수공업자이건 간에 ─ 모두 해링턴적 언어를 사용하여, 즉 덕 대 부패라는 구도 안에서, 새롭게 전개되는 사회의 병적 변화를 진단하고 거부하였다. 여기서 이러한 비판 세력과 체제 옹호 세력을 진보 대 보수, 휘그 대 토리, 자본 대 봉건, 도시 대 농촌이라는 양분법적 사고로는 파악할 수 없다. 오로지 존재하는 것은 마키아벨리적, 해링턴적 언어를 사용한 지방파와 그렇지 않은 궁정파였다. 즉, 지방파와 궁정파는 사회경제적인 계급적 대립의 정치적 표현이 아니라는 것이다. 물론 지방파의 해링턴적 언어 세계는 토지라는 부동산을 재산의 규범적 형태라고 규정하고 있지만, 상업과 무역에 종사하는 계층도 재산을 인격의 독립, 즉 덕의 실천 조건으로 보는 한 그러한 마키아벨리적이고 해링턴적인 수사의 틀 안에서 자신의 사고를 펼쳐나갈 수 있었다는 것이다. 포코크는 이러한 마키아벨리적이고 해링턴적 언어가 공채에 투자한 토지 귀족이나 고교회파 그리고 구왕당파에서만은 발견되지 않았다고 보고하고 있다.[51]

신해링턴주의자들이 새롭게 나타나는 사회적 조건들에 대해 시작한 전투는 바로 상비군 논쟁이었다. 아우크스부르크 동맹 전쟁이 1697년 라이

스위크 조약으로 끝나자 상비군을 유지하려는 정부에 대해서 신해링턴주의자들은 신랄한 공격을 퍼부었다. 이 논쟁에서 중요한 이슈는 군사적 제도 그 자체가 아니라 그것의 밑바닥에 깔려 있는 재산의 기능에 관한 것이었다. 즉, 재산의 기능이 도덕적 정치적 인격으로서 독립적으로 행위할 수 있는 능력을 키워줌으로써 덕을 확고히 해주는 것인가, 아니면 새로운 물질적 문화적 욕구를 만족시켜줄 수 있는 능력을 증대시켜주는 것인가 하는 문제가 논쟁의 핵심이라는 것이다.[52] 여기서 신해링턴주의자들은 재산의 기능을 개인의 시민적 덕과 독립성을 유지시켜주는 것으로 본 것은 두말할 나위도 없다. 그들에 의하면 로마 시민과 게르만 자유인들은 그들 자신이 토지와 무기를 소유하고 그들 자신의 정부를 — 즉 자신들이 직접 참여하는 정부를 — 운영하였는데, 16세기 이래 시작된 근대유럽 사회에서 인간들은 상업과 문화를 추구하면서 전사로서의 시민적 덕을 포기하고 자신들을 전문적 직업 군대에 의해 보호받기를 선호한 결과, 절대군주의 지배하에 놓이게 되었다는 것이다. 이는 곧 근대사회에 들어와 나타난 인간적 기능의 전문화(specialization)에 대한 첫 번째 공격이었으며, 그것은 인간의 도덕적 군사적 정치적 역할을 하나로, 즉 불가분의 것으로 보아온 고전적 르네상스적 시민정신과 덕이라는 이상의 이름으로 행해진 부패에 대한 공격이었다.[53]

　이들 신해링턴주의자들이 고전적 이상과 함께 영국 고래의 헌정으로서 봉건제의 '고딕적 자유'를 내세우나 이는 봉건제를 옹호하기 위한 것이 아니다. 왜냐하면 그 당시에 옹호해야 할 봉건제가 이미 사회적으로는 존재하지 않았기 때문이다. 이들의 공격은 거시적으로는 르네상스 이후 상업사회의 도래로, 미시적으로는 금융혁명으로 나타난 사회적 조건들의 변화에 대한 고대적 생산 양식에 입각한 — 즉, 가계와 폴리스라는 개념에 입각한 — 공격이었다.[54]

이러한 신해링턴주의자들의 공격에 대해 상업 사회에 있어서 기능의 전문화와 이에 입각한 상비군제를 옹호하고 나선 인물은, 즉 근대적 상업 사회와 금융혁명 이후 영국 사회의 변화에 정당성을 마련해준 인물은 바로 디포(Daniel Defoe)였다. 그는 비전문적인 전인적 시민이라는 고전적 개념에 반대하면서 타인에게 돈을 지불하여 군사적 행정적 기능을 전문적으로 수행케 하고 자신은 자신의 전문적 에너지를 자유롭게 사용하여 부와 여가를 추구하는 상업적, 문화적 개인이라는 개념을 제시하였다. 그에 의하면 비전문적 전인의 이상은 화폐경제 이전 시대의 이상이다. 개인적이고 사적인 서비스가 교화의 매개가 되던 시대의 이상이라는 것이다. 그리하여 고대의 시민은 바로 노예 소유주였으며, 중세의 자유인은 농노의 주군이었으니 그러한 사회에 일반적 자유라는 것은 존재하지 않았다. 이제 화폐 임금과 화폐 가격의 시대에 들어와 인민의 대의체가 공공의 재부를 조정하게 됨으로써 인간의 일반적 자유가 가능하게 되었다는 것이다.[55]

포코크에 의하면 이러한 고대적 전인적 인간 대 근대적 전문적 인간의 대립은 향후 18세기의 정치적 논쟁의 핵심으로서 프랑스혁명 시대에 이르기까지 지속된다.[56] 18세기 정치사상사는 '근대성에 대한 비판으로서의 마키아벨리적 사고의 출현'[57]을 주제로 삼아야 하며 '적극적 - 참여적 자유와 소극적 자유라는 두 개념 사이의 긴장 상황'[58]을 기술해야 하는 것이다. 또한 18세기에는 고전적 이상이 아직도 강력히 존재했기 때문에 "시장 행위가 인간 존재를 인간적으로 만드는 데 필요한 모든 것이라는 소박한 의미로 부르주아 이데올로기를 만들어내기란 힘들었을 것이며,"[59] 지대 금리 취득자와 기업가를 부패한 인간으로 규정하는 아리스토텔레스적이고 시민적 휴머니즘적인 가치에 의해 부르주아 이데올로기는 도처에 그 출현이 저지되고 있었다. 마르크스주의자들의 도식처럼 부르주아 이데올로기는 역사적 필연성에 의해 자연스럽게 출현한 것이 아니고 자신의 존재를 구축하기 위해 투쟁하지 않으면 안 되었고 또한 그 투쟁에서 — 적어도 18세기에는 — 승리할 수 없었다.[60] 그리하여 18세기는 바로 "덕의 시대"(the Age of Virtue)라고 할 수 있을 것이다.[61]

3. 포코크의 공화주의론에 대한 논쟁

공화주의의 핵심은 인간적 삶의 가장 고귀한 형태란 시민적 삶이라는 주장이다. 시민이란 그의 가계를 지배하고 더 나아가 공동의 일을 공동이 결정하는 공동체에 동등자로서 참여하여 지배하거나 지배받는 인간을 말하며, 이렇게 시민이 되는 것이 곧 덕을 발휘하는 것으로서 인간의 목적을 실현하는 것이라는 주장이다.[62] 이러한 공화주의의 주장은 확실히 개인주의적 자유주의와는 근본적으로 다르다. 개인주의적 자유주의는 인간이라면 누려야 할 권리를 논하는 것이기 때문이다. 즉, 개인주의적 자유주의는 사회는 자신들의 욕구와 자기 이익을 실현하려는 평등한 개인들의 집합체라고 볼 뿐이다. 그리하여 개인주의적 자유주의는 사적 개인적 만족을 극대화시키려고 할 뿐 일반적 공동선을 위한 봉사와 헌신에는 관심이 없는 경제적 인간에게 알맞은 세계관이라고 할 수 있다. 그러나 공화주의 관점에서 볼 때 이러한 인간은 인간 존재의 충분성을 실현하지 못하고 있는 것이며 개인적 사적 이익의 제한 없는 추구는 공동의 재산으로서의 공화국을 보존하는 일과는 양립할 수 없는 것이다.[63] 그렇다면 과연 18세기 정치사상사의 주류는 공화주의인가 아니면 개인주의적 자유주의인가? 이 문제에 대해 공화주의론을 가장 선명하게 공격한 인물은 이삭 크람니크(Isaac Kramnick)였다.[64]

크람니크는 공화주의론의 로크에 대한 평가 절하는 18세기 전반에는 들어맞을지 몰라도 18세기 후반에는 생각조차 할 수 없는 일이라고 주장한다. 물론 공화주의론이 로크적 자연권 사상과 개인주의에 경쟁하는 정치문화의 고전적 이상의 연속성을 보여주는 데는 성공했으나 18세기 부르주아 자유주의와 사회경제적 급진주의를 너무 소홀히 하는 우를 범했다는 것이다. 1760년 이후 영미 사회를 지방파 대 궁정파의, 즉 덕 대 부패와 상업의 대립 구도로 파악하기란 실로 지난한 일이라는 주장이다.[65] 그에 의하면 1760년대는 정치사상사에 있어서 결정적인 전환점으로서 공화주의론에서 말하는 덕의 문제는 이제 정치의 본질적인 문제가 될 수 없었다. 그 이유는 미국 식민지인들과의 마찰 과정에서 나타난 세금 논쟁으로 대표권의 문제와 그 밑바탕이 되는 정부와 권위의 기원 문제가 정치의 본질적 문제로 등장했기 때문이다.[66]

뿐만 아니라, 1760년대 이후 급진파들의 주장은 토지에 기반을 둔 독립적 유덕 시민의 대표들이 정치적 지도력을 발휘해야 한다는 것이 아니라 소외된 도시의 상업 계층의 이해를 그들의 대표들이 의회에서 반영해야 한다는 것이었다. 대표권의 문제는 이제 권리의 문제로서 등장하였고 인민들이 신탁한 바에 반하여 입법이 이루어질 경우 인민들은 그러한 입법을 폐지하거나 변경시킬 수 있는 최고의 권리를 가지고 있다는 식으로 로크의 정치사상이 원용되면서 로크는 정치사상의 왕위에 복귀할 수 있었다는 것이다.

그런데 여기서 주목해야 할 것은 이러한 문제를 ― 즉 덕의 문제가 아니라 권리의 문제를 ― 제기하면서 권위와 복종의 역사적 근거가 아닌 순수한 이론적 근거를 캐려고 하던 계층은 바로 윌크스(Wilkes) 운동에서 목격할 수 있듯이 상인 수공업자 등 도시의 반귀족적 중산계급이었다는 사실이다. 드디어 인간이라면 보편적으로 가지고 있는 양도할 수 없는 자유의 권리를 주장하는 급진적이고 자신만만한 부르주아계급이 등장하고 이들

과 함께 로크의 정치사상은 새롭게 부상하게 되었다는 것이다.[67]

그리하여 공화주의론에서는 지방파의 마키아벨리적이고 해링턴적인 언어 세계 안에서 그들의 수사를 펼쳐나갔다고 보는 제임스 버그(James Burgh), 조지프 프리스틀리(Joseph Priestley), 리처드 프라이스(Richard Price) 등 18세기 중후반의 정치이론가들이 크람니크에 의해서는 모두 로크의 교리를 전파하는 급진적 중산계급의 교사로서 묘사된다. 이들은 영국 사회를 덕 대 부패라는 구도로 파악하지 않고 유능한 중산계급 대 무능한 귀족계급이라는 대립 구도로 파악하였으며, 근면과 재능 그리고 생산성을 중요한 도덕적 가치로 내세웠지 토지를 보유하여 인격의 독립을 유지하는 것을 도덕적 완성이라고 보지 않았다는 것이다.[68]

1780-1790년대에 나타난 급진적 개혁을 요구하는 런던의 협회들도 마찬가지이다. 대표적으로 '헌정정보협회'(the Society for Constitutional Information)와 '런던통신협회'(the London Corresponding Society) 등의 이데올로그들도 신해링턴주의자들이 주장하던 고래의 헌정론이 말하는, 과거에는 존재했으나 오늘날에는 상실한 채 있는 역사적 권리를 되찾자는 주장을 하지는 않았다. 그들이 주장하고 나선 것은 로크가 말하는 자연과 이성에 기초한 보편적 자연권이었다. '런던통신협회'가 그들의 〈원리선언〉에

1792년에 설립된 영국의 급진적 정치단체인 런던통신협회 이름이 새겨진 동전

서 모든 인간은 자연적으로 자유롭고 평등하며 모든 개인은 시민적 사적 권리(civil right)를 갖는바 그중 첫 번째 것은 자신의 자유, 생명 그리고 재산을 보호할 수 있는 평등한 권리라고 규정하고 있는 사실을 보아도 알 수 있다. 또한 이들도 영국 사회를 덕 대 부패의 구도 안에서 파악하지 않았다. '런던통신협회'가 회원의 선별 기준을 '세금을 내고 근면하며 유용한 주민'이라고 규정하고 있는 것을 보면 이들도 영국 사회를 유능하고 근면하며 유용한 계층 대 무능하고 무용지물인 계층이라는 구도로 파악했음을 알 수 있다. 이는 당시 부르주아계급의 — 정확히 말해서는 쁘띠 부르주아계급의 — 정치적, 사회적 상상력이 더 이상 전근대적이고 고전적인 이상에서 출발한 것이 아님을 보여준다는 것이다.[69]

그리하여 크람니크는 결론적으로 주장하기를 18세기 후반의 영미 세계에서는 로크의 자연권 사상과 재산론에 입각한 중산계급의 자유주의와 소유적 개인주의가 확고한 지위를 굳혔다는 것이다. 특히 산업혁명으로 인해 영국 사회는 계급적 정치사회로 변화하였고 이러한 사회에서 덕이라는 언어는 공동선을 위한 공공적 헌신이라는 의미를 잃어가고 대신 경제적 생산성과 근면이라는 의미로 바뀌어갔으니 더 이상 고전적이고 르네상스적이며 마키아벨리적인 이상이 발붙일 수 없게 되었다는 것이다.[70] 일찍이 크람니크는 신해링턴주의적 지방파의 공화주의를 몰락해가는 지주 젠트리들의 향수적이고(nostalgic)이고 반동적인 이데올로기라 규정한 바 있다.[71] 이에 대해 포코크는 간단히 답하고 있다. 즉, 18세기 영국 사회는 계급적 양극 구도로는 파악할 수 없으며 오로지 언어적 양극 구도로만 파악할 수 있다는 것이다. 아리스토텔레스적이고 마키아벨리적이며 해링턴적인 언어를 쓰는 — 여기에는 젠트리도 있고 상인도 있고 휘그도 있고 토리도 있다 — 지방파와 그렇지 않고 데포식의 수사를 사용하는 — 여기에도 젠트리도 있고 상인도 있고 휘그도 있고 토리도 있다 — 궁정파가 있

마키아벨리는 로마 공화정을 논하며
피렌체 공화정을 다시
일으켜 세울 힘을 찾으려 했다.

을 뿐이다. 그리하여 포코크는 왜 18세기 말 도시의 반대파 운동권(oppositions)의 언어에서 사회 계급적으로 볼 때는 전혀 이질적인 농촌적인 공화주의의 어휘 또는 토리적 어휘들이 발견될 수 있으며, 또한 그것이 왜 19세기 초 급진주의의 언어에까지 침투해 들어가 자리를 잡고 있는지를 설명해보라고 요구한다. [크람니크도 급진파 중에는 시민적 휴머니즘의 언어를 구사하는 인물이었음을 인정한다. 예를 들어, '런던통신협회'의 주도적 인물 중 한 명이었던 크리스토퍼 위빌(Christopher Wyvill) 같은 인물이 그렇다는 것이다.]

그리하여 공화주의는 크람니크의 주장처럼 정치사회에서 그들의 지도력을 회복하려는 농촌 젠트리들의 향수를 구체화시킨 것도 아니요, 에드워드 톰슨(Edward Palmer Thompson)의 주장처럼 지배계급 내부의 불만분자들이 지배적 휘그들에 조정되는 억압적 의회에 반대하는 데 민중들을 끌어들이기 위해 사용한 패터날리즘적 전략에서 나온 것도 아니라는 것이다.[72]

그러나 포코크의 공화주의론에 대한 비판은 계속되었다. 특히 미국 사학계에서의 논쟁은 치열하게 전개되었다. 공화주의가 결코 미국인들의 정신세계에 뿌리내리지 못했음을 보여주려는 시도는 애플비(Joyce Oldham Appleby)와 디긴스(John Patrick Diggins)에 의해 대조적인 방향에서 주도되어왔다. 애플비가 미국혁명의 수호성자로서 자유주의의 아버지 로크를 복권시키고 로크의 충실한 제자로서 제퍼슨(Thomas Jefferson)의 위상을 확고히 정립시키려고 했다면,[73] 디긴스는 미국사에 있어서 자유주의의 역기능 — 사적 자기 이익적 소유 행위 — 을 비판하면서도 미국인들이 그러한 자유주의에서 빠져나오지 못했음을 보여준다. 그에 의하면 그 탈출구는 공공적 봉사와 헌신의 덕을 강조하는 공화주의가 아니라 미국적 칼뱅주의의 죄의식과 양심이었으니 남북전쟁 세대의 위대한 인물들이 — 링컨(Abraham Lincoln), 멜빌(Herman Melville), 헨리 아담스(Henry Brooks Adams) 등 — 이를 마련했다는 것이다.[74] 그리하여 애플비를 제퍼슨주의자라고 한다면 디긴스는 링컨주의자라고 할 수 있을 것이다. 애플비가 당당히 시장적 근대사회에 있어서 자유주의의 적합성과 근대적 자유주의자로서 제퍼슨의 진취성을 논하는 데 반하여, 디긴스는 제퍼슨을 자신이 비판하는 그러한 자유주의의 대표자라고 긍정하면서도 — "미국민의 성격이라고 할 수 있는 것에 대해 깊이 비판하면서도"[75] — 그것의 헤게모니는 철저히 인정하고 있는 것이다.

이러한 비판에 대해 포코크는 기본적으로 자신의 연구가, 공화주의의 이데올리기가 18세기 미국 사회를 획일적으로 지배하고 있었음을 주장하는 것은 아니라고 답한다. 자신의 주장은 18세기 미국 사회에서 근대적 자유주의가 아무런 방해 없이 역사적 필연성에 의해 자연스럽게 나타난 것이 아니라 공화주의라는 고대적 르네상스적 이상에 의해 늘 저항받아왔다고 말한다. 즉, 근대적 자유주의의 패러다임을 부정하지는 않았다는 것이다. 특히, 애플비가 자신의 방법론이 유일 패러다임과 그 안에서의 변화에 대한 유일한 적응밖에 허용하지 않는다고 비판하는 데 대해 자신은 정치공동체는 과학공동체와는 달라서 사고와 저술을 통제하는 유일 패러다임이라는 것은 존재하지 않음을 강조한 바 있고,[76] 패러다임의 세트도 여러 개가 함께 존재할 수 있음을 인정하고 있으며, 따라서 공화주의적 언어 세계를 능히 세계관을 제공할 수 있는 패러다임으로 기술했지 그 외에 다른 패러다임은 없었다고 말하지는 않았다고 답한다.[77] 이러한 그의 응답은 어떻게 보면 포코크가 후퇴한 것이 아닌가 하는 느낌이다. 그의 제자인 랜스 배닝(Lance Banning)이 애플비에 대해서 서로 공화주의나 자유주의의 18세기 미국에 대한 일원적 지배를 주장하지 말자고 제안하면서 양측은 각자의 주장을 뒷받침할 수 있는 증거는 어디에서나 찾아낼 수 있기 때문에 자신들이 찾아낸 증거에만 집착하지 말고 왜 이러한 현상이 일어날 수 있었는가를 연구하자고 호소하는 것을 보면 알 수 있다.[78]

이러한 논쟁은 도널드 윈치(Donald Winch)의 애플비에 대한 비판에서도 찾아볼 수 있다.[79] 일찍이 애덤 스미스(Adam Smith)를 부르주아 개인주의적 자유주의의 틀로써 해석한 것을 반대하고, 시민적 공화주의의 새로운 틀로써 해석을 시도한[80] 그는 애플비가 자유주의적 이데올로기를 너무나 단순하고 시대에 뒤진 개념으로 구성하고 있다고 비판한다. 애플비에 의하면 1680년대에 경제를 자연법에 의해 지배되는 자율적인 영역으로 파악하려는 경제사상가들이 나타났고 이들이 씨 뿌린 것을 애덤 스미스가 거두게 되었는바 — 비록 중간에 중상주의에 의한 탄압이 있었지만 — 그 사상적 핵심은 '개인주의', '낙관론적 유물론', '경제적 합리성', '물질적 생활의 민주화' 등이다.[81] 여기서 애덤 스미스가 말하는 경제적 합리성의 본질은 인간의 경제적 행위는 합리적 계산에 기초한 욕망에 의해서 지배받는다는 것이다. 아울러 모든 인간에게 시장 행위는 자연스러운 것이며 공통적이라는 애덤 스미스의 주장은 바로 개인주의적 자유주의 시장사회의 이데올로기를 제공하는 것이 아니고 무엇이겠느냐는 것이다. 그런데 애플비는 바로 이러한 사상이 미국으로 건너가 제퍼슨적 농본주의적 자본주의의 형성을 도왔으며, 특히 애덤 스미스의 경제 발전에 대한 추상적 설명이 경제적으로는 진보적이며 사회적으로는 평등하고 정치적으로는 경쟁적인 시민들의 사회를 위한 청사진이 되었다고 주장한다.[82]

그러나 윈치는 애플비가 애덤 스미스의 사상의 핵심이라고 규정한 바는 바로 애덤 스미스가 홉스와 맨더빌(Bernard Mandeville)의 사상이라고 규정하면서 비판한 것이라고 주장하다. 애덤 스미스는 경제를 추상적이고 합리적이고 물질적인 비인간적, 비정치적 세계로 다룬 것이 아니라는 것이다. 애덤 스미스는 상업과 자유의 상관관계의 문제, 비인간화되어가는 노동의 문제, 공채의 발행 문제, 상비군 문제 등 당시의 정치사회적 문제를 공화주의 틀 안에서 풀어나가려고 하는 과정에서 그의 『국부론』(The Wealth of Nations, 1776)을 형성해갔다는 것이다.[83] 이렇듯 18세기 정치사상사의 주류가 공화주의인가 아니면 자유주의인가 하는 논쟁이 계속되고 있을 때 몇몇 마르크스주의사가들은 과연 공화주의와 자유주의가 양립 불가능한 것인가, 즉 따지고 보면 양자는 부르주아 이데올로기의 동전의 양면과 같은 것이 아닌가 하는 문제를 제기하고 나섰다.

이탈리아의 마르크스주의사가인 렌초 페키올리(Renzo Pecchioli)는 공화주의론은 마르크스주의 역사 해석을 공격하고 미국의 지배계급의 이익을 보호하기 위한 것이라고 신랄하게 비판한다. 공화주의의 토대라고 할 수 있는 한스 바론의 시민적 휴머니즘론은 그의 나치로부터의 망명이라는 개인적 경험에 근거한 것이어서 그것은 출발에서부터 유럽적 자유의 도피처는 미국이며 미국은 유럽적 자유 전통의 완성이라고 보는 미국의 자유주의적 제국주의 이데올로기를 강화시켜주는 것일 수밖에 없다는 것이다.[84]

이러한 비판에 대한 포코크의 답은 우선 자신은 뉴질랜드 사람이기 때문에 유럽과 미국의 지배이데올로기적 세계관과는 무관하다는 것이다.[85] 이는 어떻게 보면 학문 외적인 무지막지한 공격에 대한 같은 류의 궁색한 답변이라고 할 수 있다. 그다음 포코크는 자신이 미국적 이데올로기의 서전과는 관계없는 인물이라는 사실은 자신에 대한 디긴스의 비판을 보면 알 수 있다고 한다.[86] 이는 충분히 수긍할 만한 것이다. 디긴스에 의하면 건국의 원훈들은 덕이 결코 정치의 원리가 될 수 없음을 일찍이 인식하고 있었으며, 포코크가 말하는 프런티어도 시민적 덕의 실천장이 아니라 고독한 개인의 삶의 터전이었다. 프런티어는 미국과 유럽의 단절의 상징이지 결코 포코크의 주장처럼 유럽적 전통의 계속성을 상징하지 않는다는 것이다. 그리하여 미국의 지성인들은 대체로 미국의 기원을 그리스 로마적인 세속적인 것에서 찾지 않고 성서에서 찾았다는 것이다.[87] 이렇듯 포코크는 미국 사학계의 전통을 대변하는 디긴스 같은 미국사가가 — 포코크는 디긴스를 앞서 말한 예레미아적 전통의 역사가로 본다 — 자신의 공화주의론이 미국적 전통과는 무관한 것이라고 비판하는데 왜 자신을 미국적 지배이데올로기의 옹호자라고 몰아붙이는지 반문하는 것이다.

이러한 속류 마르크스주의적 비판과는 달리 마르크스의 원전에 입각해 공화주의 대 자유주의의 논쟁을 무의미한 것으로 보는 비판이 제프리 아이작(Jeffrey C. Isaac)에 의해서 제기되었다.[88] 그에 의하면 자유주의적 자본주의 사회의 정치 서술에 있어서 공화주의와 개인주의의 언어는 — 예를 들어 공적인 것과 사적인 것, 시민정신과 개인주의 등 — 상호 배척적이지 않고 공존하고 있다. 그 이유는 무엇인가? 마르크스가 여기에 답을 준다. 특히 그의 『유대인 문제』(Zur Judenfrage, 1844)를 읽어보면 된다. 마르크스에 의하면 정치혁명으로 신분, 길드, 사단(社團), 특권 같은 것으로 인간의 공동체 생활을 가로막던 봉건주의가 해체됨으로써 분산되었던 인간들의 정치생활이 다시 부활되었다. 인간들의 개인적, 사적, 물질적 사회(civil society)에 있어서의 차이를 뛰어넘는 일반적 공동 관심사로서의 정치공동체가 등장하게 되었다는 것이다. 즉, 인간들은 공동체적 존재 혹은 공민으로 행동하는 정치적 공동체에 살면서 동시에 사적인 개인으로서 행동하는 사적, 물질적 사회에 살게 되었다는 것이다. 마르크스가 정치공동체에서의 공민적 삶이라는 것이 사적, 물질적 사회의 이기주의의 가면이요, 자유주의적 자본주의 사회에서 시민정신이란 하나의 신비화에 불과한 것이라고 보면서 그것이 별개의 것이 아니라 자본주의적 자유주의 정체의 양면성에 불과한 것이라는 사실을 일찍이 간파하였다는 것이다.[89] 그리하여 아이작에 의하면 공화주의적 언어가 부르주아계급의 봉건주의와 절대주의에 대한 투쟁의 역사에 있어서, 즉 자유주의 국가 수립을 위한 투쟁에 있어서 그 역사적인 역할을 훌륭히 수행했다. 공화주의는 반자유적이기는 커녕 자유주의의 과거에 대한 투쟁에 공민적, 애국적 어휘를 제공함으로써 그것을 더욱더 생동적으로 만들었다는 것이다.[90]

이러한 아이작의 해석은 논리적으로는 자유주의와 공화주의가 양립 불가능하지만 역사적으로는 그것이 가능했는데 ― 미국혁명 세대의 인물들이 그렇다는 것이다 ― 그 이유는 무엇일까라고 묻는 배닝의 의문을[91] 풀어준 것처럼 보인다. 그러나 주지하다시피 마르크스가 『브뤼메르 18일』(Der 18te Brumaire des Louis Napoleon, 1852)에서는 프랑스혁명 지도자들이 로마적 의상을 입고 부르주아혁명을 수행했다고 하면서도『신성가족』(Die heilige Familie, 1845) 등에서는 프랑스혁명의 과격파들이 부르주아 사회의 본질적 특징에 맞지 않는 고대적 로마적 이상을 실현하려고 했기 때문에 실패할 수밖에 없었다고 지적하는 것을 보면 마르크스가 고전적 시민적 공화주의가 부르주아 이데올로기의 한 부분이라고 확신하고 있었는지는 의문의 여지가 있다. 뿐만 아니라 미국의 초기 노동계급이라고 할 수 있는 수공업자(artisan)들이 자본가들의 경쟁적 개인주의적 자유주의에 맞서 공동체와 덕을 강조하는 공화주의적 언어와 수사를 사용했음을 밝힌 최근 미국 노동사가들의 연구를 보더라도 공화주의와 개인적 자유주의가

부르주아 이데올로기의 동전의 양면이라고 볼 수 있는지 의문이다.[92]

4. 페팃과 스키너의 공화주의론

1) 페팃의 공화주의론: '지배의 부재'로서 자유

지난 세기 공화주의 연구의 대미를 장식한 인물은 필립 페팃(Philip Pettit)이었다. 1997년에 간행된 페팃의 『공화주의: 자유와 정부에 관한 한 이론』(Republicanism: A Theory of Freedom and Government, 1997)은 1970-1980년대를 풍미하던 존 포코크(J. G. A. Pocock)의 공화주의 연구의 맥을 이으면서도 한편으로는 그것과는 다른 방식으로 공화주의를 규정함으로써 오늘날의 공화주의 연구와 담론의 출발점이 되고 있다. 포코크과 마찬가지로 페팃는 서양 정치사상사에 19세기 이래 헤게모니를 장악하고 있는 자유주의와는 구별되는, 더 나아가 민주주의의 구현에 자유주의보다 더 공헌할 수 있는, 공화주의라는 이념이 존재했다고 주장한다. 그리고 그 계보를 고대 그리스 로마의 고전적 지식인들에서부터 시작해 르네상스 시기의 마키아벨리를 거쳐 17세기 영국혁명기의 밀턴(John Milton), 해링턴, 시드니(Algernon Sidney)와 같은 의회파 지식인들과 뒤를 이은 18세기 영국의 재야 반정부 지식인들, 미국 독립 혁명기의 제퍼슨과 같은 혁명가들에게 이어지는 것으로 설정한다.

이러한 공통점에도 불구하고 포코크가 공화주의의 핵심을 정치적 참여를 통한 인간의 자아실현이라고 규정한 것과는 달리, 페팃은 그것을 자의적 지배와 간섭에서 벗어나는 자유의 구현이라고 단언한다. 포코크가 그 원형을 아리스토텔레스의 "정치적 동물"(zoon politikon)로서의 인간에 대한 논의에서 찾는다면, 페팃는 로마의 정치사상과 역사서술 그리고 법에서 나타나는 자유인 대 노예의 구분에서 찾는다. 군이 명칭을 붙인다면 포코크의 공화주의를 아테네적 공화주의라고 한다면, 페팃의 그것은 로마적 공화주의라고 할 수 있다.

페팃은 공화주의자들의 화두는 포코크가 말하는 덕이 아니라 자유의 본질은 무엇이며 그것은 어떻게 유지될 수 있을까 하는 자유론의 문제였다고 주장한다. 그는 공화주의자들이 자유를 단순히 간섭의 부재가 아니라 자의적 권력 혹은 자의적 지배와 그 가능성의 부재로 규정하면서 그러한 자유는 오직 공동의 동의를 얻어 제정된 법에 의해 지배되는 자유국가 안에서만 가능하다고 단언했다고 주장한다. 페팃는 이러한 공화주의적 자유를 '지배의 부재'(non-domination)라고 규정하여 그것을 '간섭의 부재'(non-interference)로서 자유주의적 자유와 극명하게 대립시킴으로써 학계의 논의를 주도하고 있다.[93]

또한 그는 공화주의적 자유가 일찍이 벌린(Isaiah Berlin)이 규정했듯이 자아실현이라는 의미의 적극적 자유가 아니라고 강조하면서 그것을 적극적 자유라고 생각하는 포코크와는 분명한 선을 그었다.[94] 덕을 강조하는 포코크의 공화주의에 대한 비판은 일찍부터 있었다. 참여라는 정치적 행위를 통해서만 인간은 자기를 실현할 수 있다는 생각, 개인적 선을 초월해 공동선이 존재한다는 믿음과 같은 공화주의의 핵심적 요소들은 오늘날 현대사회와는 맞지 않는다는 것이다. 오늘날 누가 우리 모두가 공통으로 추구해야 하는 공동선이 존재하며 정치적 참여를 통해서만 인간이 인간다워진다고 생각하느냐는 것이다. 만일 그렇게 생각하는 사람들이 있다면, 그것은 환상이거나 전제적 발상일 뿐이라는 것이다.[95] 이러한 주장의 연장선 위에서 페팃도 포코크의 생각과는 달리 공화주의자들이 자유를 논할 때 그것을 곧 정치적 참여를 통한 자아실현과 동일시하지 않았다고 단언한다. 공화주의자들은 정치적 참여는 단지 자유를 누리기 위한 수단일 뿐이라고 생각했다는 것이다. 페팃의 공화주의론은 공화주의를 현대의 다원주의적 민주주의의 요구에 적용될 수 있도록 한 것이다.[96] 즉 그것은 아리스토텔레스적인 목적론적 공화주의에서 도구론적 공화주의로 공화주의의 성격을 바꾸는 것이다.[97]

페팃는 또한 자신과 같이 공화주의의 본질이 덕이 아니라 자유에 대한 논의였다고 주장하는 스키너와도 일정한 선을 긋는다.[98] 스키너는 자유를 지배의 부재와 함께 간섭의 부재도 포함하는 것이라고 보지만, 자신은 단지 지배의 부재로만 볼 뿐이라는 것이다. 즉, 스키너는 간섭의 부재가 자유의 필요조건이지만 충분조건은 아니라고 보는 반면, 페팃는 그것이 필요조건도 충분조건도 모두 아니라고 단정한다. 그는 공화주의 자유론의 핵심은 간섭의 부재 여부가 아니라 오로지 지배의 부재 여부일 뿐이라고 단언한다. 이는 간섭받는다고 해서 언제나 자유가 침해당한다고 보아서도 안 되고, 또한 오직 간섭만이 자유를 침해한다고 보아서도 안 된다는 것이다. 예를 들어, 민주주의적 원칙에 의해 정당하게 제정된 법에 의해 간섭받는 것이 자유를 침해하는 것도 아니고, 언제든지 마음만 먹으면 자의적으로 간섭할 수 있는 역량을 지니고 있는 지배자 혹은 지배 집단이 피지배자들에게 온정과 자비를 베풀어 간섭하거나 강압적으로 대하지 않는다고 해서 그들이 자유로운 것은 아니라는 것이다.[99]

그는 공화주의자들이 역사의 무대에서 주장하고 실현하려고 했던 자유는 바로 이러한 지배의 부재로서 자유였다고 주장한다. 이때 지배는 자의적 간섭을 할 수 있는 역량을 지니고 있는 것을 말한다. 그는 다시 한번 공화주의적 자유가 벌린이 말하는 적극적 자유가 아니라고 말한다. 왜냐하면 공화주의자들은 자유롭기 위해서는 자신이 자신의 지배자가 되어야 한다는 것이 아니라 남이 내 지배자가 되어서는 안 된다고 주장했기 때문이다. 그리고 그들은 남이 내 지배자가 되지 못하도록 어떤 체제와 제도를 갖추는 데 참여하는 것 그 자체가 자유라고 보지는 않았다는 것이다. 그것은 어디까지나 자유를 누릴 수 있는 수단일 뿐이다.

이러한 관점에서 그는 그러한 체제와 제도를 수립하는 데 적극적으로 참여하여 자신이 그 입법 과정에 참여한 공동체의 법에 의해서만 지배받을 때, 그리하여 스스로가 자신의 주인이 될 때 인간은 비로소 자유롭다는 루소(Jean-Jacques Rousseau)식의 자유론을 배격한다. 페팃는 그러한 성격의 자유론을 공화주의 자유론이 아니라 공동체주의 자유론이라고 구별한다. 그는 이러한 공동체주의가 공화주의가 아니라고 강변하면서 공동체주의 철학자인 알래스데어 매킨타이어(Alasdair MacIntyre)와 마이클 샌델(Michael J. Sandel)의 예를 들어 그들의 주장은 도덕의 과잉을 초래할 뿐이라고 비판한다. 즉, 덕과 자유를 동일시해서는 안 된다는 것이다.[100]

그는 오히려 소위 공동체주의자들이 자유주의 사상가로 분류하는 로크의 자유에 대한 규정을 공화주의적 자유론의 대표적인 예라고 제시한다. 로크는 '자유는 누구나 자신이 원하는 것을 할 수 있는 것이 아니라 다른 사람의 변덕스럽고, 불분명하고, 알 수 없는 자의적 의지에 예속되지 않는 것'이라고 규정했다는 것이다. 그는 로크가 비록 공화주의와는 거리를 두었지만 자유에 대한 생각에서만큼은 그 전통에 충실했다고 평가한다.[101] 이러한 그의 언급은 벌린과 하이에크(Friedrich Hayek) 같은 자유주의자들이 공화주의를 20세기의 전체주의와 연결시키려는 의심을 불식시키기 위한 작업의 일환이라고 할 수 있다. 그러나 한편으로는 이러한 페팃의 태도가 공화주의와 자유주의의 차이점을 불분명하게 만드는 것이라는 비판이 제기되고 있다.[102]

이에 대해 그는 자신의 공화주의 자유론은 사회 민주적 기획의 일환이라고 맞선다. 즉, 자신은 자유를 간섭의 부재가 아니라 지배의 부재로 규정함으로써, 국가와 사회의 정당한 민주적 입법을 통한 간섭마저도 자유의 이름으로 배격하려는 자유주의자들의 헤게모니에 도전했다는 것이다. 그는 간섭만이 그리고 간섭은 언제나 자유를 침해한다는 주장을 공화주의 자들이 어떻게 배격하고 자유주의자들은 어떻게 옹호했는지를 역사적으로 추적한다. 17세기 공화주의자인 해링턴은 인민의 의지에 일치하는 것이고 타인의 자의적 지배로부터 보호하기 위한 것이라면 그 어떤 간섭도 자유를 침해하지는 않는다고 주장함으로써 잉글랜드혁명을 정당화하였다. 18세기 공화주의자인 프라이스는 간섭만이 자유를 침해하는 것이 아니라 종속적 지위에 처해 있으면 간섭을 받지 않아도 자유롭지 못하다고 주장하면서 아메리카 식민지인들의 영국에 대한 저항을 옹호하였다. 노예는 아무리 인자한 주인을 만나도 자유를 누릴 수 없다는 것이다. 18세기 공화주의 법학자인 블랙스톤은 로크가 이미 언급했듯이 이렇게 제정된 법은 자유를 억압하는 것이 아니라 오히려 그것을 견고하게 하고 확장하는 것이라고 못 박았다.

이러한 주장은 자의적 지배를 행사하거나 행사할 수 있는 가능성이 존재하는 나라에서는 그 누구도 자유로울 수 없다는 명제로 귀결된다. 즉, 자유국가에서만 인간은 자유로울 수 있다는 것이다. 잉글랜드혁명과 아메리카혁명은 단지 간섭에서 벗어나기 위해서가 아니라 자유국가를 만들어 그 안에서 자유롭기 위해 인민들이 일으킨 것이다. 그러나 자유주의의 원조 격에 해당하는 홉스, 벤담(Jeremy Bentham), 린드(Michael Lind), 페일리(William Paley)와 같은 사상가, 법학자들은 잉글랜드혁명과 아메리카혁명의 이와 같은 대의를 부정하면서 자유란 간섭의 부재일 뿐이요, 법도 그이면 행위들을 못 하게 하는 것이기 때문에 인간을 자유롭게 하는 것은 아니라고 주장했다. 따라서 인간은 소위 민주국가, 자유국가에서 살던 전제정부하에서 살던 법이 금지하지 않는 것만큼만 자유롭다는 데서 매한가지라고 주장한다. 페팃에 의하면, "자유주의는 타인들을 지배할 수 있는 권력을 지니고 있는 인간들이 그 권력을 행사하지 않는 한 그리고 그렇게 할 성향을 지니고 있지 않는 한 그러한 권력을 지니고 있다는 것 자체가 억압적인 것이 아니라고 가정한다." '권력에 대한 이러한 상대적 무관심'으로 인해 자유주의자들은 지배에 근거한 '관계에 관대하다.'[103] 또한 자유주의자들은 빈곤을 해소하는 일, 안전을 제공하는 일에 대한 관심은 자유에 대한 관심과는 특별히 관계가 없다고 본다. 그것은 '평등, 혹은 복지, 혹은 공리성'과 같은 가치와 관련이 있을 뿐이다. 그러나 '지배의 부재로서 자유'는 여러 가치 가운데 하나가 아니라 다른 가치들이 거기서부터 나오는 '최고의 정치적 가치'라고 페팃은 주장한다.[104]

이러한 논의를 통해 페팃은 왜 지배의 부재로서 공화주의 자유론이 오늘날 더 중요한 것인지 역설한다. 그는 노동자와 여성과 같은 사회적 약자들을 예로 들면서 설명한다. 그들에게 중요한 것은 간섭의 부재가 아니라 지배의 부재라는 것이다. 고용주나 남성 배우자들의 자비에 의해 그들은 간섭받지 않을 수도 있지만 그렇게 얻어진 벌린식의 소극적 자유는 언제라도 회수당할 수 있는 것에 불과하다. 그들의 자유는 그들이 자유인의 지위를 구가할 때 비로소 가능하다. 이를 위해서는 국가와 사회는 정당한 입법 행위 등을 통해서 제도를 만듦으로써 자의적 지배 행위에 간섭할 수 있어야 하는 것이다. 그는 자유주의가 간섭의 부재만을 자유로 규정하는 이유는 바로 이러한 사회적 약자들의 도전을 피해 가기 위한 것이었다고 폭로한다. 그리고 자본주의의 발달로 이러한 자유주의 자유론이 헤게모니를 장악할 수 있었다는 것이다. 따라서 오늘날 자유주의 사회의 모순을 극복하기 위해서는 간섭의 부재를 자유의 충분조건은 물론 필요조건으로도 간주해서는 안 된다는 것이 그의 지론이다.

2) 스키너의 공화주의: 자의적 권력의 부재와 자기 소유권으로서 자유

벌린의 〈자유의 두 개념〉이라는 강연이 있고 나서 40년 후에 스키너의 케임브리지 대학교 근대사 왕립 석좌교수 취임 강연 원고였던 〈자유주의 이전의 자유〉가 책으로 출간되었다.[105] 스키너는 이 책에서 현재 서구인들의 자유에 대한 생각이 자유론의 역사의 가장 가치 있는 유산이 아니라고 단정한다. 그는 자유주의적 이데올로기가 승리하기 이전 시기에 서구에서 벌어진 자유의 개념에 대한 논쟁이 지니고 있던 의미를 읽어내고 모든 것을 제치고 승리할 수 있었던 자유주의의 자유에 대한 이해를 다시 생각해 보는 것이 중요하다고 주장한다.

서구를 지배하고 있는 자유에 대한 자유주의적 이론에 따르면, 자유의 개념은 단순히 강제적 제약의 부재로, 즉 권리를 행사할 때 간섭받지 않는 것으로 이해되어야 한다. 그러나 이러한 생각이 헤게모니를 장악하고 있기 때문에 자유에 대한 좀 더 넓고 좀 더 깊이 있고 무엇보다도 좀 더 민주주의적인 생각이 대부분 시야에서 사라졌다는 것이 스키너의 지론이다. 그가 자신의 연구를 통해 보여주려고 하는 것은 17세기 혁명 기간에 영국의 의회파가 왕권에 대항해 싸워 비록 짧은 기간 동안이지만 왕정 대신 공화국을 수립하면서 옹호했던 자유론이 좀 더 민주주의적인 자유에 대한 생각이었다는 사실이다.

그에 따르면 혁명 기간 동안 잉글랜드 공화국의 대의를 위해 싸웠던 사람들의 주장의 핵심은 왕정의 지배하에서는 잉글랜드 인민들은 더 이상 자유인의 지위를 구가할 수 없다는 것이었다. 그들이 관심을 가졌던 기본적인 개념은 노예와 대비되는 자유인이라는 개념이었다. 그들이 진전시켰던 논의의 핵심은 국왕의 대권이 존재한다는 사실 그 자체만으로도 — 즉, 국왕이 자유 재량권을 행사할 수도 있다는 것이 — 국민을 예종의 상태로 몰아넣을 수 있는 저주의 효력을 가지고 있는 것과 마찬가지라는 것이다.

이러한 생각을 가지고 있던 의회파 저술가들 사이에서는 자유라는 관념에는 두 가지 요소가 있다는 것에 대해 광범위한 동의가 존재했다. 그들은 일반적으로 모든 인간은 본성상 실정법에 대한 종속으로부터 자유롭다는 것을 받아들였다. 그러나 그들은 또한 법의 지배하에서도 인간은 자유인으로서 살아갈 수 있다고 동의했다. 그들은 자유인의 지위를 견지하기 위해서는 두 가지 조건을 만족시켜야 한다고 주장했다. 그 하나는 부당한 간섭 없이 권리와 자유를 행사할 수 있어야 한다는 것이다. 그러나 이것이 자유에 대한 필요조건이기는 하지만 충분조건은 아니라는 것이 후대 자유주의 이론가들과의 근본적인 차이라고 스키너는 주장한다. 그들의 주장의 핵심은 자유인이 되지 않아도 특정한 권리와 자유를 마음껏 누릴 수 있다는 것이다. 그 이유는 자유를 지속적으로 누릴 수 있는지 없는지가 그 어떤 타인의 자의적 의지에 달려 있다면 현재 사실상 자유를 마음껏 누리고 있다고 해도, 그리하여 전적으로 자신이 원하는 대로 행동할 수 있다고 해도, 그 사람은 자유인이 아니라 노예이기 때문이다. 단지 어떤 사람이 방해하지 않기로 했기 때문에 자유롭게 행동하거나 행동하지 않을 수 있다는 사실을 아는 순간 자유인의 지위에서 예종의 지위로 떨어지는 것이다. 실정법 체계 아래서 자유인으로 사는 것의 두 번째 필요조건은 따라서 권리와 자유를 행사할 수 있는 역량이 타인의 의지에 종속되지 않아야 한다는 것이다.

17세기 잉글랜드혁명 기간 동안 이러한 주장이 개진될 때, 왕정 옹호자들은 즉각적으로 반격을 가했다. 자신의 권리와 자유를 완벽하게 구가하면서 무슨 자유가 모자란다고 할 수 있느냐고 그들은 반문했다. 왕정에 반대하는 저술가들은 자신의 종속성에 대한 인식 그 자체가 자신에게 굴레가 되는 것이라고 대답했다. 마음대로 말하거나 할 수 없는 것이 많을 때, 그리고 어쩔 수 없이 그렇게 말하거나 해야 될 것이 많을 때, 그것은 타인의 선의에 의지해서 살아가는 결과라는 것이다. 다른 말로 하면, 자신이 종속되어 있는 사람의 의지에 거스르는 언행을 했을 때 자신에게 일어날 수도 있는 일이 무서워서 자신을 스스로 검열할 수밖에 없는 사람은 자유롭다고 할 수 없다는 것이다.

스키너에 의하면 헨리 드 브랙턴(Henry de Bracton)은 그 누구보다도 일찍이 13세기 중반부터 잉글랜드 보통법에 대한 중요한 논고들을 저술했는데, 그는 자유인과 노예의 구분을 명확히 하면서 위와 같은 논지를 전개시켜 나갔다. 그 결과 그러한 구분은 잉글랜드 보통법의 초기 단계부터 명확하게 각인되었다. 그러나 그러한 구분의 기원은 앞서 보았듯이 로마법으로 거슬러 올라간다. 특히 유스티니아누스 법전 요강의 맨 앞부분 '인간의 지위'에 대한 항목에서 그것을 발견할 수 있다. 그 항목은 '노예제는 국가의 법에 따른 하나의 제도로서 그것에 의해 인간이 본성에 반해 타인의 지배 아래 종속되는 것'이라고 규정한다. 이것을 뒤집어보면 시민적 자유에 대한 규정을 읽어낼 수 있다. 어떤 시민적 결사 안에서 살아가는 모든 사람이 종속되어 있는 사람 아니면 자유로운 사람 둘 중 하나라면, 자유로운 신민은 그 어떤 사람의 지배에서도 벗어난 사람이어야 하고, 그 자신의 권리 안에서 무엇인가 할 수 있는 사람이어야 한다. 이와 같이 어떤 사람이 자유로운 신민의 지위를 결핍하고 있다는 것이 의미하는 것은 그 사람이 자신의 권리 안에서가 아니라 그 어떤 타인의 권력 아래에서 그리고 의지에 복종해서 무엇인가를 할 수밖에 없다는 것이다.

스키너에 따르면 이렇듯 본질적으로 로마적인 자유론은 이미 1642년에 내전이 발발하기에 앞서 수십 년간 잉글랜드 의회에서 논의되었다. 자유와 종속과의, 즉 자유인과 노예와의 본질적인 구분은 이후 내전 초기 의회파를 대변하던 주도적인 인물들 대부분이 받아들였다. 아마도 그 주장을 가장 명백하게 요약한 것이 내전이 발발한 직후인 1642년 10월에 처음 출

간된 존 굿윈(John Goodwin)의 『반 - 왕당파론』(Anti-Cavalierisme, 1642)

이라고 스키너는 꼽고 있다. 거기서 굿윈은 '자유로운 남자와 여자'라는 것이 의미하는 바는 그 어떤 타인의 의지에도 종속되지 않고 자신의 의지에 따라 '자신과 자신의 방식을 결정'하는 것이라고 주장한다. 지배자가 자유 재량권을 가지고 있다면, 그것은 '그들의 욕망과 쾌락의 법에 의해' 살아야 한다는 것이고 '모든 일에서 지배자의 의지에 복종해야 한다'는 것이다. 이러한 방식으로 지배자가 '주인 행세'를 할 수 있다면, 인간들은 '시민적 혹은 정치적 자유'에 대한 생득권을 상실하는 것이고, 대신 '비참한 노예제와 예종 상태'로 전락할 것이다.

스키너에 의하면 의회파들이 공유한 첫 번째 전제는 시민 개개인이 자유를 누린다거나 혹은 상실했다거나 하는 것이 어떤 의미를 지니는 것인가를 이해하려면 반드시 정치적 결사가 자유롭다는 것이 무엇을 의미하는지를 먼저 알아야 한다는 것이다. 따라서 그들은 개인의 자유가 아니라 밀턴은 '공동의 자유' 혹은 '자유 정부'라고 불렀고, 해링턴은 '공화국의 자유'라고 불렀으며, 시드니가 후에 '국민들의 자유들'이라고 불렀던 것에 초점을 맞추면서 논의를 시작한다. 니덤(Joseph Needham)의 책 제목이 다시 한번 두렷하게 말해주듯이, 이 모든 저술가들을 이끌어가던 강렬한 열망은 '자유국가의 수월성'을 옹호하는 것이었다.

스키너에 의하면, 인간 개개인의 육체가 자신의 의지대로 무엇을 할 수 있거나 혹은 하지 않을 수 있을 때 비로써 자유로운 것과 똑같이, 국민과 국가의 조직체도 마찬가지로 그것이 원하는 목표를 실현하기 위해 그 의지에 따라 권력을 행사하는 데 제약받지 않을 때 비로써 자유로운 것이라고 그들은 주장한다. 자유국가란, 자유로운 인격체로서의 인간과 마찬가지로, 이처럼 스스로를 지배할 수 있는 능력을 갖춘 국가라는 뜻이다. 자유국가란 정치체의 행위가 하나의 전체로서의 그 구성원들의 의지에 의

해서 결정되는 공동체인 것이다. 스키너에 의하면 마키아벨리의 『논고』 (*Discourses on Livy*, 1531)가 이러한 생각을 불러일으키는 하나의 원천이었는데, 그 책의 도입부에 자유도시는 '그 자신의 의지에 의해서 지배되는 도시'라고 규정되어 있다는 것이다.

이러한 전제로부터 많은 헌정적 함의가 나왔고 신로마적 이론가들은 대부분 예외 없이 거기에 동의했다고 스키너는 주장한다. 그 하나가 만약 어떤 국가 혹은 공화국을 자유국가 혹은 자유공화국이라고 부르려면 그것을 지배하는 법이 — 그 조직체의 운동을 규제하는 규칙이 — 모든 시민들의, 즉 하나의 전체로서 정치체 구성원들의 동의에 의해 만들어져야 한다는 것이다. 왜냐하면 이렇게 법이 제정되지 않는다면 정치체는 그 자신의 의지가 아닌 다른 것에 의해 움직일 것이요, 또 그만큼 자유를 박탈당할 것이기 때문이다. 스키너는 니덤의 주장을 그 대표적인 예로 든다. 그에 따르면 니덤은 무엇이 고대 로마인들을 자유로운 인민으로 만들었는가를 설명하는 과정에서 이 논의를 극명하게 보여준다. 그들은 "실로 자유로웠는데 그 어떤 법도 먼저 인민의 민회가 동의하지 않으면 그들에게 부과할 수 없었기 때문이었다"라고 니덤은 설명한다. 그는 '자의성을 막는 유일한 방법은 인민의 동의를 구하지 않고는 그 어떤 법도 지배도 가능하지 않게 하는 것'이라고 결론 맺는다.

스키너에 의하면 이러한 정치체라는 메타포의 좀 더 심오한 헌정적 함의는 자유국가의 정부는 이상적으로 각각의 개별적 시민들이 입법에 참여할 수 있는 평등한 권리를 보장해야 한다는 것이다. 왜냐하면 이것만이 모든 입법 행위가 하나의 전체로서 정치체의 모든 구성원의 명백한 동의를 적절하게 반영하고 있다는 것을 담보하기 때문이다. 니덤이 확신하듯이, 인민이 '그 어떤 진정한 자유'를 누려야 한다고 한다면, 그들은 반드시 '법을 제정하고 폐지할 수 있는 권리를 소유해야 하며' 또한 '정당하게 최고

권위를 부여받아야 한다.' 밀턴도 자유인민이라고 한다면 '그 자신이 선택한 법에만' 복종하면 된다고 동의한다. 시드니는 후에 '자유를 구가하는 국민이라고 한다면 그들 자신이 만든 법에 의해서만 지배받아왔고 앞으로도 그럴' 국민을 말한다고 덧붙였다.

이러한 공화주의 저술가들에 대한 비판의 초점은 인신적 예속 상태에서 벗어나려고 한다면 오로지 대의제적 형태의 정부하에서 적극적 시민으로 살아야 한다는 주장에 맞추어졌다. 많은 수의 비판자들이 이러한 논지가 실제로 앞뒤가 맞지 않는 것이라고는 할 수 없지만 정부에 참여할 수 있는 평등한 권리가 시민적 자유를 유지하는 데 필수적이라는 주장은 너무 유토피아적인 것이어서 우리가 살고 있는 실제 정치 세계와는 들어맞지 않는다고 주장했다. 이러한 반박은 미국혁명과 프랑스혁명 시기에 여기저기서 터져 나왔다. 그 가운데, 후에 고전적 자유주의에 아마도 가장 큰 영향력을 발휘했던 것은 윌리엄 페일리의 『도덕철학과 정치철학의 원리』(*The Principles Of Moral And Political Philosophy*, 1785)였다고 스키너는 주장한다. 페일리는 위협적인 어조로 다음과 같이 강력히 말한다. "이러한 자유의 정의는 반드시 폐기되어야 한다. 그것은 경험적으로 불가능한 것을 시민적 자유의 본질이라고 주장함으로써 결코 충족될 수 없는 기대에 불을 붙여 불만으로 공론을 왜곡시킨다." 페일리의 이러한 경고는 그의 『도덕철학과 정치철학의 원리』가 19세기 내내 정치이론의 주된 교재로 사용되었다는 사실에 비추어볼 때 한층 더 의미가 있다고 스키너는 주장한다.

여기서 스키너는 유토피아적이라고 해서 반드시 정치이론에 맞지 않는다는 주장에 대해 반박한다. 이러한 비판은 앞서 본 벌린의 반유토피아적 사유에 대한 비판이기도 하다. 그에 의하면 도덕이론과 정치이론이 가지고 있는 정당한 목표 가운데 하나는 우리가 신봉하여 받아들인 가치에 따라 취하는 행동이 어떤 계열의 것인지를 확실히 알게 해주는 것이요, 우리가 개인의 자유를 진실로 가치 있는 것으로 생각한다면 그것은 하나의 본질적인 이상으로서 정치적 평등을 수립할 것을 우리에게 요구한다는 주장은 물론 현실적으로 매우 불편한 주장일 수도 있다. 그러나 그것이 진실이라면 그것이 현실에 안 맞는 요구라고 비판할 것이 아니라, 오히려 그러한 원리에 충분히 귀를 기울이지 않는 우리의 현실을 비판해야 할 것이다.[106]

공화주의 이론에 대해 공통으로 제기되는 또 다른 더 강력한 비판은 자유국가 안에서만 자유로울 수 있다는 주장에 기초해 자유의 개념을 분석하는 것 자체가 잘못 방향을 잡은 것이며 혼돈에 빠질 것이라는 경고라고 스키너는 지적한다. 그에 의하면 이러한 비판들은 공통적으로 두 가지 공격을 감행한다. 첫 번째 공격은, 개인의 자유의 범위는 개인이 자신의 힘 안에서 어디까지 어떤 행위를 할 수 있는가, 아니면 어디까지 물리적 혹은 법적으로 제약받지 않는가에 달려 있다는 홉스적 원리를 재확인하는 것이다. 예를 들어, 페일리가 말하듯 '실제로 얼마나 자유로운가'는 언제나 자신이 선택한 목적을 추구할 수 있는 힘에 부과된 '제약의 수와 강도에 반비례'한다는 것이다. 그러나 페일리에 의하면, 공화주의 이론가들은 이 상황에 대해서가 아니라 그러한 행위가 제약받을 수 있는 위험에서 얼마나 벗어날 수 있는지 혹은 없는지에 대해서만 말한다. 페일리는 계속해서 이것은 자유라는 관념을 전혀 다른 가치와 혼동하는 것이라고 비판한다. 공화주의 이론가들이 말하는 것은 자유를 보장받고 권리를 행사할 수 있는 가치이지 자유 그 자체가 아니라는 것이다. 그리하여 그들은 자유 그 자체를 기술했다기보다는 자유의 안전판과 보호막에 대해 기술했다는 것이다.

두 번째 공격은, 이렇게 공화주의 저술가들이 자유의 개념과 그것을 안전하게 할 수 있는 권리를 혼동했다는 것이 밝혀신다면, 자유국가 안에서만 자유로울 수 있다고 결론을 맺는 공화주의 저술가들의 주장은 잘못이라는 것을 알게 되리라는 것이다. 시민으로서 지니는 자유는 자신의 의지대로 힘을 행사하지 못하게 하는 법의 강제적 장치에 의해 얼마나 덜 제약 받는가에 달려 있다. 그러나 이것이 의미하는 바는 시민적 자유에서 문제가 되는 것은 누가 법을 만드는지의 문제가 아니라 단순히 얼마나 많은 법이 만들어지는지 그리하여 얼마나 많은 행위가 사실상 제약을 받는가 하는 문제라는 것이다. 이것은 다시 개인의 자유를 보존하기 위해서는 반드시 어떤 형태의 정부를 유지해야 할 필요는 없다는 것을 보여준다. 이러한 논리대로라면 벌린이 주장한 것처럼 원리상 "절대주의 형태의 정부가 가장 순수한 민주정보다 못지않은 자유를 허용할 수는 없으리라고 생각할 이유가 없다"는 것이라고 스키너는 주장한다.[107]

스키너는 이러한 반박은 부자연스러운 것이라고 할 수는 없어 보인다고 조금 양보한다. 현재 정치 철학자들 가운데 공화주의 이론을 가장 강력하게 옹호하고 있는 페팃조차도 여기에 양보하려는 기색이 보인다는 것이다. 예를 들어, 페팃는 페일리와 같은 고전적 자유주의 이론가들이 부자유를 간섭이라는 의미로 분석하는 반면에 그것과 경쟁적인 관계의 이론가들은 부자유를 간섭으로부터의 안전이라는 관점에서 분석한다고 양보하는 듯이 보인다는 것이다.[108] 그러나 페일리식의 비판은 공화주의 이론가들이 시민적 자유라는 개념에 대해서 고심한 결과 나온 가장 근본적이고 차별적인 주장을 제대로 이해하지 못한 것처럼 보인다는 것이 스키너의 주장이다.[109]

공화주의 저술가들은 시민으로서 지니는 자유의 범위는 그 시민이 선택한 목적을 자신의 의지대로 추구하는 것이 제한받는 혹은 제한받지 않는 범위에 의해서 결정된다는 것을 십분 받아들인다고 스키너는 주장한다. 즉, 그들은 자유는 언제나 그 어떤 것의 부재로서, 특히 제재와 강제라는 수단의 부재에 의해 규정된다는 의미에서 자유의 개념은 단지 소극적인 개념이라는 자유주의적 교리를 틀렸다고 하지는 않는다는 것이다. 또

퀜틴 스키너 Quentin Skinner(1940~)
스키너에 따르면 자유주의 자유론과
공화주의 자유론의 차이점은 제약이라는
기본적인 관념에 대한 해석의 차이이다.

한 그들은 강제력을 행사하거나 혹은 그렇게 하겠다고 위협하면서 강요하는 것이 개인의 자유를 간섭하는 제약에 속한다는 것도 결코 부인하려고 하지 않았다는 것이다. 공화주의 이론가들은 부자유는 강압의 산물이 아니라 단지 종속의 산물이라고 주장하지는 않았다는 것이다.

그렇다면 공화주의 자유론과 자유주의적 자유론을 구분 짓는 것은 도대체 무엇인가? 스키너에 의하면 공화주의 저술가들이 비판한 것은 강제 혹은 강압적 위협이 개인의 자유를 간섭하는 제약의 유일한 형식이라는 자유주의의 핵심적 주장이었다. 공화주의 저술가들은 이와는 대조적으로 종속 상태에서 산다는 것 그 자체가 제약의 근원이고 형식이라고 주장한다는 것이다. 그러한 조건하에서 살고 있다는 것을 알게 되는 순간 많은 시민적 권리들이 저절로 제약받는다는 것이다. 이것이 그들이 그러한 조건하에서 산다는 것이 단지 자유의 안전장치가 약화되는 것일 뿐만 아니라 자유 그 자체가 손상되는 것이라고 주장하는 이유라고 스키너는 단정한다. 단적으로 말해 자유주의 자유론과 공화주의 자유론의 차이점은 제약이라는 기본적인 관념에 대한 해석의 차이라고 스키너는 지적한다. 그는 그러한 차이를 가장 선명하게 보여주는 대표적인 예로 앞서 본 홉스와 해링턴의 저술을 꼽는다.[110]

스키너는 이후 자유를 '자의적 권력의 부재'라고 재규정했다. 그에 따르면 언제라도 자의적으로 권력을 행사할 수 있는 우월한 지위에 있는 인간의 선의에 의해 당장은 간섭받지 않는다고 해서 열등한 지위에 있는 인간이 자유롭다고는 할 수 없다. 그러한 열등한 인간은 늘 우월한 지위에 있는 인간의 눈치를 보며 자신의 행동에 대해 자기 스스로 검열할 것이기 때문에 절대 자유로울 수 없다는 것이다. 예를 들어 관대하고 자비로운 전제군주가 자신이 마음만 먹으면 공동체의 구성원들을 자기 아래에 둘 수 있다는 것을 알아도 그렇게 하지 않고 또 기질상 앞으로도 그렇게 하지 않을 것이라면, 그는 공동체 구성원들의 자유에 전혀 위해가 되지 않는다고 할 수 있을까? 스키너는 공화주의자들은 바로 이러한 발상을 거부했다고 단언한다.[111]

이러한 관점에서 스키너는 공화주의 자유론은 인간의 자유를 논할 때 먼저 그 인간이 속한 공동체의 성격을 규정한다고 주장한다. 왜냐하면 사적인 개인으로서 단순히 간섭받지 않는 것이 자유가 아니라 자신보다 더 우월한 지위에 있는 그 어떤 상위자도 존재하지 않는 공동체에서 평등한 지위를 누리는 것을 자유라고 보기 때문이다. 즉 공화주의적 자유는 그 구성원들이 평등한 시민으로서 자치를 실현하는 자유 공동체, 자유 국가 안에서만 가능하기 때문이다.[112] 그리하여 자유주의는 자유를 개인에게 주어진 재산 같은 것으로서 정부가 간여하는 것을 삼가는 것으로 보는 반면, 공화주의는 자유를 정치적 성취로써 그것을 지키기 위해 유덕한 시민들이 힘을 합쳐 행동해야 하는 것으로 본다.

따라서 스키너는 자유주의는 의무에 앞서 권리를 우선시하지만 공화주의는 권리에 앞서 의무를 우선시한다고 주장한다.[113] 그러나 인간들은 의무를 소홀히 하고 권리만을 앞세우려고 하는 성향이 있어서 공화주의자들은 공동체의 부패를 막기 위해 늘 시민들에게 공공정신으로 깨어 있기를 요구하지만, 자유주의자들은 그러한 문제점은 보이지 않는 손에 의해 해결될 것이라고 믿는다. 스키너는 자유주의의 이러한 낙관론이 오히려 자유를 상실하게 할 뿐이라고 경고한다. 그렇다고 해서 스키너가 공동체의 공동선을 위해 헌신하는 것 자체를, 이른바 자기실현이라는 적극적 자유로 간주하는 공동체주의를 지지하는 것은 아니다. 그도 페티트와 마찬가지로 공화주의는 공동체주의가 아니라고 단언한다. 단지 공동선의 추구가 자유와 양립할 수 없다는 자유주의를 비판할 뿐이다. 공동선의 추구를 통해 자유 공동체를 유지하는 것이 자유를 누리기 위한 최선의 그리고 유일한 수단이라는 것이다.[114]

스키너는 이러한 공화주의 자유론에 기초해 영국혁명 당시 푸트니 논쟁의 핵심이었던 투표권 문제를 새롭게 해석한다.[115] 그 논쟁에서 수평파의 대표들은 기본적으로 보통선거에 동의했다. 그런데 그들은 선거권을 자연권이 아니라 사회권이라고 보았으며 하인, 임금 노동자, 그리고 구호품 생활자들에게는 투표권을 부여하지 않으려고 했다. 이 점에서 그들은 논쟁의 상대였던 크롬웰 일파와 이견을 보이지 않았다. 그러나 다수의 수평파들은 보통선거권을 지지하고 있었다. 그 누구도 자신의 동의 없이 어떤 정부 아래에서 산다는 것은 생각할 수 없는 일이기에 가장 가난한 잉글랜드인도 투표권을 행사해야 한다는 것이다. 그렇다면 왜 논쟁에 참여한 수평파 대표들은 동료들과 다른 주장을 한 것일까?

일찍이 마르크스주의자인 맥퍼슨은 수평파도 기실은 '소유적 개인주의'라는 부르주아 이데올로기에 젖어 있었기 때문이라고 주장했다.[116] 맥퍼슨에 따르면 임금이나 구호품을 받아 생활하는 인간들은 그것을 받은 것으로 그들의 권리를 이미 상실한 것이기 때문에 투표권을 행사할 수 있는 자격을 잃게 된다는 것이 수평파의 일반적인 생각이었다. 이에 반해 키스 토머스는 그 문제에 대한 수평파의 일관된 원리 같은 것은 없다고 주장했다.[117] 마치 범법자에게는 투표권이 없다는 생각을 당연시했던 것처럼, 그저 하인, 도제와 같은 부류는 투표권을 소유하고 있지 않다는 것을 자명한 것으로 생각했을 뿐이라는 것이다. 따라서 수평파들의 저술에서 인간의 생득권이 어떤 조건에서 유보될 수 있는지에 대한 특별한 언급을 찾아보기가 힘들다는 견해다.

이러한 해석에 대해 스키너는 자신의 공화주의 자유론으로 맞선다. 즉 수평파와 이에 맞섰던 크롬웰 일파 모두 공통적으로 공화주의 자유론을 신봉하고 있어서 타인의 의지에 종속된 상태에 있는 인간들은 이미 자유인이 아니기 때문에 투표권이 무의미하다고 생각했다. 하인, 도제, 구호품 생활자들은 '자발적인 예종 상태'에 있기 때문에 이미 자유라는 생득권을 상실하고 말았다는 것이 그들의 공통된 생각이라고 스키너는 주장한다. 따라서 그는 투표권의 기준을 크롬웰 일파는 재산소유권에, 수평파 다수는 생득권에 두었다는 데서 양편의 차이를 찾으려고 하는 시도는 틀렸다고 평가한다. 예를 들어 크롬웰 편에서 그 논쟁에 가장 치열하게 참여했던 헨리 아이어턴(Henry Ireton)도 재산을 소유했다는 사실 그 자체가 투표권을 행사할 수 있는 기준이라고는 보지 않았다고 주장한다. 그는 자유롭게 투표할 수 있으려면 타인의 의지에 종속되지 않는 독립성을 유지해야 하는데, 재산이 그 독립성의 근거일 수 있다고 보았을 뿐이다. 그리고 이러한 생각은 해링턴과 같은 당시 공화주의자들의 공통된 생각이라는 것이다.

스키너의 이러한 주장은 포코크의 그것과도 일맥상통한다. 포코크는 공화주의자들의 재산관이 결코 부르주아적 재산관이 아니었다고 주장한다. 즉 공화주의자들에 따르면 재산은 도덕적 정치적 인격의 독립성을 유지하는 데 필요한 것으로서, 결코 물질적 문화적 욕구를 만족시킬 수 있는 능력을 증대시키기 위한 것이 아니라고 보았다.[118] 스키너는 이러한 관점에서 수평파는 '모든 남성들에게 무조건 투표권을 주는 것'(universal male suffrage)을 반대했지 '모든 남자다운 남자들에게 투표권을 주는 것'(universal manhood suffrage)은 반대하지 않았다고 주장한다. 여기서 '남자다운 남자'란 타인의 의지에 따르지 않고 자기 스스로 결정할 수 있는 남자를 말한다.

따라서 스키너에 따르면 수평파는 하인들뿐만 아니라 주교들마저도 '남자다운 남자'가 아니라고 분류했다. 나아가 수평파 가운데 하인들이나 구호품 생활자들도 이성에 따라 판단할 수 있는 능력이 있다면 그 어떤 다른 재산이 없어도 투표권을 행사해야 한다고 주장하는 인물도 있었음을 말하면서, 수평파가 단순히 재산 소유 여부를 투표권의 기준으로 생각하지 않았다고 재삼 강조한다. 재산소유권이 아니라 자기소유권(self-ownership)이 투표권의 기준이었다는 것이 스키너의 지론이다. 여기서 자기소유권이란 타인의 선의에 의지해 자신의 권리를 누리는 것이 아니라, 그 자신의 의지에 따라 행동할 수 있는 능력을 가지고 있음을 말한다. 즉, 자신이 한 행동이 자신이 가지고 있는 재화와 마찬가지로 자신의 것일 수 있는 남자들이 투표할 수 있다는 것이 공화주의자들의 공통된 생각이었다. 자유인의 지위를 가늠하는 기준이 재산이 아니라 독립적 인격이라는 것이다. 그리고 이러한 생각은 19세기 선거권 개정 논란 속에서 글래드스톤파의 선거권 확대론에도 영향을 미쳤다.[119]

5. 맺음말

공화주의론의 사학사적 의의는 공화주의가 17-18세기 영미 세계의 정치 사상의 주류였는가의 여부를 떠나서 지금까지는 소홀히 해왔던 ― 외면당했다고 할 수 있는 ― 세계관의 역사적 존재를 부각시킴으로써 서양 민주주의의 또 다른 기초를 발견했다는 사실에서 찾아야 할 것이다. 대학의 정치사상사의 교재로 사용하는 그야말로 고전적인 텍스트들에서 공화주의에 대한 언급을 찾아보기란 거의 불가능한 실정이다. 홉스와 로크만 알면 전 산업화 시대의 정치사상사는 다 아는 것처럼 되어온 것이 관례이며 그 결과가 고등학교의 사회 과목 시험에서조차 미국혁명과 프랑스혁명에 가장 큰 영향을 준 사상가는 누구인가라는 문제의 답은 로크로 확정된 지 오래이다. 이 결과 민주주의로 가는 길은 로크 이외에 없으며 개인주의적 자유주의에 경의를 표하지 않는 것은 민주주의로부터 멀어지는 것으로 생각되어왔다. 특히 파시즘과 스탈린주의의 사이비 공동체주의의 악몽에서 깨어난 지 얼마 안 되는 20세기 후반의 인간들에게 권리보다는 덕을 우선시하는 공화주의론은 심히 의심스러운 이데올로기로 보일지 모른다. 그러나 공동체에 대한 무관심과 무절제한 사적 이해의 추구 등 사회 병리적 현상이 만연되고 있는 오늘날 공화주의가 요구하는 참여와 '비지배'의 정신은 그것이 공동체의 자유를 지키려고 하는 것인 만큼 추구해야 할 소중한 가치의 하나라고 아니할 수 없다. 분명히 말해 공화주의는 국가와 민족이라는 이름으로 공동체를 신비화하고 또 그 이름으로 그 지배자에게 맹목적 복종을 강요하는 그러한 이데올로기가 아니다. 공화주의는 인간이 인간답기 위해서는 우선 시민이 되어야만 하며 그러한 시민들의 자유로운 공동체로서의 공화국만이 인간이 인간답게 살 수 있는 곳이라는 주장이다. 그리하여 실로 인간적 자유는 은밀한 자신의 창고에 자물쇠를 잠그면서 확보되는 것이 아니라 공동체의 저 높은 곳(acropolis)에서 자신의 창검을 들고 두 눈을 부릅뜰 때 확보된다는 것이다.

4. 영국 산업혁명 다시 보기 *

이영석

1. '산업혁명'이라는 말

'산업혁명'(Industrial Revolution)은 1760년대 이래 수십 년간 영국에서 전개된 공업생산의 증가와 이에 따른 경제사회적 변동을 가리키는 용어다. 이러한 변화는 영국을 비롯해 19세기 유럽의 주요 국가들이 연이어 겪었기 때문에 한 나라가 산업사회로 나아가는 결정적인 단계로 인식되고 있다. 기술 측면에서 보면 영국의 산업혁명은 세 가지 특징을 지닌다. 사람의 손기술에서 기계로, 인력이나 축력에서 증기력 같은 새로운 형태의 동력으로, 그리고 식물과 동물성 원료에서 광물성 원료로의 변화가 바로 그것이다.[1] 여기에서 특히 증기력이 중요하다. 증기기관의 이용에 힘입어 기

---

* 이 글은 필자의 이전 글들을 발췌해 작성했다. 『다시 돌아본 자본의 시대』 (소나무, 1999), 1장; 『공장의 역사: 근대 영국 사회와 생산, 언어, 정치』 (푸른역사, 2012), 4장; 『영국사 깊이 읽기』 (푸른역사, 2016), 9장.

계와 공장제도가 생산에서 중요한 부분을 차지하게 되었고 교통혁명이 시작되었기 때문이다.

'산업혁명'이라는 말은 토인비(Arnold Toynbee)의 『영국 산업혁명 강의』(Lectures on the Industrial Revolution in England, 1884)에서 학술적 의미를 갖게 되었지만,[2] 그 이전에도 블랑키(Louis A. Blanqui)나 엥겔스 등 동시대 인들이 영국에서 벌어지고 있는 급속한 변화를 가리켜 이런 표현을 썼다. 물론 산업혁명은 프랑스혁명 같은 정치적 사건과 달리 겉보기에는 뚜렷하거나 극적인 장면을 연출하지 않았다. 그럼에도 산업혁명 이후 지속적인 성장과 생활 수준 향상이 이루어졌기 때문에 전통적인 역사가들은 산업혁명의 '혁명성'을 당연하게 받아들였다. 그동안 토인비 이래 격변론자(revolutionist)들이 산업혁명의 중요한 특징으로 강조한 것은 경쟁적 시장, 공장제도, 기술혁신과 증기력 등이었다. 특히 1960년대 근대화론이나 경제성장사학에서 산업혁명은 근대화 과정의 결정적 시점인 이륙(take-off) 단계 또는 인구증가율을 상회하는 지속적 경제성장(근대적 경제성장)의 최초 사례로 간주되었다.[3] 좀 더 포괄적으로, 산업혁명은 "생활수단에 대한 접근, 생태환경의 통제, 자연의 전제로부터 벗어날 수 있는 능력" 등에서 변화를 가져온 사회혁명이었다는 견해도 있다.[4] 이들 해석은 다 같이 산업혁명이라는 용어의 혁명성을 인정한다는 점에서 공통점을 지닌다.

그러나 산업혁명은 정치적 격변과 달리 급격한 변화의 시점을 명확하게 보여주지 않는다. 산업혁명기 영국 경제는 전반적으로 그 이전 시기와 뚜렷하게 대조적이지 않다는 것이다. 산업혁명의 점진성을 강조하는 견해는 전간기와 1970-1980년대에 두드러지게 나타났는데, 두 시기가 다 같이 경제침체기였다는 점에서 눈길을 끈다. 현재에 대한 관심이 역사 연구에 영향을 미칠 수도 있음을 시사한다. 점진론자(evolutionist)들은 산업혁명기의 기술혁신이 획기적인 것이 아니었고 그 전파속도도 느렸다는 점을 강조한다. 공장제도 또한 오히려 전통적 생산조직과 공존 관계를 유지하는 경우가 흔했다. 예컨대 면방적공장은 주위에 수직포 분야의 전통적인 가내공업을 자극해 이 직종의 번영을 가져왔다. 한편, 신경제사의 방법으로 산업혁명기의 거시경제를 재구성해 그 점진적인 성격을 입증하려는 노력도 이루어졌다. 크래프츠(Nicholas Crafts)와 할리(Charles Knickerbocker Harley)가 새롭게 산출한 이 시기의 거시경제지표는 이전의 추계보다 상당히 낮다. 예컨대 1801-1830년의 연평균 경제성장률은 이전의 딘(Phyllis Mary Deane)과 코울(W. A. Cole)의 추계 3.06퍼센트보다 낮은 1.9퍼센트 수준으로 나타난다. 같은 시기의 1인당 국민소득 증가율도 이전의 1.61퍼센트에서 0.5퍼센트로 수정되고 있다.[5] 더욱이 나폴레옹전쟁으로 인한 투자 및 시장 왜곡이 성장률 저하에 영향을 미친 것으로 알려졌다. 결국 근대경제사에서 산업혁명을 분수령, 전환점, 이륙 등의 표현과 동일시하는 관행은 그릇된 전통이며 그 용어는 신화에 지나지 않는다는 것이다.

실제로 18세기 후반 이전에도 유럽 각지에서 농업, 직물업, 제철 등 여러 분야에서 새로운 기술이 도입되고 있었다. 또한 영국 산업혁명과 후대 다른 나라의 산업화 과정과 비교했을 때 영국의 변화는 상대적으로 느리게 진행되었고 점진적이었다. 1760-1830년의 시기에 영국의 공업화 자체도 랭커셔의 몇몇 도시와 미들랜즈 일부 지방에 국한되었을 뿐 영국 국민경제에 커다란 파급효과를 보여주지 못했던 것도 사실이다.

그렇다면 '산업혁명'이라는 용어는 수정주의 해석에서 주장하듯이 부적절한 이름인가? 산업혁명 이후의 역사적 경험은 이 시기를 분기점으로 농업사회에서 공업사회로의 급격한 이행을 보여준다. 1760-1830년의 성장률이 그 이전 시기에 비해 월등하게 높지 않았다고 하더라도, 그 이후의 사회경제적 변화를 가져온 기반은 산업혁명기에 형성된 것이다. 산업혁명은 새로운 변화의 시작이 아니라 그 이전부터 진행된 사회경제적 변화를 가속시켰다는 점에서 중요한 의미를 지닌다. 또 19세기 다른 나라의 산업화와 비교해 영국 산업혁명의 점진적 성격을 강조하는 것도 적절치 않다. 영국의 산업혁명은 프랑스나 독일의 사례와 달리 선례도 없었고 정부나 민간조직에 의해 기획되지 않은 자생적 과정이었기 때문이다.

이 글은 산업혁명의 원인에 관한 논의를 정리하면서 기계와 공장, 그리고 급속한 사회 변동을 중시하는 전통적 해석이 산업혁명 당대 지식인 저술의 영향을 받았으며, 이들 저술에서 표명된 작업기 중심의 견해가 실제로는 인도 면직물과의 경쟁이라는 영국적 상황과 관련된다는 점을 강조하려고 한다. 이러한 시도는 영국 산업혁명을 세계사적 시각에서 재조명하려는 근래의 연구 동향을 반영한다.

2. 산업혁명의 원인에 관하여

왜 영국에서 최초의 산업혁명이 일어났는가. 17세기 이래 영국에서 전개된 사회경제적 변화가 우선 중요하다. 명예혁명 이후 영국은 입헌군주정 아래 의회정치가 발전하면서 정치적으로 안정을 누렸다. 이 안정을 바탕으로 영국은 국제무역의 주도권을 잡았으며, 금융혁명에 힘입어 부를 추정한 상인층이 후일 산업화 과정에서 자본 투자를 담당할 세력으로 성장했다. 특히 18세기에 영국을 중심으로 새롭게 전개된 삼각무역은 영국 - 아프리카 - 아메리카대륙을 연결하는 무역망을 가리키는 것으로서 영국의 경제 번영에 밑거름이 되었다.

한편, 영국은 산업화를 주도할 중간계급이 빠르게 성장했다. 종래 도시 상공업자뿐 아니라 농촌에서 상승한 부농을 포함해 심지어 귀족 집안 출신까지 중간계급의 활동 영역으로 진출하는 경향이 나타났다. 장자상속제

18세기 영국은 기술적 잠재력이 높은 사회로서
개량과 혁신에 관심을 가진 다수의 기술공이 활동하고 있었다.

가 지배하고 있었기 때문에 귀족의 차남 이하 자녀들은 부를 축적할 수 있
는 시장경제에 접근하는 데 열심이었다. 17, 18세기 농업의 변화는 주로
이들의 관심과 후원으로 가속되었다. 흔히 노퍽(Norfolk) 농법으로 알려진
새로운 개량농법은 17세기에도 나타났지만, 다음 세기에 영국 동남부 지
방을 중심으로 널리 확대되었다. 이러한 변화의 물꼬를 튼 세력은 지주층
이었다.

 역사가들은 더 나아가 18세기 영국에서 자본축적과 노동공급, 그리고
시장수요에 유리하게 작용할 만한 여러 조건, 제도, 관행, 사회 분위기 등
을 중시해왔다. 정치적 안정, 국제무역 주도, 중간계급의 성장, 이윤추구
경제 활동에 대한 귀족층의 참여 외에도, 금융혁명, 영국 귀족제도의 개방
적 성격, 과학지식의 보급 등이 원인 목록에 자주 등장한다. 이 밖에도 18세
기 후반에 집중된 의회 인클로저, 운하망과 항구와 도로 같은 사회간접자
본의 확충, 자유방임주의 등이 주로 거론된다. 나아가 제도적 차원에서 사
유재산권을 보장하는 법과 제도의 정착, 거래를 활성화할 수 있는 편리한

계약 관행도 중시되었다.[6]

더욱이 18세기 영국은 기술적 잠재력이 높은 사회로서 개량과 혁신에 관심을 가진 다수의 기술공이 활동하고 있었다. 본격적인 전문기술자로 활동한 스머튼(Joseph Smeaton), 수력을 이용한 브라마(Joseph Bramah), 또는 솜씨 좋은 기계공 로버츠(Richard Roberts)는 그 일부 사례에 지나지 않는다. 이들은 대륙에서 개발된 기술이라고 하더라도 그것이 이윤을 창출하는 데 긴요하다고 여겨질 경우 주저하지 않고 활용하려는 적극적인 태도를 가지고 있었다. 대륙에서 개발된 기술이라고 하더라도 영국의 장인과 기술자들은 이를 적극 받아들이고 개량하려는 분위기가 고조되고 있었다.[7]

이에 덧붙여 석탄의 중요성을 고려해야 한다. 석탄은 증기기관 연료의 기능뿐 아니라 일상생활에 필요한 연료를 대체함으로써 숲의 면적을 줄이고 그 대신에 가경지 면적을 늘리는 데 기여했다고 알려졌다.[8] 근래 역사가들은 적어도 18세기 후반까지 중국이나 인도가 유럽을 능가하는 경제력을 갖추었다는 점을 강조한다. 이들 지역에는 높은 농업생산성과 집약적인 농업을 통해 유럽보다 훨씬 더 많은 인구가 거주하고 있었다. 인구가 증가할수록 더욱더 토지를 집약적으로 경작하게 되면서 같은 세기말에 이들 지역은 성장의 한계에 이르렀는데, 그럼에도 노동집약적인 생산 이외의 대안을 마련할 수 없었다. 영국도 비슷한 시기에 인구증가의 한계에 도달했지만, 그 돌파구를 석탄에서 찾을 수 있었다는 것이다.[9]

이 밖에도 이루 다 헤아릴 수 없는 여러 요인들을 지적할 수 있다. 그러나 과연 이러한 요인들이 영국만의 유일한 조건이었는지는 의문이다. 다른 나라도 이에 못지않은 유리한 조건들을 갖추고 있었다. 이 조건들이 어떤 상황에서 서로 작용하여 산업화의 길로 나아갔는지를 명확하게 설명하기란 쉽지 않은 일이다. 심지어 크래프츠 같은 역사가는 그동안 거론된 여러 요인의 목록을 작성한 뒤에 영국의 산업화는 아마도 "확률상의 문제"일 것이라는 자조적인 결론을 내리기도 한다.[10] 이러한 표현은 산업혁명사 연구에서 모두를 만족시킬 만한 대답을 찾기란 그만큼 어렵다는 점을 일깨운다.

그러나 18세기 영국은 대륙의 다른 나라에 비해 좀 더 유리하면서도 특별한 조건을 갖추고 있었다. 국제무역의 헤게모니다. 18세기 영국은 이미 유럽 대륙을 넘어서 다른 지역과 무역하거나 또는 지배하는 단계로 나아 갔다. 이와 연결되는 것이겠지만, 영국에서는 부의 축적을 위해 기술적, 사회적, 경제적 노력을 기울이는 것이 바람직하다는 사회 분위기가 널리 퍼져 있었다. 이런 분위기 아래서 영국이 가진 여러 요인이 산업혁명의 전개에 유리하게 작용했던 것이다.

3. 왜 면직물 공업인가? 인도 면직물업과의 관계

영국 산업혁명의 주도산업은 면직물 공업이다. 사실 18세기 후반까지 영국의 전통적인 산업은 모직물 공업이었다. 그러다가 상황이 바뀌어 면직물 공업이 영국의 산업화를 이끄는 기관차 역할을 맡게 되었다. 왜 이런 변화가 일어났을까? 일반적으로 알려진 통설은 이렇다. 우선 북아메리카에서 면화를 재배하면서 원료를 쉽게 구할 수 있었고, 또 솜에서 실을 잣거나 실을 가지고 천을 짜는 공정이 기계화에 적합했기 때문이다. 면직물 공업은 모직물 공업과 달리 생산방식 면에서 오랜 전통이 없었기 때문에 오히려 새로운 혁신이 가능했다는 것이다.[11] 그러나 무엇보다도 중요한 것은 18세기에 면제품 시장이 급속하게 확대되었다는 사실이다.

17세기 후반에 이전의 신대륙무역이나 동방무역과 달리 영국의 런던과

조지 스티븐슨의 기관차 로켓 2호

리버풀을 중심으로 아프리카와 아메리카 대륙을 연결하는 새로운 무역이 발전했다. 이 삼각무역에서는 주로 아메리카 대륙의 농산물인 설탕, 면화, 담배, 아프리카의 흑인 노예와 상아, 인도의 면직물이 거래됐다. 흑인 노예는 아메리카 대륙의 백인 농장에서 일하는 노동력으로 팔렸고, 인도의 면직물은 처음에는 이들의 의류로 사용하려고 거래된 상품이었다. 그러다가 면제품이 값싸고 질기며 부드럽다는 사실이 널리 알려지면서, 유럽 사람들도 면직물을 좋아하게 되었다. 이에 따라 인도 면직물은 지금까지 해외 무역에서 영국의 가장 중요한 수출품이었던 모직물의 지위를 위협하기에 이르렀다. 위기는 또한 기회를 낳기도 한다. 면제품에 대한 국내 수요가 높아지자 질 좋은 면직물을 만들어 공급하려는 노력 또한 지속적으로 이루어졌기 때문이다. 이런 점에서 보면 영국에서 면직물 공업의 발전, 또는 더 나아가 산업혁명의 전개는 17세기 후반 이래 영국이 세계무역에서 지배적인 위치를 차지하게 된 사실과 밀접한 관련이 있다.

여기에서 좀 더 주목해야 할 것은 바로 18세기 인도 면직물이다. 유어(Andrew Ure)와 베인스(Edward Baines) 등 산업혁명기 영국 지식인들은

18세기 인도 면직물과 영국산 직물의 경쟁에 대해 다소간 편견이 깃든 애국적 언어로 작업기, 특히 방적기를 예찬하고 있다. 예를 들어, 베인스는 영국에서 면직물 공업의 이점에 관해 언급하면서 풍부한 수력, 석탄 같은 연료, 철광석, 온화한 기후와 함께 부지런한 주민을 지적한다. 영국은 유럽 대륙 가운데서도 가장 뒤늦게 면직물 공업을 발전시키려고 노력을 기울여 왔지만, 면직물 생산에서 다른 나라를 앞지를 수 있다는 주장이다.[12] 유어 또한 인도산 면사 못지않게 질기면서도 가느다란 실을 뽑을 수 있게 된 리처드 아크라이트(Sir Richard Arkwright)의 수력 방적기를 다음과 같이 극찬한다. 이 또한 애국적인 서사에 해당한다.

대략 60여 년 전 더웬트강 낭만적인 계곡, 크롬퍼드에 최초의 면방적용 수력 방적기가 세워졌을 때, 인류는 영국 사회뿐만 아니라 대체로 세계의 운명 속에서도 신의 섭리에 의해 새로운 작업체계를 성취하도록 예정된, 예의 그 엄청난 혁명을 알지 못했다. 본질적으로 일정하지 않고 일시적인 근력을 쓰는 노력에 더 이상 비례하지 않고, 지칠 줄 모르는 어떤 물리적인 힘에 의해 매우 빠르게 규칙적으로 추진되는 기계 손과 기계 팔의 작업을 인도하는 작업으로만 구성될 적에, 인간의 일이 얼마나 엄청나게 생산적인 것이 될 것인가는, 오직 아크라이트만이 그것을 식별할 수 있는 명민함과 열렬한 말로 그것을 예견할 수 있는 대담함을 지녔을 뿐이었다.[13]

이런 애국주의적인 기계 예찬론은 바로 인도 면직물과의 경쟁이라는 외적 요인과 관련된다. 1835년 베인스는 영국 면직물 공업의 역사에 관한 다량의 정보를 바탕으로 면방적 분야에서 기계류가 처음 도입된 이유를 설명한다. 그에 따르면, 기계류의 확산은 16세기 이래 국제 무역망의 형성이라는 맥락에서 이해하지 않으면 안 된다. 특히 17, 18세기에 아메리카의 백인 농장주들이 설탕, 담배, 면화 플랜테이션 노동력으로 아프리카 흑인 노예를 받아들이면서, 영국 노예 상인들이 노예에게 입힐 의류용으로 인도 면직물을 수입하기 시작했다. 인도산 직물은 영국의 섬유류에 비해 가격이 싼 대신에 품질이 매우 좋았기 때문이다.[14] 이후 인도 면직물은 유럽인 사이에서도 매우 인기를 끌었다. 인도산 직물에 대한 유럽인의 열광에 대해 베인스는 다음과 같이 말한다.

인도산 모슬린, 진츠, 캘리코가 아름답고 값도 싸기 때문에 유럽 각국의 제조업자들이 인도 면직물과의 경쟁으로 파멸되지 않을까 걱정하던 시기가 있었다. 17세기에 네덜란드와 영국 동인도회사는 인도 면직물을 대량으로 수입했다. 이들 면직물은 부녀자와 어린이 의상용은 물론, 커튼과 가구용으로도 매우 인기가 있었다. 심지어 질 낮은 캘리코 직물도 외투의 안감으로 쓰였다.[15]

1690년대 이후 모슬린, 캘리코, 진츠 등 인도산 직물은 더욱더 대중화되었다. 영국에서 생산된 면사와 직물은 인도 면직물과 경쟁할 만큼 품질이 좋지 않았다. 인도 면직물이 홍수처럼 수입되기 시작하면서, 이제 영국의 전통산업인 모직물 공업 종사자들이 공공연하게 우려를 나타내기 시작했다. 1678년에 인도산 직물 수입을 반대하는 최초의 항의가 나타났다. 맨체스터 인근 국내 산업의 보호를 목적으로 인도 면직물 수입을 금지하는 법안이 의회에 제출되었다. 대규모 항의 이후에 의회는 여러 차례에 걸쳐 인도산 직물에 물품세를 부과하기에 이르렀다. 예를 들어, 1712년 의회는 수입 면직물(claico)에 대해 1평방야드 당 3펜스의 물품세를 부과하고 2년 후에 6펜스로 인상했다.[16]

그러나 이 같은 법령은 실효성이 없었다. 금지 입법만으로 서민층 사이의 면직물 선호 경향에 제동을 걸 수 없었다. 영국의 경우 다른 나라로 우회해 유입되는 면직물의 양만 증가했다. 역설적으로 이들 입법은 유럽 각국의 국내 섬유제조업에 자극을 주었다. 제조업자들은 인도 면직물과 경쟁하기 위해 가격, 디자인, 색상 면에서 이전보다 좀 더 향상된 제품을 만드는 데 노력을 기울였다.

인도 수공기술에 주목한 영국의 제조업자들은 상당 기간 인도산 직물에 필적할 만한 경쟁력을 갖출 수 없었다. 이 때문에 그들은 돌파구를 발견하기까지 여러 어려움을 겪었다. 이러한 상황을 타개하기 위한 궁극적인 귀결은 방적 분야의 기계를 발명하는 것이었다. 이 점을 고려하면, 산업혁명기의 지식인들이 왜 그렇게 방적기에 열광했는지, 그 이유를 쉽게 짐작할 수 있다.

18세기 인도에서 구자라트(Gujarat) 지역은 다른 지역, 특히 유럽에 수출할 면직물을 생산하는 가장 중요한 거점 가운데 하나였다. 구자라트의 주된 수출품은 면업 분야에 토대를 두고 있었다. 그 당시 인도의 면직물 생산 조직은 유럽의 선대제(putting-out system)와 유사했다. 방적과 직조는 개별 농가의 부업으로 이루어지고 있었지만, 농촌사회의 소수 중매인이 그들에게 생산 원료를 공급하고 선대(先貸)했다. 염색과 디자인은 거대 중매상이 직접 경영하는 작업장에서 대량으로 이루어졌다.[17]

1613년 영국 동인도회사가 인도산 면직물을 수입해 처음으로 경매에 내놓은 이래, 인도 면직물이 영국산 직물과 경쟁하게 되었다. 인도 면직물이 영국의 아마포(linen)보다도 더 저렴했기 때문이다. 1684년 동인도회사가 수입한 면직물은 150만 필에 이를 정도였다.[18] 차우두리(Kirti N. Chaudhuri)에 따르면, 인도는 영국이 방적기와 역직기를 이용하기 전까지만 하더라도 세계 최대의 면직물 생산국이었다. 인도산 면제품은 오랫동안 아시아 및 아프리카 해외시장을 지배했으며, 18세기에 이르러 유럽인

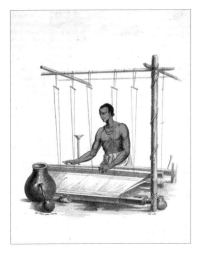

인도산 면제품은 오랫동안 아시아 및 아프리카 해외시장을 지배했으며, 18세기에 이르러 유럽인 또한 인도산 직물에 매료당했다.

또한 인도산 직물에 매료당했다.[19] 베인스는 인도 대부분 지역에서 면화가 널리 재배되고 있다는 사실을 알고 있었다. 그는 이렇게 말한다.

인도의 면직물 제조는 일부 커다란 읍락 또는 한두 지역에서만 이루어지지 않는다. 면업은 어디서나 이루어진다. 면화 재배는 식량 생산만큼이나 일반적이다. 어느 곳에서나 부녀자는 실 뽑는 데 시간을 보낸다. 모든 마을마다 직조공이 있으며, 주민들에게 그들이 필요로 하는 백색 면포를 공급하는 것이다.[20]

인도 가내수공업자들은 대부분 간단한 도구를 이용해 실을 뽑고 직물을 짰기 때문에 면업 분야에는 대자본이나 작업장 설비가 필요하지 않았다. 인도의 가내노동자들은 작고 조야한 맷돌이나 조면(繰綿) 도구를 이용해 원면에서 씨앗을 떼어냈는데, 이 작업은 주로 부녀자의 일이었다. 손 맷돌은 두 개의 목제 롤러로 구성되어 있었다. 한쪽에서 솜을 집어넣고 회전하는 롤러를 통해 빼냈다. 다음 작업은 원면을 두드려 티끌과 옹이를 제거하는 일이었다. 그다음에 성인 노동자들이 방적과 직조작업에 매달렸다.[21] 인도 가내수공업자들은 원시적인 도구와 설비를 가지고도 질 좋은 면제품을 생산할 수 있었던 것이다. 인도 면직물은 유럽산 직물보다 훨씬 더 좋은 품질을 지니고 있었는데, 이는 인도의 부녀자들이 그들의 손가락 기술을 활용해 가늘고 질긴 실을 뽑아낼 수 있었기 때문이다. 베인스는 자신의 책 여러 곳에서 부녀자들의 손기술에 찬탄을 보냈다.

아무런 소면(梳綿, carding) 과정도 없이 면화를 잘 손질하면, 여성이 실을 뽑는다. 조잡한 면사는 한 가닥만 잣는 무거운 물레를 돌려 뽑아내고, 좀 더 질 좋은 실은 금속 방추를 사용해 뽑아낸다. 때로는 실톳대를 이용하기도 한다. 손가락 촉감이 아주 민감하고 섬세한 인도 여성들은 이 단순한 방식만으로 기계로 잣는 유럽산 면사 어느 것보다도 더 질이 좋고 훨씬 더 질긴 면사를 생산하는 것이다.[22]

부녀자들은 직물 짜는 데 쓸 실을 뽑은 다음, 실을 남성에게 건넨다. 베틀에 걸 수 있도록 섬세하게 손끝으로 다듬는다. 유럽 사람들의 거칠고 투박한 손가락으로는 인도 노동자가 머슬린 한 필을 짜는 데 사용한 도구와 장치만으로는 조잡한 천(canvas) 한 필도 거의 만들 수 없다. 독특한 특색이 있는 직물은 모두가 특정한 지역의 생산물이며, 그 지역에서 그 직물은 아버지에게서 아들로 아마 여러 세기에 걸쳐 전수되었을 것이다. 그렇게 형성된 관행이 완벽한 직물 제조에 이바지했을 것임에 틀림없다.[23]

인도 면직물에 대한 선호도는 질기고 가느다란 면사, 부드러운 면포의 질뿐만 아니라 다른 나라 제조업자들이 따라갈 수 없는 염색기술과 뛰어난 디자인에 힘입은 것이기도 했다. 더 나아가 이 면직물의 경쟁력은 수공 기술 이외에도 잘 발달된 농업과 관련된다. 인도 농업은 매우 생산력이 높아서 농산물 가격이 유럽의 경우보다 더 낮았다. 적어도 18세기까지 인도는 농업 생산성을 높은 수준으로 유지할 수 있었다. 이 때문에 노동의 가치가 낮은 수준에 머물렀으며, 면업 분야의 경쟁력은 이런 유리한 조건의 결과이기도 했다.

4. 작업기와 동력기, 그리고 석탄

산업혁명을 격변적 변화로 인식해온 전통적인 견해는 특히 기계를 중시해왔다. 산업혁명기에 기계는 유어, 베인스, 배비지(Charles Babbage)와 같은 동시대 지식인들에게 깊은 인상을 심어주었다. 이들은 모두가 기계란 그 안에 어떤 장치를 가지고 작동하는 메커니즘이라고 생각했다. 이들 가운데 유어가 제니 방적기나 수력 방적기 또는 뮬 방적기 등의 구조를 정확하게 설명하고 있다. 특히 1820년대에 개량된 자동 뮬기(self-acting mule)는 산업혁명기 경제발전을 주도할 수 있는 기계의 전형으로 여겨졌다. 이 때문에 오랫동안 기계의 사용과 공장제도의 확산이야말로 산업혁명의 본질적인 면모로 간주되었다.

기계를 바라보는 당대 사람들의 견해는 후일 산업혁명을 급격한 변화과정으로 바라보는 경향에 큰 영향을 미쳤다. 유어는 기계류를 "동력의 생산에 관련된 기계와 동력의 전달 및 조율에 관련된 기계, 그리고 다양한 형태의 재료를 상품으로 만드는 기계" 등 세 가지 형태로 구분한다. 배비지는 이보다 더 단순하게 "동력의 생산에 쓰이는 것"과 "힘의 전달 및 작업의 실행에 이용하는 것" 두 가지 형태로 분류한다.[24] 그렇다고 하더라도 두 사람 모두 그 용도에 따라 기계를 동력기, 전동기, 작업기로 개념화하고 있다는 점에서는 동일하다. 특히 유어는 동력기라고 하는 첫째 부류의 기계보다는 마지막 형태인 작업기에 초점을 맞춘다. 왜 당대의 관찰자들은 생산 과정에서 작업기의 역할을 강조했는가? 왜 그들은 기계에 빠져들었는가?

역사적으로 보면, 영국에서 처음 기계가 출현하지 않았다. 일부 역사가들이 기계를 산업혁명의 본질적인 요소로 자리매김하고 있기는 하지만, 실제로 기계는 전 산업 시대의 중국이나 유럽 대륙 같은 다른 지역에서도 만들어 사용하였다. 다만, 이들 지역의 노동자들이 기계를 지속적으로 이용할 수 없었던 반면에 오직 영국의 노동자들만이 18세기 말과 19세기 초에 기계와 증기기관을 연결해 다루고 이를 통해 생산성을 높여나가기 시작했던 것이다. 최근에 몇몇 역사가들이 산업혁명기의 기계의 역할을 새롭게 조명하고 있다. 그러나 이전의 역사가들과 달리, 이들은 산업혁명의 핵심 요소로서 기계의 지속적인 이용을 가능케 한 증기기관 또는 석탄 자체에 눈길을 돌린다.

작업기의 중요성은 사실 스미스의 분업이론에서 비롯한다. 스미스는 핀 제조업의 사례를 통해서 분업에 기초를 둔 생산성 향상의 가능성을 입증하고 있다. 분업과 기계 사용에 의한 생산성 향상은 매우 중요하지만, 그럼에도 그것은 또한 제한적인 설명일 뿐이다. 기계는 전 산업 시대 다른 지역에서도 발명되었다. 중국과 같은 전통적인 사회에서 지식인과 장인들은 농경이나 양수용, 또는 군사용으로 정교한 기계를 만들었다. 그러나 그 기계들은 발명되었을 뿐 사람들이 널리 이용하지 않았다. 영국에서는 방적기가 증기기관과 연결되었던 반면, 다른 지역의 작업기들은 인력이나 자연력으로 가동하는 한 생산성을 향상시킬 수 없었다. 바로 이 점이 18세기 영국과 다른 지역의 차이를 낳은 것이다. 요컨대, 중요한 것은 기계의 발명이 아니라 그 기계의 지속적인 사용 여부이다.

　방적기의 기술개량 역사는 잘 알려져 있다. 1733년 존 케이(John Kay)의 자동 북(flying shuttle)이 전통 직기(織機)에 부착되면서 실 부족 현상이 심화되었다. 케이가 고안한 방식은 베틀 양 끝에 일종의 북침 장치(pecking peg)를 덧붙인 것으로서 이 장치를 움직이면 북이 연속적으로 좌우 이동함으로써 손으로 북을 옮겨야 하는 이전의 베틀에 비해 생산성이 높아졌다. 18세기 후반에 제니, 수력 방적기, 뮬기 등의 개량 방적기가 등장한 것은 바로 이같은 실 부족 현상을 타개하기 위한 숙련 장인들의 노력에 힘입

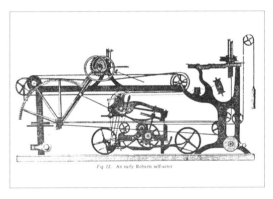

Fig 12.　An early Roberts self-actor

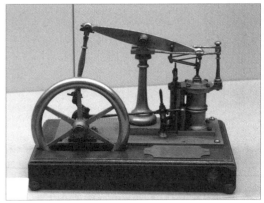

■ 자동 뮬 방적기

□ 제임스 와트의
　분리 응축식 증기기관 모델

은 것이었다. 1764년 하그리브스(James Hargreaves)가 제작한 제니 방적기는 방차로 방추를 회전시켜 실을 잣는 전통적인 물레 방식을 개량한 것이다. 전통 물레와 달리, 회전 바퀴에 여러 개의 방추를 연결해 여러 가닥의 실을 뽑을 수 있었다. 1768년 아크라이트(Richard Arkwright)가 만든 수력 방적기는 두 개씩 서로 맞물려 회전하는 여러 쌍의 롤러 사이로 조사(粗絲)를 꼬면서 잡아 늘이는 과정을 계속 반복함으로써 질 좋은 면사를 잣는 기계였다. 1779년 크롬프턴(Samuel Crompton)이 개량한 뮬 방적기는 물레식과 롤러 시스템을 결합한 방적기로써 '잡종'(mule)이라는 이름 자체가 이와 같은 기계적 특징을 가리킨다. 품질 좋은 실을 여러 가닥 뽑을 수 있었기 때문에 후일 방적기의 주류가 되었다.[25]

면직물 공업은 1790년대 이후 영국 제조업 부문에서 가장 중요한 산업으로 떠올랐다. 당시 일부 지식인들은 새로운 방적기가 인도산 면사에 버금갈 만큼 질이 좋은 실을 생산할 수 있다는 사실에 놀라워했다. 1830년대 초 일부 토리파 인사들이 기계와 공장제도의 해악을 고발하는 팸플릿을 발간했을 때, 제조업자들은 이러한 공격으로부터 그들 자신을 방어할 필요가 있었다. 유어를 비롯한 몇몇 지식인들의 저술은 이러한 상황에 따른 결과물이었다. 물론 유어가 공장에서 증기기관의 중요성을 강조했던 것은 분명하다. 그는 두 가지 측면, 즉 인간의 결합노동과 기계라는 관점에서 공장제도의 본질을 분석한다.

공장(factory)이라는 말은 기술상으로는, 한 중심동력에 의해 끊임없이 추진되는 하나의 생산적 기계 체제를 근면한 숙련으로 다루는, 갖가지 성인 및 연소 노동자들의 결합작업(combined operation)을 가리킨다. 이러한 정의는 면공장, 마직공장, 견직공장, 모직공장 및 특정한 기계 제작소와 같은 조직을 포함하지만, 그것은 메커니즘이 연관된 계열을 이루지 않거나 하나의 원

석탄 이용이야말로 근대 산업사회를 창출한 "생산혁명의 추진력"이었다.

동력에 의존하지 않는 그런 것들을 배제한다. … 그러나 나는 이 공장이라는
이름이 가장 엄격한 의미에서는, 동일한 대상을 생산하기 위하여 끊임없이
협조하며 작용하는 다양한 기계적·지적 기관으로 구성된, 그리하여 그 기
관들 모두가 자율적으로 운동하는 동력에 종속되어 있는, 거대한 자동장치
(automaton)의 개념을 내포하고 있다고 생각한다.[26]

위의 글에서 유어는 먼저 공장을 노동자들의 '결합작업'으로 묘사하는
데, 이 경우는 '자동장치'가 노동의 대상일 뿐이며 노동자가 생산 과정의
주체라는 것을 가리킨다. 그러나 유어는 더 나아가 공장이란 생산의 주체
인 '자동장치' 그 자체라고 말하기도 한다.[27] 이 경우 '자동장치'라는 말은
동력기와 작업기 그 자체를 의미하는가? 유어의 자동장치는 자동 뮬 방적
기와 같이 생산의 전 과정을 통제하는 자동 기계를 의미하는 것처럼 보인
다. 무엇보다도 자동장치는 그 자신의 지속적인 작동을 위해 증기력을 필
요로 하는 것이었다. 그러면서도 여기에서 그에게 가장 중요한 것은 자동
장치 그 자체의 메커니즘이다. 유어는 그의 책 1부에서 방적 공정의 기계

화를 설명하면서 자동 뮬기야말로 자동장치의 전형이라고 소개한다. "숙련노동자의 사고·감정·솜씨를 지녀서, 심지어 처음 제작되었을 때부터 이미 원숙한 상태에서 마무리 방적공의 기능을 수행하는 조절원리"를 보여주었다. 이 새로운 조절원리로 작동하는 방적기를 노동자들은 '철인'(iron man)이라고 불렀다. "그 철인은 미네르바의 분부에 따라 현대의 프로메테우스의 수중에 넘겨진 것이다."[28]

유어를 비롯한 동시대 지식인들은 18세기 인도 면직물과 영국산 직물의 경쟁에 대해 다소간 편견이 깃든 애국적 언어로 방적기를 예찬한 것이다. 그러나 방적기를 지속적으로 가동하는 동력 없이는 작업기의 장점은 사라진다. 유어가 '자동장치'라고 극찬한 자동 뮬 방적기의 비밀은 동력기, 즉 증기기관에 있었던 것이다. 사실 산업혁명 초기에 방적기와 증기기관을 함께 연결하는 것은 기술적으로 쉽지 않은 문제였다. 그 당시 방적공과 제조업자들은 대부분 자신의 방적기를 손으로 돌리거나 수차와 연결해 가동했다. 증기기관에 의해 추진되는 뮬 방적기가 공장에 설치된 것은 1790년대 초의 일이다. 그러나 영국 산업혁명의 전개 과정에서 증기기관과 석탄이 작업기보다도 오히려 더 중요했다는 점은 그동안 간과되었다. 근래 포머란츠(Kenneth Pomeranz)는 18세기 영국 경제와 양쯔강 델타지역 경제를 비교하면서, 지표면에 풍부하게 매장된 영국의 석탄을 '지리적 행운'(geographical fortune)이라 불렀다.[29] 여기에서 '지리적 행운'이라는 표현을 어떻게 받아들여야 할 것인가. 튜터 시대 이래 영국인들은 랭커셔나 뉴캐슬 같은 잉글랜드 북부 지역에서 채굴한 석탄을 가정용 연료로 사용해왔다. 산업혁명 이전 두 세기에 걸쳐 석탄은 영국인들의 일상생활에서 매우 친숙한 연료였다. 존 에블린(John Evelyn)은 17세기 후반의 세상사(世上事)를 기록한 일기를 남긴 인물로 널리 알려졌는데, 1684년 1월 9일자 일기에서 그는 혹한이 몰아친 런던의 모습을 다음과 같이 적었다.

런던은 혹한 때문에 공기에 연기가 가득하고 석탄 검댕이가 깃든 증기로 채워져서 거의 도로 건너편을 식별할 수도 없고, 이것이 폐에 대량으로 쌓이면 가슴을 압박해 거의 숨조차 쉴 수가 없다.[30]

18세기 문필가인 새뮤얼 존슨(Samuel Johnson)에 따르면, 당대 런던항의 중요한 화물은 석탄이었다. 뉴캐슬 근처 탄광에서 채탄된 석탄은 바지선에 실려 타인강과 브리튼섬 동해안을 따라 런던까지 수송되었다. 런던항에서 하역된 대량의 석탄은 모두 소수 석탄상이 인수해 이를 여러 중간상인에게 되팔았다. 당시 석탄은 대부분 가정용 연료로 소비되었다. 소비량은 18세기 초에 60-70만 톤, 1765년에는 80만 톤에 이르렀다.[31]

석탄이 오랫동안 익숙하게 사용되었기 때문인가. 그 중요성을 누구나 인정하면서도 산업혁명사 연구에서 석탄은 단지 중요한 요인들 가운데 하나 이상의 비중을 갖지 못했다. 1980년대 후반에 이르러 경제사가들 가운데 석탄을 다시 강조하는 경향이 나타난다. 레빈(David Levine)에 따르면, 영국은 "지하의 석탄 광산" 위에 세워졌다. 석탄 이용이야말로 근대 산업사회를 창출한 "생산혁명의 추진력"이었다.[32] 1980년대 말 리글리(Edward Wrigley)가 석탄의 중요성을 다시 강조했다. 그는 석탄이야말로 영국 경제에서 "열 에너지원으로서 목재를 대신할 수 있는 값싼 대체재"였다고 주장한다. 석탄 채굴량의 증가는 산업혁명을 초래한 여러 요인 가운데 가장 중요한 요인이다. 그것은 가정용 및 산업용 연료뿐 아니라 산업혁명의 토대가 될 제철 분야에 필수적인 요소였다. 목탄 대신 석탄을 연료로 사용함으로써 제철 생산이 비약적으로 발전하기 시작했다.[33] 그가 펴낸 책 이름 '지속, 기회, 변화' 자체가 석탄의 중요성을 상징적으로 나타낸다. 산업혁명 직전까지 영국 경제는 대체로 '지속성'을 보여주지만, 그러면서도 석탄이용 가능성이라는 '기회'가 있었다. 특히 '변화'는 석탄을 이용한 부문에서 발생한다는 것이다.

리글리는 단순히 영국 산업혁명만이 아니라 문명사의 전환이라는 관점에서 석탄 문제를 언급한다. 그는 석탄 이용을 유기경제(organic economy)에서 무기경제(inorganic economy)로 전환하는 분수령으로 간주한다. 무기경제란 토지가 인구를 부양할 식량을 제공하고 식물과 동물을 통해 모든 원자료를 공급하는 경제다. 이 경우 인구증가에 따라 노동집약적 생산으로 나아가며 조만간 맬더스적 한계에 이르러 생태 위기에 직면한다. 이를 타개할 수 있는 것은 무기경제, 즉 광물로부터 에너지와 원료를 얻는 상태에서나 가능하다. 석탄과 증기력, 그리고 화학비료의 등장이 무기경제로의 전환을 의미한다는 것이다.

지난 100여 년간 산업혁명의 원인을 찾는 영국 경제사 분야의 연구를 돌이켜보면, 18세기 영국 사회가 보여주는 국내 또는 국외 요인 거의 모두가 고려대상이 된 인상을 받는다. 그러나 리글리의 연구는 이 장기간의 탐사가 아이러니하게도 산업혁명 당대의 견해로 다시 돌아갔다는 느낌을 지울 수 없다. 산업혁명 당대의 지식인 가운데 석탄의 중요성을 일찍 간파한 사람들이 있었다. 예를 들어, 1835년 존 램지 맥컬러크(John Ramsay McCulloch)는 유어의 『공장의 철학』(The Philosophy of Manufactures, 1835)을 다룬 한 논평에서 석탄의 중요성을 강조한다. 맥컬러크에 따르면, 유어는 공장에 설치된 기계류의 기계적 속성에만 초점을 맞추고 있다. 그러나 기계에 관해서 너무 상세한 설명을 하고 있기 때문에 오히려 일반 독자들이 그의 책을 이해하기 어렵게 만들고 있다는 것이다. 영국의 공장제도가 왜 프랑스나 오스트리아 같은 다른 나라에서 나타나지 않는지, 독자들이 그 이유를 알려고 한다면, 유어의 책을 통해서는 어떠한 해답도 얻을 수 없다.[34] 유어는 자동 뮬 방적기를 지나치게 강조한 나머지 가장 중요한 점을 놓치고 있다. 그것은 석탄이다.

그러나 제조업 분야에서 우리나라의 경이적인 진보를 이룩하는 데 기여해 온 물질적 환경 가운데서도 가장 가치 있는 [채굴 비용이 가장 저렴한] 탄광을 우리가 가지고 있다는 것만큼 커다란 영향력을 가진 것은 없다. 이 점이 다른 나라 사람들이 똑같은 수준으로 도저히 누릴 수 없는 여러 이점을 우리에게 부여한 것이다. 심지어 우리가 철광산이나 다른 유용한 금속 등 부존자원이 풍부하다고 할지라도, 그것들은 무진장한 탄광이 없다면 거의 또는 전혀 쓸모가 없었을 것이다.[35]

5. 맺음말

지금까지 산업혁명기 동시대 지식인들의 기계, 특히 작업기 예찬과 담론이 인도 수공업에 대한 그들의 태도 및 반응과 관련되었다는 점을 지적했다. 인도 수공업이 주로 노동자의 손기술을 바탕으로 지속되었던 반면, 영국 노동자들은 산업혁명 초기 단계에서 그 손기술을 모방하거나 따라잡을 수 없었다. 아마도 작업기를 사용한 것은 인도 면제품의 우월성에 대처하려는 노력의 결과였을 것이다. 후일 점진론자들이 언급했듯이, 산업혁명기의 작업기는 질적으로 우수하지 않았으며 그 전파속도도 느렸다. 기계에 관한 산업혁명 당대의 문헌에 나타난 기계 예찬론은 바로 이러한 역사적 맥락에서 다시 검토해야 한다. 물론 동시대 문헌 모두가 작업기에 초점을 맞췄던 것은 아니다. 다수 문헌은 기계와 공장제도가 초래한 사회적 해악을 고발하는 데 비중을 두었다. 그렇다고 하더라도 유어, 베인스, 배비지 등의 공장 관련 문헌은 마르크스와 토인비를 거쳐 후일 기계와 공장을 중시하는 격변론의 대두에 큰 영향을 주었다. 산업혁명에 관한 격변론적 시각의 연구는 이들 문헌을 바탕으로 축적된 것이다.

전반적으로 영국 산업혁명의 원인을 찾다 보면 역사에서 우연적 요소를 무시할 수 없다는 것을 깨닫게 된다. 포머란츠가 말한 '지리적 행운'을 고려하지 않고서 영국 산업혁명의 전개 과정을 이해하기 힘들다. 여기에 인도 면직물과의 경쟁 또한 산업혁명에 자극을 준 중요한 요인이었다. 그렇다면 이들 요인까지 포함해 산업혁명의 원인을 어떻게 서술할 수 있는가. 근래 로버트 앨런(Robert C. Allen)의 '편향적 기술 진보'(biased technological improvement)론이 상당히 설득력 있는 견해로 인정받고 있다.

19세기 영국의 탄전지대

포머란츠는 지표면에
풍부하게 매장된 영국의 석탄을
'지리적 행운'이라 불렀다.

앨런은 산업혁명의 원인에 관한 논의에서 제도적·문화적 요인과 기술 요인의 결합을 추구한다. 선진적 제도와 문화는 기술혁신의 공급을 증가시킬 수 있지만 곧바로 기술혁신의 수요에 연결되지는 않는다. 영국에서 증기력과 기계의 수요가 창출된 것은 16-18세기에 형성된 잉글랜드 특유의 경제적 조건 때문이다. 16-18세기에 영국은 농업혁명, 인클로저, 원산업화, 신대륙과 아시아를 연결하는 국제무역 주도 등에 힘입어 도시화가 진척되고 도시경제가 발전했다. 고임금과 도시화에 따라 비화석 에너지 가격이 급등했으며 이에 대한 대안으로 석탄이 등장한 것이다. 영국에서 석탄, 증기기관, 기계가 확산된 것은 도시화, 고임금, 기존 에너지 가격

상승이라는 조건의 산물이다. 여기에 기계를 긍정적으로 수용하려는 사회 일반의 분위기도 중요했다. 엘리트에서 산업 분야의 장인에 이르기까지 과학지식에 관심을 갖고 기술을 제조 현장에 적용하려고 노력하는 풍조가 널리 퍼져 있었다. 앨런은 이를 산업계몽주의(industrial enlightenment)라 고 불렀다.[36]

2부

하이 폴리틱스와 그 양상

5. 글래드스턴과 디즈레일리*

김기순

19세기 후반 영국의 의회정치와 정당정치를 경쟁적으로 주도하였던 윌리엄 글래드스턴(William Ewart Gladstone)과 벤저민 디즈레일리(Benjamin Disraeli)의 정치 경력뿐 아니라 그들의 삶의 다채로운 모습을 다룬 연구는 방대하다. 집권 시기의 여러 정책에 관한 연구만 해도 부지기수다. 따라서 나는 이 글에서 수많은 개별 주제들에 대한 연구를 대상으로 삼기보다는 정치 경력을 포함하여 삶 전체를 다룬 전기를 중심으로 이 두 인물에 대한 해석과 평가가 어떻게 전개되었는가를 개괄하고자 한다. 개인의 개성적인 삶을 그가 살았던 시대의 맥락에서 서술하는 전기는 대개 출간 시점까지 축적된 개별 주제들에 관한 연구 성과를 반영하므로 연구사 정리에도 적합한 대상이다. 또한, 전기는 감정이입(이해)과 거리두기(평가) 같은 역사 담론과 결부되는 장르이기도 하다.

---

* 본문 괄호 안의 숫자 표기는 해당 전기의 쪽수임.

1. '인민의 윌리엄' 글래드스턴

리버풀의 대상인 집안에서 태어난 글래드스턴은 이튼과 옥스퍼드에서 수학하고 불과 23세에 의회에 진출하였다. 1832년 이후 63년간 그는 하원의 원이었고, 식민부와 통상부 장관, 각각 네 차례 재무부 장관과 수상을 역임하였다. 퇴임하는 수상에게 부여되던 작위를 세 차례나 거부한 그는 끝까지 평민 정치가로 남았다. 정치가 글래드스턴은 정치 현안뿐 아니라 신학, 자연과학, 고전, 문학 분야에서 30권의 저작과 소책자, 200편의 논설을 쓴 저술가이기도 하다. 영국의 국위와 영향력이 가장 컸던 시기를 살았던 그는 영국의 정치가들 가운데 가장 오래 공직에 봉사하고 가장 큰 논란의 대상이었던 인물이다. 20세기에 그의 영향은 자유당뿐 아니라 노동당, 심지어 보수당 정치가들에까지도 지속됐다.

완고한 토리로서 정치경력을 시작한 글래드스턴은 1840년대 전반 로버트 필(Robert Peel) 정부에서 통상부 장관을 역임하면서 점차 자유무역주의와 자유주의로 이행하였다. 1853년 휘그 정부에서 재무부 장관이 된 그는 관세 개혁과 소득세 인하를 골자로 삼는 '최초의 현대적' 예산안을 제안하였다. 1859년 휘그, 자유주의자, 급진파가 연합한 자유당에 합류한 그는 자유무역, 균형예산, 긴축을 국가 재정의 핵심으로 삼는 '글래드스턴식 재정'의 시대를 열었다. 이런 성과에 더해 그는 체통 있는 노동자에게 선

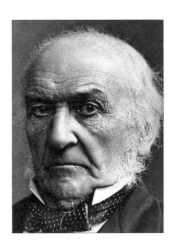

윌리엄 이워트 글래드스턴
William Ewart Gladstone
(1809–1898)

거권을 부여함이 도덕적으로 정당하다고 선언함으로써 노동계급으로부터 '인민의 윌리엄'(People's William)이라는 별명을 얻게 되었다.

1868년 경쟁자였던 디즈레일리의 보수당 정부를 실각시키고 집권한 이래 네 차례 자유당 정부를 이끌면서 글래드스턴은 반특권 원리에 입각하여 괄목할 만한 자유주의적 개혁을 단행하여 영국 사회를 근대화하였다. 외교와 영제국 문제에서 글래드스턴은 자유주의적 국제주의, 유럽의 협조 체제, 자치이념을 표방하면서 독일의 비스마르크(Otto von Bismarck)가 대표하는 '현실정치'에 맞섰다. 특히 동방문제에서 디즈레일리와 대결한 그는 기독교적 도덕주의에 입각해 영국 정치를 양극화하면서 카리스마적 지도자로 부상하였다. 또한 아일랜드의 평온을 유지하는 것을 자신의 '소명'으로 간주하였던 그는 자치를 통해 연합왕국의 토대를 포괄적으로 재규정하기 위해 두 차례 자치법안을 제안하였다. 그러나 이 시도가 좌절되면서 자유당은 합방파와 자치파로 항구적으로 분열하였다.

비록 제1차 세계대전 이후 노동당이 보수당과 더불어 양당 체제를 구축하면서 글래드스턴 자신과 동일시되던 자유당이 쇠락하기는 하였지만, 글래드스턴은 오랫동안 대중적 인기를 누렸다. 그는 이미 생전에 여러 전기에서 자유주의의 '성인'으로 미화되었는데, 이 수준에서 벗어나 세속적·진화적 관점에서 그를 자유주의 이념을 구현한 '위대한 공인'으로 해석한 것이 20세기 벽두에 자유당 급진주의자 존 몰리(John Morley)가 쓴 세 권짜리 글래드스턴 전기였다. 글래드스턴 가족의 요청에 따른 이 '공식적' 전기에서 몰리는 '미로' 같은 인간 글래드스턴에 대해 사람들이 관심을 갖는 것은 당연하겠지만, 결국은 정치가 글래드스턴의 사유, 목적, 이상, 성취로부터 그의 항구적인 명성이 나온다고 보았다.

글래드스턴은 자신의 변화의 요체는 자유의 불신에서 자유의 신봉으로 나아간 것이라고 술회하였는데, 몰리는 이 자유의 이념이 내재적이고 단계적인 발전의 결과로서 자유, 자치, 개인의 존엄성, 정치와 계급과 국가들의 관계에서 도덕적 가치에 대한 믿음이었으며, 글래드스턴은 이를 '행동'으로 실천하는 것을 자신의 소명으로 여겼다고 지적하였다. 그런데 글래드스턴의 정치는 외견상 모순을 보이기도 했다. 예컨대 그는 국교회주의자이면서 아일랜드 국교회 폐지를 주도하였고, 의회주의자이면서 대중적 카리스마 정치가였다. 몰리는 이런 모순이 오히려 글래드스턴의 자질이 뛰어남을 보여준다고 평가하였다. "정치가는 일반적으로 국민의 물질적 번영을 위해 자신이 생각하는 바보다 훨씬 적게 행동하고, 자신의 명성에는 영향이 훨씬 덜 미치는 식으로 행동하는 법"이기 때문이다(i: 5).

몰리는 글래드스턴의 경력에 많은 판단 오류가 있었다고 인정하면서도, 자유의 원리에 따라 정치적, 경제적, 사회적, 도덕적, 지적 해방을 위해 분투하였던 그의 경력은 적어도 '의도의 고결함과 배우려는 욕구'에 의해 지배되었다고 지적하였다. 물론 당시에도 원리와 실제 행동의 불일치를 들어 그를 기회주의자라고 비판한 사람들이 있었다. 이에 몰리는 글래드스턴이 이상과 노력 사이의 불일치를 인식하는 '정치가가 지닐 진정한 기질'을 갖고 있었고, 자신이 진리라고 판단한 이념을 '축자적으로' 이해하였으며, 비판자들은 그의 또 다른 기질인 진지함과 단순함을 이해하지 못했다고 응수하였다. 글래드스턴은 자신의 도덕적 이상을 완강히 고수하면서도 시대 변화에 유연하고 개방적으로 적응한 인물이었다(iii: 540-541).

몰리의 해석은 반세기 이상 글래드스턴의 이미지를 구축하였다. 오늘에 이르기까지도 글래드스턴 연구는 그의 인간적 결함들에 더 많은 관심을 두면서도 여전히 자유주의적 해석이 우세하다. 그런데 글래드스턴 가족의 요청도 있었지만, 세속주의자이자 무신론자였던 몰리는 글래드스턴의 종교와 성애 같은 도덕적으로 민감하고 개인적인 주제를 다루지 않았다. 1960년대 후반 이후, 한편으로는 일기 출간을 계기로 그의 정치의 토대로서 종교가 강조되고, 다른 한편으로는 이른바 '수뇌부정치'(high politics)학파가 등장하면서 글래드스턴 연구는 전환점을 맞이하였다. 정치와 정치가에 대한 회의주의와 냉소주의라는 시대적 분위기를 반영한 이 관점은 정치에서 이념을 배제하고, 정권이나 당권의 장악과 유지를 중심으로 정치권 상부, 특히 의회에 포진한 소수 유력 정치가들의 길항을 연구하였다.

몰리의 고전적 전기와 수뇌부정치학파 등장 사이의 기간에 대중적인 글래드스턴 전기가 나왔다. '일기를 제외한' 방대한 글래드스턴 문서에 토대를 둔 필립 마그누스(Philip Magnus)의 전기는 글래드스턴을 위대한 자유주의 정치가로 묘사하면서도, 몰리가 비중 있게 다루지 않았던 글래드스턴의 개성, 신앙, 내면세계, 가족사를 깊이 있게 다루었다. 마그누스가 보기에 글래드스턴은 신의 명령을 실행하는 '도덕적 거인', 정치를 최고의 기독교 윤리와 일치시키려고 노력한 인물이었다. 권력은 다만 이 목적을 실현하기 위한 수단이었다. 마그누스는 글래드스턴의 정치 경력을 계기적인 세 단계로 파악하였다. 1단계는 재무부 장관으로서 불필요한 제약으로부터 개인을 해방하는 정책을 폈다. 2단계는 불가리아 사태 때 전제와 억압에 항의하는 영국인의 도덕적 분노를 대변하였다. 3단계는 아일랜드에서의 영국의 실정을 교정하기 위해 도덕적 대의를 표방하면서 아일랜드 자치를 두 차례 시도하였다(xi-xii).

마그누스는 자치 반대자들이 '세속적이고 편협한' 시야를 가졌다고 지적하면서도, 글래드스턴이 자유당과 여론으로 하여금 자신이 들려주는 신의 목소리에 반응토록 양육할 필요성을 간과하였고, 임기응변이 도덕적 의무가 된다고 스스로를 설득하는 자기기만을 할 수 있었으며, 기질적인 약점도 드러냈다고 비판하였다. 덧붙여 마그누스는 기독교 신앙에 토대를 둔 글래드스턴의 자유주의가 세속화와 물질주의가 득세한 19세기 말에는 부적합했다고 지적하였다. 글래드스턴에게는 제국주의와 군사주의, 사회개혁과 사회주의('구성주의')는 '저열한 자유의 열정'의 산물이었다(441-445).

1867년 선거법 개혁이나 1886년 아일랜드 자치법안에 관한 수뇌부정치연구에서 글래드스턴은 자유주의 이념에 헌신한 인물이 아니라 권력욕과 정치적 술책을 과시한 현실적인 정치가로 묘사되었다. 이런 연구 성과를 염두에 두면서 일기 출간 초기에 나온 에드가 포이히트방거(Edgar Joseph Feuchtwanger)의 전기는 글래드스턴의 정치적 삶을 '공정하고 정직하게' 다루고자 하였다. 그는 글래드스턴의 경력을 몇 개의 국면으로 나누는데, 이 구분은 종교적 원리에 따른 마그누스의 구분과는 다르다. 1국면은 1833-1853년 필의 영향을 받아 자유주의적 보수주의가 확립된 시기이다. 자유방임주의와 자유무역주의, 종교적 다원주의, 평화 노선과 군비축소, 유럽 문명의 통일성 인식이 그 구체적인 표현이다. 2국면은 재무부 장관을 역임한 1853-1868년으로서 '글래드스턴식 재정' 시기이다. 여기에 개인적 스타일, 웅변 능력, 노동계급과의 상호 신뢰 형성이 더해졌다. 3국면인 1868-1895년에

글래드스턴은 최고의 정치적 영향력을 발휘하는데, 이것은 그의 개성의 힘, 비국교도와의 동맹, 카리스마적 리더십 구축 덕분이었다.

글래드스턴은 최고의 정치적 영향력을 발휘하는데, 이것은 그의 개성의 힘, 비국교도와의 동맹, 카리스마적 리더십 구축 덕분이었다. 이 전성기에 글래드스턴의 비전은 '산을 옮길 정도로' 심오하고 아주 급진적이었다. 그러나 포이히트방거는 글래드스턴이 1885년에 은퇴하지 않고 계속 자유당을 이끈 결과 영속적인 분열을 초래했다고 비판하였다(276-282).

1960년대 후반 이후 글래드스턴 연구에서 또 하나의 전환점이 된 것은, 그리고 수뇌부정치학파의 해석을 교정한 것이 1968-1994년에 출간된 14권 분량의 일기였다. 글래드스턴이 이튼 시절부터 말년까지(1825-1896) 거의 매일 기록한 일기는 그의 복잡한 내면세계와 그의 정치의 종교적 토대를 드러내었고, 이에 따라 다양한 학술적 연구와 전기가 나왔다. 게다가 1980년대 중반 이후에는 대처(Margaret Thatcher)의 보수당이 공공재정가이자 정치적 도덕론자인 그의 유산을 주장하면서 정치적 논의의 대상이 되었고, 비사회주의적인 '신노동당'도 그를 자신들의 예언자로 추앙하면서 그에 대한 연구와 논쟁이 치열해졌다.

일기의 편집자인 콜린 매슈(Colin Matthew)의 글래드스턴 전기는 몰리의 자유주의적 해석 전통을 계승하면서도 글래드스턴 정책의 보수적 성격을 강조하였고, 그를 20세기 '진보 정치'의 예언자로 이해하였다. 매슈의 전기는 글래드스턴의 정치를 학문적으로 설득력 있게 설명했을 뿐 아니라, 일기에 보이는 사인(私人) 글래드스턴의 면모, 특히 종교와 성애와 관련되는 문제도 잘 드러내었다. 그렇지만 이 탁월한 전기에서 글래드스턴은 전반적으로 세속적 인물이자 자유주의를 현대화하려고 분투한 인물로 묘사되었다. 매슈의 전기는 글래드스턴 연구에서 신정통론으로 평가받았다.

매슈는 글래드스턴을 장기적인 역사적 맥락 속에서 평가하였다. 글래드스턴은 국교도 대학 출신의 엘리트가 자신과 공적 삶을 산업사회의 요구에 적응시키고 동시에 전통적 제도를 유지하고 그 정치적·지배적 지위를 확보하는 데 주력한 핵심 인물이었다. 물론 오랜 정치 경력에서 그가 늘 일관된 정책을 추구한 것은 아니다. 그러나 그는 '경험을 통한 배움'으로 교회와 국가, 관세, 정치 개혁, 아일랜드 문제 같은 주요 사안에서 '심사숙고한 변화'를 제공하였다. 글래드스턴도 자신의 일관성이 '내용'의 유지보다는 변화의 '방법'의 일관성이라고 주장하였다. 덧붙여 매슈는 글래드스턴이 '견고한 정치적 전문가 기질'을 가진 인물이라고 보았다. 글래드스턴은 결의, 불굴, 기략이 풍부한 정치가였다. 대의정치 시스템에서는 드물게도, 그는 매우 오랜 기간 정치적 의제를 지배하는 능력을 발휘하였다. 그가 자유, 대의 정부, 자유무역, 국제적 협력, 염직(廉直)을 공적 삶의 주요 목표로 제시하고 성과를 거둔 점을 매슈는 '글래드스턴적인 모멘트'라 불렀다(639-640, 645).

매슈가 드는 글래드스턴의 유산은 세 가지이다. 첫째, 그는 최소국가 모델을 구축하였고, 자유무역, 긴축, 과세 구조 분야에서의 혁신을 통해 재무부의 위상을 강화하였다. 둘째, 자치를 통해 영국의 단일 헌정을 수정하려고 했던 글래드스턴의 시도는 한 세기 이상 연합왕국에서 중대한 헌정 변화를 위한 담론 조건을 마련하였다. 셋째, 그는 대중민주주의 시대에 광범한 기반을 갖고서 개혁 프로그램뿐 아니라 대의와 운동에 헌신한 다양한 이해관계를 조정하고 조화시키는 것이 진보 정당의 임무임을 각인시켰다(640-644).

매슈의 전기 이후 전체적으로 그의 해석을 따르는 전기들이 여럿 등장하였다. 노동당 정부의 재무부 장관이었던 로이 젱킨스(Roy Harris Jenkins)는 대중적인 전기에서 1868년 이전 시기 글래드스턴의 경력, 특히 통상부와 재무부 경력을 중시하였다. 젱킨스의 글래드스턴은 필주의자이자 '원형 사회민주주의자'이다. 또한 젱킨스는 글래드스턴의 개인적인 면모에도 주목하여 그를 영국의 수상들 가운데 '인간다움의 가장 두드러진 표본'으로 간주하였다. 애거사 램(Agatha Ramm)의 정치적 전기는 글래드스턴을 유연한 실용주의적 정치가이자 '위대한 기독교인 정치가'로 간결하게 서술하였다. 마이클 파트리지(Michael Partridge)의 전기도 글래드스턴을 위대한 자유주의 정치가로 평가한다. 파트리지에 따르면, 글래드스턴이 활동한 시대는 18세기식 정치 체제가 현대적 체제로 변화하는 시기였는데, 이 변화 속에서 젊은 토리 '열심당원', 중년의 필주의적 재정가, 노년의 포퓰리스트 정치가라는 세 명의 '다른' 글래드스턴이 있었다.

한편 글래드스턴과 대중적 자유주의의 관계를 연구하였던 유제니오 비아지니(Eugenio F. Biagini)는 짤막한 글래드스턴 전기에서 '현재의 당파적 충성심이 강제하는 지적 제약'에서 벗어나 글래드스턴을 '독특한 역사적 인물'로 다루자고 제안하였다. 비아지니가 보기에 글래드스턴은 근본적으로 필주의자였다. 후기의 카리스마 있는 모습은 스타일의 변화이며, 그의 목표는 대중을 자신의 필주의적 '복음'으로 개종시키는 것이었다. 또 다른 방식은 글래드스턴의 정치 활동과 신념을 19세기 서유럽과 북아메리카에서 등장한 대중적 정당 조직의 형성, 언론의 역할, 카리스마적 리더십의 견지에서 보는 것이다. 글래드스턴을 '젠틀맨 – 급진주의자'의 전통에서 파악하자는 이 제안은 새로운 연구 방향을 시사한다(3, 115-117).

이들 전기가 대체로 신정통론에 속한다면, 리처드 섀넌(Richard W. Shannon)의 두 권짜리 전기는 신정통론뿐 아니라 글래드스턴의 정치에 대해서도 상당히 비판적이다. 일기의 출간이 '포괄적이고 새로운 글래드스턴 읽기'의 필요성을 보여주었다고 전제하는 섀넌은 몰리가 글래드스턴을 자유주의자인 공인으로만 다루었지 종교적 내면이나 성애 같은 사적 삶을 다루지 않았다고 비판하였다. 섀넌에 따르면, 글래드스턴의 정치적 삶은 필주의, 인민의 발견, 국교회 신앙으로 이루어졌는데, 이 가운데 '더 심원한 형성력'은 국교회 신앙이었다. 이 기독교적 섭리론이 우선이고 가장 중요하므로, "그의 종교를 그의 정치와 재통합하고" 그가 '포퓰리스트 자유당'을 '필의 유산에 대한 깊은 충성'에 적응시켰음을 서술해야 한다(ii: xvi).

새넌은 꽤 장황한 이 전기에 이어 일종의 축약본이라 할 수 있는, 그렇지만 500쪽에 가까운 한 권의 전기에 '신과 정치'라는 부제를 달았다. 그는 글래드스턴의 정치 경력을 "거의 초인적인 에너지와 강력한 개성을 가진 글래드스턴이 자신이 파악한 신의 목적을 실현하기 위해 어떻게 분투하였는가"의 이야기로 파악하였다. 새넌은 몰리의 해석이 '본질적으로 편향되고 왜곡된' 것이며, 매슈와 젱킨스의 전기에서도 글래드스턴의 강렬한 종교적 신앙이 주변적인 위치에 있다고 비판하였다. 또한 그는 글래드스턴의 자유주의의 본질을 새롭게 규정하였다. 새넌은 글래드스턴의 자유주의(Gladstone's Liberalism)와 글래드스턴류의 자유주의(Gladstonian Liberalism)를 구분하는데, 전자는 글래드스턴이 자신을 적응시킨 자유당의 자유주의로서 기본적으로는 세속적 성격을 띤다. 반면 후자는 글래드스턴 자신의 자유주의로서 강력한 종교적 신앙에 토대를 둔 자유주의이다. 이 두 자유주의는 시간이 흐르면서 '양립 불가' 지경으로까지 나아갔다. 새넌이 보기에 자유당과 의회 안에서의 글래드스턴의 위치와 의회 밖에서의 여론에 의한 도덕적 지도자로서의 모습의 차이는 이 점을 고려하지 않으면 제대로 파악되지 않는다(xi-xxv).

새넌의 이러한 구별은 글래드스턴의 정치 스타일에 대한 비판으로 이어진다. 예컨대 글래드스턴이 스스로 신의 섭리를 실천한다고 했던 사례의 하나인 '영웅적인' 자치정책은 도덕적 의무와 종교적 확신의 결과이지만, 그가 스스로를 인민과 동일시한 것은 '무책임한' 판단이었고, 그의 '꽤 격앙된' 아일랜드 역사 읽기에는 문제가 있었으며, 사유당 합방파에 대해서도 용인술이 부족했고, 여론을 교육할 여유를 갖지 못했다. 몰리의 평가와는 달리, 이 점에서 글래드스턴은 자유당의 진로를 방해하였다. 1886년이

'잃어버린 황금의 순간'이었다는 매슈 및 젱킨스의 해석과는 달리, 위대한 기회를 놓친 사람은 바로 글래드스턴이었다(xxv, xviii-xix).

이처럼 전통적인 정치적 전기의 흐름이 지속하는 가운데 새로운 경향의 연구 성과들이 등장하였다. 글래드스턴의 동시대인 다수는 글래드스턴의 지성, 의무감, 헌신, 도덕적 관심을 인정하면서도 그의 판단, 성격, 정신적 안정을 의문시했다. 글래드스턴을 비판하는 경향의 연구자들도 글래드스턴이 자기통제 결여, 권력에의 집착, 정치적 판단의 경직성을 보였다고 주장하였다. 그러나 트래비스 크로스비(Travis L. Crosby)의 심리학적 전기는 '거대한 인식적 복잡성의 인간' 글래드스턴의 외견상 불일치는 자신 속에서 안정적이고 일관성 있는 심리적 상태를 유지하려는 지속적인 노력의 표현이었다고 해석하였다.

한결같지 않으며 격렬한 기질을 가진 글래드스턴은 늘 스트레스를 통제할 필요가 있었던 인물이었다. 크로스비는 '스트레스와 그 극복 이론'을 글래드스턴에게 적용하였다. 스트레스 조절은 삶에 일관성과 균형감을 회복하는 극복 과정이다. 글래드스턴이 외적 스트레스를 극복하는 방법은 두 가지였다. 하나는 '후퇴' 전략으로서 종종 '외교적 와병'을 겪고 내각회의를 회피하며 사임으로 위협하는 형태로 표출되었다. 다른 방법은 스트레스의 원천을 공격하는 것으로서, 특히 하원에서 정치적 적대자를 공격하거나 의회 밖에서 정치적·사회적 대의를 옹호하는 이른바 '정당한 분노'로 표현되었다. 그의 분노 폭발은 광기의 징후가 아니었다. 스트레스 극복은 또한 종교와 도덕에 관한 지속적인 신념으로 나타나 그의 '심리적 웰빙'에 중요했던 일관성 있는 감각을 제공할 수 있었다. 글래드스턴의 사적 삶의 특징과 행동, 즉 엄청난 분량의 일기와 편지 쓰기, 매춘부 '구제' 사업, 도자기 수집, 서적 분류, 나무 베기 등은 스트레스를 극복하려는 반응이었다. 따라서 서로 다른 두 명의 글래드스턴이 있는 듯 보이지만, 실은 두 사람은 서로 연계되어 있다(6-11).

『옥스퍼드 영국인명사전』에서 글래드스턴 항목은 '수상이자 저술가'로 시작하는데, 이는 글래드스턴을 사상가로서도 파악할 필요가 있음을 뜻한다. 데이비드 베빙턴(David Bebbington)은 글래드스턴의 심리세계와는 구별되는 그의 정신세계, 즉 이념을 본격적으로 다룬 정신사적 전기를 썼다. 그렇지만 스스로 새로운 연구의 출발에 불과하다고 겸손을 나타낼 정도로 이 주제는 미답의 영역이다. 이 지적 전기를 쓰기 10년 전에 베빙턴은 종교적 의무감이 글래드스턴의 공적 삶의 주요 동기였다고 주장한 종교적 전기를 썼다. 글래드스턴의 정신은 기독교적 세계관에 의해서, 그의 행동은 기독교적인 양심에 의해서 형성되었다. 이후 그는 점진적으로 정치적 가치들 가운데 자유의 중요성을 강조하면서도 줄곧 자신의 견해를 기독교 정통론과 결부시켰다.

이제 지적 전기에서 베빙턴은 글래드스턴의 지적 관심의 핵심은 신학, 고전 연구, 정치사상으로서 이들은 서로 별개의 것이 아니라 서로 얽혀 있다고 주장하였다. 이 세 관심의 연계와 진화의 종착점은 '글래드스턴류의 자유주의'이다. 이 자유주의는 신학과 호머 연구의 결과이며, 그로부터 그가 도출해낸 인간 조건에 관한 특정한 이해에 뿌리박고 있다(12). 그런데 베빙턴은 이 세 영역에서 '발전'이 있었다고 본다. 첫째, 국교회주의를 고수하면서도 그 구성 부분들에서는 복음주의, 고교회주의, 트랙테리언주의(퓨지주의), 광교회주의, 자유주의적 가톨릭주의의 수용이라는 계기적인 변화가 있었다. 둘째, 그의 고전 연구도 상이한 국면들을 거쳤다. 초기에는 자신의 철학적 토대를 플라톤(Platon), 키케로(Marcus Tullius Cicero), 특히 아리스토텔레스(Aristoteles)에 두었고, 1860년대에는 호머에 천착했으며, 1860년대 말부터는 인도주의에 중심을 두었다. 셋째, 정치적 견해도 진화하였다. 우파 토리즘, 필의 실용주의(자유주의적 보수주의), 자유 지지, 자유주의적 개인주의, 이어 일종의 공동체주의적 정치이론으로 나아가는데, 베빙턴은 '글래드스턴주의'의 핵심이 공동체주의라고 해석하였다. 따라서 글래드스턴이 남긴 것은 인류애(휴매너티)와 공동체(커뮤너티)라는 두 가치의 혼합이었다. 그런데 공동체주의가 먼저이고 인류애가 거기에 부가되었다(307-312).

2. 유대인 영국 수상 디즈레일리

디즈레일리는 특이한 이력을 가진 인물이다. 런던의 유족한 유대인 이민자 집안에서 태어난 그는 어릴 적에 국교회로 개종했음에도 평생 반유대주의 세태 때문에 고통받았으며, 19세기 영국의 수상들 가운데 웰링턴 공작(Arthur Wellesley, 1st Duke of Wellington)과 더불어 유일하게 대학 문턱에도 가보지 않았던 정치가였다. 그는 광산회사에 투기하고 신문 사업에 손댔다가 실패하여 경찰에 쫓기는 채무자 신세를 경험하였고, 첫 작품 『비비언 그레이』(*Vivian Grey*, 1826)가 혹평과 신경쇠약증을 안겼지만 수상에서 물러난 뒤 발표한 『로테르』(*Lothair*, 1870)는 베스트셀러가 되었다. 그는 작가를 버리고 정치에 입문하기로 결심하여 다섯 번 도전 끝에 의회에 진출하였고, 같은 지역구의 같은 당 소속 의원의 미망인이자 자신보다 열두 살

벤저민 디즈레일리
Benjamin Disraeli
(1804-1881)

연상인 여성과 결혼하였다.

1837년 하원의원이 된 이래 디즈레일리는 줄곧 토리 정치가였다. 1840년 대 전반 그는 보수당의 낭만적 급진주의 의원 소그룹 '청년 잉글랜드'를 대표하였고, 잉글랜드가 부자와 빈자라는 '두 국민'으로 나뉘었다고 비판한 『시빌』(Sybil, 1845)을 출간하였다. 1846년 곡물법 위기 때 그는 필을 맹렬히 공격하면서 보수당 보호무역주의자들의 선두에 섰다. 1852년 보수당 정부에서 처음으로 재무부 장관이 된 그는 보호무역주의의 폐기에 따른 관세 조정 및 소득세의 차등화를 골자로 삼는 혁신적인 예산안을 제안하지만 글래드스턴의 공격을 받아 좌절되었다. 이 무렵 그는 '디지'(Dizzy)라는 별명을 얻었다. 1867년 디즈레일리는 능란한 의회 전술을 구사하여 도시 노동자에게 선거권을 부여한 선거법 개혁을 관철함으로써 글래드스턴에게 일격을 가했다. 1868년 그는 처음으로 수상이 되었지만, 곧 글래드스턴의 반격을 받아 실각하였다. 1872년 정치에 복귀한 그는 글래드스턴 정부의 국내정책과 외교정책을 비판하면서 헌정 유지, 영제국 방어, 노동계급의 복리 증진을 보수당의 이념으로 제시하였다.

1874년 총선에서 대승한 그는 1841년 이후 처음으로 보수당 단독 다수파 정부를 구축한 제2차 내각을 이끌면서 외교와 제국 문제에서 정치적 감각과 기민성을 과시하였고, 비콘스필드 백작이 되어 상원에 진출하였다. 1878년 동방 위기를 해결하기 위해 베를린 회의에 참석한 그는 러시아의 남진을 저지함으로써 '명예와 함께하는 평화'를 이룩했다. 그러나 그의 정부는 곧 식민지들에서 전쟁에 휘말렸다. 반면 집권 초기 국내 정치에서는 괄목할 만한 입법적 성과를 이루었다. 디즈레일리 정부는 자유방임과 소극주의(消極主義) 기조에 따라 다양한 사회개혁 조치를 이루었다. 한편 아일랜드 문제에 관한 디즈레일리의 기본 입장은 1800년의 합방법이 항구적으로 유지되어야 한다고 것이었다. 그가 고안한 '자치=제국 해체'는

1914년까지 아일랜드 문제에 대한 보수당의 접근법을 규정하였다.

능란한 의회정치가 디즈레일리를 지지한 부류는 그의 선견지명과 애국심을 높이 평가한 반면, 보수당 내부의 일부 세력을 포함한 반대자들은 그를 모험가이자 협잡꾼으로 보았고, 이런 논란은 그의 사후에도 지속하였다. 이는 독특하면서도 복잡한 개성을 가진 인물인 디즈레일리의 정체가 쉽고 단순하게 파악될 수 없었기 때문이다.

디즈레일리 서거 후 1883년에 창설된 보수당 외곽조직인 '프림로즈 동맹'을 통해 디즈레일리는 현대 영국 보수당의 창시자이자 당의 기본 이념을 제시한 인물로 찬양되었다. 그는 대중을 위해 선거법 개혁을 단행한 '토리 민주주의자', 일련의 노동 입법과 사회입법을 단행한 사회 개혁가, 이미 1870년대 초에 제국 위상의 강화가 필요하다고 내다본 예언자로 선전되었다. 이 보수당의 선전은 1910년대에 둘 다 저널리스트이자 제국주의자였던 윌리엄 모니페니(William F. Monypenny)와 조지 벅클(George E. Buckle)이 쓴 6권 분량의 디즈레일리 전기에 의해 확립되었다. 비콘스필드 재단의 공식 요청에 따른 이 전기는 디즈레일리를 이념 없는 기회주의자이자 정치 기술자라고 주장한 디즈레일리 비판자들의 공격에 응수하면서 그를 특정한 보수주의 이념(토리 민주주의)의 구현자라고 해석하였다.

모니페니와 벅클은 디즈레일리의 영속적인 명성의 주요 근거를 선거법 개혁, 수에즈운하 회사 주식 매입, 국왕 호칭법 같은 특정 정책이 아니라 그의 사람됨과 경력에서 찾았다. 첫째, 그는 용기, 결의, 인내심, 근면의 자질을 갖춘 인간이었고, 그의 정치적 출세는 '공정한 투쟁'을 통해 얻은 것이었다. 예컨대 디즈레일리가 필을 배신한 것이 아니라, 공적이고 애국적인 원리에 따라 디즈레일리가 당을 배신한 필과 투쟁하여 승리하였다. 둘째, 그는 신비스러운 성격과 기이한 외모를 지닌 인물이었고, 이것이 매력으로 작용했다. '디지'라는 친근한 별명을 얻은 것도 이 때문이었다. 유대인인 그는 기독교로 개종하고 영국의 역사, 문학, 사회, 전통을 깊이 이해했지만, 주연배우이면서도 늘 '관찰자이자 비판가'로서 일정 거리를 두었다. 또한 그는 사실에 근거한 논리성보다는 상상력과 직관력이 풍부한 인물이었다. 셋째, 그는 토리가 고매한 '이념'을 가진 정당이며 단순히 정체(停滯)를 대변하는 정당이 아님을 일깨웠다. 디즈레일리의 이념은 대외적으로 영국과 제국의 가치 있는 영향력을 강화하는 것, 국내에서 인민의 도덕적·물질적 개선을 통해 모든 계급을 하나의 조화로운 전체로 녹여내고 국가 제도의 발달을 추구하는 것이었다. 또한 그는 영국인이 내면적으로는 상식보다는 로망스와 이상주의 기질을 갖고 있음을 인지하였고, 이를 열광의 대상으로 만들었다. 디즈레일리는 예언자적 통찰력을 지닌 인물이었다(633-646).

이 토리 민주주의 '신화'는 1960년대 후반에 무너졌다. 고전으로 평가받는 디즈레일리 전기를 쓴 로버트 블레이크(Robert Blake)는 디즈레일리를 하원이라는 무대의 능란한 감독이자 임기응변과 야망을 가진 실용주의적 정치가로 묘사하였고, 모니페니와 벅클이 매우 신중하게 다루었던 디즈레일리의 사생활, 특히 성적·재정적 무분별도 솔직하게 서술하였다. 정치가 디즈레일리를 실용주의자이자 본질적으로 '필주의자'로 해석한 이 전기는 디즈레일리의 이념을 거의 언급하지 않았고, 그나마 1840년대에 형성된 중세적이고 온정주의적인 토리즘인 '청년 잉글랜드' 이념도 '낭만적이지만 기본적으로는 비현실적인' 것이라고 평가했다. 디즈레일리의 대표적인 업적으로 간주되는 1867년 개혁은 대체로 더비 백작(Edward Smith-Stanley 14th Earl of Derby)의 책임이었고, 장기적인 견지에서 토리 민주주의를 실천한 것이라기보다는 전략적 필요의 산물이었다. 또한 사회개혁 조치는 토리 민주주의 이념에 따른 '정책'이었다기보다는 정치적 이익을 추구한 것이었으며, 자유당도 했을 법한 '양당의 조치'였다. 그의 대외정책도 '현실과 유리된' 것이었고, 제국 개념도 '하찮은' 것이었다. 기본적으로 블레이크의 시각은 회의주의적이다. 즉, 정치에서 디즈레일리의 일관한 목표는 '미끈거리는 기둥 꼭대기'에 오르려는 결의였고, 보수당 내부에서조차 불신받았던 그는 자신의 당에 '불가결한 부채'였다. 물론 블레이크는 디즈레일리의 불성실성이나 원칙의 부재라는 비난은 정당화될 수 없다고 평가한다. 그의 보수주의는 국가의 확립된 제도 유지, 국제무대에서 영국과 영제국의 힘과 위신의 강화, 인민의 생활 조건의 개선이었다. 그러나 이것들은 '청년 잉글랜드'의 이념이 아니었다(757-763).

블레이크에 따르면, 디즈레일리는 정치를 '가능성의 예술'로 보았고, 바로 이로부터 현란한 정치 기술이라는 그의 독특한 스타일이 나왔다. 디즈레일리는 필과 글래드스턴보다 행정적·입법적 능력이 적고, 논리, 엄밀성, 명료성도 부족하였다. 그러나 그가 탁월했던 대목은 '표현의 기술'이었다. 그는 정치에서 형식이 내용보다 더 중요함을 알고 있었다. 스타일과 더불어 디즈레일리의 성향도 빅토리아 시대의 진지함에는 어울리지 않았지만, 그는 회의론자이자 낭만주의자였기에 오히려 다른 정치가들보다 덜 고루하였고 초연할 수 있었다. 빅토리아 시대 성격이 강했던 글래드스턴과 달리, 디즈레일리는 초시대적이고, 따라서 '적어도' 정치가들에게는 더 매력적인 존재이다. 디즈레일리는 기회주의자가 맞지만, 정치가는 대개 기회주의자이다(764-766).

블레이크의 해석은 개별 주제들에 대한 전문적인 연구, 특히 수뇌부정치학파에 의해 뒷받침되었다. 선거법 개혁과 사회입법을 다룬 연구들에서 디즈레일리는 이념을 갖지 않은 채 당리당략을 추구하고 임기응변에 능하며 권력욕이 강한 정치가로 서술되었다. 보수당 리더십과 조직, 동방문제를 다룬 연구들도 블레이크의 해석을 뒷받침하였다. 반면 선거법 개혁, 사회입법, 재정정책 같은 주제에서 디즈레일리의 이념의 일관성을 찾아내고 그의 정책의 적합성을 강조함으로써 이념과 실제의 결합을 부각시키는 연구들도 있다.

디즈레일리는 소설가이기도 했다. 디즈레일리에게서 소설은 그의 정치 '이념'이 논의되는 포럼이었다는 식의 해석이 주류이고, 이를 따른 문학비평은 매우 많다. 그러나 그의 주요 작품들을 정치 '경력'과의 관계에서 다루는 수정주의 연구도 있다. 로버트 오켈(Robert O'Kell)에 따르면, 디즈레일리의 소설에서 반복해서 등장하는 판타지 구조는 그의 정치 경력의 상상적 형성과 아주 흡사하다. 그의 소설은 문자 그대로의 자서전적인 소설이 아니라 '상상적 자서전'이다. 디즈레일리는 정치를 픽션의 한 형태로 다루고 픽션을 정치의 한 표현으로 다루었다. 그에게서 정치와 소설은 상호작용이었다(vii-viii, 7-8).

1990년대 이후 디즈레일리 전기가 여럿 나왔다. 짤막한 분석적 전기에서 존 월튼(John K. Walton)은 '디즈레일리 신화'가 사회개혁, 국가 제도(군주제, 국교회, 상원) 유지, 제국 강화 측면에서 형성되었다고 지적하였다. 그것은 신화, 개성, 정책이 일체를 이룬 점에서 독특했다. 디즈레일리 연구의 항구적인 주제, 즉 그가 원칙을 가진 정치가였는가에 대해서 월튼은 디즈레일리가 스스로를 제시한 '비정통적' 방식들을 보면 그렇지 않지만, 그의 정치적 행위에서 유기적 사회에 관한 비전을 지속하였고, 당은 이를 위한 수단이었다고 주장하였다. 이를테면 그는 민주주의자가 아니면서도 선거법 개혁을 주도했는데, 그는 이 법이 "신분과 계급을 인정하는 잉글랜드 헌정정신과 양립한다"고 보았기 때문이다. 나아가 월튼은 디즈레일리가 장기적으로 보수당에 어떤 기여를 했는가를 정책이나 입법보다는 이념, 슬로건, 수사, 표현의 견지에서 봐야 한다고 주장하였다. 특히 사회입법과 외교정책에서 디즈레일리의 영속적인 이미지는 그의 반대자들이 글래드스턴과 대비시켜 만든 것이었다. 따라서 월튼은 디즈레일리와 글래드스턴 사이의 여러 가정적인 차이는 '표현과 연기'의 문제라고 보았다. 더구나 사회 · 정치 문제에 대한 디즈레일리의 해석과 해법도 극적으로 새로운 것은 아니었다. 그는 '광야에서 외치는 예언자'가 전혀 아니었고, 동시대 사유의 중요한 흐름과 궤를 같이하고 있었다. 그렇지만 그는 열광과 집단적 사명감을 일깨우고 유지하는 일련의 탁월한 언어와 '온기'를 보수당에 제공한 특이한 카리스마 정치가였다(60-61, 64-67).

포이히트방거도 이와 비슷한 평가를 내렸다. 디즈레일리는 정치에서 드물게 보이는 상상력을 가졌다. 그러므로 '빅토리아 시대'의 정치 지도자에게 기대한 기준에 따라서 그를 판단해서는 안 된다. 영국 사회의 아웃사이더이자 독특한 개성과 유연한 자기 정체성을 가졌던 디즈레일리의 진정한 자아를 포착하기가 쉽지 않을지라도, 그가 자신의 입장을 바꾸거나 부인한 적이 없으므로 정치가로서뿐 아니라 일관된 이념을 가진 인간으로 보아야 하는 것이다. 광범위하고 풍부한 상상력으로 이미지를 형성하는 능력을 가졌던 그는 시대의 한계를 넘어설 수 있었다. 포스트모던 시대에 이미지를 통해 사건에 영향을 주는 능력은 권력의 행사만큼이나 중요해졌다. 그의 신화의 배후에 실체가 부족할지 모르지만, 디즈레일리는 탁월한 구호를 통해 보수당에 제국적 애국주의와 사회적 관심을 부여함으로써 영속적인 영향을 행사하였다(x-xii, 217-218).

디즈레일리가 이념과 원칙을 가졌는가라는 문제는 존 빈센트(John Vincent), 폴 스미스(Paul Smith), 테렌스 젱킨스(Terence A. Jenkins)의 전기에서 본격적으로 다루어졌다. 디즈레일리의 정치이론, 인종주의, 유대주의, 실제 정치, 소설을 살핀 짤막한 분석적 전기에서 빈센트는 디즈레일리의 정치의 실제보다는 이념을 더 중요시하였다. 즉, 디즈레일리의 이념과 실제 정치의 괴리를 근거 삼아 그를 원칙 없는 기회주의자로 보는 것은 정치가는 원칙을 가져야 한다는 '순진한 앵글로색슨적 도덕주의'의 소산인 것이다. 빈센트에 따르면, 디즈레일리는 사회통합에 초점을 둔 '청년 잉글랜드' 이념과 1865년 이후 보수당 지도자로서 국민 정체성과 잉글랜드 정체성을 동일시하는 이념 양자를 가졌는데, 1870년대에 그는 이 두 이념을 통합하였다. 따라서 디즈레일리는 생각보다 더 넓고 더 유연한 정체성을 가졌다. 보수당의 여느 정치가와는 달리, 그는 이 유연한 정체성으로 엘리트주의 보수당을 대중 정당으로 이끌고 보수당을 생존시키는 데 결정적 역할을 하였다(113-117).

나아가 빈센트는 비록 디즈레일리가 심오한 정치이론가는 아니었을지라도 정치적 소설가이자 사회 사상가로서는 혁신적이었고, 유대성이 디즈레일리의 정체성에서 근본이었다고 지적하였다. 디즈레일리는 '시대를 앞

선' 사회 사상가였는데, 이를테면 그는 현대적 용어를 사용하지 않고도 '군중'과 '공동체'를 대비시켰고, 자유주의적 제도와 가치에 숨은 '사회적 통제' 요소를 언급하였으며, 대중 정치가로서 카리스마적인 인물을 요청함을 알았다. 역설이지만 그는 자유주의 국가의 정당성, 빅토리아 시대의 매너리즘, 세속적 진보주의, 자유주의적 공리주의를 비판한

디즈레일리가 심오한 정치이론가는 아니었을지라도
정치적 소설가이자 사회 사상가로서는 혁신적이었다.

'반문화'(counter-culture)였다. 또한, 그는 현대 도시민을 통치하는 견지에서 사유함으로써 보수주의와 근대성이 행복하게 화해될 수 있음을 보여주었다(x, 117-120).

디즈레일리의 사회입법에 관한 수정주의 연구를 낸 바 있는 스미스도 정치적 전기보다는 지적·정서적 전기의 필요성을 강조한다. 스미스는 유대인 태생에다 유럽 차원의 전망과 낭만주의적 감수성을 지닌 아웃사이더로서 디즈레일리가 잉글랜드의 역사와 보수당의 미래를 재해석해서 자신에 맞는 역할을 창출하는 데 성공했다고 주장하였다. 스미스에 따르면, 1830-1840년대 '청년 잉글랜드' 이념은 1870년 소설 전집 서문에 나타나므로 디즈레일리는 경력 초기부터 이념과 원칙을 견지했다. 따라서 이념이 있다 해도 후기 이념과 단절된 것이라는 해석이나 재정정책에서도 필주의(저과세, 긴축)를 원칙으로 삼았지만 행동으로는 연결되지 않았다는 해석을 거부한다. 디즈레일리 스스로 평생에 걸쳐 자신이 온전한 견해를 일관해서 견지했다고 주장하였다(5).

또한 스미스는 정치가로서 디즈레일리가 정치사회학과 도시적이고 산업적인 사회 분석에서 시대를 앞섰다는 빈센트의 주장에 동의한다. 그러나 스미스는 디즈레일리의 이념의 기원과 기능은 디즈레일리 자신이 언급한 '대륙적이고 혁명적인 정신'을 잉글랜드 환경에 통합하는 과업을 위해 필요했던 '도구'의 견지에서 이해되어야 한다고 강조하였다. 그 이념들이 실제 정책에서 구체화하기 위해 어느 정도로 실체성, 진실, 원칙을 가졌는가라는 문제보다는, 그것이 디즈레일리의 지적·정서적 필요와의 관계에서 무엇을 의도했는가라는 문제가 그를 이해하는 데 더 중요하다는 것이다. 스미스에 따르면, 디즈레일리의 유대성은 개종자로서 기독교 정체(政體)에서 정상에 오르려는 예리한 정체성 문제와 연관되며, 이 유대성과 결합한 그의 낭만주의는 잉글랜드 사회 안에서 자신의 이방인성을 강화하고

'진정한' 토리 전통과 '진정한' 잉글랜드 국민에 관한 독특한 비전을 제공하였다(6-7). 따라서 스미스는 토리 민주주의부터 현대의 일국민론과 대처주의에 이르기까지 보수당이 디즈레일리로부터 이끌어낸 많은 통찰과 구호에 더 주목할 것을 요청하였다. 디즈레일리는 "정치에서 논리를 중요시한 당시의 자유주의 이데올로기를 해체한 최초의 보수당 정치가"였다. 디즈레일리에게서 이미지 만들기는 이념의 힘이 작용토록 만드는 필수 기술이었다. 그는 보수당을 국민정당(글래드스턴의 브리티시 정당과 구별되는 잉글랜드 정당)으로 만드는 이미지를 창출하였다. 디즈레일리에게는 블레이크가 간과한 '성실성과 진지함'이 있었다(215-220).

한편, 젱킨스의 전기는 디즈레일리의 경력을 보수주의 이념을 중심으로 살폈다. 특히 그가 보수당의 리더십을 장악하는 과정과 그의 집권 시기를 동등한 비중을 두고서 다루었고, 그가 '국민'정당으로서 보수당의 이미지 형성에 끼친 영향을 강조하였다. 디즈레일리는 정치적 '방법'에서는 기회주의자가 분명하지만, 자신이 헌신했던 '목표'에서, 그리고 이 목표를 증진하기 위해 그가 사용한 수사에서 현저한 일관성을 보였다. 그런데 젱킨스는 디즈레일리의 유산의 일부는 그의 사후에 '만들어진 것'이고 그의 명성이 시대에 따라 부침하였으므로, 디즈레일리를 연구할 때 '현재의 당파적 충성이 부과하는 지적 제약'에서 벗어날 필요가 있다고 지적하였다. 즉, 역사가는 '있는 그대로의 디즈레일리'를 보아야 한다는 것이다(2, 137-145).

그러나 디즈레일리의 권력욕을 강조하는 연구도 여전하다. G. I. T. 마친(G. I. T. Machin)의 디즈레일리 전기는 청년기의 투쟁, 필과의 투쟁, '오르막길' 투쟁, 글래드스턴과의 두 차례 투쟁이라는 '투쟁'의 과정으로 서술되어 있다. 마친은 이 투쟁이 권력을 향한 것이라고 파악하였다. 마친은 특히 디즈레일리의 집권 과정이 예외적으로 오래 걸렸다는 점에 주목한다. 이 과정은 디즈레일리가 대단한 지성, 기술, 집요함, 추진력을 가진 인간임을 보여주었다. 그런데 마친은 자유주의 시대에 이 기독교도 유대인이 보수당을 이끌고 수상에 오른 것은 유대성이 그에게 아무런 장애가 아니었음을 증명한다고 해석하였다. '적어도' 정치의 영역에서는 디즈레일리의 유대성이 중요치 않았다는 것이다. 따라서 디즈레일리의 경력에서 가장 일관한 요소는 권력을 잡고 유지하려는 결의였다. "원칙과 정책을 취하거나 버린 방식에서" 그는 전적으로 실용주의적이었다. 더구나 다른 정당에도 갈 수 있었던 그는 '우연히' 보수당에 들게 되었다(2-5, 163-169).

그런데 마친이 특별히 강조하는 점은 디즈레일리가 "1820년대 영국 정부가 채택하고 대체로 현재까지 유지되는 전반적인 자유주의적 노선을 비체계적이고 불일관한 방식으로 따랐다"는 것이다. 따라서 디즈레일리는 헌신할 '자신만의' 이데올로기를 갖지 않았다. 그는 온건하고 점진적인 개혁을 통해 국가 제도(군주제, 귀족 지배, 국교회)의 현상 유지를 원했다. 그는 기본적으로 필의 실용주의적 개혁정책을 따랐다. 자유주의적이고 실용주의적인 디즈레일리의 노선은 글래드스턴과도 근본적으로 다르지 않았다. 다른 점은 개성과 스타일이었다(7-8, 166, 172-173).

그렇다면 보수당과 디즈레일리의 관계는 어떤가? 보수당 역사에서 디즈레일리는 역설적이지만 자신이 파괴한 필과 더불어 보수당의 창시자로 간주되고, 보수당이 변화에 적응하고 지속적인 신뢰를 확보토록 만든 인물로 평가된다. 그러나 마친이 보기에 현대 보수당이 그에게 보내는 찬사는 특정 정책에 대한 자신들의 견해에 의해서 '만들어진' 것이다. 따라서 마친은 디즈레일리를 그의 시대의 맥락 속에서('역사적으로') 그의 정책과 태도에 관한 상세한 연구를 통해 평가해야 한다고 주장하였다. 이를테면, 1870년대의 제한적인 사회개혁으로부터 그가 1945년 이후의 복지국가를 승인했으리라 가정할 수 없고, 1870년대 제국 옹호로부터 그가 1945-1970년 시기의 제국 해체를 반대했을 것으로 생각할 수 없다. 아주 현실적

디즈레일리와 글래드스턴의 관계를 묘사한 삽화

디즈레일리의 노선은 글래드스턴과도 근본적으로 다르지 않았다.
다른 점은 개성과 스타일이었다.

이고 아주 유연했던 디즈레일리는 거부하거나 찬성할 수 있었을 것이므로
(170-71).

마지막으로, 현재 출간되고 있는 방대한 디즈레일리 서간 전집을 참조
하면서 문화와 정체성에 대한 포스트모던적 관심을 반영하는 연구들이 있
다. 새롭게 부각되는 주제들로는 그의 교육, 낭만주의, 오리엔탈리즘, 역사
관, 정치이념, 심리, 인종주의와 유대성이 있다. 특히 디즈레일리의 유대
성 문제는 그의 인간적 면모, 삶과 문학, 정치를 이해하는 데 필수적인 주
제가 되었다. 제인 리들리(Jane Ridley)의 전기는 1846년까지의 청년 디즈
레일리의 생애를 다룬 것으로서 유대성이 그의 정체성 형성에 결정적이었
음을 밝혔다. 스탠리 웨인트라웁(Stanley Weintraub)의 전기는 새로 발굴된
자료에 근거하여 디즈레일리의 삶과 업적이 유대성과 결부되었음을 보여
주었다. 디즈레일리의 유대성 문제는 그의 실제 정치에 관한 연구에서도

논쟁거리이다. 동방문제에서 친튀르크 입장을 견지한 디즈레일리가 유대성을 잉글랜드 애국주의와 결부시켰다는 해석이 있는가 하면, 그의 노선은 파머스턴 자작(Henry John Temple, 3rd Viscount Palmerston)이 대표하는 영국 외교의 전통을 계승한 것이기에 유대성과는 무관하다는 주장이 있다.

비록 그의 생애 후반부를 다룬 부분이 전반부에 비해 소략하지만, 유대인 디즈레일리의 모습과 심리를 다룬 대중적인 전기가 아담 커쉬(Adam Kirsch)의 작품이다. 이 전기는 실제 정치가 디즈레일리보다는 '유대인 작가이자 사상가' 디즈레일리에 치중하였다. 커쉬에 따르면, 디즈레일리는 영국의 대표적인 유대인으로서 자신의 독특한 사유 방식으로 유대인과 유대주의에 관해 영국인을 가르치려고 애쓴 인물이다. 그는 지울 수 없는 자신의 유대성을 오히려 정치적 자산으로 만들고자 하였다. 그는 영국인으로 인정받는 것에 그치기를 원치 않았고, 자신이 영국민과 영제국을 이끌고자 했다. 그 결과 유대인과 반유대주의자 모두 자신들의 이미지를 만들기 위해 디즈레일리를 준거점으로 삼았다. 따라서 디즈레일리의 경력은 유럽의 유대인에게는 해방의 가능성과 불가능성 모두의 표상이었다(xvi, xx-xxiv).

6. 19세기에 펼쳐진 영국식 외교정책의 방향*

김현수

1. 머리말

19세기에 들어서자 유럽 각국은 나폴레옹전쟁(1803-1815)을 마감한 후 유럽 외교 질서를 마련하기 위한 '모임의 장'인 빈 체제(Vienna system, 1815)에 편승하였다. 영정부도 체제에 합류했지만 베로나 회의(1822.10.) 이후 고립정책(Isolation Policy)을 표명하고 '국가 간에 맺는 동맹을 취하지 않는다'라는 원칙을 세운 다음 이듬해(1823)에 체제에서 이탈하였다. 체제에서 이탈한 영국은 고립정책이 자국의 외교정책 방향의 핵심 코드가 되었다. 한편 당연시하고 받아들이던 이 정책에 대한 학문적 의문도 이때부터 시작되었다. 의문점을 갖게 되는 예를 들어보면 자국에 직접 위해(危害)를

---

* 이 글은 『영국연구』 39호에 게재된 논문과 《교수신문》(2019.03.27.)에 발표된 연구 결과물이 중심이 되었다.

가해오는 국가를 대하면서도 '고립정책'만으로 해결할 수 있었을까? 분명 해당 상대국과의 직접적인 외교적 조치로서 다른 정책이 진행되었을 것인데, 이 경우 고립정책을 어떻게 정의(定義)해야 할 것인가? 당연히 해당국과의 직접적인 접촉이나 외교적 조처가 필요할 텐데, 이때에는 고립보다는 '간섭'(Intervention)이란 용어가 더 적합하지 않는가? 결국 의문의 핵심 내용은 '고립정책이란 용어에 대한 명확한 이해 없이 사용되고 있다'란 점이다.

위의 의문점을 일부 해외학자들도 인식했다. 고립(또는 불간섭)정책과 간섭정책을 공통주제 속에 놓고 구체적으로 분석한 흔적을 보이기 때문이다.[1] 하지만 이들의 연구내용을 좀 더 들여다보면 영국 외교정책과 연관 지어 집중적으로 연구하지 않았음을 알 수 있다. 그나마 국내 일부 학자들이 두 용어를 구별하면서 영국 외교정책 관련 연구를 진행하고 있고[2] 대다수 관련분야 연구자들은 여전히 고립정책에만 집중하고 있음이 현실이다.[3] 고립정책만으로 풀어내려는 현재 연구 상황만을 놓고 보면, 여전히 축적되었거나 축적될 관련 연구들 속에 많은 모순이 나올 수밖에 없다는 점이 분명해 보인다. 이 점을 염두에 둔다면 두 정책(간섭, 고립)의 명확한 정의와 이 정책들과 영국 외교의 관계가 어떠했는지를 분석할 필요성은 분명하다.

분석을 시작하며 먼저 주목할 부분은 19세기란 시기 설정일 것이다. 1822년 베로나 회의 이후에 영국이 펼친 남북 아메리카와의 외교관계, 비슷한 시기에 정립된 영러각축(英露角逐)을 통해 유라시아 전역(근동, 중동, 동아시아)과 얽혀 19세기 내내 진행된 그레이트 게임(The Great Game)[4]이라 불린 외교 등이 영국 외교정책과 밀접한 관계가 있었을 것으로 추정되기 때문이다.

다음으로 주목할 부분은 인물 설정일 것이다. 첫 번째 실정 인물은 두 차례 외무장관직을 수행하면서 영국만의 정책을 잡으려 고심하다가 고립정책을 진행시킨 장본인인 캐닝(George Canning) 외무장관(후에 총리)이다. 캐닝은 최초 고립정책 입안자이기에 그의 생각부터 확인하는 것이 당연하다. 하지만 고립정책을 분석하려면 동시대에 같은 문제로 고민하고 캐닝과 수차례 논쟁한 캐슬레이(Robert Stewart, Lord Castlereagh) 외무장관의 생각도 배제할 수 없기에 그도 분석 대상으로 설정하여 캐닝에 앞서 살펴보아야 할 것이다.

한편 두 인물을 주목해보더라도 고립정책에서 갖은 의문점을 완전히 해소하기에는 여전히 부족한 부분이 보인다. 말하자면 캐닝이 영국 외교정책 방향을 정립했더라도 과연 그의 정책이 '현실 속에 지속적으로 녹아들며 뿌리를 제대로 내렸는지를 확인할 수 있느냐' 하는 부분이 의문점으로 남아서이다. 이런 의문의 시작은 캐닝이 총리가 되면서 외무장관 때 정립한 고립정책을 제대로 펼칠 수 있는 기회를 잡았지만 총리 재임 1년 만에 세상을 떠났기 때문이다. 그렇다면 이 의문을 해결해줄 인물은 누구일까? 관련하여 오랜 기간(40여 년)을 외무장관직과 총리직을 지낸 파머스턴이 눈에 띈다. 그가 주목된 이유는 첫째, 그의 외교경력과 경험이라면 캐닝의 정책을 현실적으로 정착시키기에 충분했을 것으로 보였던 점이다. 둘째, 캐닝에 이어 줄곧 외무장관직을 지속한 그의 외교정책 수행과정을 통해 캐닝으로 출발한 영국식 외교정책 방향이 퇴보하였는지, 발전하였는지, 아니면 수정되었는지 등 다각적인 각도에서 점검할 수 있을 것으로 기대되기 때문이다.

2. 캐슬레이의 '불간섭 외교 노선'

캐슬레이는 1798년 아일랜드에서 공직생활(총독부 수석비서관)을 시작하여 2년여 만인 1800년에 통합법 가결이란 수확을 올려 공신이 되었다. 덕분에 1802년에 인도 식민부 장관으로 임명되었으며, 1804년 소(小) 피트(William Pitt) 내각 때 육군 및 식민 장관(Secretary of State for War and the Colonies)이 되었다. 그의 정치적 행보는 1806년 소(小) 피트 총리가 사망하면서 잠시 멈추었지만 이듬해에 포틀랜드 공작(The Duke of Portland) 내각이 들어서자 다시 육군 및 식민 장관으로 정계에 재등장하였다. 당시 그는 대륙봉쇄령을 통해 유럽 대륙을 옥죄고 있던 나폴레옹(Napoléon Bonaparte, 재위 1804-1814)의 힘을 약화시킬 계획을 찾았는데 활용할 대상이 에스파냐임을 알았다.

에스파냐는 루이 14세의 손자가 왕이 되면서 부르봉 왕가에 속하였다.

캐슬레이 자작 로버트 스튜어트
Robert Stewart, Lord Castlereagh
(1769–1822)

그러므로 나폴레옹전쟁 시기 에스파냐는 트라팔가르 해전(1805) 및 포르투갈 원정(1807) 때에 당연히 프랑스와 동맹 관계였다. 그러던 두 국가 간에 문제가 발생한 것은 나폴레옹이 부르봉 왕가를 배제하고 자신의 가문인 보나파르트 가문의 인물을 에스파냐 왕위에 올리려 한 때문이었다. 당시 나폴레옹을 지원하는 쪽은 국왕 카를로스 4세(Carlos IV, 재위 1788-1808)와 총리인 마누엘 데 고도이(Manuel de Godoy)였다. 이런 움직임에 반감을 갖고 있던 '반 고도이파'들이 1808년 3월에 여름궁전이 있는 아랑후에서 반란을 일으켜 국왕을 축출하고 그의 아들인 페르난도 7세(Ferdinand VII, 재위 1808, 1813-1833)를 옹립하였다. 그러나 강력한 힘을 갖고 있던 나폴레옹은 직접 자신의 야욕을 드러내어 2만 8천 명의 프랑스군을 에스파냐에 진입시키고 카를로스 4세뿐만 아니라 페르난도 7세까지 모두 폐위시켰다.[5] 대신 나폴리와 시칠리아의 국왕이었던 자신의 형인 조제프 보나파르트(Joseph-Napoléon Bonaparte)를 왕위에 올렸다. 이에 반발한 에스파냐 민중이 1808년 5월 2일에 마드리드에서 프랑스군에 반기를 들었고 결국 독립전쟁이 일어났다.

당시 육군 및 식민 장관이던 캐슬레이는 1809년에 웰링턴 공작이 이끄는 9천 명의 원정대를 에스파냐에 파견하여 나폴레옹에 저항하는 반란군을 지원하였다.[6] 캐슬레이의 이런 행동은 "직접 관계가 없는 남의 일에 부당하게 참견함"이란 사전적 의미를 갖고 있는 간섭의 한 형태였다.[7] 국제 관계 이론학자인 빈센트(R. J. Vincent)는 간섭의 형태를 좀 더 구체적으로 나누었다. '군사적 간섭'과 '경제적 간섭'이 있는데, '군사적 간섭'의 경우는 다른 국가가 진행하는 혁명을 지원하거나 그곳의 질서를 유지하기 위해 병력을 보내는 경우, 이웃 국가 간의 충돌 속에 제삼국인 자국의 내적 보안이 불안정해지는 것을 막는다는 차원에서 해당 국가들의 충돌에 임의로 관여하는 경우라 하였다. '경제적 간섭'의 경우는 국가 간의 관계 속에 경제권의 무게중심이 어디에 있느냐를 주목해보면 안다고 하면서, 강대국이 약소국을 지원하는 결정권을 갖고 있거나 저개발국가와의 계약 파기권이 선진국에 있는 경우가 해당된다고 하였다. 덧붙여 그는 19세기 후반 포함외교(砲艦外交, Gunboat diplomacy)로 동아시아 국가들과의 불평등 통상조약을 맺은 경우도 경제적 간섭 사례로 지목하였다.[8] 캐슬레이가 에스파냐 반란에 관여한 이유는 빈센트가 언급한 전자의 경우인 군사적 간섭 또는 무력간섭(武力干涉)[9]으로 읽혀진다.

한편 당시 외무장관이던 캐닝은 외무부에서 할 일을 육군 및 식민 장관인 캐슬레이가 행한 것은 월권(越權)이라 간주하고, 그의 월권의 부당성을 내각에 지속적으로 주장하였다. 이런 주장은 캐슬레이와 불화로 이어져 결투를 치르는 사건으로 확대되었고, 그 결과 둘 다 내각에서 축출당하는 사태까지 이르렀다.[10]

결투를 치른 후 몇 년 뒤인 1812년, 캐슬레이는 또 한 번의 정치적 기회를 갖게 되었다. 바로 나폴레옹 정권의 운명을 건 러시아 원정이 시작된 즈음이었다. 당시 총리가 된 리버풀(Robert Banks Jenkinson, 2nd Earl of Liverpool)은 외교적으로 탁월한 능력을 보인 캐슬레이를 이미 눈여겨보았기 때문에 망설임 없이 외무장관으로 임명하였다. 이로써 캐슬레이는 1822년에 현직에서 우울증으로 자살할 때까지 10년이란 기간을 외교에 투신하였고, 이 시기에 나폴레옹전쟁의 종말과 유럽협조체제(European Concert)라 불린 빈 체제 성립, 국가 간에 유행처럼 된 동맹(Alliance) 맺기 등의 새로운 경험을 두루 겪었다.

그가 장관직을 수행하던 기간 중, 몇몇 국가들에서 자유주의 반란이 일어났다. 먼저 주목할 사건은 1820년 1월에 발생한 또 한 번의 에스파냐 반란이었다. 나폴레옹과 독립전쟁을 치르던 때에 에스파냐 임시정부는 그들의 의회를 레온섬을 거쳐 카디스로 옮기고 그곳에서 미래의 정부를 위해 총 10장(384조)에 이르는 카디스 헌법(1812.03.19.)을 만들었다. 이는 에스파냐 전통과 1791년 프랑스 헌법을 섞어 만든 자유주의 헌법(주권재민, 절대왕정 부정 등)이었다. 이 헌법을 준수하는 에스파냐 의회는 나폴레옹이 패전할 즈음인 1814년 1월에 마드리드로 의회를 옮겨왔다.[11]

한편 1813년 12월, 발랑쉐 조약으로 에스파냐 왕국이 프랑스로부터 권리를 회복하자 앞서 나폴레옹으로 인해 강제로 폐위되었던 페르난도 7세도 왕권이 회복되어 마드리드로 돌아왔다. 고국에 돌아온 왕은 국민들의 요구와 동떨어진 행동을 하였다. 그는 절대왕정을 요구하며 카디스 헌법을 폐지하는 칙령을 내렸다. 동시에 자유주의자를 탄압하기 시작하였다. 일종의 반동 쿠데타였다.[12] 이에 에스파냐 안에서는 장군이자 정치가인 리에고(Rafael del Riego y Nuñez)가 일부 청년 장교들이 주축이 된 군부와 자유주의자들을 앞세워 "카다스 헌법"의 회복을 주장하며 반란(1820)을 일으켰다. 리에고가 일으킨 반란은 궁극에는 성공하여 왕이 자유주의 헌법을 선포해야만 하였고[13] 1823년까지 반군의 포로로까지 그의 신세가 전락하였다.

이즈음 영국식 외교정책 방향인 고립정책의 산실이 된 베로나 회의(1822.10.) 속으로 들어가 보자. 당시 복고정통주의(절대왕정 복귀)를 주장하던 빈 체제의 주요 국가들(독·오·러)은 회의주제로 올라온 에스파냐의 자유주의운동을 빈 체제의 위반사항으로 여기고 에스파냐를 진압하는 쪽으로 가닥을 잡았다. 하지만 입헌군주제의 길을 걷고 있던 영정부의 외무장관 캐슬레이는 에스파냐 자유주의운동을 지지하는 쪽이었다. 때문에 그는 회의에서 "빈 체제의 유지에 현실적인 위협이 되는 경우라면 진압의 대열에 함께 하겠지만, 에스파냐의 경우는 그렇지 않다고 보기에 동참하지 않겠다"고 공표하였다. 이런 캐슬레이의 공표는 "직접 관계가 없는 남의 일에 참견하지 않음"이란 사전적 의미를 갖고 있는 불간섭(不干涉, non-interference) 또는 내정불간섭(內政不干涉)이란 이론을 행동으로 보인 것이다. 특히 캐슬레이가 이렇듯 행동으로 옮기는 것이 가능했던 것은 이미 그가 '불간섭의 원칙'(the principle of nonintervention)을 핵심의제로 한 정부 문서인 "State paper of May 5, 1820"을 의회에 제출하고 동의를 얻어놓았었기 때문이다.[14]

사실 그가 베로나 회의보다 앞서 별개로 불간섭 원칙 안건을 의회에 발

Congrès de Vérone (20 octobre-14 décembre 1822). (Page 131, col. 2.)

빈 체제 일환으로 열린 베로나 회의

캐슬레이는 베로나 회의 때 에스파냐 자유주의운동 진압에
참여하길 거부하며 불간섭 쪽으로 외교 노선을 잡았다.

의한 데에는 그 자신만의 어떤 외교정책적 속사정이 있었다. 알다시피 나
폴레옹전쟁을 끝마친 주역은 영국이었다. 그러나 전후 유럽 외교가 삼국
(독·오·러)을 중심으로 진행되면서 영국은 전후 외교 무대의 중심에서
주변으로 밀려난 듯 보였다. 이를 파악한 캐슬레이는 자신만의 방식으로
영국 외교의 위치를 체제 중심으로 다시 옮기고 동시에 자신도 국제사회
로 화려하게 데뷔하고자 고심하게 되었다. 뿐만 아니라 빈 체제 안에서 전
후 영국의 이익을 챙기려는 것도 그의 주된 관심사였다. 그러다 보니 영정
부 및 자신의 의도와는 뜻에 맞지 않는다고 복고정통주의를 주장하던 체
제 내의 동맹국(5국 동맹)들에 반기를 들 수가 없었다. 여기서 캐슬레이는
보험 차원에서 동맹[15] 체제를 파기하지 않겠지만 동맹국들과 거리를 둘 수
있는 방법으로 "정부 문서"(State paper of 1820)를 의회에 발의했던 것이다.
결국 의회가 동의한 정부 문서 덕분에 베로나 회의 때 에스파냐 자유주의
운동 진압에 참여하길 거부한 의사를 당당히 표명하며 국내 잡음 없이 불

간섭 쪽으로 외교 노선을 잡을 수가 있었다.[16]

3. 캐닝의 '고립정책'

캐닝은 캐슬레이와 같은 시기에 활동했던 정치인이며 캐슬레이에 이어서 외무장관직을 맡았다. 특히 그는 캐슬레이가 표현한 불간섭 원칙(the principle of nonintervention)이 내포된 고립정책을 향후 영국 외교의 핵심 정책으로 세웠다. 그러나 전임자인 캐슬레이와 마음이 맞지 않아 결투까지 했던 역사적 흔적이 남아 있는 만큼, 캐닝이 캐슬레이의 정책을 그대로 수용하지 않았을 것이라 미루어 짐작이 간다. 바로 이 부분이 분명하게 밝혀져야만 캐닝으로 시작된 영국 외교정책의 의미나 이해도가 높아질 것이다. 좀 더 풀어 설명하면, 캐슬레이가 주장한 불간섭 원칙은 빈 체제 동맹국들 사이에 잘못된 행동이 있더라도 항의 차원의 몸짓은 할 수 있지만 전개되는 상황은 무조건 지켜보아야만 했다. 만약 캐닝이 이 원칙을 그대로 채용하였다면, 캐슬레이와 같이 극단적인 삶으로 치달을 수도 있었을 것이다. 반대로 캐닝이 캐슬레이 외교의 문제점을 제대로 간파하고 있었다면, 이를 벗어나기 위해 자신만의 방법론이 나오거나 추가 조처 등을 취했을 것이다.

조지 캐닝
George Canning
(1770–1827)

캐닝은 1807년에 이어 1822년 9월에 두 번째 외무장관직을 수락했다. 이때 접한 대외적 주요 사건은 두 가지였다.

하나는 빈 체제를 이끄는 주요 국가들, 특히 신성동맹을 결성했던 삼국이 리에고(Riego) 반란 이후에 세워진 에스파냐 반란정부를 더 이상 두고 볼 수 없다고 한목소리를 내면서 빈 체제 차원에서 진압하려 하였다. 이런 움직임은 캐닝이 참여한 베로나 회의에서 좀 더 엿보이더니, 그해 12월에 삼국의 묵인하에 프랑스가 단독으로 에스파냐 반란을 진압하는 사태까지 갔다. 다른 하나는 1821년에 시작된 그리스 독립운동이 오스만제국과 그리스만의 문제라 생각했던 것이 점차 빈 체제의 공동 문제로 수면에 떠오르고 있었다는 점이다. 그 시작은 오스만제국 내 그리스정교를 믿는 자들을 보호하겠다는 이유로 러시아가 적극적으로 이곳을 관여하면서부터였다. 베로나 회의 중에 캐닝과 메테르니히(Klemens Fürst von Metternich)는 러시아에 그리스 독립문제에 관여하지 말 것을 강하게 권유하였지만 러시아는 전혀 뜻을 굽히지 않았다.

캐슬레이와 동시대에 활동한 캐닝은 캐슬레이가 공표한 불간섭 원칙을 우선순위에 둔 것은 사실이지만, 베로나에서 맞닥뜨린 일련의 국제적 사태들(에스파냐 진압 건, 그리스 사태 건)을 돌아볼 때 '불간섭만으로 무마할 수 있을까' 하는 의구심을 가진 것이 틀림없다. 그가 의구심을 가졌다는 유추가 크게 틀리지 않았음은 1823년 4월 13일 하원에서 자신의 외교정책 방향을 공표한 데서 확인할 수가 있다. 그의 하원 연설을 살펴보면, 그의 외교정책은 1820년 캐슬레이가 공표한 불간섭 원칙을 이어간 것이지만 일정 부분은 차이점이 있었기 때문이다. 즉, 캐슬레이는 국제사회에서 영국의 우위권 확보를 만들고 지켜야 한다는 유럽주의(Europeanism)를 고수하는 선에서 불간섭을 정책화할 필요가 있다고 하였다. 하지만, 캐닝 자신은 자국의 입헌군주제란 위치와 이 입장을 국제사회에서도 흔들림 없이 유지하고자 영국중심주의(Englishness)를 바탕으로 시도하는 불간섭정책이 필요하다고 주장한 것이었다.[17] 결국 이런 주장으로 캐닝은 빈 체제와 결별하기에 이르렀고, 그가 독자적으로 외교를 펼쳐나가는 '고립정책'(Isolation Policy)이라는 영국식 외교정책 방향을 국제사회 속에 확실하게 소개하게 되었다. 동시에 베로나 회의 때의 상황들이 영국식 외교정책 탄생의 직접적 동기였음도 분명하게 보여주었다.

한편, 캐닝은 자신이 표명한 고립정책이 혹여 모든 외교적 상황을 '나 몰라라' 하는 뜻으로 받아들여진다면 문제가 될 수 있다고 보았다. 이를 염두에 둔 캐닝은 중도(中道, Neutrality)를 고립정책의 실질적 방식이라고 추가로 제시하였다.[18] 중도란 "중간입장을 지킨다"는 중립(中立)에 '상황이 좌 · 우로 너무 기울 때는 중간 상태로 돌아오도록 모든 상황을 능동적으로 간섭할 수 있다'는 의미 부분이 내포되어 있다.[19] 그러므로 중도란 방식을 대입하면 불간섭을 유지하다가도 상황에 따라 간섭을 취할 수 있는 외교정책 방향이 논리적으로 정립된다. 캐닝은 이런 정책 방향과 뜻을 분명히 인지하고 외교를 진행해나갔다.

먼로 독트린

캐닝은 표면적으로는 캐슬레이처럼 불간섭 원칙을 담은
고립정책을 세워놓았지만, 이면에는 철저하게 간섭(정책)을 추구하였다.

캐닝의 의도대로라면, 막상 에스파냐 반란과 연관된 고립정책 속에 간섭의 모습이 있어야 하는데 어디에서, 어떻게 찾아볼 수 있을까? 캐닝은 빈 체제 국가들과의 동맹관계를 1823년 끊었지만 빈 체제 동맹국들(러·프·오·독)이 에스파냐가 갖고 있던 (남)아메리카 식민지들로 세력을 확장하려고 하자, 이에 대해선 다른 행동을 취했다. 영국은 유럽국들의 아메리카 진출을 경계하여 이를 막으려는 외교적 조처 및 남미 지역을 독립시켜 영국의 시장으로 만들려는 작업으로 미국에 먼로독트린(1823.12.)을 공표하도록 유도했다.[20] 여기에서 캐닝의 외교적 간섭 모습을 찾을 수가 있다. 동시에 그가 취한 외교정책 방법론도 명확히 읽힌다. 캐닝은 표면적으로는 캐슬레이처럼 불간섭 원칙을 담은 고립정책을 세워놓았지만, 이면에는 철저하게 간섭(정책)을 추구한 것이다.

하지만 세간(世間)에서는 여전히 영국 외교를 '동맹관계를 맺지 않는다'는 고립정책으로만 인식하였고, 고립정책이란 틀 속에 실질적으로 간섭(정책)이 한몫을 담당하고 있음을 거의 인식하지 못했던 것이 당시 실상이었다.

4. 파머스턴의 '대응간섭정책'과 '위대한 고립정책'

파머스턴이 1807년 정계에 입문하고 활동한 첫 정치무대는 보수성향의 토리 쪽이었다. 하지만 그는 캐닝이 보여준 진보성향 정책 사고(思考)에 매료되어 1809년부터 휘그 쪽으로 기울어졌다. 결국 그는 캐닝과 가까워졌고, 캐닝 사후에도 휘그의 색깔을 유지하였다.[21] 캐닝에 이어 토리당의 웰링턴 정부가 들어서며 포르투갈 내전 때 웰링턴이 소극적 자세를 보이자, 파머스턴은 그가 비자유주의적인 외교정치를 펼친다고 상하게 비판하며 토리당과 더욱 멀어졌다. 1830년 휘그당 정부의 그레이 총리는 파머스턴의 정치적 성향이 휘그 쪽임을 확신하고 그에게 외무장관직을 제의하였다. 파머스턴은 망설였지만 고심 끝에 외무장관직을 허락하였다.[22] 그가 외무장관으로서 접한 초기 외교 사건은 웰링턴 때 자신이 비판하였던 포르투갈 내전 건이었다.

1826년에 포르투갈 국왕 주앙 6세 (João VI, 재위 1816-1826)가 사망하자 포르투갈 내에선 자유주의자와 절대주의 주창자들 사이에 반목이 지속되었

파머스턴 자작 헨리 존 템플
Henry John Temple,
3rd Viscount Palmerston
(1784–1865)

다. 그 중심에는 정부의 권한을 네 개의 기관에 분산하는 헌법개헌이 있었다. 1828년에 포르투갈에 새로 추대된 국왕인 미겔 1세(Miguel I, 재위 1828-1834)가 권력 분산을 거부하는 반동정치를 하였다. 이어서 그는 권력 분산을 용인하고 자유주의적 정책을 내건 브라질 왕 페드루 1세(Pedro I, 재위 1822-1831; 미겔 1세의 장인)와 충돌하면서 내전으로 치달았다. 파머스턴은 자신이 외무장관이 된 상황에서도 이곳에서 내전이 지속되자, 1830년에 빈 체제 동맹국들과 고립 관계를 취하였고 포르투갈 자유주의 지지자들에게는 적극적인 지원을 하였다.[23] 이런 행동에는 분명한 이유가 있었다. 파머스턴은 강대국이 약소국의 영토를 임의로 점령하거나 전용하는 시도는 유럽 내 세력균형(Balance of Power)이란 근본적인 외교 시스템을 흔들 수 있다고 생각하였기 때문이다. 결국 그는 국가들 사이에 세력균형을 유지하기 위해서 필연적으로 간섭할 수밖에 없다고 본 것이다. 이를

이론적으로 대응간섭(counter-intervention)정책이라 한다.[24]

그렇다면 그는 전임자의 외교정책 방향인 기존의 (캐닝식) 고립정책은 전혀 따르지 않았던 것인가? 역사적 흔적을 따라가 보면, 파머스턴도 자국의 이익 관계가 있지 않으면 (캐닝식) 고립정책을 적용하였음을 쉽게 확인할 수 있다. 예로 파머스턴의 장관 시절, 폴란드·헝가리·루마니아에 자유주의 움직임이 있었지만 그는 이들에 대해서 외교적으로 전혀 관여하지 않았다. 이곳은 주로 러시아·오스트리아·독일 삼국의 이해관계가 있는 곳이지 영국의 정치·경제적 이익과는 무관한 곳이었기 때문이었다.

결국 파머스턴도 기존의 고립정책의 틀 안에서 주변 상황에 따라 취하는 캐닝식 간섭(정책)을 자신만의 방식인 '대응간섭정책'이란 의미로 부각시켰던 것을 알 수 있다. 즉, 영국식 외교정책 방향이 고립정책 외에 간섭이 함께 진행된다는 것을 캐닝 때보다는 세간에 좀 더 뚜렷이 인식시켜주었던 것이었다.

위의 논리대로라면 파머스턴은 외무장관 때 시행했던 자신만의 외교정책을 총리직을 수행하던 기간(1855-1865)에도 그대로 답습하였을 것으로 추론된다. 그런데 과연 그러했을까?

1851년 영국이 세계만국박람회를 연 목적은 자국 상품들이 질과 양적으로 최고임을 자랑하려는 것이었다. 더군다나 박람회가 열린 몇 해 후에 발발한 크리미아전쟁(1853-1856)도 영국의 자랑을 막지 못했다. 전쟁 중 전시산업이 산업혁명의 질적 부분을 빠르게 변화시키며 영국 상품의 질이 더욱 향상되었기 때문이다. 그 결과 영국은 1850년대 중반부터 산업제국(대영제국)이란 황금기로 들어서게 되었다. 이때부터 독일을 비롯한 여타 유럽국들이 영국 상품의 질을 따라잡던 1880년대 초까지 영국은 세계무역을 독점하였다.[25]

이 시기 파머스턴의 영국식 외교정책을 돌아보면 이전과 많이 달랐다.

주목되는 부분은 당시 외교정책은 외무장관 때의 작품인 대응간섭정책처럼 주변국의 움직임에 반응하는 차원이 아니었다는 점이다. 그는 영제국을 위한 외교적 조처야만 한다고 판단하면 자신의 결정만으로 즉각 간섭을 실시했다. 이런 간섭을 취한 대표적인 사례는 유럽 국가들이 아니라 중국과의 관계에서 나타났다. 영·중 간에 난징조약(1842)이 체결되면서 열린 6개 개항지가 제대로 역할을 하지 못한 결과, 1856년에 애로호 사건이 발생하였다.[26] 당시 총리였던 파머스턴은 현지 외교관들을 통해 사건의 경위를 파악한 뒤, 애로호 사건은 중국 내 개항지가 제 역할을 못 한 후유증이며 이렇게 된 주된 원인이 중국 황제의 관할 하에 개항지의 책임이 놓여 있지 않았던 때문이라고 단정하였다. 파머스턴은 이런 원인을 해소할 근원적인 방법으로 북경에 황제와 직접 대면할 영국공사관을 설치해야 한다고 보았다. 그러나 중화사상(中華思想)에 여전히 젖어 있던 중국 정부는 황제가 거주하는 베이징에 외국인이 상주할 수 없다고 극구 반대하였다.

2차 아편 전쟁은 청나라와 영국과 프랑스 연합군 간에 1856년부터 1860년까지 4년 동안 벌어졌다. 삽화는 팔리키오 전투 장면.

반대에 직면한 파마스턴은 중국 황제와 그의 정부가 영제국 존속의 핵심 요소인 자유무역을 막는 주요인이라고 재차 인식하였다. 결국 그는 베이징 내 공사관 설치를 강력히 요구하였고, 상황이 여의치 않자 전쟁으로 치달았다. 이를 2차 아편전쟁(Arrow War, 2차 중영전쟁)이라고 한다. 파머스턴은 이 전쟁을 결정하는 데 유럽 여러 제국의 눈치를 전혀 보지 않았다. 그는 영제국의 발전에 방해된다는 한 가지 이유만으로 영국 정부의 '간섭 필요'란 결정을 그대로 실천한 것이었다. 파머스턴이 외무장관 시절 취한 대응간섭정책과 사뭇 다른 직접적이고 단독적인 (무력) 간섭정책이었다.

위 상황을 고려해보면, 총리로서의 파머스턴은 고립정책에 있어서도 기존 방식과 다르게 진행했던 것이 틀림없다. 이전의 고립정책은 주변 강대국들을 의식하고 이 틀을 벗어나지 않은 상태에서 진행하려 하였다. 하지만 본국이 영제국이란 자신감 있는 위치에 서자, 그는 여타 국가들의 눈치를 보지 않고 오직 영제국의 위치에 타국이 범접하지 못하도록 '스스로 단절하는 예방 차원의 외교적 고립'을 정책화하여 추구하였던 것이 틀림없다. 당시에는 뚜렷이 언급되지 않았지만, 세기말에 영국 언론《타임》지를 통해 표현된 "위대한 고립정책"(Splendid Isolation)이란 용어가 갖는 그 자체의 의미와 맥을 같이하고 있다고 보아도 틀린 말이 아닐 것이다.[27]

지금까지 영국 외교정책이 어떻게 정립되고 전개 과정은 퇴보였는지, 발전이었는지, 아니면 수정되었는지 등 다각적인 방면에서 살펴보았다. 분석내용을 종합해보면, 캐슬레이 외무장관은 고립정책의 기초석에 해당되는 불간섭 원칙을 세웠고, 고립정책을 정립한 당사자인 캐닝 외무장관은 이 정책의 이론적 성격과 나아가야 할 방향을 세웠다. 그리고 파머스턴은 오랜 공직생활(외무장관직과 총리직 합하여 40여 년)을 하며 캐닝이 이론적으로 세운 고립정책을 현실 속에 뿌리내리도록 하였다. 좀 더 구체적으로 말하면, 캐슬레이는 빈 체제를 유지하면서 영국의 이익을 추구하려고 불간섭 원칙을 선택하였고, 캐닝은 '동맹을 맺지 않는다'는 고립정책을 표면에 내세운 간섭정책을 취하였다. 파머스턴은 캐닝처럼 고립정책을 기본으로 하면서 대응간섭정책을 주장했다. 대응간섭정책이란 표면적으로는 세력균형을 운운하지만 오직 자국에 경제적 이익이 되는가에 비추어 (대응) 간섭하는 정책이었다.

또 세 사람을 통해 정립되고 전개된 영국 외교정책은 파머스턴이 총리가 된 이후의 외교정책으로 귀결되었다. 1856년 이후 영국이 경제 강국(영제국)이 되면서, 파머스턴은 주변 상황에 따르는 간섭이 아니라 자국(제국)의 이익에 필요하다고 생각되면 그대로 간섭을 진행하는 쪽으로 정책의 성격을 바꾸었다. 고립정책도 제국의 당당한 위치를 유지·보존하기 위해 스스로 주변국들과 단절하는 (예방) 차원의 정책으로만 활용하였다. 때문에 일부에서는 이런 고립정책을 빗대어 파머스턴을 오직 영국의 이익만 추구하는 '민족주의자'라고도 한다.

결국, 19세기에 펼쳐진 영국 외교정책 방향 하면 '고립정책'이라고 익히 알고 있지만, 캐닝과 파머스턴의 정책 속에 간섭의 모습들이 분명하게 존재하였다. 또한 파머스턴의 총리 시절에는 간섭이 존재감을 표면적으로 그리고 확실하게 드러내면서 '고립정책'과 '간섭정책'이란 이원 체제로 구체화되었던 것이다. 이것이 당시 영국식 외교정책 방향의 바른 이해이며 영제국 외교 및 관계사적 연구도 이런 이원 체제 하에서 재점검 및 계속 진행되어야 할 것이다.

7. 모리스 카울링과 영국의 '하이 폴리틱스'

원태준

1832년의 선거법 개혁 이후로 영국 유권자가 수천 명에서 거의 모든 성인으로 확대되고, 정당들이 조직, 인력, 당론 등의 측면에서 확장되고 다양화되는 등 영국 국민이 정부를 선출하는 시스템은 끊임없이 진화하고 발전하였으나, 영국인들의 주권 행사가 의회민주주의를 통해서 이루어져 온 사실 만큼에는 변화가 없었다고 할 수 있다. 영국의 정치 시스템은 효율적인 정부 운영을 위해 선거 기간에는 유권자의 표를 얻는 데 주력하였지만 선거가 끝난 후에 유권자들의 직접적이고 능동적인 정치 참여를 절대로 장려하지 않았다.[1] 1950년대에 영국의 양대 정당인 보수당과 노동당 세력이 최고조에 다다랐을 때도 일반 영국 성인의 양당 소속 당원 비율이 10퍼센트 미만에 머물렀다.[2] 이 얼마 되지 않는 일반 당원 중 대부분은 당비를 내고 당 행사에 참여하여 음료수 한 잔 마시는 것에 만족하였으며, 혹여 이 중 일부가 당의 정책 결정 과정에 참여하려고 시도할 때에는 당 조직이 이를 가차 없이 차단함으로써 소위 대중의 참견과 견제로부터 당

소속 의원들의 품위와 체통을 보호하려고 노력하였다.[3] 18세기부터 하원 의원들을 선출하는 방식으로 이용되었던 단순다수제는 아직도 변함없이 하원 선거에서 적용되고 있고, 영국 국민 전체에게 직접 뜻을 물어 정책을 결정하는 국민투표는 영국사에 걸쳐 1975년, 2011년 그리고 2016년 등 세 차례밖에 실행되지 않았다.[4] 이에 조지프 슘페터(Joseph Schumpeter) 등은 영국식 민주주의가 '국민의 통치'가 아닌 '정치인의 통치'를 기반으로 한 다는 데 그 특징이 있다고 주장하기도 하였다.[5]

이러한 영국식 의회민주주의의 특성상 영국정치사를 연구하는 데 있어 그 연구 대상이 영국 정치 지도자들에게 집중되는 것이 20세기 중반까지 당연시되었다. 특히 『조지 3세 즉위 당시의 정치기구』(*The Structure of Politics at the Accession of George III*, 1929)라는 저서를 출간한 18세기 영국의 정치 연구자 루이스 네이미어(Lewis Namier)와 같은 정치사가들은 의회 의원 또는 영국의 정가(政街)인 화이트홀(Whitehall) 소속 고위 공무원 등 정계에 영향력을 행사하는 인물들의 권력 장악 및 유지를 위한 활약을 중점적으로 다룬 정치사를 대학에서 가르쳤다.[6] 이들은 영국의 젊은 엘

루이스 네이미어	에드워드 톰슨	에릭 홉스봄
Lewis Namier	Edward Thompson	Eric Hobsbawm
(1888–1960)	(1924–1993)	(1917–2012)

케임브리지 대학교 소속 칼리지인 피터하우스

계급적 이념을 중심으로 영국의 정치를 분석하는 연구가 대세로 굳어지자
이러한 사회사적 독주를 막고 정치인 중심의 정치사를 살려보겠다며
소위 케임브리지 대학교 소속의 '피터하우스학파'가 탄행했다.

리트들이 이러한 교육을 통해 제국 경영에 필요한 교훈을 터득하기를 희
망하였고, 이 같은 역사 교육을 받았던 청년들 역시 영국 정치 엘리트들의
권력투쟁 이야기를 '정통 역사'로 인식하는 것에 대해 전혀 거리낌이 없었
다. 하지만 이러한 정치 엘리트 중심적인 정치사 접근 방식은 1950년대부
터 에릭 홉스봄(Eric Hobsbawm)과 같은 진보 성향의 사회사가들의 거센
반발에 직면하였다. 홉스봄은 1957년에 발표한 논문에서 정치사의 하부구
조(basis)는 "여론, 정당 지지도 및 이와 비슷한 현상들의 유동성"에 있으
므로 의회 및 정부 중심적 정치는 정치사의 "상부구조"(superstructure)에
불과하다고 주장하였다.[7] 특히 1960년대와 1970년대에 걸쳐 영국 사학계
에서 사회사가 정치사를 대체하면서 에드워드 톰슨을 필두로 한 사회사가
들은 민중의 압력, 특히 노동운동이 정치 변화에 미치는 중요성에 대해 더
욱더 강하게 주장하기 시작하였고, 이에 대해 튜터 시대 역사가인 제프리
엘턴(Geoffrey Elton)이 1970년에 출간한 저서에서 "정치행정의 역사는 '위

대한 사람'들, 즉 소수 지도자들의 역사이다. 왕을 다루던, 교황을 다루던, 정당을 다루던, 공산당 정치국을 다루던 간에 정치행정사는 특별한 이들의 특수화된 존재에 대한 기록이다"[8]라고 언급할 정도로 정치 엘리트 중심의 정치사는 상당한 궁지에 몰리고 있었다.

이처럼 1960년대의 영국 사학계에서 사회사가들이 본격적으로 득세하며 계급적 이념을 중심으로 영국의 정치를 분석하는 연구가 대세로 굳어가자 이러한 사회사적 독주를 막고 벼랑 끝에 몰린 정치인 중심의 정치사를 살려보겠다며 '최후의 발악'을 한 것으로 여겨지는 학자들이 1960년대 말에 등장하였다. 이들이 소위 케임브리지 대학교 소속의 '피터하우스 학파'(Peterhouse School)를 이루었다고 칭해지는 모리스 카울링(Maurice Cowling), 앤드루 존스(Andrew Jones), 존 빈센트(John Vincent), 알리스테어 쿠크(Alastair Cooke), 그리고 마이클 벤틀리(Michael Bentley) 등이다. 1967년부터 1975년까지 1867-1940년의 기간을 다룬 다섯 권의 저서를 출간한 이 학자들은 사회사가들의 부상 전에 영국 정치 연구 방식의 핵심을 이루었던 소위 '하이 폴리틱스'(High Politics), 즉 '수뇌부 중심의 정치사'의 부활을 도모한 보수 성향의 역사가들로 평가받고 있으며,[9] 이들의 영수(領袖)로는 단연 이 다섯 권의 저서 중 세 권을 집필한 모리스 카울링이 꼽힌다.

1926년 런던에서 태어난 카울링은 케임브리지 대학교 소속 지저스 칼리지에서 역사를 전공하고 육군 장교로 인도와 이집트 등에서 복무한 후에 언론인으로 일하면서 1959년 총선에서 바세트로(Bassetlaw) 지역구의 보수당 후보로 출마하기도 하였다. 1961년 모교의 근대사 교수로 임용된 카울링은 1963년에 피터하우스의 펠로우로 선출되었고, 같은 해에 자신의 보수적인 정치적 성향을 여실히 드러낸 저서 두 권을 출간하였다.『존 스튜어트 밀과 자유주의』(Mill and liberalism, 1963)에서 카울링은 밀이 기독교를 대체할 수 있는 세속적 종교를 사회에 강요하기를 원했고, 이로 인해 국가가 엘리트주의적인 세속적 도덕성을 국민에게 강제로 주입하는 사실상의 전체주의적 사회를 추구했다고 주장하였다.[10] 『정치학의 본성과 한계』(The Nature and Limits of Political Science, 1963)에서 카울링은 정치학 및 정치철학이 현실정치 실현과는 어떠한 관련도 없고 정치철학에 대한 너무 깊은 몰두는 오히려 정치 활

모리스 카울링
Maurice Cowling
(1926–2005)

동을 저해할 수 있다고 설파하였다.[11] 이러한 카울링의 주장은 밀의 지지자들 및 자유주의 인텔리들의 분노를 샀고, 그 이후로부터 카울링은 영국 보수 진영의 정신적 배후로 지목받으면서 진보 학자들의 표적 대상이 되었다.

그러나 옥스퍼드 대학교의 저명한 사회사가인 요세 해리스(Jose Harris)의 표현대로 카울링이 소위 "영국정치사의 마왕"의 반열에 오르게 된 계기는 위에서 언급했듯이 1967년부터 1975년 사이에 출간한 세 권의 저서 때문이었다.[12] 이 중 가장 먼저 출간된 『1867: 디즈레일리, 글래드스턴과 혁명: 제2차 선거법 개정』(1867 Disraeli, Gladstone and Revolution: The Passing of the Second Reform Bill, 1967)에서 카울링은 윌리엄 글래드스턴의 1866년 선거법 개정안보다 더 획기적이고 포괄적인 개정안 카드를 벤저민 디즈레일리가 1867년에 들고나온 이유에 대해 선거법 개정으로 인해 투표권을 새로 부여받을 도시 노동자들의 표심을 보수당으로 끌어모으고 동시에 지방에서의 보수당 귀족 세력을 보존함으로써 글래드스턴의 자유당을 무력화시키겠다는 당리당략적 계산이 있었다고 설명하였다. 이로

써 카울링은 1867년의 선거법 개정이 민중의 압력에서 기인했다는 로이든 해리슨(Royden Harrison) 등의 주장을 정면으로 반박하고, 디즈레일리의 "정치체제에서의 위치"가 그의 개혁안을 탄생시켰다고 주장하였다.[13]
이어 1971년에 출간된 『노동당의 영향, 1920-1924』(The Impact of Labour 1920-1924, 1971)에서 카울링은 노동당이 자유당을 제치고 보수당의 대항마로 떠오른 시기의 영국 정치를 집중적으로 살펴보았다. 이 저서에서 그는 당시 주요 정당들의 정치철학이나 정치인들의 정치적 신념 등을 심도 있게 분석하기보다 당 내부에서 벌어졌던 파벌분쟁 및 개별 정치인들 간의 갈등 등에 중점을 두고 검토하였다. 여기서 카울링은 솔즈베리 후작(Robert Arthur Talbot Gascoyne-Cecil, 3rd Marquess of Salisbury), 스탠리 볼드윈(Stanley Baldwin) 등 보수당 지도부가 당세 확장을 위하여 당시 자유당의 데이비드 로이드 조지(David Lloyd George)를 지지하고 있던 중도파 유권자들을 포섭하고자 당시 부상하고 있던 노동당의 존재를 활용했다고

 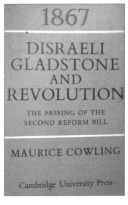 

카울링의 영국정치사 삼부작

『히틀러의 영향: 영국 정치와 영국 정책, 1933-1940』, 『1867 디즈레일리, 글래드스턴과 혁명: 제2차 선거법 개정』, 『노동당의 영향, 1920-1924』 표지

주장하였다. 즉, 1916년부터 보수당과 연정을 구성하고 있었던 로이드 조지를 1922년 쳐내고 노동당이 천명한 사회주의를 적(敵)으로 규정함으로써 '사회 질서의 수호자'를 자청하는 보수당 중심으로 반사회주의 정치세력을 결집시켜 결국 자유당을 무력화하는 데 성공했다는 것이다.[14] 이에 덧붙여 1975년에 출간된『히틀러의 영향: 영국 정치와 영국 정책, 1933-1940』(The Impact of Hitler, 1975)에서 카울링은 1930년대의 영국 외교정책 역시 정당의 정략적 이해관계에 의해 결정되었고, 당시 보수당 정부 수뇌부에게 있어 무엇보다 중요한 정책 목적은 노동당의 집권을 막는 것이었다고 주장하였다. 이에 아돌프 히틀러(Adolf Hitler)의 나치 독일이 1939년 3월에 프라하를 점령한 상황에서 네빌 챔벌린(Neville Chamberlain) 총리의 유화(appeasement)정책이 유지될 경우 노동당에 중도파 유권자들의 표심을 빼앗길 것을 우려한 핼리팩스(Edward Wood, 1st Earl of Halifax) 외무장관 등이 챔벌린을 설득하여 유화정책을 포기시키고 폴란드에 대한 안전보장을 공개적으로 천명하게 했다는 것이다. 즉, 당시 챔벌린의 유화정책에 반대했던 보수당 인사들의 동기(動機)가 영국 내에서의 노동당의 세력 확대를 방지하기 위한 정략적 계산에서 기인한 부분도 분명히 있었다는 것이 카울링의 주장이다.[15]

이 같은 카울링의 영국정치사 '삼부작'은 예상대로 여러 사회사가들로부터 두 가지 맥락에서 맹공을 받았다. 공격의 1차 맥락은 카울링이 '하이 폴리틱스' 세계의 배타성을 주장한다는 데 대한 비난이었다. 로이든 해리슨은 정책 결정자들의 세계가 "저속한 이들의 행위로부터 차단"되어 있다는 "교조적인 추정"에 카울링이 사로잡혀 있다고 비판하였고,[16] 헨리 펠링(Henry Pelling)은 국민의 감정이 정치인들의 생각에 미치는 영향을 카울링이 과소평가한다고 지적하였다.[17] 로버트 로우드즈 제임스(Robert Rhodes James)는 카울링이 '하이 폴리틱스'에 초점을 맞춘 것에 대해 일반 독자들이 불편하게 생각할 것이라고 우려하였고,[18] 피터 스테드(Peter Stead)는 "하이 폴리틱스의 영역에서 규범이 정해진다고 여겨지는 경향이 우리의 역사 연구에서, 그리고 우리 현실정치에서 너무 강하다"라고 불평하였다.[19] 제임스 힌튼(James Hinton)은 계층 간의 투쟁을 무시한 카울링의 연구가 "정세를 변화시키는 '더 큰 역사적 힘'에 대해 무지하다"고 공격하였고,[20] 로버트 스키델스키(Robert Skidelsky)조차 더 많은 "로우 폴리틱스"(low politics)가 들어갔으면 더 좋았을 것이라며 아쉬움을 표하였다.[21] 카울링에 대한 공격의 2차 맥락은 정책 결정 과정이 이데올로기보다는 정치적 이해관계와 야심의 차원에서 설명될 수 있다는 주장에 대한 비판이었다. A. J. P. 테일러(A. J. P. Taylor)는 "정치인들이 권력을 잡기 위한 목적으로 정책을 결정한다"는 카울링의 주장이 네이미어의 시각을 그대로 답습하고 있다고 평론하였고,[22] 로우드즈 제임스는 이러한 카울링의 접근방식이 "개인적 및 집단적 동기를 과도하게 단순화할 위험이 있다"고 경고하였다.[23] 진 던바빈(Jean Dunbabin)의 경우에는 카울링이 정치적 동기와 관련하여 "패배주의적" 입장을 견지하므로 정치인들이 오로지 최고의 자리에 오르겠다는 목적으로 정치에 참여한다는 시각을 과도하게 밀어붙였다고 주장하였다.[24]

카울링 자신이 『노동당의 영향』 서문에서 "중요한" 의회 정치인들의 '하이 폴리틱스'에 초점을 두고 살펴보았다고 공언한 만큼 카울링의 접근 방식에 대한 위와 같은 비판들은 나름대로 일리가 있어 보일 수 있다.[25] 그러나 스티븐 필딩(Steven Fielding)과 데이비드 크레이그(David Craig) 등이 주장한 것처럼 이러한 비판들은 카울링에 대한 오해와 편견에서 비롯된 경우가 많았다. 우선 카울링이 소위 '중요한 정치인들'에 초점을 두었다는 말은 국가적 정책 결정 과정에 직접적으로 참여하는 정치인들을 집중적으로 분석했다는 뜻일 뿐 이들이 아닌 사람들이 영국 정치에 있어 중요하지 않다는 뜻은 아니었다.[26] 카울링 스스로 『노동당의 영향』에서 "일반 의원들의 의견, 당의 전반적 분위기, 공무원들의 생각, 유권자들의 우선순위, 신문들의 견해, 사회적 세력의 움직임" 등도 정책 결정 과정에 기여한다고 주장하였다.[27] 다만 정치지도자들의 생각을 이해하는 것이 사회사 연구로 확장해나가는 데 필수적인 관문으로 여긴 카울링의 입장에서 『노동당의 영향』은 독자들이 당시 정치지도자들의 심리에 집중할 수 있도록 쓰여진 것이었다.[28]

카울링은 자신의 동료 '하이 폴리틱스' 사가들과는 달리 정치인들의 '개인주의'라는 개념을 거부하였다. 그는 1867년의 선거법 개정의 경우 "의원 개개인이 당의 이해관계 및 당에 대한 의무로부터 자유로운 상황에서 투표하였다면 훨씬 덜 극단적인 방안을 선택했을 것이다"라고 주장하였으며,[29] 한 개인이 영국의 정치 엘리트의 일원이 된 순간부터 그의 "추종자들의 희망과 야심의 보고(寶庫)로서의 역할을 수행하기 위해 특정한 사고방식과 행동거지를 채택할 수밖에 없게 된다"고 생각하였다.[30] 이에 카울링은 다른 '하이 폴리틱스' 사가들과는 달리 정치 엘리트들이 개인의 야심에 따라 마음대로 활동을 하거나 모든 상황을 통제할 수 있는 입장에 있는 사람들이 아니라고 판단하였고,[31] 이에 따라 의회 바깥의 여론 또한 정치 엘리트들이 일정부분 고려했었음을 그의 삼부작 모두에서 인정하였다. 다만 카울링이 여기서 가장 중요하게 생각한 이슈는 과연 의회 내의 정치 엘리트들이 의회 바깥의 유권자들을 어떻게 바라보았는지의 문제였다. 카울링은 의회 내 정치인들이 의회 바깥의 유권자들을 상당히 "상스럽게" 여겼으며, 이에 따라 1867년에 노동자들이 요구한 바(성년 남성 투표권 부여)를 그대로 수용하기보다 의회 내 정치인들이 받아들일 수 있는 수준(투표권 획득에 필요한 재산요건 완화)으로 "걸러내는 과정"을 적용시켰다고 보았다.[32] 또한 카울링은 1920년대 노동운동 지도자들이 의회 내 정치인들로부터 협상 대상자로 인정받고자 했다는 점을 들어 의회 바깥의 여론 메이커들도 의회 내 정치인들의 움직임에 따라 정치적 압력을 올리기도 하고 내리기도 하는 등 의회 내부의 상황에 대응하며 행동하였다고 관찰하였다.[33] 결국 카울링은 "외부 대중의 움직임은 의회 내에서 일어나는 상황에 영향을 받았고 의회 내의 활동 역시 외부 대중의 움직임에 영향을 받았으므로"[34] 정치라는 것은 서로 전혀 영향을 주지 않은 '닫힌 세상'들의 연속이 아닌, "상호 간에 침투와 여과가 존재할 수 있는 개별 그룹들의 조합"이라는 점을 강조하고자 했던 것이다.[35]

카울링은 또한 그를 향한 비판과는 달리 모든 정치인이 오로지 야심에 의해서만 움직인다고 생각하지 않았다. 오히려 그는 정치인들이 정치적 야심과 정치적 신념을 동시에 소유하고 있다고 생각하였고, 정치인들의 행동에 있어 "정치적 '편의'와 정치적 '신념'이 자가당착적 관계에 있다는 편견에서 발생하는 오해를 바로잡기 위하여"『히틀러의 영향』을 집필하였다고 밝혔다.[36] 카울링은 정치인들이 오로지 정치적 신념에 의해서만 움직인다는 순진무구한 입장이나 오로지 정치적 야심에 의해서만 움직인다는 냉소적인 주장 둘 다를 거부하고 정치인의 행동에 있어 이 두 가지 요소는 복합적으로 작용할 수밖에 없다는 점을 말하고자 한 것이다.[37]

그럼 카울링에게 있어 정치라는 것이 '로우 폴리틱스'와 '하이 폴리틱스' 간의 교류 과정이라면, 그가 당시 사회사가들로부터 지탄을 받으면서까지 굳이 '하이 폴리틱스' 분석에 치중한 이유는 무엇인가? 카울링은 의회 바깥의 대중이 영국 의회민주주의 시스템에서 종속적인 위치를 받아들이도록 설득하는 데 정치 엘리트들이 성공했다고 보았다. 이 성공 요인으로 정치 엘리트에 대한 대중의 "공경"을 지목한 다른 정치사가들과는 달리,[38] 카울링은 '정치적 수사'(修辭)의 효과적인 전개, 즉 "정치인들이 이용한 언어, 정치인들이 형성한 이미지, 정치인들이 남긴 신화" 등을 통하여 정치 엘리트들은 대중의 생각을 형성할 수 있었다고 주장하였다. 카울링에게 있어 '하이 폴리틱스'는 결국 "수사와 술책"의 이슈로 귀결되었고, 여기서 수사는 "유권자에게 새로운 정치적 이정표를 부여하는 데" 쓰이고 술책은 "적합한 정치인들이 이런 수사를 유권자에게 제공할 수 있도록" 쓰였던 것이다.[39]

이러한 카울링의 연구 의도에도 불구하고 그의 '하이 폴리틱스' 접근 방식에 대해 비교적 긍정적으로 평가하고자 한 후대 사람들조차 카울링의 정치사 접근 방식이 균형 잡히지 못하고 미완성에 그쳤다며 아쉬움을 표하였다. 로버트 크로우크로프트(Robert Crowcroft)는 하이 폴리틱스에서 고위급 정치 엘리트들의 행동에 집중한 나머지 정당 차원에서의 정치 활동을 크게 중요하게 생각하지 않았던 카울링의 경우 조직 차원에서의 정치 엘리트들의 활동에 대한 이해가 단순했다고 평했고,[40] 조너선 패리(Jonathan Parry) 또한 정치 엘리트들의 즉각적 정치적 계산을 상당히 중요하게 생각하는 카울링식 접근 방법이 정당 또는 정부 정책의 장기적인 개발을 제대로 설명하지 못한다고 지적하였다.[41] 정치 엘리트의 수사가 대중의 생각을 형성하였다는 카울링의 의견에 대해 피터 스테드는 카울링이 만약에 의회 바깥의 요소들을 포함하여 정치사를 분석하였더라면 노동자들이 그들의 "계급 경험" 덕분에 엘리트의 수사학으로부터 크게 영향받지 않았다는 것을 알 수 있었을 것이라고 논평하였고,[42] 케네스 모건(Kenneth Morgan) 또한 1918년의 선거법 개혁 이후 모든 남성 노동자들과 대부분의 성인 여성들이 투표권을 획득하면서 노동당과 보수당이 "계급으로 나누어진 사회의 당파심과 파벌주의로 인해 번성하였으므로" 이 시기를 기점으로 하여 '하이 폴리틱스'의 "유효 기간이 지났다"라고 선언하였다.[43]

물론 유권자들의 정치적 이해관계 및 정치적 정체성이 "정당들이 인정하고 표현만 하면 되는 수준으로 이미 결정되었거나 자명한 것은 아니다"

라는 존 로렌스(Jon Lawrence)와 마일즈 테일러(Miles Taylor)의 주장처럼, 노동자들이 사회 경험을 통한 계급의식을 갖게 되고 이로 인해 명확한 정치적 성향을 소유하게 되면서 정치 엘리트들이 이와 같이 굳혀진 대중의 계급 정체성을 단순히 이용하는 데 그쳤다는 의견에 동의하는 정치사가들은 지금은 찾아볼 수 없다.[44] 그러나 그렇다고 해서 '수사를 통한 정치 엘리트의 대중 사상 형성'을 '하이 폴리틱스'의 근본적인 존재 이유로 생각하는 카울링의 접근 방식만을 고집하는 것 또한 그 명맥을 유지하기 어려웠다. 이에 정치 엘리트와 의회 바깥의 대중 세력 간의 관계에 대해 카울링의 한계를 뛰어넘는 더욱 심도 있는 연구가 필요하다고 생각한 필립 윌리엄슨(Philip Williamson)과 같은 카울링파 정치사가들이 1980년대 후반부터 부상하기 시작하였다.

윌리엄슨은 1999년에 출간한 『스탠리 볼드윈: 보수당의 지도력과 국가의 가치관』(Stanley Baldwin. Conservative Leadership and National Values, 1999)에서 전간기에 집권했던 영국 총리 중 당시 유권자들이 가장 긍정적으로 평가하고 전폭적인 지지를 보내면서 '정직한 스탠'(Honest Stan)이라는 별명까지 얻었던 스탠리 볼드윈의 리더십에 대해 연구하였다. 이 저서에서 윌리엄슨은 볼드윈이 대중의 절대적인 지지를 거머쥘 수 있었던 가장 중요한 이유가 볼드윈의 대중 공개 연설들이라고 주장하면서 카울링이 주장한 '정치 엘리트의 수사'의 핵심적 중요성을 역설하였다. 하지만 윌리엄슨은 이러한 볼드윈의 공개 연설들이 아무런 생각 없이 모든 것을 수동적으로 받아들였던 대중에게 일방적으로 강압되었던 것이 아니라, 볼드윈 자신이 관철하고자 하는 주장이 마치 대중의 뜻을 반영하여 나온 산물인 듯 보이도록 연설함으로써 자신이 추진하고자 하는 정책에 대해 대중들의 지지를 얻는 데 성공할 수 있었다고 주장하며 카울링식 정치사 접근 방식의 업그레이드를 추구하였다.[45] 이러한 추세에 빌 슈바르츠(Bill Schwarz)

와 헨리 매슈(Henry Matthew), 매슈 로버츠(Matthew Roberts) 등도 동참하면서 정치 엘리트의 수사가 대중에 미친 실질적인 영향력에 대한 심층적인 연구가 본격적으로 진행되었다.[46]

최고위 정치 엘리트 간의 역학 관계를 중점적으로 다루면서 영국 정치사를 풀어가려고 했던 카울링의 '하이 폴리틱스'는 지금의 연구자들에게는 대체로 외면당하고 있다. 중앙 정부와 지방 정부 간의 분권, 국제연합과 유럽연합 같은 초국가적 기구의 역할 확장, 고위 정치인들에 대한 유권자들의 혐오, 인터넷 언론 및 소셜 네트워크 서비스(Social Network Service, SNS) 등의 출현 등 카울링과 피터하우스학파가 활약했던 시기와는 현저하게 다른 지금의 사회에서 현재 정치를 이끌어가는 주체, '권력'을 쥔 주체가 정치 엘리트라고 규정하고 정치사를 연구하는 것 자체가 어찌 보면 비현실적이고 비상식적이라고 보일 수 있기 때문이다.

그러나 '하이 폴리틱스'의 가치와 의미가 정치 엘리트의 행위'만이' 중요하기 때문에 정치 엘리트의 행위 중심으로 정치사를 이해해야 한다는 데 있지 않다는 것을 기억해야 한다. 국민 수백만 명이 시위에 나서도 정치 지도자들이 뜻을 굽히지 않고 외교, 군사, 재정, 복지 등 다양한 분야에서 의도한 바를 거침없이 실행에 옮기는 행태를 민주주의 국가나 군사독재 국가에서 공통적으로 찾아볼 수 있듯이, 정치 엘리트의 행위는 예나 지금이나 사회 운영에 있어 중요하다. 다만 1950년대에 부상하기 시작했던 사회사가들의 득세로 인해 과거 정치 엘리트의 행위에 대한 심도 있는 연구와 분석이 경시(輕視)되었다면, 또는 4차 산업혁명을 준비하고 있는 지금의 사회 환경으로 인해 과거 정치 엘리트의 행위에 대한 심도 있는 연구와 분석이 무시된다면, 결국 연구 대상 시기의 사회 운영 관련 메커니즘을 제대로 이해할 수 없었을 것이고 앞으로도 설명할 수 없을 것이라는 경종(警鐘)을 울린다는 데에서 '하이 폴리틱스'의 의의를 찾을 수 있는 것이다.

모리스 카울링의 '하이 폴리틱스'는 그 연구의 의도나 폭에 있어 단편적인 부분이 있었음을 부정할 수 없지만, 정치사를 더 종합적으로 이해하기 위한 밑그림 역할을 했다는 것 또한 부정할 수 없다.

3부

젠더와 권리의 신장

8. 근대 초 영국사에서 여성의 몸과 월경 담론*

배혜정

1. 머리말

우리는 몸에 대해 지대한 관심을 가진 시대를 살고 있다. 즉, 몸, 외모를 필두로 한 몸을 가꾸고 표현하고, 고민하고 말하는 사람들로 넘쳐난다. 몸을 만들고 누르고 숨기고 드러내는 일이 일상이 되고 있다. 이제 몸은 우리 자신의 주요한 표현 방식이자, 건강과 자부심을 담아내는 요체이기도 하다. 그런데 '여성의 몸'으로 넘어가면 이야기는 차원이 또 달라진다. 알다시피 우리가 여성의 '아름다운' 몸에 대한 과도한 관심, 혹은 강제의 시대를 건너가고 있기 때문이다. 『아름다움의 신화』(*The Beauty Myth*, 1991)에서 여성에게 아름다움을 강요하는 급격한 조류가 곧 페미니즘에 대한 우

---

* 이 글은 필자의 이전 글들을 발췌해 작성했다. 배혜정, 「근대 초 영국의 여성 몸 담론 − 월경을 중심으로」, 『영국연구』 38 (2017. 12) ; 배혜정, 「근대 초 '여성의 몸' 연구에 대한 비평과 전망」, 『역사와경계』 114 (2020. 03)

리 시대의 새로운 반격이라고 분석한 나오미 울프(Naomi Wolf)의 진단이 들어맞는 세상인 것이다.[1] 그렇다면 과거에는 여성의 몸이 어떻게 얘기되고, 또 무엇을 경험했을까?

여성의 몸은 예나 지금이나 적잖은 오해와 강제의 대상이었고, 역사 속 여성의 몸에 대한 각종 담론과 구별 짓기를 톺아보는 것은 만만치 않지만 의미 있는 일이다. 여성의 몸 가운데 '월경'은 숱한 오해와 경멸의 상징이자 대상으로 기능해왔다. 어쩌면 월경은 여성 그 자체임을 규정하는 열등성의 징표이자 지울 수 없는 낙인이었다.

이런 문제는 제2의 페미니즘 물결을 주도한 글로리아 스타이넘(Gloria Steinem)의 예리한 지적 속에 잘 드러나 있다. 1978년 스타이넘은 페미니즘 잡지 『미즈』(Ms.)에서 남자가 월경을 한다면 월경에 대한 대우가 180도 달라졌을 것이라고 썼다. 한마디로 지금과는 정반대로 월경은 부러움의 대상이 되고 자랑거리가 되었을 거라는 말이다. 즉, 남자들은 자기가 얼마나 오래 월경을 하고 월경량이 얼마나 많은지 자랑처럼 떠들어대고, 각종 스포츠와 전투 및 정치에서 남성이 뛰어난 이유가 다름 아닌 월경 탓이라고 함은 물론이려니와 여러 학문과 신학에서까지 월경 덕분에 남성이 더 우월할 수밖에 없다는 논리를 폈을 것이라고 풍자했다.[2] 스타이넘은 미러링 방식을 통해 월경이 여성의 열등성을 증명하는 수단이 되어왔음을 폭로했다. 스타이넘의 이러한 몸 뒤집기는 몸 혹은 생물학적 성(sex)이 문화적으로 구성된 것임을, 곧 사회적 성(gender)의 산물임을 드러내는 것이기도 하다.

이렇게 여성의 몸이, 월경이 문화적으로 만들어진 것이라면 당연히 시대에 따라 달라지는 여성 몸의 역사, 월경의 역사도 있을 수밖에 없다. 근대 초 영국을 중심으로 역사가들이 여성의 몸과 월경에 대해 어떤 이야기를 나누어왔는지 들어보자.

2. 역사적으로 구성된 여성의 몸

'몸' 자체가 학술연구의 주제가 된 것은 그리 오래지 않았다. 이런 사정에는 암묵적으로 공인된 정신과 육체에 대한 이분법적 설명 틀에서 몸이 상대적으로 낮게 평가되어왔다는 점이 한몫했다. 또한 몸이 생물학적으로 결정된 물질로서 자연과학의 대상으로 인식되고 생리학이나 병리학 같은 의학의 영역으로 간주된 탓도 있다. 하지만 미셸 푸코(Michel Foucault) 이래 몸은 단순히 생물학적 현상이 자연적으로 일어나는 물리적 공간이 아니라, 사회적·문화적으로 구성되는 산물로 보는 시각이 확대되었다. 몸은 해부학적으로 결정되는 본질이 아니라 끊임없는 규율과 통제를 통해 제도와 규범이 주입되고 각인되는 장으로 인식되었다.[3] 그 결과 규범화된 몸의 역사나, 교정된 몸을 발전시킨 규율 및 권력의 역사가 연구주제로 떠올랐다.[4]

하지만 몸에 대한 초창기 연구는 '성별에 따라 몸이 상당히 다르게 구성된다'는 핵심을 놓쳤다. 페미니즘 연구는 여기에 문제를 제기하며 여성의 몸이, '여성과 남성은 다르다'는 인식의 근거가 되어왔다고 지적한다. 나아가 여성이 남성보다 '열등하다'는 통념을 합리화하는 데에도 동원되어왔음을 강조했다. 가부장적 사회 체제에서 남성과 연관된 것은 일종의 규범으로 인식되는 반면 여성과 연관된 것은 규범과 다른 것 또는 규범에서 벗어난 것으로 인식되는 경향이 있다. 따라서 여성은 주체가 아니라 타자이며 남성에 종속된 존재거나 주체인 남성에 비해 부차적으로 여겨진다. 이때 여성의 '다른' 몸은 여성의 타자성의 토대가 된다.[5] 즉, 몸이란 무엇보다도 '젠더' 규범이 구성되고 체화되고 또 발현되는 정치적 현장인 것이다. 세리 오트너(Sherry B. Ortner)는 임신, 수유, 월경 등 여성의 몸이 갖는 다양한 측면들이 여성이 남성과 다르다는 것을 증명하는 '증거'로 작동하며,

이들 '증거'를 앞세워 여성이 이성적 존재라기보다는 몸에 입각한 본능에 가까운 존재로 규정되어 왔음을 역설했다.[6]

역사학에서의 여성의 몸 연구는 푸코와 페미니즘의 몸 이론의 영향과 더불어, 젠더사의 포물선 아래에서 1990년대부터 본격적으로 기지개를 켰다. 특히 20세기 말 일부 탈구조주의에 대한 대응으로서 젠더사와 페미니즘 이론에서 몸의 물질성이 급부상한 이래로, 역사 연구에서도 여성의 몸과 섹스(sex), 섹슈얼리티(sexuality) 같은 주제가 진지한 관심을 받기 시작했다. 특히 여성의 몸과 섹스의 역사에서 다양한 논의와 열띤 논쟁을 불러일으킨 연구서는 단연 토머스 라커(Thomas Laqueur)의 『섹스의 역사』 (*Making Sex*, 1990)였다.[7] 이 책은 고대부터 현대까지 저명한 철학자, 사상가, 의학자의 글과 그림을 추적하여 사회적인 성(gender)뿐만 아니라 생물학적인 성(sex)도 변하지 않는 자연 현상이 아니라 사회적, 문화적 이해관계에 따라 재구성된 것임을 밝힌 연구이다. 이런 위상에 힘입어 여성의 몸에 대한 역사 해석에서 가장 영향력 있는 연구 중 하나로 손꼽힌다.

라커의 테제에 따르면, 고대부터 근대 초까지 남녀의 신체가 구조나 기능 모두에서 유사하다고 여긴 '한 성 모델(one-sex model)'이 지속되었다가 18세기 말부터는 여성과 남성은 생물학적 차이로 인해 근본적으로 다른 존재라는 '두 성 모델(two-sex model)'이 우세하게 된다. 가령,

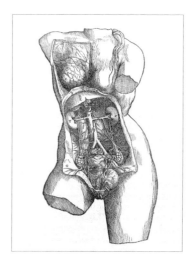

안드레아스 베살리우스의 『인체의 구조』 중
여성 골반 해부학

양성 동형 모델에서는 남녀 모두 동일한 생식기를 가졌고 남성은 밖에, 여성은 안에 있는 식으로 그 형태에서 차이가 있을 뿐이었는데, 18세기가 되면 완전히 다른 특성을 지닌 것으로 정의되기 시작했다. 월경과 수유 같은 생리적 과정도 이전에는 동일한 체액 체계의 일부로 보았지만 남녀 이형 모델에서는 여성 특유의 생리 현상으로 규정된다. 여성 생식기의 명칭이 남성과 완전히 다르게 표현된 것도 이때부터였다. 한마디로 그 이전까지는 남

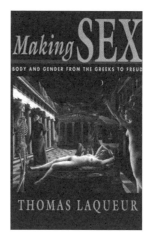

토머스 라커의 『섹스의 역사』 표지

성과 여성의 몸은 정도의 차이이지 종류의 차이가 아니었다.[8] 18세기 말에 이르면 정치적, 인식론적 격변이 일어나며 남성과 여성의 몸이 범주 상 완전히 다른 것이 되고 남녀의 신체적 차이, 곧 생물학적 성이 새롭게 창조된 성차 개념의 가장 강력한 근거가 되었다는 것이다.

　라커의 테제는 성차에 근거해 남성과 여성의 차이를 설명하는 과학의 정치성을 드러내는 여성사 및 여성학 연구에 의미 있는 기여를 했을 뿐 아니라, 여성의 몸 연구에도 상당한 영향을 미쳤다.[9] 라커 이후 근대 초 여성 몸 연구들은 '한 성 모델'에 따라 섹스와 젠더의 관계를 더 유동적이고 역동적인 개념으로 보기 시작했다.[10] 즉, 이 모델에서는 섹스가 젠더의 근거가 되지 못했음은 물론이거니와 오늘날 의미의 섹스는 없다고 할 수 있다. 이 세계에서는 "남성 혹은 여성이 된다는 것은 상반된 어느 한쪽의 몸이 되는 것이 아니라 사회에서의 지위 및 문화적 역할을 맡는다는 의미이다."[11] 다시 말해 근대 초까지 섹스는 존재론적 범주가 아닌 사회적 범주로서 젠더에 다름 아니었다.

하지만 근대 초까지 '하나의 성 모델'이 지배적이었다는 라커의 주장에 대한 반론도 만만치 않았다. 우선 라커의 시기 구분이 도식적이라는 비판이 존재한다. 캐서린 파크(Katharine Park)와 로버트 나이(Robert Nye)는 역사 속에는 여러 가지 경쟁하는 인간 생리학 관념이 공존했기 때문에 어떤 특정 시기에 특정한 성/몸 모델이 존재한다고 볼 수 없다고 반박했다.[12] 예를 들어, 아리스토텔레스의 임신 모델에서는 여성이 태아에게 씨를 주지 않고 인큐베이터로만 기능하는데, 이것은 수태에는 양성의 씨가 모두 필요하다는 갈레누스(Claudius Galenus)의 모델만큼이나 오랫동안 지속되었다.[13] 캐런 하비(Karen Harvey) 역시 라커가 여성 생식기에 대한 표현이 급격히 변화하는 시기라고 주장하는 18세기도 이전과 다름없이 여성 몸의 표현에서 연속성을 보인다고 지적한다. 즉, 근대 성 체계의 근간을 이루는 '두 성 모델'은 여러 맥락에서 고대부터 이어진 '한 성 모델'과 공존했다는 주장이다.[14]

다음 비판은 주로 근대 초 몸 연구자들로부터 나왔는데, 18세기 중반까지 '하나의 성 모델'에 따라 성차 관념이 없었다는 라커의 시각에 대한 반론이었다. 로라 고잉(Laura Gowing)은 체액론이 지배하던 18세기 이전 시기에도 성차 관념이 존재했다고 주장한다. 즉, 18세기부터 남성과 여성의 생식기 관련 용어가 점차 구별된다는 사실이 몸에 대한 차별적 인식을 보여준다는 라커의 해석은 그전에도 존재했던 남성과 여성의 신체 부위를 구별하는 매우 다양한 속어와 은어를 무시한 오류라는 것이다. 그리고 광범위한 사료 연구를 통해 이미 근대 초 사람들이 경험적으로 남녀의 신체적 차이를 인식했다고 역설한다.[15] 미하엘 슈톨베르크(Michael Stolberg)는 라커의 테제에 가장 분명한 반론을 폈는데, 한마디로 중세 후기와 근대 초 해부학자와 의사들 대다수가 '하나의 성 모델'을 따르지 않고 오히려 남성과 여성에 대한 해부학적 차이를 명확히 인지했다고 반박한다.[16] 또한 라커가 근거한 자료도 문제 삼았다. 당대 의학계의 주요 언어인 라틴어로 쓴 의학서들은 해부학적 차이 및 그 차이가 여성 건강에 미치는 치명적 결과를 무수히 강조했음에도, 라커는 "이런 방대한 라틴어 저서들을 거의 다 무시하고 속어로 된 일부 특정 문헌만 보고 자신의 모델을 세웠다"는 지적이다.[17]

라커의 테제는 이런 비판과 수정의 과정을 거치지만,[18] 그럼에도 젠더와 섹스 개념의 역사성을 드러내고 여성의 몸과 섹스의 역사에서 다양한 논의의 장을 제공함으로써 여전히 몸 역사 연구의 초석으로 남아 있다. 로렌 카셀(Lauren Kassell)이 지적했듯이, "한 성 모델에서 두 성 모델로 이행하는 설명 틀을 통해 성차의 이원론이 탄생하는 일종의 창조 신화를 보여준다는 점에서, '라커의 유산'은 성과 몸을 연구하는 역사가들에게 가장 오랫동안 지속되는 유산이다."[19]

그런데 라커의 주장처럼 근대 초기가 성차가 없는 세계, 섹스와 젠더가 완전히 구분되지 않은 세계라 할지라도, 남녀의 구별이나 경계가 더 미약하지는 않았다. 오히려 근대 초의 세계에서는 섹스가 아닌, 혹은 섹스보다 젠더에 의해 몸이 구성된다면, 생물학적 요소뿐 아니라 정치적, 사회적, 문화적 요소가 더 쉽게 몸을 통해 재현되고 또 몸에 새겨질 터였기 때문이다.

이런 방향에서 근대 초 몸과 정치의 관련성을 다룬 연구들은 오늘날과 다른 근대 초 몸의 구성 방식과 그 의미를 밝혀준다. 이들 연구에 따르면 몸에 대한 규제는 16, 17세기 통치 권력의 최우선 사항이었다. 종교개혁은 남성과 여성의 욕구를 제어하기 위해 '신성한 가족' 모델을 강요했고, 왕위 계승의 위기가 빈번하던 시대에 자식의 합법성과 여성의 정절 및 다산은 정치적 문제였다.[20] 이런 양상은 튜터와 스튜어트 왕조를 거쳐 왕조의 허약성을 일부 보여주며, 특히 16세기 엘리자베스 1세의 사생아에 대한 추문에 더해, 17세기 제임스 2세의 정통성에 대한 풍문에도 반영되었다.[21] 이런 맥락에서, 여성의 몸이야말로 공적 논의의 장이자 정치 무대였다는 사실을 근대 초 역사 속에서 예리하게 포착한 연구로는 메리 피셀(Mary Fissell)의 『속어로 얘기되는 몸』(Vernacular Bodies, 2004)을 들 수 있다.[22]

피셀의 연구는 우선 몸의 역사학에서 사료의 폭이 확장되는 성과를 보여준다. 이 주제를 다룬 초기 역사가들은 상층 소수만이 이용 가능한 책으로 연구를 했지만,[23] 더 최근에는 일반인도 쉽게 접할 수 있던 대중 의학서뿐 아니라 챕북과 연감, 요리법 등 더 폭넓은 자료를 활용하기 시작했다. 이를 통해 몸에 대한 관념이 엘리트에서 민중으로 전파되는 단순한 모델을 따르기보다는, 이런 정보와 사상이 다양한 형태로 전유되고 재해석된 정황을 고려하기 시작했다.[24] 이런 방향에서 피셀은 16세기와 17세기에 누구나 읽거나 들을 수 있는 광고 책자, 팸플릿, 발라드, 재담, 대중적인 종교 서적 및 의학 서적 같은, 스스로 '값싼 인쇄물'이라고 부르는 자료들을 분석하여 종교개혁과 내전이라는 정치적 소용돌이 속에서 여성의 몸에 대한 일반 대중의 인식 변화와 여성 몸의 다양한 활용 양상을 추적한다.[25]

피셀에 따르면, 생식에 담긴 불가사의한 성격과 젠더 관계의 핵심적 역할로 인해 여성의 생식은 보통 사람들이 펼치는 정치적 상상력의 중심에 있었다. 예를 들어, 산파술 관련 책을 쓴 작가들은 임신을 남성 씨와 여성 씨 사이의 힘겨루기로, 출산을 엄마의 몸이라는 감옥에서 (항상 남아인) 태아가 탈출하는 것으로 그리면서, 여성의 몸을 남녀 관계의 축소판으로 만들었다.[26] 이렇게 정치적·사회적 위기 속에서 여성의 몸은 젠더 질서를 재구축하려는 해결책 중 하나가 되었다는 것이다. 나아가 여성의 몸은 공적 영역에서 수없이 논의됨으로써 종교 및 정치의 언어가 되었다고 주장된다. 가장 대표적인 예가 제임스 2세의 왕비, 모데나의 메리(Mary of Modena)의 출산이었다. 왕비가 출산한 후 아기의 정통성을 문제 삼는 '값싼 인쇄물'이 쏟아져 나왔는데, 왕비가 밖에서 낳아온 자식이라든가 방앗간 주인 부부의 아이를 몰래 데려왔다든가 하는 식이었다. 이제 임신과 출산은 신의 기적이 드러나는 현상이 아니라 정치 투쟁의 장으로 변모한 것이다.[27] 이처럼 피셀의 연구는 여성 몸이 젠더 관계의 변화뿐 아니라 격변기 그 자체를 이해하는 유용한 통로임을 보여주었다.

한편, 섹스와 젠더의 구분이 무의미하고 무엇보다 섹스가 해체된다고 해서 몸의 물질성까지 사라지는 것은 아니다. 젠더는 몸에 강요되고 몸으로 느끼는 것이기 때문이다. 이에 역사가들은 상당한 사료 부족에 시달리는 가운데서도 여성 몸을 통한 실천 및 경험을 찾는 시도를 멈추지 않았다. 근대 초 여성의 몸과 섹슈얼리티 문제를 주도적으로 파헤치고 있는 로라 고잉의 연구성과가 특히 눈여겨볼 만하다.[28]

고잉은 의학서가 아니라 종교재판소, 4계 법원, 순회재판소, 교도소 등지의 각종 법정 기록을 검토하여 엘리트 남성의 목소리가 아닌 평범한 여성의 목소리를 복원하고 구체적인 여성의 몸 경험을 되살리고 있다. 고잉의 연구는 근대 초 여성의 몸과 권력에 대한 기존 해석에 몇 가지 중요한 시사점을 던져준다. 우선 고잉은 "의학 담론뿐 아니라 대중의 신념 및 관습"을 포괄하는 몸에 대한 더 폭넓은 정의의 필요성을 제안한다.[29] 이런 넓은 의미의 몸 정의는 단 하나의 여성이 아니라 복수의 여성 몸들에 대한 접근을 가능하게 했다. 가령, "임신은 경제학에 의해 잔인하게 결정되는 육체적 경험"일 뿐 아니라 무엇보다 결혼 여부에 따라 여성 간 상당한 차이를 보이는 몸 경험이었음을 보여준다.[30] 고잉은 주로 가족이라는 틀 내에서 기혼여성의 합법적인 생식을 다룬 연구를 넘어서 미혼모, 하녀 같은 결혼을 하지 않은 여성들의 위법적인 생식(사생아, 유아 살해, 강간 등)에 집중한다. 이를 통해 "젠더 역할이 흔히 부부간의 역할로 축소되거나, 가부장제가 사회구조라기보다는 가족구조로 이해"[31]된 문제를 예리하게 지적한다.

따라서 고잉이 전하는 근대 초 분만실 이야기는 산파와 도우미 기혼여성, 산모 사이에 자매애가 꽃피는 곳과는 거리가 멀었다. 오히려 산파가 산모의 진통이 극에 달했을 때를 노려 사생아의 생부 이름을 토로하게 하는 '신문의 장소'이기도 했고, 안주인이 여러 약물을 먹여 하녀의 유산을 유도하거나 가난한 기혼여성이나 미혼여성이 스스로 유아를 포기하는 '비극의 현장'이기도 했다. 나아가 유아 살해나 사생아에 대한 사법적·도덕적 심판 속에는 위법한 몸이 야기한 무질서에 대한 지속적인 사회적 불안이 함축되어 있었다. 이에 근대 초 여성의 몸을 규제의 대상인 공적인 몸으로 만듦으로써, 표면상 사적인 공간인 근대 초 분만실은 계급 및 젠더 위계의 강화와 공공질서 유지를 위한 격전지이기도 했다.[32]

이처럼, 근대 초 여성 몸 연구는 여성의 몸이 이제는 여성 그 자체의 경험과 목소리의 복원을 위해서 뿐 아니라 근대 초라는 시대성을 이해할 때에도 필수적인 요소임을 보여주는 단계까지 올랐다. 물론 이 두 가지 목적을 달성하기 위해서는 아직 갈 길이 멀다. 여성의 몸과 근대 초 지배적인 구조들(젠더, 정치, 경제 구조)의 관계가 제대로 밝혀지지 못한 이유도 있지만, 여성의 몸에 대한 인식과 경험이 다양한 범주 속에서 각기 다르다는 사실이 더 많은 연구과제를 던져주기 때문이다. 계급과 사회적 지위, 결혼, 인종, 지역에 따라 여성의 몸 경험에서 상당한 차이가 날뿐더러, 섹슈얼리티 문제는 차치하더라도 임신과 출산, 수유, 피임, 월경과 초경, 완경 등 생식의 몸 경험만 해도 그 인식 및 의미와 양상이 크게 달라진다. 더디지만 이런 세분화된 연구도 현재 진행 중이다. 여기서는 근대 초 월경 연구를 통해 여성 몸 연구의 한 갈래 속으로 들어가 보자.

3. 월경 담론과 월경하는 몸

월경은 여러 문화에서 여성성의 의미가 부여된 유독 상징적인 생물학적 성차였다. 월경이야말로 여성이 비로소 여자다워지는 표식이며 임신 가능성의 신호이고, 나아가 '정신적인' 남성에 비해 여성이 극히 '자연적인' 존재임을 입증하는 대표적인 증거물로 여겨져 왔다. 이런 의미에서 월경은 섹스를 젠더로 만드는 대표적 예로서, 몸이 역사적이고 사회문화적인 맥락 속에서 구성되어왔음을 뚜렷이 밝혀주는 핵심적인 역사 주제 중 하나이다. 또한 월경의 역사는 여성학이 접근하기 어려운 과거 여성들의 구체적인 월경 경험과 그 경험의 복잡성을 담아낼 수도 있다.

하지만 그 중요성에도 불구하고 월경의 역사는 다른 여성 몸 연구와 마찬가지로 아니 그보다 훨씬 더 발전 속도가 더뎠다. 여기에는 몇 가지 연유가 있는데 먼저 월경 그 자체의 은폐적 성격이 한몫했다. 월경이라는 주제에 관심을 가진 거의 모든 역사가가 토로하듯, 월경은 여러 터부로 인해 그 어떤 주제보다 은폐되어왔다는 사실이 역사적 접근을 어렵게 만들었다.[33] 무엇보다 월경에 덧붙여진 침묵의 금기가 너무도 강력해서 월경은 "대다수 문헌에서 실종되었다"고 말해질 정도이다.[34]

하지만 이런 사료 부족이라는 어려움에 더해, 월경의 역사 연구가 드문 이유의 밑바탕에는 월경을 역사적 중요성이 없는 순전히 생리적 현상으로 여기거나 여성 문제로만 치부해온 편견이 깔려 있다. 기실, 과거 여성의 경험과 주체성을 밝히려고 노력한 여성사가들에게조차 월경은 오랫동안 별다른 관심의 대상이 되지 못했다.[35] 이런 상황에서 근대 초 역사 가운데 유독 월경 연구가 드문 것도 무리는 아니다.

그래도 패트리샤 크로퍼드(Patricia Crawford)는 근대 초 영국 월경 연구의 첫 테이프를 제대로 끊었다.[36] 크로퍼드는 우선 여성의 사회적 지위를 이해하는 데 월경 연구는 필수적이라고 역설하며, 근대 초 월경에 대한 여러 설명이 어떻게 여성의 열등성을 증명하는 근거로 월경을 활용하는지, 또 역으로 이런 설명들이 어떻게 여성의 열등한 지위를 정당화하는 데 이용되는지를 밝혔다. 이를 위해 의학적, 종교적 논의가 뒤섞여 있던 근대 초 담론의 특성에 맞춰 월경에 대한 의학 담론과 종교 담론을 두루 살피고 있다.

근대 초 의학이론은 고대에서 기원한 체액론에 근거하여 월경의 원인과 목적을 설명했는데, 여기서 월경은 여성이 남성보다 더 차갑고 비활동적인 기질을 타고나서 몸에 쌓인 불순물을 정화하는 과정(정화론)이거나 남아도는 과잉의 피가 방출되는 현상(과잉론)으로 해석되었다. 크로퍼드에 따르면, 근대 초 월경에 대한 의학적 인식은 남성의 몸에 비해 여성의 몸은 불완전하고 열등하다는 통념을 공유했다. 크로퍼드가 분석한 근대 초 월경에 대한 종교적 신념도 별반 다르지 않았다. "더럽혀진 우상의 외피는 '생리대 천'처럼 던져버려야 한다"라는 이사야 30장 22절의 언명처럼, 성서에 담긴 월경 이미지는 한마디로 불순하고 불경한 것이었다. 결국 월경을 불결하거나 해로운 출혈로 간주하는 근대 초 월경에 대한 부정적 태도는 실생활에서 다양한 '월경 금기'로 이어지고 남녀 위계를 합리화하고 강화하는 데 기여했다고 결론 내린다.[37]

크로퍼드 연구 이후 근대 초 월경 연구는 주로 월경에 대한 당대의 인식과 그 영향을 분석하는 데 집중되었고, 이런 와중에 월경의 또 다른 이미지를 찾아낸 연구가 뒤를 이었다. 마거릿 힐리(Margaret Healy)는 근대 초 성서와 의학서, 대중 서적에 나타난 갖가지 월경 금기를 재조명하여 월경 상징의 다의성과 월경 금기의 다면적 영향을 설명한다.[38] 가령, 기독교의 일방적인 저주나 낙인의 해석과는 달리, 민간신앙에서는 연인을 유혹하거나 몇 가지 병을 치유하는 월경혈의 '마법적 힘'을 상상하는 등 월경의 긍정적인 효과를 믿었다는 것이다.[39] 마 찬가지로 월경혈이 자궁 속 태아에게 영양을 공급한다거나 젖을 생성한다고 주장한 의사들의 사례를 들어 의학 담 론에서도 월경을 부정적으로만 보지는 않았다고 주장한다.[40]

나아가 힐리는 월경 금기가 월경 중 성관계를 금하거나 월경 중인 여성을 특정한 장소와 모임에서 배제하는 것 에 이르기까지 일상에서 여성의 삶과 여성에 대한 인식에 부정적 영향을 미 친 것도 사실이지만, 월경을 남편이나

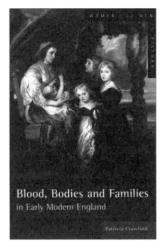

패트리샤 크로퍼드의 『근대 초 영국에서 피와 몸 그리고 가족』 표지

연인을 피하는 방편으로 사용하는 경우처럼 여성들이 이 금기를 자신에게 유리하게 활용할 여지도 없지 않았다고 주장한다.[41] 일부 문화에서 월경 격리가 여성에게 성적 자율성을 누릴 기회를 부여한다고 우려한 것과 마 찬가지로, 근대 초 여성도 월경 기간을 개인적 공간과 시간을 가질 기회로 삼을 수도 있었다는 것이다. 이처럼 힐리의 연구는 월경과 월경 금기가 근 대 초 사회문화적 맥락에 따라 다양한 의미와 기능을 가졌을 가능성을 제 기했다.

엘리자베스 시대 월경에 대한 태도를 연구한 베턴 하인슨(Bethan Hindson)의 견해도 같은 선상에 있다.[42] 하인슨은 먼저 근대 초 월경 담론 에서 피가 방출되는 과정으로서의 월경과 그 결과물인 월경혈을 구분할 필요성을 강조한다. 근대 초 월경에 대한 태도에서 위험하거나 신비롭게 여긴 것은 월경 그 자체가 아니라 월경혈이었기 때문이다.[43] 이 시기 월경 은 간혹 '여성의 달거리 병'(woman's monthly sickness)으로 불렸을지라도,

19세기 의학에서 규정하듯 병리학적 현상이라기보다는 자연적 방혈의 과정으로 여겨졌다.[44] 또한 월경혈의 해로움은 질이 아니라 양의 문제였고, 월경량이 너무 적거나 많으면 건강에 위험하지만 적절할 때에는 이로울뿐더러 규칙적인 월경은 여성 건강에 필수적인 요소로 간주되었다는 것이다.[45] 요컨대 하인슨은 월경에 대한 인식의 의미와 그 다면성을 강조했다. 즉, 월경하는 여성의 건강 상태나 여건에 따라 월경의 의미는 달라질 수 있고, 젠더와 계급, 교육 수준 등 인식주체의 정체성에 따라 각양각색이었기에, 부정이나 긍정 어느 하나로 단정하기 어렵다고 역설한다.

이런 하인슨의 주장은 우선 월경에 대한 부정적 태도를 부각한 크로퍼드의 견해를 겨냥했다. 나아가 '한 성 모델'을 내세워 월경은 남성과 여성의 몸 모두에 공통된 출혈이었다는 라커의 관점뿐 아니라, 이를 채택해 근대 초에 '남성의 월경'이라는 시각이 널리 퍼져 있었다는 지앤나 포머터(Gianna Pomata)의 주장[46]에도 반기를 든 것이었다. 앞서 라커 비판의 선봉에 섰던 슈톨베르크는 포머터의 사료에 나오는 '월경'이라는 말은 '자궁에서 나오는 피'가 아니라 문자 그대로 '매달 있는 출혈'을 의미할 뿐이기에 근대 초 남성의 월경은 여성의 월경과는 다르다고 반박한 바 있다.[47] 이에 더하여 하인슨은 근대 초 이발사 외과의(Barber-Surgeon)로 활동한 니콜라스 가이어(Nicholas Gyer)를 비근한 예로 들며, 엘리자베스 시대 사람들은 월경을 전적으로 여성의 출혈로 보았고, 월경에 한해서는 '한 성 모델'이 적용될 수 없다고 단언한다.[48]

근대 초 월경 해석에서 라커 테제에 대한 비판은 근대와 다른 월경의 의미와 사회적 기능을 설명하고 근대 초기 의학의 수준 및 인식을 수정하는 데 기여한다. 하지만 성차에 대한 인식이 근대 초에도 있었다는 사실이 당대 여성의 몸과 여성의 현실을 이해하는 데 어떤 시사점을 주는지는 논의 밖에 있다. 마찬가지로 월경의 의미 및 인식에 대한 긍정적 혹은 다면적 해석이 과연 근대 초 군건한 젠더 위계 속에서 여성의 몸과 그에 따른 여성의 지위나 역할을 고려할 때 얼마나 유의미한지도 의문이다. 특히 당대에 월경과 월경혈에 대한 긍정적 설명이 거의 모두 임신 및 수유와 관련될 때만 등장한다는 사실은 짚고 넘어가야 할 문제이다. 왜냐하면 임신 및 수유에 대한 기여로 한정된 긍정적 해석은 여성의 몸은 곧 자궁이라는 스테레오 타입의 여성 몸 담론을 강화할 뿐, 월경과 여성(성)에 대한 기존 인식을 크게 바꿀 수는 없기 때문이다. 그럼에도 불구하고 근대 초 월경 인식에 대한 비판적 연구는 월경 상징의 다의성이나 다면성을 설명하고, '월경 금기가 곧 여성 억압'이라는 도식적 해석을 탈피하려는 시도로서 적잖은 의미가 있다.

게다가 여성의 월경 경험의 복잡하고 다양한 면모를 드러낼 필요성 및 가능성을 제기한다는 점은 높이 평가할만하다. 근대 초 월경 연구는 담론을 넘어 월경 실천, 곧 월경하는 여성의 경험에 대한 연구 갈증이 심한 상황이다. 물론 관련 사료 부족과 남아 있는 문헌 자료의 남성성 때문에 구체적이고 개별적인 여성의 월경 경험'들'을 재현하는 데 상당한 어려움을 겪고 있는 것이 현실이다. 하지만 남성이 쓴 개인적 자료와 더불어 여성이 쓴 일기와 산파술 서적, 법정 기록 등을 파헤쳐 월경하는 여성의 목소리를 전하려 애쓰고 있다.

새라 리드(Sara Read)의 『근대 초 영국의 월경과 여성의 몸』(*Menstruation and the Female Body in Early Modern England*, 2013)은 그런 노력이 맺은 결실 중 하나이다.[49] 리드는 여성의 일기와 비망록부터 문학 자료, 법정 증언에 이르기까지 여성의 직접적인 목소리를 최대한 추적하는 것은 물론이고 월경 인식에서 남녀의 차이, 일반인과 전문가의 차이 등도 신중히 고려했다. 무엇보다 리드는 작게는 여성의 생리주기, 크게는 생애주기를 기초로 초경과 처녀막 출혈, 임신 중 출혈, 산후 출혈, 완경 등 여성이 겪을 수 있

새라 리드의 『근대 초 영국의
월경과 여성의 몸』 표지

는 거의 모든 월경 경험을 망라한다.[50] 이런 분석 속에서 새로운 사실들이 모습을 드러낸다. 즉, 초경을 언제 하는 것이 적절한지에 대한 논쟁이 연극에서나 활발했지 의학서에서는 큰 관심거리가 아니었다는 사실을 밝혀, 초경 문제가 생리적 문제라기보다는 사회적 관심사였음을 보여준다.[51] 또한 의학적·법적 증거를 통해 이후 시기에 비해 근대 초에는 처녀막 출혈이 신부의 처녀성을 보증하는 증거로 크게 간주되지 않았다는 사실도 알려주었다.[52]

이처럼 역사 속에서 복잡다단한 여성의 몸 경험을 드러내는 일이 녹록하지 않지만, 근대 초 월경 연구에서도 느끼고 경험하는 여성의 몸 그 자체에 대한 연구는 지속될 것으로 보인다. 이를 통해 월경이라는 주제가 과거 여성의 지위와 역할 및 젠더 권력관계를 드러내는 유효한 창임은 여실히 입증되고 있다. 나아가 여성의 월경 경험'들'을 밝혀 몸을 가진 존재로서의 근대 초 여성의 생생한 경험을 복원할 역사의 가능성도 열린 것이다.

4. 맺음말

'문화적 구성물'로서의 몸 담론은 여성학뿐 아니라 역사학에도 상당한 영향을 미쳤다. 근대 초 역사에서 여성의 몸과 월경 연구는 여성의 몸이 문화적·역사적 구성물임을 증명하는 목표뿐 아니라, 페미니즘 이론이 접근하기 어려운 과거 여성들의 구체적인 경험과 그 경험의 다면성을 담아내고 있다. 이는 근대 초라는 시간성 속에서 오늘날과 다른 여성의 몸과 월경의 의미 및 그 관행을 드러내는 역사 연구의 장점 덕분일 것이다. 이런 의미에서 역사는 이론이 아닌 '경험'인 것이다. 아니, 이는 그 이론들이 수많은 '경험들'을 집적한 결과임을 다시금 환기하는 일이기도 하다.

하지만 월경 연구를 비롯한 몸 연구는 역사학에서 가장 뒤늦게 닻을 올린 분야이다 보니, 아직은 남긴 성과보다 남은 과제가 더 많다는 것이 현실적 진단일 것이다. 다른 무엇보다 근대 초라는 시대성이 드러난 여성 몸의 역사와, 또 거꾸로 여성 몸을 매개로 근대 초의 역사를 밝히는 과정이 중요해 보인다. 역사 연구의 최대 강점 중 하나는 역사성, 곧 변화를 드러내는 일일 터인데, 근대 초 여성 몸 연구는 이 점에서 풀어야 할 숙제가 많아 보이는 탓이다.

물론 여성의 몸을 연구하는 근대 초 역사가들은 대체로 페미니즘 이론

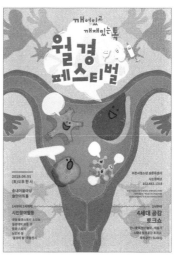

■□ 2018년 월경 페스티벌 티저 포스터
□■ 2019년 월경 페스티벌 포스터

과 젠더사에 발을 딛고 당대 여성의 몸에 대한 인식과 몸의 경험에 초점을 맞추고는 있지만, 라커 테제를 둘러싼 비판과 논쟁에서 보았다시피 근대 초에 대한 고정관념 및 편견을 교정하는 일에도 적극적이다. 그런데 이런 근대 초 역사가들의 노력은 양가적인 측면이 있는 듯하다. 근대 초라는 시대성을 제대로 밝히려는 과정으로서 그 의미가 적지 않지만, 다른 한편으로 여성과 젠더의 시각에서 여성의 몸을 연구하는 의미가 희석되는 면도 없지 않기 때문이다.

그런 맥락에서, 라커 논쟁을 되돌아보면서 몇 가지 질문이 떠올랐다. 근대 초 정치와 경제, 문화적 격동 속에서도 젠더 위계는 어떻게 살아남았을까? 근대 초를 지나며 남성과 달리 여성의 몸은 완전히 다르게 구성되었다는데, 젠더 구조는 왜 변함이 없었을까? '한 성 모델'에서 불완전한 남성의 몸이었던 여성의 몸이 '두 성 모델'에서는 사적 영역에 적합한 몸으로 변모했다는 사실이 과연 여성의 몸과 여성의 지위에서는 얼마나 유의미한 변화를 뜻할까? 물론 이런 물음에 대한 답의 일부는 앞으로 필자의 몫이기도 하다. 질문 없는 답은 없고, 열린 질문이 연구의 장도 열기 마련이리라.

9. 19세기 영국 페미니즘의 진화

배인성

1. 머리말

우리 사회에서 페미니즘은 단순히 상식선에서 이해할 수 있는 사안이 아니다. 여기에는 정치, 경제, 사회적인 요소뿐만 아니라 문화, 종교, 사상적인 요소들이 복잡하게 얽혀 있다. 페미니즘은 그 시대성과 사회성을 반영하는 거울인 셈이다. 중요한 것은 서로 다른 입장을 어떻게 사회 속에 녹아들게 할지 고민하는 것이다. 또한, 페미니즘은 여성의 정치적 예속을 이끈 이론과 실제에 감춰져 있는 모순을 밝혀내고 제거해나가는 과정이기도 하다. 그러므로 페미니즘은 지속적인 모순과 역설을 해결하려는 반복된 노력을 포함하며 그 자체로 역동적인 역사의 면면을 제공한다. 여성사가 조앤 스콧(Joan W. Scott)이 페미니즘을 유용한 취사선택의 역사이거나, 자유롭게 성공 전략을 선택해온 역사라기보다는 직면한 딜레마들을 해결하기 위해 근본적인 문제점과 여러 차례 씨름해온 여성의 역사라고 주장한 것은 상당히 설득력을 갖는다.[1] 결국 페미니즘은 정치, 경제, 사회, 문화를 이끈 남성의 역사에 대한 지난한 여성 투쟁의 역사인 것이다.

역사 속에서 여성사가 자리매김하기 시작한 1970년대 이래로 여성의 삶과 경험을 재현하고 복원하려는 노력은 지속적으로 이어져 왔다. 동시에 생물학적 성이 아니라 사회적 구성물인 젠더를 통해 여성사를 탐구하기 시작하면서 페미니즘 연구는 더욱 발전하였다. 여기서 젠더는 매우 중요한 개념이다. 젠더는 남성성과 여성성 간의 고정적이고 불변하는 경계가 아니며 유동하는 범주로서 사회, 문화적으로 내면화된 성별 규범을 뜻한다. 나아가 남성과 여성을 구분하는 기준이지만, 그것을 넘어 사회를 조직하는 기본적인 구성 원리로도 작동한다.

본 장에서는 영국 페미니즘에 관한 연구들이 어떻게 진화했는가를 살펴볼 것이다. 그중 '19세기 영국 사회'에 주목한 것은 이 시기에 여성해방을 향한 분명한 목표와 이를 실천할 수 있는 이론과 전략을 포함한 페미니즘이 출현했을 뿐만 아니라 다양한 페미니즘의 조류를 탐색할 수 있다는 이유에서다. 좀 더 구체적으로는 자유주의 사상의 확산, 산업화 과정에서 여성들의 노동권 요구, 대중정치의 활성화, 엄숙한 도덕주의 등으로 특징짓는 19세기 영국 사회에서 '여성 쟁점'들이 어떻게 형성되고 변화했는지 그 궤적을 추적하고자 한다. 이를 통해 다양한 지적 흐름, 다양한 활동 전략, 다양한 주체들이 어우러진 영국 페미니즘에 대한 이해를 돕고 더 나아가 영국 여성사 연구의 지평을 넓히고자 한다.

2. 19세기 영국 페미니즘 연구의 성립과 발전

초창기 영국 페미니즘 연구는 19세기 후반 여성운동의 현장을 목도했던 레이 스트레이치(Ray Strachey)에서 출발한다. 근대 영국 페미니즘을 생생한 풍경을 조망하듯이 그려낸 『대의: 짧게 보는 영국 여성운동사』(*The Cause: a short history of the women's movement in Great Britain*, 1928)에서 스트레이치는 "여성운동의 진정한 역사는 19세기 전체의 역사"[2]라고 단언했다. 이는 여성의 권리 획득과 자유롭고 평등한 삶에 대한 열망 그리고 이를 실천하려는 여성운동이 19세기 영국의 상황과 긴밀히 연결되었음을 의미한다. 호전적인 여성참정권운동의 지도자인 밀리센트 포셋(Millicent G. Fawcett)의 전기를 쓴 그녀는 18세기 후반부터 1920년대까지 전개된 여성들의 투쟁을 상세하게 기술했다. 이 작품에서는 존 스튜어트 밀(John Stuart Mill), 해리엇 테일러(Harriet Taylor), 엘리자베스 앤더슨(Elizabeth G. Anderson), 밀리센트 포셋, 조세핀 버틀러(Josephine Butler) 등 여성 운동가들의 삶이 파노라마처럼 펼쳐진다. 그중 보수주의 진영에 속한 복음주의자인 해나 모어(Hannah More)의 활동을 소개하며, 비록 그녀가 명시적으로는 페미니스트들의 목표에 반대했지만 여성들에게 기회의 폭을 넓히는 데 공헌했다고 역설한 대목은 흥미롭다.[3] 영국 여성운동의 발전과 변화의 양상을 분석한 이 작품은 영국 페미니즘 연구의 길잡이 역할을 톡톡히 수행했다.

그렇다면 페미니즘이라는 용어가 사용되기 이전에는 여성의 권리를 얻기 위한 일련의 사회적 행위와 이를 촉발시킨 사상을 어떠한 프레임 속에서 논의했을까? 바버라 케인(Barbara Caine)은 이에 대한 명쾌한 해답을 내놓았다. 1997년에 출간한 『영국의 페미니즘 1780-1980』(*English Feminism 1780-1980*, 1997)은 페미니즘의 특수성과 보편성을 이해할 수 있는 분석틀을 제공하며 영국 페미니즘의 새로운 패러다임을 제시한 기념비적인 텍스트다. 케인은 영국 페미니즘의 전통에서 '여성 문제'(Woman Question)를 공공연히 드러냄으로써 19세기 초기 페미니즘 연구의 토대를 구축했다.[4] '여성 문제'라는 용어는 19세기 영국 사회에서 여성의 본성과 역할에 의문을 제기하고 다양한 담론을 이끈 주체였다.

케인의 또 다른 공적은 페미니스트들의 논쟁, 조직 및 운동을 사회, 문화적 관점 속에서 분석함으로써 페미니스트들의 사상과 행동 사이의 일련의 상관관계를 밝혀냈다는 데 있다. 그 결과 영국 페미니즘 연구의 외연을 확장시켰다. 여기서 핵심은 크게 두 가지다. 첫째, 영국 페미니즘의 중요한 쟁점들은 단절과 지속성 혹은 갈등과 변화의 양상을 반복하며 진화한다는 것이다. 둘째, 단일한 페미니즘이 아니라 다양한 페미니즘 양상을 띤다는 것이다.[5]

여성사 연구가 본격적으로 등장한 1970년대 유럽과 미국의 페미니즘을 비교사적 관점에서 고찰한 리처드 에번스(Richard Evans)의 연구는 초기 영국 페미니즘 담론의 중심축을 이룬다. 에번스는 『페미니스트: 여성해방운동 1840-1920』(*The Feminist: Women's Emancipation Movement 1840-1920*, 1977)에서 영국의 페미니즘이 메리 울스턴크래프트(Mary Wollstonecraft)의 『여권의 옹호』(*A Vindication of the Rights of Woman*, 1792)에 의해 이론화되기 시작하여 존 스튜어트 밀의 『여성의 종속』(*The Subjection of Women*, 1866)에 의해 비로소 이론적 체계가 완성되었다고 주장한다. 나아가 랭엄 플레이스 서클(Langham Place Circle)[6]이 창립되고 여성참정권운동이 본격적으로 시작된 1850년대를 영국 여성

메리 울스턴크래프트
Mary Wollstonecraft
(1759-1797)

운동사의 '제1기 페미니즘'으로 상정했다. 요컨대 근대 영국 페미니즘의 흐름을 특정한 시기를 통해 명확히 준별하고 규정함으로써 영국 페미니즘의 전통을 수립한 것이다.

에번스는 영국 페미니즘의 발전 배경을 프랑스혁명과 자유주의적 프로테스탄티즘으로 설명하며 페미니스트들의 주요 관심사가 교육 기회의 개선에 있었다고 강조한다. 나아가 중산층 여성 중심의 '자유주의적이고 온건한 페미니즘' 틀 속에서 영국 페미니즘의 특징을 분석했다.[7] 하지만 에번스의 연구는 다른 계급과 사상에서 접근하고 있는 페미니즘을 주변화시킬 수 있는 한계를 갖는다.

한편 19세기 영국 사회를 특징짓는 '가정 이데올로기'(Domestic Ideology)의 개념이 어떻게 형성되었는가를 추적한 영국의 여성사가 캐서린 홀(Catherine Hall)의 연구도 주목할 만하다. '가정 이데올로기'는 육체적으로 지적으로 강한 남성과 그렇지 못한 여성을 명확히 구별함으로써 남성의 지배와 여성의 종속을 정당화하는 사회통제 장치로 사용되었다. 여성성에 관한 관념들을 '가정 이데올로기'로 명명한 홀은 1992년에 쓴 『빅토리아 시대 가정 이데올로기의 초기 형성』(The Early Formation of Victorian Domestic Ideology, 1992)에서 기독교 사상과의 관련성을 통해 '가정 이데올로기'를 설명하며 젠더 불평등이 사회의 모든 영역에 얼마나 깊숙이 침투했는가를 분석했다.[8] 이후 여성사 연구에서 이 개념은 빅토리아 시대를 특징짓는 중요한 이데올로기로 자리매김하게 되었다.

3. 사회주의와 페미니즘 연구

영국 페미니즘 논의에서 '자유주의'는 중요한 사상이자 이론적 토대를 제공한다. 1980년대 이르러 주류 페미니즘인 자유주의 페미니즘에 대한 비판적 연구들이 등장하기 시작했다. 이에 관심을 가진 연구자들은 여성의 역사가 있었지만 단지 은폐되었을 뿐이라고 주장하며 정치, 경제, 사회적 투쟁에 참여했던 여성들을 행동 주체로 복원시킴으로써 여성해방의 페미니즘을 새롭게 서술할 필요성을 역설했다.[9] 여기서 가부장제도는 여성 억압의 원인을 분석하는 중요한 기제로서 작동한다.

사회주의 페미니스트 역사가인 샐리 알렉산더(Sally Alexander), 실라 로보덤(Sheila Rowbotham), 바버라 테일러(Barbara Taylor)는 잊혀진 전통을 복원하기 위한 작업에 착수했다.[10] 그중 가장 괄목할 만한 성과는 테일러의 『이브와 새로운 예루살렘』(Eve and the New Jerusalem, 1983)이다.[11] 테일러는 19세기 초기 사회주의의 목표와 페미니스트의 열망 사이의 밀접한 관련성에 주목했다. 유토피아 사회주의 페미니즘 이론의 출발점이자 고전이 된 이 작품은 울스턴크래프트 사후 약 20-30년 동안 영국 사회의 다양한 변화를 관찰하면서 유토피아 사회주의 페미니즘의 역사를 재구성했다. 그 결과 사회주의 전통에 대한 재해석의 길을 열고 페미니즘과 사회주의의 연결고리를 강화하는 데 기여했다.[12]

19세기 초, 영국의 상황에서 오언주의 공동체와 페미니즘의 관계를 탐색한 테일러는 '새로운 도덕 세계'를 지향한 로버트 오언(Robert Owen)과 그가 이끈 유토피아 공동체의 특징들을 면밀히 조명했다. 테일러에 따르면, 매우 급진적인 지식인들은 울스턴크래프트의 지적 유산을 이어받았을 뿐만 아니라 그들 나름의 독특한 방식으로 '여성 문제'를 제기했다는 것이다. 오언주의 공동체를 중심으로 1830-1840년대 선개된 유토피아 사회수의 페미니즘은 주류 페미니즘 연구에서 공백기로 간주되는 이 시기를 메움으로써 지속적인 페미니즘 사상과 활동가들이 있었음을 확실히 입증하고 있다. 여기서 흥미로운 주제는 '페미니즘과 자유사상: 엠마 마틴'(Emma

Martin)의 스토리다.[13] 영국 페미니즘 역사에서 미지의 영역인 '자유사상'(Freethought)에 대한 테일러의 통찰이 돋보이는 지점이다.

이 주제와 관련하여 최근에 출간된 도발적 제목의 작품이 있다. 로라 슈워츠(Laura Schwartz)의 『이교도 페미니즘: 세속주의, 종교, 여성 해방, 영국 1830-1914』(*Infidel Feminism: Secularism, religion and women's emancipation, England 1830-1914*, 2013)가 그것이다.[14] 슈워츠는 획일화된 페미니즘의 지적 궤도에 의문을 제기하며 주류 페미니즘의 쟁점들, 즉 여성 교육, 고용 기회, 참정권에 한정된 의제를 넘어 자유연애, 동거, 산아제한, 성적 도덕성, 매춘, 동성애, 자유언론의 문제를 포괄하는 폭넓은 섹슈얼리티와 반종교 이슈들을 '자유사상'과 '세속주의'의 개념을 통해 분석했다. 맹목적인 종교에 대한 거부와 기독교 전통 속 결혼제도에 대한 비판을 핵심으로 한 '자유사상 페미니즘'의 다른 목소리는 남성과 여성의 이분법적인 구조에 도전할 수 있는 강력한 지적 도구라고 할 수 있다. 더 나아가 자유사상 페미니즘에서 자유연애, 동거, 여성의 성적 결정권과 성적 쾌락의 주체로서 여성을 규정하는 이론화 과정은 영국 사회에 깊이 스며든 가부장제도와 이성애 중심의 섹슈얼리티에 맞선 급진적인 여성운동으로 당시 전개된 주류 여성운동과 차별성을 확인할 수 있는 사례로서 시사점이 크다.

4. 빅토리아 시대 페미니즘 연구의 다양화

1980년대 이후 여성운동에 대한 관심이 높아지면서 빅토리아 시대 페미니즘 연구는 양적으로 팽창했고 그 안에서 다양하게 분화되었다. 주지하듯이, '빅토리아 시대'(1837-1901)로 통칭되는 19세기 영국 사회는 성별에 따른 '분리 영역 이데올로기'(separate-sphere ideology)와 '이상적인 가정성'이 지배적이었던 시기였다. 연구자들은 대체로 근대 영국 페미니즘이 1850년대 출현했으며 여성참정권 획득을 주요 목표로 전개되었다는 데 동의한다. 이 과정에서 성 관념의 변화와 도덕개혁, 여성교육과 고용분야 확대, 노동쟁점, 법률개혁, 노예제 폐지, 성병 방지법 폐지 등 다양한 운동으로 진화한 현상에도 주목했다. 이 시기를 다루는 연구는 크게 페미니스트 활동가에 대한 논의와 주제의 다양화를 특징으로 한다.

우선 페미니스트 활동가들에 집중한 연구들은 각 개인의 업적에 대한 찬사로 가득 찬 전기 형식을 취하고 있다. 개인의 삶과 경험에 대한 '여성적 글쓰기'는 사회가 그들에게 부여한 여성의 역할에 맞서 치열하게 투쟁했던 삶의 현장을 선명하게 보여주는 매개로서 기능한다. 동시에 독자들은 새로운 여성성의 모델을 제시한 그들의 삶을 모방하며 새로운 사회를 실현하는 데 동참하기도 한다. 이러한 연구에서 가족의 태도, 사회의 반응, 여성 동료와 남성 동료들과의 갈등, 그들을 페미니스트로 추동한 이론 및 전략 등은 논의의 핵심을 이룬다.

1837년 즉위식 당시의 빅토리아 여왕

바버라 케인이 쓴 『빅토리아 시대의 페미니스트들』(*Victorian Feminists*, 1993)은 이에 대한 대안적 연구다. 케인은 에밀리 데이비스(Emily Davis), 프랜시스 코브(Frances Cobbe), 조세핀 버틀러, 밀리센트 포셋을 중심으로 빅토리아 시대 페미니즘의 범위, 다양성 및 복잡성 더 나아가 개인의 경험과 페미니즘 전략 사이의 상관관계를 추적했다. 페미니스트들의 집단 전기를 통해 페미니즘 역사에서 여전히 중요한 문제, 즉 어떻게 페미니스트가 되었는가에 대해 명확한 해답을 제시한 케인의 통찰이 돋보인다.[15]

이와 유사한 맥락에서 필리파 레빈(Philippa Levine)은 당대 여성들에게 부여된 사회적 역할에 맞선 200명의 여성을 추적했는데, 『빅토리아 시대 페미니스트들의 삶: 개인의 역할과 공적 참여』(*Feminist Lives in Victorian England: Private Roles and Public Commitment*, 1990)는 그 결과물이다.[16] 여성 교육, 국가와 지방의 정치, 고용과 전문 직업, 노동계급 여성, 결혼과 도덕성을 포함하는 '여성 쟁점'들을 친절하게 안내한 레빈의 또 다른 저서인 『빅토리아 시대 페미니즘 1850-1900』(*Victorian Feminism 1850-1900*, 1987)도 유용한 논의를 제공한다.[17]

그런데 계급의 한계를 넘어 '자매애'의 개념을 확장시켰다는 레빈의 해석은 정작 그의 작품 속에서 선명하게 드러나지 않고 있다. 오히려 그의 작품은 빅토리아 시대 중산층 페미니스트들을 변호하는 데 집중한 듯하다. 이는 계급에 따른 여성운동의 방향성과 전략에 내재하는 긴장과 갈등을 인식하지 못한 '과장된 일반화'의 한계를 보여준다. 여기서 중요한 문제로 지적된 것은 중산층이 주도하는 여성운동에 대한 지나친 강조이다. 일부 연구자들이 중산층 여성만이 여성해방을 위해 투쟁한 것은 아니며, 자유주의가 여성해방을 구체화한 유일한 정치 이데올로기는 아니라고 비판한 것은 바로 이런 이유에서다. 예를 들어, 노동계급 여성들은 자신들의 목소리를 내며 여성운동에 적극적으로 참여했다는 것이다.

1989년 출간된 제인 푸비스(Jane Purvis)의 『힘겨운 교훈: 19세기 영국 노동계급 여성들의 삶과 교육』(*Hard Lessons: The Lives and Educations of Working-Class Women in Nineteenth-Century England*, 1989)은 이러한 관

점을 잘 반영한다.[18] 푸비스는 계급과 젠더의 이중 굴레 속에서 억압의 대상이 되었던 노동계급 여성의 삶을 포착하여 역사의 행위 주체로 재현했는데, 특히 교육의 관점에서 노동계급 여성운동을 기술했다. 교육은 비참한 노동계급 여성의 삶을 개선시킬 수 있는 수단이며 여성에게 열린 교육 기회와 교육 제도의 변화가 서로 맞물려 작동하며 이전과는 다른 힘을 발휘할 수 있다는 것이 푸비스의 지론이다.

레빈은 노동계급 여성들과 중산층 여성들이 직면한 문제를 동일한 범주 속에서 인식했던 반면, 푸비스는 일상생활에서 이들 사이의 간극이 상당히 컸음을 간파했다. 특히 여성의 소득과 기회의 다양성이 사회 계급에 따라 다르게 적용된다는 그의 통찰은 빅토리아 시대 여성들의 경험을 다룬 기존 연구들과 상이한 지점이라고 할 수 있다. 즉, 근본적인 계급주의에 대한 예리한 비판인 셈이다. 그럼에도 푸비스는 교육 기회의 확대와 제도의 변화를 이끌었던 여성들 가운데 중산층 여성들이 더 많았다는 사실은 간과했다.

젠더와 계급적 관점에서 노동계급 여성들을 조명한 또 다른 연구로는 주디 라운(Judy Lown)의 『여성과 산업화: 19세기 영국 노동에서 젠더』(Women and Industrialization: Gender at Work in Nineteenth-Century England, 1990)를 꼽을 수 있다.[19] 이 작품은 할스태드(Halstead)의 코톨드(Courtauld) 가문이 운영한 섬유공장에서 일한 여성 노동자들의 경험을 재구성하면서 가부장제 질서의 문제점을 신랄하게 고발한 사례 연구다. 라운은 다양한 생산 방식에서 이루어진 노동의 성적 분업을 시기별로 추적히며 아버지와 자녀, 남편과 아내, 주인과 하인 사이에 작동하는 권력관계를 '가족과 경제'의 개념 속에서 설명했다.

근래에 와서야 연구되기 시작한 농촌의 여성 노동자들에 관한 니콜라 베르돈(Nicola Verdon)의 작품 『19세기 영국의 농촌 노동자 여성들: 젠더,

노동, 임금』(*Rural Women Workers in Nineteenth-Century England: Gender, Work and Wages*, 2002)은 여성사와 지역사에 새로운 활력을 불어넣었다.[20] 처음으로 농촌 여성 노동자들을 역사서술의 중심 무대에 배치한 베르돈은 여성의 노동 유형을 실증적으로 분석하며 인구조사, 회계장부, 자서전, 의회 기록 등을 기반으로 농촌의 노동시장에서 여성들이 농장 하녀, 농장 노동자, 가내노동자로 활동하며 경제적으로 크게 기여했음을 입증해 보였다.

한편 빅토리아 시대 여성들을 정치적 관점에서 통찰한 메리 샨리(Mary Shanley)의 연구도 주목할 만하다. 샨리는 여성을 위한 '정의'는 공적 권리를 획득함으로써도 가능하지만 보다 중요한 것은 빅토리아 사회의 근본적인 결혼제도의 변화에 있다고 지적했다. 정치이론과 역사를 접목한 『빅토리아 시대의 페미니즘, 결혼, 법률, 1850-1895』(*Feminism, Marriage, and the Law in Victorian England, 1850-1895*, 1989)은 1857년 결혼이혼법, 1870/1882년 기혼여성재산법, 1886년 유아보호법에 관한 상세한 분석을 담고 있다.[21] 여기서 결혼 법률 개혁의 출발 시기를 1850년대로 상정했지만, 1830년대 활동했던 캐롤라인 노턴(Caroline Norton)의 경험과 법률 개정 과정을 배제한 것은 아쉬움으로 남는다.

이와 관련해서는 1982년 조앤 허들스톤(Joan Huddleston)이 서문을 쓴 캐롤라인 노턴의 전기를 참고하면 좋을 듯하다. 19세기 초 영국의 '불완전한 법의 상태'에 맞서 자신의 경험을 담은 이 이야기는 정의를 실천한 대표적인 사례. 기혼여성재산법과 결혼이혼법 개혁의 선봉에 선 노턴의 활동과 텍스트들로 구성된 『캐롤라인 노턴의 변호: 19세기 영국 여성을 위한 법률』(*Caroline Norton's Defense: English Laws for Women in the 19th Century*, 1982)에서 노턴은 여성의 법적 부재의 현실을 개탄하고 이를 개선하기 위한 법적 투쟁에 자신의 삶을 헌신한 인물로 그려진다.[22] 1839년 아동보호법, 1857년 결혼이혼법은 이러한 항거의 과정에서 양산된 역사적 산물이었다.

또한 빅토리아 시대에 진행된 여러 개혁운동들 가운데 도덕개혁운동은 여성들의 참여가 두드러졌던 운동이었다. 그중 노예제폐지운동은 페미니즘 사상과 조직 그리고 여성들의 활동을 탐색할 수 있는 중요한 주제이다. 클레어 미즐리(Clare Midgley)는 노예제폐지운동에서 여성들의 공헌을 젠더의 분석 틀을 통해 생생하게 재현했다.[23] 이 과정에서 여성들이 노예제폐지운동의 정책 및 활동에 미친 영향과 이로 인한 여성의 역할 변화를 설명하며 젠더 담론은 물론 인종 담론으로까지 확장시켰다.

도덕개혁운동에 관한 또 다른 연구로는 로버츠의(M. J. D. Roberts)의 「후기 빅토리아 시대의 페미니즘과 국가」(Feminism and the State in Later Victorian England, 1995)를 들 수 있다.[24] 여기서 그는 1870년대 전개된 '성병방지법'(Contagious Diseases Acts)을 국가 개입의 부정적 사례로 제시하며 국가 권력을 갖는 남성 정치인들의 성 관념에 분노하는 여성 페미니스트들의 활동을 중요하게 다룬다. 분석 대상은 이 운동을 이끈 조세핀 버틀러를 위시해 리디아 베커(Lydia Becker), 엘리자베스 울스텐홀름(Elizabeth Wolstenholme)이며, 이들의 투쟁을 자유주의적 원칙과 연결시켜 탐색했다. 요컨대 1870년대 전개된 '성병방지법폐지운동'은 후기 빅토리아 시대의 성에 대한 반민주화의 정치 사례를 대표한다.

그런데 빅토리아 시대 페미니즘 연구들은 주로 '여성성'에 대한 도전과 저항이라는 틀 속에서 전개되었다. 이러한 상황에서 캐서린 홀은 '남성성'에 초점을 맞추어 페미니즘과 역사의 관계를 새롭게 조명했다. 『빅토리아 시대 가정 이데올로기의 초기 형성』에서 캐서린은 페미니스트 정치학과 역사적 실천, 젠더와 계급의 관계를 백인 남성 중산층의 시선을 통해 분석했다.[25] 계급과 젠더의 상호 관련성에 주목했을 뿐만 아니라 영국인의 정체성, 즉 '영국성'이 어떻게 구현되었는가에 대해 성실히 답을 제시했다.

캐서린에 따르면, 영국의 정체성은 제국의 권력에 뿌리를 두며, 백인 중산층 남성들의 부양가족에 대한 권력을 통해 빅토리아 시대 '가정 이데올로기'의 확산을 가져왔다는 것이다.

최근에 출간된 벤 그리핀(Ben Griffin)의 저서 『빅토리아 시대의 젠더 정치: 남성성, 정치문화』(*The Politics of Gender in Victorian Britain: Masculinity, Political Culture*, 2012) 또한 '남성성'의 측면에서 접근한 젠더 정치학 연구다. 그리핀은 광범위한 정치권력과 종교 그리고 분리된 여성운동에 관한 기존의 설명에 이의를 제기했다.[26] 대신 여성참정권의 역사는 가정성, 남성성, 정치이론의 이데올로기와 통합되어야 한다고 역설했다. 중요한 것은 젠더 관심사와 계급 이슈 사이의 상호작용이다. 그리핀은 또한 '안티 페미니즘'에서 종교의 역할에도 진지하게 관심을 기울였다.

21세기에 이르러 연구자들은 여성사, 문화사, 사회사의 학제 간 연구를 진행했는데 힐러리 프레이저(Hilary Fraser)는 이를 대표하는 연구자다. 프레이저는 『젠더와 빅토리아 시대의 정기간행물』(*Gender and The Victorian Periodical*, 2003)에서 남성성과 여성성의 규정과 이를 둘러싼 다양한 담론을 1830년대부터 19세기 말까지 출간된 정기간행물이라는 새로운 매개를 통해 접근한다.[27] 실제로 빅토리아 시대의 정기간행물은 경쟁하는 젠더 이데올로기를 표상하는 중요한 문화 공간이었다. 프레이저는 독자, 편집자, 저널리스트를 젠더의 틀 속에서 분석하며 제국은 물론 가정 안팎에 미치는 언론의 힘을 일변했다.

5. 여성참정권운동과 페미니즘 연구

실라 로보덤이 지적하듯이, 영국의 여성참정권운동은 정치적 측면에서 서로 다른 여성들을 하나로 결집시켜주는 중요한 기제였다.[28] 더욱이 근대 영국 페미니즘의 쟁점, 발전과정, 전략 등을 포괄하는 모델이기도 하다. 주지하듯이, 1970년대 이후부터 최근까지 여성참정권운동은 영국 여성사에서 가장 중요한 주제로서 많은 성과물을 양산했다. 해럴드 스미스(Harold Smith)는 존 스튜어트 밀이 여성참정권 법안을 제출한 1866년부터 참정권을 획득한 1928년까지의 긴 여정을 쟁점별로 분석한 대표적인 연구자다. 『영국 여성참정권운동, 1866-1928』(*The Women's Suffrage Movement in Britain, 1866-1928*, 1998)에서 스미스는 참정권운동의 배경, 이데올로기, 조직화, 지도자들, 조직 내부의 분열, 여성사회정치연합의 전략 등을 면밀히 분석했다.[29] 스미스의 연구는 영국 여성참정권운동의 역사에 대한 대중화에 크게 공헌했다.

그런데 스미스의 연구는 여성참정권운동의 역사를 개괄할 수 있는 장점을 갖지만 그 운동 과정에서 일어났던 다양하고 복잡한 사건들과 이로 인한 갈등과 분쟁의 요소들을 소홀히 다루었다는 점에서 아쉬움을 남겼다. 특히 중산층 중심의 여성운동이라는 해석은 이 운동에 참여했던 다른 계급의 여성들은 물론 남성들의 참여와 공헌을 배제하는 결과를 가져왔다. 최근 이러한 문제의식에 공감하면서 여성참정권운동이 소수의 중산층 여성들에 의해 지배되었다는 신화를 해체하려는 연구자들이 등장했다. 여성참정권운동에 참여했지만 거의 알려지지 않았던 엘리자베스 엘미(Elizabeth W. Elmy), 제시 크레이겐(Jessie Craigen), 한나 미첼(Hannah Mitchell), 메리 고솔프(Mary Gawthorpe), 앨리스 클라크(Alice Clark) 등의 평범한 일상을 드라마틱하게 전개한 산드라 홀튼(Sandra Holton)[30]과 여배우, 공장 노동자, 교사, 재봉사, 과학자, 서기, 부츠 제작자들, 고한 노동자는 물론 여성참정권운동에 참여했던 아일랜드, 웨일스, 스코틀랜드의 여성들을 분석한 다이앤 앳킨슨(Diane Atkinson)의 연구가 대표적이다.[31]

반면 여성참정권운동에서 '안티'(여성참정권 반대론자)를 집중 조명한 브라이언 해리슨(Brian Harrison)의 연구도 눈길을 끈다.[32] 영국 페미니즘은 '반대자'들의 입장과 당대의 타당성을 인식하지 않으면 이해할 수 없다고 해리슨은 해석한다. 그는 정치사와 사회사를 결합한 접근방식으로 여성참정권운동에 반대한 이유를 정치, 의학, 외교적 측면에서 상세히 분석하며 그 복잡한 본질을 파헤쳤다. 반대자들을 통해 종종 잊혀지고 현재 친숙한 여성의 태도와는 현저히 다른 빅토리아 시대의 일상성을 엿볼 수 있다.

1980년대 이후 여성참정권운동에 관한 연구들은 더욱 세분화, 다양화되는 경향이 뚜렷해졌다. 그중 사진, 엽서, 신문 등의 이미지 자료를 정리한 작품들은 눈길을 끈다. 런던 박물관의 아키비스트 앳킨슨(Atkinson)은 박물관 소장 여성참정권운동단체의 사진 자료를 중심으로 단행본을 출간했다. 『그림으로 보는 여성 참정권론자들』(The Suffragettes in Pictures, 1989)에서 앳킨슨은 여성참정권운동에 관한 이미지들을 역사 속에서 재현함으로써 보다 생생한 운동의 현장으로 독자들을 안내한다. 이 외에도 다큐멘터리 영화감독 미지 매켄지(Midge Mackenzie)는 시위 장면을 중심으로 운동의 전개 과정을 보여주었고, 리자 티크너(Lisa Tickner)는 운동단체에 참여한 예술가들의 작업 결과물인 엽서와 깃발 등을 통해 여성참정권 운동가들의 전략적 측면을 분석했다.[33]

여성참정권운동과 제국, 인종 문제에 관한 연구는 최근에 새롭게 등장한 주제 중 하나다. 이언 플레처(Ian

다이앤 앳킨슨의 『여성이여 일어나라! 여성 참정권론자들의 삶』 표지

Fletcher), 필리파 레빈이 편집한 『영제국의 여성 참정권: 시민, 국가, 인종』 (*Women's Suffrage in the British Empire: Citizenship, Nation and Race*, 2000) 은 인도, 남아프리카, 호주, 뉴질랜드 및 팔레스타인에 관한 광범위한 사례 연구다. 레빈은 유색인 여성에 대한 역사서술의 부재를 지적하고 이들의 존재를 복원시킴으로써 여성참정권운동을 인종과 제국 담론으로 확장시 켰다.

끝으로 여성참정권운동에서 남성을 주제로 다룬 『남성의 몫?: 남성성, 남성의 지지, 영국의 여성참정권, 1890-1920』(*The Men's Share?: Masculinities, Male Support, and Women's Suffrage in Britain, 1890-1920*, 1997)은 흥미로운 연구다. 여성참정권운동에 대한 남성들의 반대는 잘 알려져 있다. 클레어 에우스텐스(Claire Eustance)는 여성참정권 획득에 공헌한 남성들을 포함시킴으로써 여성참정권운동에 대한 젠더 경계를 무너뜨리고 통합의 역사를 서술하는 데 공헌했다.[34]

6. 영국 페미니즘 연구의 나아갈 길

19세기 영국 사회는 복잡하고 다채로운 사회였다. 이 과정에서 여성들은 다양한 관점, 접근 방식을 통해 여성 억압의 원인을 진단하고 해결책을 제시하고 행동으로 옮긴 능동적인 주체들이었다. 지금까지 살펴보았듯이, 19세기 영국 페미니즘은 여성참정권운동 뿐만 아니라 다양한 이념들, 다양한 주체들, 다양한 전략들을 통해 전개되고 진화해왔다. 그 과정에서 양산된 '다름'에도 불구하고 중요한 것은 모든 여성이 더 나은 삶을 살아갈 세상을 동경했다는 사실이다.

무엇보다 19세기 영국 사회는 빅토리아 여왕이 이끈 제국의 정치사, 산업화를 이끈 경제사, 복음주의 기치를 보존한 문화 종교사 측면에서뿐만 아니라 여성사 측면에서도 중요한 시기였다. 그렇다면 앞으로 영국 페미니즘 연구는 어떻게 진화해야 할까? 우선, 전체의 프레임 속에서 논의의 대상에 포함되지 못했던 다양한 층위의 인물들을 복원하는 지속적인 노력이 필요하다. 즉, 정형화되고 균일한 페미니즘의 틀을 넘어 다각적이고 교차되는 시선을 통한 페미니즘 연구가 절실하다.

다음으로는 여성과 남성의 이분법적 시각이 아니라 통합적이고 광범위한 시각에서 19세기 영국 사회의 제도적 메커니즘을 기반으로 한 다양한 사회 현상을 주목하고 세밀하게 분석하는 작업이 요구된다. 여기에는 남성이 본 여성운동, 영국 식민지에서의 여성운동, 안티 페미니즘, 인종과 제국의 페미니즘, 동성애, 남성 문제, 다양한 페미니즘 사상 등에 관한 논의들이 포함된다. 끝으로 첨예한 갈등과 대립을 수반하는 페미니즘 이슈들로 가득한 우리 사회에서 필요한 것은 다양한 페미니즘의 이론과 실천에 관한 역사적 사례를 재현함으로써 '다름'을 인정하되 '절충과 타협'을 통해 더 나은 사회 발전과 통합을 모색하려는 지속적인 노력이다. 자유와 평등을 향한 19세기 여성들의 목소리는 오늘을 살아가는 우리들과 다음 세대를 통해서도 계속해서 웅변될 것이다.

10. 다시 보는 서프러제트:
영국 여성참정권운동과 제국

염운옥

1. 여성참정권 100주년 다시 보기

영국에서 2018년은 여성참정권 100주년의 해였다. 1918년 2월 선거법 개정으로 30세 이상 여성 중에서 가구주 혹은 가구주의 아내, 연간 5파운드 이상 지대 납부자, 대학졸업자에게 선거권이 주어졌다. 21세 이상 성인 남성에게는 제한 없이 선거권이 주어졌다. 21세 이상 남녀 보통선거는 1928년에야 실현됐다. 여성참정권 100주년을 기념해 다양한 기념행사가 열렸다. 국회의사당 웨스트민스터 홀에서는 〈목소리와 투표권: 의회에서 여성의 지위〉전(展)이 열렸고, 여성의 정치적 시민권 성취를 기념하는 동시에 여전히 존재하는 성차별과 경제적 불평등에 대한 비판이 '미투'와 '페이 미투'로 터져 나왔던 한 해이기도 했다. 노동당 여성 의원 스텔라 크리시(Stella Creasy), 제스 필립스(Jess Phillips), 루시 파월(Lucy Powell) 등은 남녀 국회의원의 임금 격차를 폭로하며 '페이 미투' 운동을 전개해 호응을 얻기도 했다.

　여성참정권 운동가의 동상 건립은 무엇보다도 기억할 만한 일이었다. 2018년 4월 24일 국회의사당 앞 의회 광장에는 밀리센트 가레트 포셋(Millicent Garrett Fawcett)의 동상이 새로 건립됐다. 의회 광장은 윈스턴 처칠(Winston Churchill), 로이드 조지 등 역대 수상의 동상과 넬슨 만델라(Nelson Mandela)와 마하트마 간디(Mahatma Gandhi)의 동상이 차례로 건립된 기억정치의 심장과도 같은 공간이다. 포셋은 여성참정권단체전국연합(National Union of Women's Suffrage Societies, 이하 NUWSS)을 이끌었던 서프러지스트(suffragist)이다.

　서프러지스트란 1860년대부터 등장한 여성참정권 운동가들을 말한다. 1830년대 차티즘에 참여한 여성들이 여성의 정치참여를 주장했고, 1866년 2차 선거법 개정 때 자유당 의원 존 스튜어트 밀은 여성 선거권이 포함된 수정안을 제출해 의회에서 표결했지만 부결되었다. 밀의 수정안을 통과시

의회 광장의 포셋 동상
포셋은 여성참정권단체전국연합을 이끌었던 서프러지스트이다.

키기 위해 서명과 청원운동을 했던 여성들은 실패와 좌절을 딛고 전국적
조직을 갖춰갔다. NUWSS는 포셋과 리디아 베커가 1897년에 결성한 전국
단위의 단체로 실내모임, 집회, 서명, 청원 같은 온건한 방법으로 여성참
정권을 주장했다. 한편 준법의 틀을 벗어나지 않는 온건한 방법을 채택한
NUWSS의 노선이 성과를 거두지 못하자 과격한 방법도 서슴지 않는 과격
파들이 생겨났다. 이들을 서프러제트(suffragette)라고 불렀는데, 《데일리
메일》지가 1906년 '작은 서프러지시트'라는 의미로 붙인 이름에서 유래했
다. 서프러제트의 주역은 에멀린 팽크허스트(Emmeline Pankhurst)와 두 딸
크리스타벨(Christabel Pankhurst), 실비아(Sylvia Pankhurst)가 결성한 여성
사회정치연합(Women's Social and Political Union, 이하 WSPU)이었다.

여성참정권운동과 제국 및 인종 문제에 관한 연구는 2000년대 이후 새
롭게 떠오르는 주제이다. 국내 정치 영역을 넘어서 제국과 인종의 변수
를 도입했을 때 여성참정권운동의 시민권 획득 전략은 어떻게 다르게, 새

왼쪽부터 에멀린, 크리스타벨, 실비아 팽크허스트
서프러제트의 주역은 에멀린 팽크허스트와 두 딸
크리스타벨, 실비아가 결성한 여성사회정치연합이었다.

롭게 해석될 수 있을까? 2015년 개봉한 영화 〈서프러제트〉(Suffragette, 2015)는 모드 왓츠라는 가상의 인물을 주인공으로 설정해 노동계급 여성들의 참정권운동을 그려내 호평을 받았다. 하지만 이 영화에 대해서는 화이트워싱(whitewashing)이라는 비판도 일었는데, '유색인' 서프러제트 여성들이 보이지 않는다는 것이다. '유색인' 서프러제트란 인도 시크 왕국의 공주로 서프러제트가 된 소피아 둘리프 싱(Sophia Duleep Singh)을 말한다. 그녀는 팽크허스트의 측근 가운데 한 사람이었고 서프러제트의 '스타'였다.

여성참정권운동과 제국, 인종의 연관성을 살피는 방법에는 여러 각도의 접근법이 있을 수 있다. 우선, 영국 참정권운동에 헌신했던 '유색인' 여성의 존재를 발굴하고 서술하는 것이다.[1] 다음으로 영제국의 범위로 확장하는 접근법이다. 본국(metropole), 자치령(dominion), 식민지(colony) 같은 여러 층위의 법적 영토를 포괄하는 제국의 범위로 여성참정권운동을 확장해보는 것이다. 영제국 네트워크 속에서 각 지역의 여성참정권운동은 '태풍의 중심'이라 불렸던 본국과 영향을 주고받으면서도 기본적으로는 고유의 맥락과 역사를 갖는 독자적인 운동이었다. 영국의 리더십이나 지도력은 필요하지 않았으며, '전 지구적 자매애', '보편적 전략' 같은 것은 사실상 없었다. 각 지역의 여성참정권운동을 차례로 분석해 영제국의 여성참정권운동사를 완성하는 방식이 될 것이다.[2]

마지막으로 여성참정권운동이 시민권을 정의하고 활용하는 방식과 제국의 정치라는 계기가 어떻게 결합되었는가에 주목하는 접근법이다.[3] 이글에서는 마지막 접근법을 취해 여성참정권운동을 다시 보고자 한다. 참정권은 여성이 국민이 되는 가장 중요한 수단이었고, 정치적 권리를 얻는 과정에서 제국과 인종, 계급과 젠더는 언제나 교차하는 요소였다. 제국과 인종은 여성참정권운동과 어떻게 얽혀 있었는가를 분석하기 위해 20세기 초 남아프리카전쟁 시기 여성참정권운동이 어떤 변화를 겪었는지 살펴보고, 제1차 세계대전 시기 및 참정권 획득 이후 제국과 인종에 대한 상반된 인식을 크리스타벨 팽크허스트와 실비아 팽크허스트의 경우를 통해 비교해볼 것이다.

2. 2차 남아프리카전쟁과 여성참정권운동의 변화

2차 남아프리카전쟁(1899-1902)은 1815년 워털루전투에서 1914년 제1차 세계대전 발발 사이 시기에 벌어진 가장 큰 전쟁이며 가장 굴욕감을 안겨준 전쟁이었다. 트란스발공화국과 영국 사이에서 시작된 전쟁은 남아프리카 지역 전체 백인과 흑인 주민이 연루된 지역 내전으로 확대됐다. 영국은 20만 명 이상의 캐나다, 오스트레일리아, 뉴질랜드 자원병을 포함한 영

소피아 둘리프 싱

인도 시크 왕국의 공주로 팽크허스트의 측근 가운데 한 사람이었고
서프러제트의 '스타'였다.

제국 군대를 파견했고, 매주 150만 파운드 이상의 비용이 들었다.[4] 1899년 10월 전쟁이 시작되자 영국군은 '마페킹(Mafeking)의 포위' 사건에서 드러난 것처럼 예상외로 고전을 면치 못했다. 남아프리카 케이프 식민지의 지방 도시 마페킹을 방위하던 영국군 수비대가 국경을 넘어 잠입해온 보어인 부대에 의해 1899년 10월부터 다음 해 5월까지 약 7개월 동안 포위당한 굴욕적인 사건은 전국적으로 대서특필됐다. '우수한' 영국 군대가 '열등한' 보어인과 싸우면서 고전하고 있다는 보도는 국민에게 큰 충격을 안겨주었고 '국가 효율'(national efficiency)이 땅에 떨어지고 영제국은 퇴화하고 있다는 위기의식에 불을 지폈다. 허버트 키치너(Herbert Kitchener) 장군의 묘사처럼 "흰 껍데기만을 쓰고 있는 미개한 아프리카 야만인"[5] 보어인을 상대로 고전을 면치 못했다는 사실은 영국의 자존심을 매우 상하게 했다.

남아프리카전쟁과 여성참정권운동의 관계를 살피기 위해서는 우선 전쟁의 명분부터 살펴볼 필요가 있다. 1868년 킴벌리에서 다이아몬드 광이, 1886년 위트워터스랜드에서 금광이 발견된 이후 남아프리카의 중요성은 높아졌다. 1890년 시점의 남아프리카 상황은 영국 식민지는 네이탈과 케이프 식민지, 트란스발과 오렌지자유국은 독립국, 나머지는 줄루, 보사, 보소토 왕국이었다. 1881년 영국이 패퇴하고 트란스발은 보어인 공화국이 된 후 백인 남성 중에서 네덜란드계 후손인 보어인의 참정권은 유지됐지만 에이트란더(Uitlander)라고 불리는 외국인의 참정권 제한 문제가 떠올랐다. 에이트란더는 잉글랜드, 스코틀랜드, 아일랜드, 오스트레일리아, 북미에서 이민 간 이주민들로 금광과 다이아몬드 광 관련업 종사자와 노동자들이었고 다수가 영어 사용자였다. 트란스발 공화국 대통령 폴 크루거(Paul Kruger)가 이들을 참정권에서 제외하자 1899년 3월 고등판무관 알프레드 밀너(Afred Milner)는 에이트란더 21,000명의 서명을 받아 참정권 청원을 하고 6월부터 협상을 시작했다. 한편 밀너는 본국 식민성 장관 조셉 챔벌린에게 급히 전보를 타전해 에이트란더가 고대 스파르타의 노예 '헤일로타이'와 같은 지위로 전락했다며 개입 명분을 만들었다. 전쟁의 실제 목적은 남아프리카에서 영국의 우위를 확보하는 것이었지만, 목적 추구를 위해 보어인의 독재정치 아래 노예가 된 아프리카인과 '헤일로타이'가 된 영국인들에게 자유를 되찾아주어야 한다는 명분을 만들어냈다.

서프러지스트 포셋은 여성운동 진영에서 전쟁에 찬성한 '징고'(jingo), 즉 매파 가운데 한 사람이었다. 포셋은 전쟁을 일종의 기회로 보았다. 국가가 필요로 할 때 국가를 위해 '복무'(service)한다면 시민권을 얻을 자격이 있음을 증명해 보일 수 있다는 것이다. 포셋은 즉각 전쟁 지원 활동을 개시했는데, 남아프리카의 영국 정착민에게 팸플릿을 제작해 배포하고 강제수용소 실태조사위원회 활동을 한 것이었다. 포셋은 7명으로 구성된 정부조사위원회의 위원장을 맡았다. 위원회는 1901년 에밀리 홉하우스(Emily Hobhouse)가 작성한 조사보고서를 발간해 보어인 민간인에게 자행되고 있는 야만적 행위를 고발했다.[6]

포셋의 전략은 트란스발에서 참정권을 받지 못한 에이트란더와 영국 여성의 유비를 통해 여성참정권을 주장하는 방식이었다. 에이트란더와 영국 중간계급 여성은 모두 세금납부자로 국가에 기여하고 있는데도 정치적 권리가 없었다. 포셋의 유비에서 영국 백인 중간계급 여성은 남아프리카 백인 남성과 동일시되었고, 자유주의적 제국주의자 포셋은 아프리카대륙에 진출한 백인 남성 식민자의 정치적 권리 주장에 기대어 여성의 권리를 주장했던 것이다.[7]

더구나 포셋의 이런 시민권 모델은 인종적 계서제를 전제하고 있었다. 보어인은 비록 열등한 백인이지만 토착 아프리카인보다는 영국인에 가깝기 때문에 참정권의 범위에 들어갔지만 토착민의 참정권은 논외였다. 포셋에게는 "법 앞에 평등"을 주장하는 것이 남아프리카에서 영국의 목표였지만, 그 법은 "(모든 인종의) 사회적 평등"을 의미하는 법이 아니었다. 포셋의 남아프리카에 대한 구상은 영국의 법에 따라 영국인과 보어인이 나란히 상위를 차지하는 인종과 계급의 매트릭스를 구축하는 것이었다.[8] 제국주의적 페미니스트로서 포셋의 태도는 일관된 것이었다. 1893년 뉴질랜드 여성이 참정권을 획득했을 때, 포셋은 논평을 내고 본국에는 여성 참정권이 없는데 식민지 뉴질랜드에는 참정권이 있다는 건 끔찍한 일이며, 마오리족 여성도 참정권을 행사하는데 영국 여성에게 참정권이 없다며 분개했다.[9]

반면 2차 남아프리카전쟁에서 친(親) - 보어파는 국가와 (여성) 시민 사이의 관계를 새로이 설정하고자 했다. 이들의 시민권 모델은 '복무'가 아니라 '동의'(consent)에 근거한 시민권 주장이다. 친 - 보어파 입장에 섰던 여성참정권운동 진영은 '보어인의 지배에 고통받는 토착 아프리카인의 해방자 영국'이라는 정부의 선전을 위선이라고 공격하면서, 새로운 전략과 용어, 조직을 개발했다. 1905년 이후 전면에 등장하는 미래의 주요 서프러제트 활동가들이 정치적 자각을 시작하는 계기는 2차 남아프리카전쟁에서 친 - 보어파 활동이었다. 전쟁기에 급진주의, 진보주의, 사회주의, 신자유주의 등 다양한 진보사상의 세례를 받은 서프러제트가 등장했고, 그들 중에는 에멀린 팽크허스트가와 두 딸, 프레드릭 퍼식 로렌스(Frederick Pethick Lawrence), 샬럿 데스파드(Charlotte Despard), 도라 몬테피오르(Dora Montefiore) 등이 있었다.[10]

후일 WSPU에서 활동한 몬테피오르는 "피 흘리는 시기가 아니라 평상시에 선거로 여성의 힘을 발휘할 수 있어야 한다"라며, 전쟁 기간 중 납세거부운동을 벌였다. 1904년에는 납세 거부로 기소됐고, 1906년에는 자택에 6주 동안 스스로를 감금하고 집달리가 와도 세금납부를 거부했다. 이 사건은 "마페킹의 포위"에 빗대 "몬테피오르의 포위"(Siege of Montefiore)라고 불렸고 그녀를 유명하게 만들었다. 민주주의란 인민의 지배이고, 민주주의는 어디에서나 동등한 참정권을 바탕으로 한다고 보았던 사회주의자 몬테피오르는 남아프리카에서 참정권은 아프리카인에게도 확대되어야 한다고 보았다. 하지만 몬테피오르 같은 입장은 소수의견에 불과했고, 서프러제트의 다수는 시민권에 인종적 위계를 두는 백인우월주의에서 자유롭지 못했다.[11]

3. 제1차 세계대전과 서프러제트

서프러제트 내부에서 제국과 인종에 대한 태도는 제1차 세계대전을 계기로 더욱 극명하게 갈렸다. 한편에는 식민주의와 제국주의를 지지하는 에멀린과 크리스타벨이 있었고, 다른 한편에는 사회주의 페미니스트 실비아가 있었다. 에멀린과 크리스타벨은 제1차 세계대전이 발발하자 즉각 전쟁에 대한 지지를 표명하고 전쟁 중에는 참정권 캠페인을 자제할 것과 전시노동에 여성이 적극적으로 참여할 것을 촉구했다. 두 사람의 민족주의적 태도는 어머니나 언니와는 달리 전쟁 중에도 참정권운동을 계속하며 이를 반전평화운동과 결합시켰던 실비아와는 대조적이었다.

먼저 에멀린과 크리스타벨의 경우를 보자. 서프러제트 중에 인도 여성들이 있었다는 사실은 서프러제트가 인종 문제에 대해 진보적이었던 것처럼 보이게 한다. 하지만 실상은 달랐다. 에멀린은 말년에 보수당 지지로 돌아섰다. 에멀린이 보수당 지지로 선회했던 이유는 전쟁이 끝난 후에는 크리스타벨과 함께 창당했던 여성당(the Women's Party)이 큰 호응을 얻지 못한데 실망했던 것도 있지만, 보수당이야말로 영제국을 수호하고, 민주

주의를 실현하고, 공산주의에 저항할 수 있는 정당이라고 신뢰했기 때문이었다.[12]

식민주의와 제국주의에 대한 에멀린과 크리스타벨의 지지는 제1차 세계대전 시기에 두드러지게 나타났지만, 그 이전부터도 보였다. 1911년 WSPU는 스펙터클한 행진을 기획했다. 국왕 조지 5세(George V, 재위

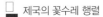
■ 잔 다르크로 분한 서프러제트
□ 제국의 꽃수레 행렬

1922-1936)의 즉위식 일주일 전인 6월 17일에 열린 '여성들의 국왕 즉위식 축하 행진'(the Women's Coronation Procession)이었다. 런던 시내 중심가에서 열린 이 행진에는 전국의 여성 조직뿐만 아니라 잔 다르크로 분장한 서프러제트, 인도 전통 복장을 한 인도 서프러제트가 참가했다. 서프러제트가 전투적 여성의 이상형으로 숭배했던 잔 다르크로 분장한 여성은 마저리 애넌 브라이스(Marjorie Annan Bryce)였고, 앞에서 말을 끄는 여성은 그녀의 여동생이었다. 절정은 영제국의 단합을 상징하는 '제국의 꽃수레'(Car of Empire) 행렬이었는데, 맨 위에는 동양과 서양을 표상하는 두 여성이 올라가 있고, 그 밑단에는 해외 자치령(Dominions)을 상징하는 여성들이 타고 있었다. 크로이던의 서프러제트 여성들이 꽃수레 뒤를 따랐고 꽃수레 앞과 뒤에는 잉글랜드의 상징인 '장미 갈란트를 든' 젊은 여성들이 걸었다. 행진의 목적은 새 국왕에게 여성참정권을 지지해달라는 취지였지만 조지 5세는 반대 의사를 굽히지 않았다.[13]

페미니스트로서 크리스타벨의 면모는 급진적이었지만 전쟁에 대한 태도는 애국주의로 넘쳐났다. 크리스타벨의 전투성은 제국에 대한 투쟁이 아니라 남성을 상대로 하는 성전쟁(sex war)에서 과격하게 타올랐다. 19세기 말 20세기 초 출생률 하락이 본격화되자 인구 재생산의 공동체적 가치가 강조되고 국가에 의한 개입도 시작됐다. 출생률 저하와 출산의 사회적 성격 비대화는 우생학의 생식 관리 담론이 작동할 수 있는 조건을 조성했다. 매독 같은 성병은 '인종의 독'으로 이를 관리함으로써 섹슈얼리티를 효율적으로 통제하고 인구의 질을 향상시키자는 것이 우생주의자의 목적이었다면, 페미니스트는 성병 문제를 남성 부도덕 규탄과 여성 권리 주장의 기회로 삼았다. 페미니스트들은 매독에 대한 공포감을 증폭시켜 남성의 악덕을 과장함으로써 남성의 타락으로부터 여성이 자신의 몸을 보호할 권리를 주장하고자 했다. 나아가 크리스타벨은 이를 여성참정권에 연결시

컸다. 1913년에 쓴 팸플릿 「커다란 재앙과 이를 근절하는 방법」(The Great Scourge and How to End It)에서 그녀는 "여성에게 참정권을, 남성에게 정절을!"(Votes for Women and Chastity for Men!)이라는 유명한 슬로건을 내걸었다. 크리스타벨은 당시 성인 남성의 80퍼센트가 임질에 걸려 있으며 상당수의 남성이 매독으로 신음하고 있다고 단언하고 "육체적, 정신적, 도덕적 퇴화"를 초래하는 남성의 성 관념과 성 행동을 바꿔야 한다고 역설했다.[14] 물론 팽크허스트가 폭로한 성병의 실태는 남성의 악덕을 공격한다는 전략적 목적을 위해 상당히 과장된 수치였을 것이다.

　1915년 에멀린과 크리스타벨은 WSPU의 기관지 『서프러제트』를 『브리타니아』(Britania)로 바꿨다. 반면, 실비아는 1914년 『여성의 전함』(Women's Dreadnought)[15]을 창간했다. 1913년 무렵 에멀린과 크리스타벨은 실비아와 결정적으로 멀어지게 되었다. 제국주의적 페미니스트 에멀린과 크리스타벨, 그리고 페미니즘과 사회주의를 결합하려는 실비아는 물과 기름처럼 어울릴 수 없었다. 『브리타니아』의 표지에는 영국을 상징하는 브리타니아의 실루엣이 보이고, 그 위에 "국왕과 국가와 자유를 위해"

■□ 『여성의 전함』 표지
□■ 『브리타니아』 표지

라고 쓰여 있다. 반면, 『여성의 전함』 표지는 전쟁의 참상을 십자가에 달린 예수와 고통받는 민중들로 표현했다. 전쟁으로 이득을 보는 자본가와 군국주의자들이 예수상 뒤에서 돈주머니를 들고 웃고 있고, 십자가를 사이에 두고 싸우는 두 병사, 그 아래로는 병사들의 시신과 슬퍼하는 어머니상이 보인다. 십자가 위에는 "애국주의로 충분하지 않다"고 쓰여 있다. 애국주의는 전쟁의 희생자를 낳을 뿐이라는 비판이다.[16]

내용 면에서도 두 신문은 대조적이었다. 『브리타니아』에는 병사들의 사기를 고취하기 위한 애국시를 실었고, 평화주의는 질병이라고 공격했으며, 제국의 영웅 '애국자'와 겁쟁이 '평화주의자'를 대비시켰다. 반면, 『여성의 전함』은 군국주의와 징병제, 무기 산업이 자유를 침해한다고 공격했다. 『여성의 전함』에서는 전쟁 기간 중 이스트엔드에 있는 독일인 빵집은 애국주의에 물든 폭도들의 공격을 받곤 했는데 경찰은 이 무고한 희생자를 보호할 생각도 하지 않는다고 비판했다.[17]

인종에 대한 실비아의 태도를 잘 보여주는 사례는 이렇다. 제1차 세계대전 후 프랑스가 독일 루르 지방을 점령했을 당시 프랑스 군대에는 세네갈 등지에서 온 흑인 병사들도 있었다. 이런 사실을 두고 흑인의 강간과 매독이 백인 프랑스 여성을 더럽힌다는 인종주의적 선전이 들끓었고 영국 좌파들도 여기에 동조하고 있었다. 제국주의 비판의 주요 논객이었던 에드먼드 딘 모렐(Edmund Dene Morel)은 1920년 《데일리 해럴드》(Daily Herald)에 실은 논설에서 프랑스의 독일 루르 지방 점령을 제국주의 행동이라 비판했다. 하지만 모렐은 그보다 프랑스군의 흑인부대가 더 심각한 위협이라고 주장했는데, 백인 여성을 강간하고 매독을 감염시키기 때문이라는 것이었다. 모렐의 글은 「유럽에 내린 흑인의 재앙: 독일 라인 지방에 프랑스가 성적 공포를 풀어놓다」(BLACK SCOURGE IN EUROPE: Sexual Horror Let Loose by France on the Rhine)라는 제목처럼 도발적이고 자극적이며 인종 편견으로 가득 찬 것이었다. 실비아가 편집하는 신문『노동자의 전함』에서는 1920년 이를 즉각 반박하는 클로드 매케이(Claude McKay)의 글을 실었다. 매케이는 강간은 누가 하든 나쁜 범죄인데, 모렐은 마치 강간이 흑인만의 문제인 것처럼 치부함으로써 인종 갈등에 불을 붙이고 있다고 비판했다. 실비아는 매케이에게 신문 정기 기고를 부탁했고, 매케이는 자메이카 출신 시인으로 영국 신문에 고용된 최초의 흑인 기자가 되었다.[18]

4. 서프러제트, 그 이후

1) 서프러제트에서 파시스트로[19]

1918년 21세 이상 모든 성인 남성과 30세 이상 여성 중 가구주 내지 가구주의 아내, 매년 5파운드 이상 지대 납부자, 대학졸업자나 그에 준하는 자격을 가진 자에게 선거권이 부여됐다. 21세 이상 남녀에게 참정권이 주어진 것은 1928년이었다. 대의제 민주주의가 정치의 전부는 아니기 때문에 참정권 획득 이후에 여성해방의 과제를 어떻게 추구할 것인가가 서프러제트들에게 남겨진 과제였다. 흥미로운 사례는 파시스트로 변신한 서프러제트들이었다. 영국 파시즘에는 이름난 '거물' 여성 지도자는 없었지만 오스월드 모즐리(Oswald Mosley)가 1932년에 창당한 영국파시스트연합(British Union of Fascists) 당원 가운데 여성이 24퍼센트나 되었다. 서프러제드에서 파시스트로 전향한 여성은 메리 리처드슨(Mary Richardson), 노라 엘럼(Norah Elam), 메리 앨렌(Mary Allen)이었다. 이 여성들은 전투적 페미니즘의 유산을 안고 파시즘에 투신해 '선거'는 '빈 수레'이며 '민주주의'는 '침몰하는 배'라고 비난하며 과거 참정권운동의 장외투쟁 방식과 전투성을 파시스트운동에서 부활시켰다.[20] 엘리트 정치인의 전유물이 되어 버린 현재 영국 의회정치는 대중을 대변할 수 없기 때문에 직접 정치의 방법으로 파시즘을 택했던 것이다.

파시즘의 특징이 강인한 남성성에 대한 숭배이며 영국 파시스트 남성들이 페미니즘에 대해 공공연한 적대감을 표현했다는 사실을 상기한다면, 영국파시스트연합에 서프러제트 출신 여성들이 참여했다는 사실은 일견 모순처럼 보일지 모른다. 그러나 이들은 대대적인 환영을 받았다. 1936년 노라 엘럼을 영국파시스트연합의 선거 후보로 소개하면서 모즐리는 "이제 국가사회주의가 영국 여성을 가정으로 돌려보내려 한다는 오해는 불식될 것"[21]이라고 선언했다. 서프러제트 출신 파시스트 여성들에게 맡겨진 역할은 서프러제트 운동이 파시즘의 선구였다는 서사를 구성하는 것이었다.

여성 활동가와 지지자들이 자신들의 파시즘 참여를 종교적 경험 즉 '개종'으로 회상했다. 그녀들에게 파시즘운동에 참가하는 것이 왜 '개종'으로 인식되었나? 파시스트 활동가 여성들은 자기 정체성 형성을 종교 형식을 빌려 말했다. 영국파시스트연합 여성들을 고무한 최대의 영웅은 지도자 모즐리였으며, 세속종교 파시즘의 교주 모즐리는 메시아였다. 왜 여성들에게 파시즘이 호소력을 발휘했는가에 대해 빌헬름 라이히(Wilhelm Reich)는 『파시즘의 대중심리』(The Mass Psychology of Fascism, 1933)에서 "국군주의의 효과는 리비도의 메커니즘에 기초하고 있었다. 유니폼이 주는 섹스어필한 효과, 리드미컬한 군대식 행진의 에로틱한 효과, 군대식 절차의 전시효과를 가장 잘 이해하는 사람들은 유식한 정치가들이 아니라 판매원이나 비서 같은 평범한 여성들이었다"[22]고 분석했다.

리처드슨과 엘럼, 앨런은 자신들의 파시즘으로의 '개종'을 페미니즘에 대한 일탈이나 배신이라고 인식하지 않았고 참정권운동과 파시즘운동을 다른 것으로 보지도 않았다. 사실 서프러제트 운동에서 원(原)파시즘

(proto-fascism) 요소를 찾아내는 것은 그리 어렵지 않다. 에멀린과 크리스타벨이 WSPU을 주도하는 방식은 독재적 성격이 강했으며, 서프러제트와 파시즘은 민족주의, 국수주의, 강한 리더십, 영웅숭배, 민족 재생에 대한 낭만적 열정 같은 요소들을 공유했다. WSPU의 방식에 불만을 드러내며 서프러지스트 페미니스트 시실리 해밀턴(Cecily Hamilton)은 "WSPU는 독재의 시작이었고, 에멀린 팽크허스트는 레닌, 히틀러, 무솔리니의 선구자"라고까지 말했다.[23]

노라 엘럼은 1930년대 노섬턴에서 영국파시스트연합 예비 후보로 활약했다. 엘럼은 1918년 선거에서도 무소속 후보로 출마한 적이 있었으나 낙선했다. 자신이 보수당이나 노동당 후보로 출마하지 않은 것은 기존 정당에 대한 불신감 때문이었다고 했다.[24] 엘럼은 참정권 획득이 과연 여성운동의 승리인가에 강한 의문을 제기하고, 오히려 여성운동의 실패라고 했다. 여성 투표권의 획득은 실질적으로 여성의 지위를 향상시키지 못했을 뿐만 아니라 전쟁 방지, 실업과 빈곤 문제 해결, 불량 주택의 개선 등 사회 문제를 하나도 해결하지 못했다는 것이다. 엘럼은 여성참정권운동이 얻어내지 못한 여성의 권리를 파시스트운동이 성취할 수 있을 것이라는 희망을 품었다.

1935년에 쓴 「파시즘, 여성 그리고 민주주의」[25]에서 엘럼은 영국 여성들이 선거권을 획득하고 성취한 것이 과연 무엇이었는가를 되묻고 있다. 그녀는 첫 선거에서 당선된 여성 최초의 의원은 영국과는 아무 상관도 없는 미국인이자 백만장자의 아내인 낸시 애스터(Nancy Astor)와 아일랜드인으로 사회주의자이며 신페인 당원인 콘스탄스 마르키에비츠(Constance Markiewicz)였다는 점을 상기시킨다. 두 사람 모두 '영국 여성'의 진정한 대표자가 아니라는 것이다. 엘럼의 이러한 반응은 당시 다른 여성단체들은 '자매애'를 발휘해 애스터의 당선을 환영하는 태도를 보였던 것과는 대

조적이다.[26]

메리 앨런은 1924년 직접 비행훈련을 받은 경험이 있었으며, 1934년 영국파시스트연합은 글로스터셔에서 비행클럽을 운영했다. 제2차 세계대전이 임박한 1938년 7월에 영국파시스트연합의 신문『행동』(*Action*)은 아멜리아 이어하트(Amelia Earhart), 진 베튼(Jean Batten), 한나 라이치(Fraulein Hanna Reitsch) 등 여성 비행기 조종사들의 무용담을 실었다. 근대의 여성영웅은 비행과 관련되었는데, 비행의 속도감은 근대성의 은유인 동시에이제 막 날갯짓을 시작한 파시스트운동을 상징했다.[27]

파시즘이 여성 비행사들에게서 동시대 여성 영웅의 이미지를 발견했다면, 역사 속의 여성 영웅들은 사적영역에 머물지 않고 공적영역에서 자아성취에 성공했던 여성들이었다. 모즐리도 튜터 시대 '메리 잉글랜드'의 부활을 부르짖었다. 따라서 16세기 영국을 해양 강국으로 발전시켰던 처녀왕 엘리자베스나 소(小) 피트 수상의 조카로 중동지방을 여행했던 선구적여성 모험가 레이디 헤스터 스탠호프(Hester Stanhope) 같은 인물을 숭배대상으로 삼았다.[28]

메리 리처드슨의 경우는 드라마틱한 이야기를 제공한다. 팽크허스트의여성정치연합에서 활약하던 그녀는 가장 악명 높은 전투적인 페미니스트중 한 사람으로서, 청원서를 전달하기 위해 조지 5세의 마차에 뛰어드는소동을 벌이기도 했다. 1914년 3월, 글래스고에서 에멀린 팽크허스트가체포되자 이에 대한 항의로 내셔널 갤러리에 소장된 디에고 벨라스케스(Diego Velázquez)의 〈로크비 비너스〉(Rokeby Venus)를 칼로 찢어 유명해졌다. 1916년 노동당에 입당했고 노동당 후보로 1922년, 1924년, 1931년세 차례 선거에 출마한 경력이 있다. 『아방티』(*Avanti*)를 편집하던 시절의무솔리니에 대해 알고 있었으며, 로마를 방문한 적도 있었다고 한다. 그러나 1922년 로마 행진 이후 원칙을 배반한 무솔리니에게 실망했다는 비난

의 편지를 보냈다.[29]

리처드슨은 1933년 12월에 영국파시스트연합에 참가하자 곧 여성분과의 선전 담당 총책임자로 발탁됐다. 그녀는 참가 이유를 "기존 의회정치의 제국 정책에 대한 실망" 때문이며 "제국의 건설에서 여성의 역할을 통감"[30]한다고 밝혔다. 리처드슨은 페미니스트와 파시스트로서 이중의 정체성을 갖고 있었다고 보인다. 실비아의 파시즘 공격에 대해, 리처드슨은 "실비아는 이탈리아 파시즘을 가지고 영국 파시즘을 비난한다. 하지만 이탈리아 여성은 결코 영국 여성이 누리는 정도의 지위에 도달한 적이 없기 때문"[31]에 양자를 동일시해 파시즘을 비판하는 것은 부당하다고 반박했다.

리처드슨은 참정권 운동의 유산을 계승한다는 의식을 강하게 표명했으며 동일노동 동일임금, 남녀평등임금 같은 페미니스트 아젠다를 파시즘에 도입하고자 했다. 리처드슨은 여성파시스트연합 여성분과의 선전담당 총책임자로 활약했다. 그러나 그녀의 활동은 오래가지 못했다. 1935년 11월 리처드슨은 파시스트운동에 고용된 여성들의 불평등한 임금에 항의 데모를 주도했다가 영국파시스트연합에서 추방당했다. 영국파시스트연합을 떠난 후 리처드슨은 동시대의 또 다른 급진적 페미니스트 단체인 '식스 포인트 그룹'(Six Point Group)에서 영국파시스트연합의 여성정책의 허구성을 폭로하는 연설을 한 것으로 알려져 있다.[32]

2) 서프러제트에서 에티오피아 명예시민으로, 실비아 팽크허스트

팽크허스트가의 둘째 딸로 태어나 예술가를 꿈꾸었던 서프러제트 실비아는 제1차 세계대전을 계기로 WSPU와 결별했다. 독립노동당(Independent Labour Party)을 만든 키어 하디(Keir Hardie)와 친밀하게 교류했던 사회주의 페미니스트 실비아는 1913년 노동당(Labour Party)에 가입했고, 1918년 레닌의 초청으로 모스크바를 방문하기도 했다. 실비아는

1913년 이스트런던에서 이스트런던참정권연맹(East London Federation of Suffragettes, ELFS)을 결성해 노동계급 여성을 조직화하려고 했고, 노동계급 여성을 해방의 중심에 놓으려고 했다. 중간계급 여성이 노동계급 여성을 대변할 수 있다고 생각하지 않았던 실비아는 노동조합과 힘을 합치려 했고, 참정권운동을 사회주의, 반제국주의, 반파시즘 같은 더 넓은 지평의 운동들과 연결하려고 했다.

사회주의 페미니스트로서 실비아는 남성 중심의 노동조합운동에 공감하고 가족임금(family wage)을 지지했다. 남성 가장의 임금이 인상되면 노동계급 전체의 생활 수준이 향상될 수 있다고 보았기 때문이다.[33] 제1차 세계대전 이후 엘리노어 라스본(Eleanor Rathbone) 같은 페미니스트들이 가족 임금을 공격하고 동일노동 동일임금을 실현하기 위해 모성수당(endowment of motherhood)이나 가족수당(Family Endowment)을 구상했던 것과 비교할 때, 실비아는 적어도 이 사안에 있어서는 노동자의 이해관계를 여성의 이해관계보다 우선시했음을 알 수 있다. 원래 가족수당은 20세기 초 페미니스트들이 구상한 '모성수당'에서부터 유래했다. 비록 실현되지는 않았지만 모성수당은 부불노동(unpaid labour)인 여성의 출산과 육아를 사회적으로 평가함으로써 남녀의 임금을 동일하게 하고 경제적 평등을 실현하고자 한 것이었다. 물론 1945년에 실현된 가족수당 제도는 그 기원이 된 모성수당의 페미니스트적 이상과는 거리가 멀었다. 오히려 빵을 벌어오는 가장에 의해 부양되는 '가족'을 복지정책의 기본 단위로서 정착시키는 데 일조했다고 하지 않을 수 없다. 가족수당제도로 지급된 보조금은 소액에 지나지 않았고 여성을 가부장의 피부양자로 묶어두는 결과를 초래했기 때문이다.[34]

실비아에게 반파시즘은 새로운 서프러제트 운동이었다. 1935년 7월 12일 실비아는 『뉴 크로니클』(New Chronicle)에 편지를 보내 반파시즘과 반제국주의 신념을 피력했다. 키플링의 '백인의 책무'라는 유명한 문구를 들어, "지금 파시스트 이탈리아인의 모습을 한 백인이 아비시니아인들을 독가스 폭탄과 포탄의 잔혹함으로 문명화시키고 있다"고 비난했다. 계속해서 "파시스트 정부는 아비시니아인을 학살할 뿐만 아니라 이탈리아인(Italian race) 젊은이들에게 악마 같은 일을 시키고 있다. 제1차 세계대전의 악몽이 다시 일어나서는 안 된다. 오늘날 이탈리아의 어머니들은 아들은 떠나보내며 눈물짓고 있다. 피부색이 어떻든 간에 어머니의 사랑은 아프리카나 유럽에서나 차이가 없다"고 썼다.[35]

실비아는 1919년 이탈리아 볼로냐를 방문해 파시스트의 폭력을 보았고, 곧이어 1922년 무솔리니의 로마 진격과 자코모 마테오티(Giacomo Matteotti) 암살이 일어났다. 실비아는 마테오티의 부인 벨리아 마테오티(Velia Matteotti)를 지원하는 국제적 연대활동을 조직했다. 이때부터 실비아는 이탈리아는 파시즘의 최초의 희생자이고 연이은 희생자가 나오지 않도록 방어해야 한다는 입장을 갖게 되었다. 1935년 무솔리니가 에티오피아 침공을 준비한다는 소식이 들려오자 『뉴 타임스와 에티오피아 뉴스』 (New Times and Ethiopia News, 이하 NT & EN)를 창간해 이후 1956년까지 20년 동안 편집자로 헌신했다. NT & EN의 일차적 목적은 영국 정치에 영향을 미치려는 것이었지만, 서인도 제도와 서아프리카에서 더 많이 팔렸고 더 큰 영향력을 얻었다. 에티오피아 이슈는 필연적으로 제3세계의 관심을 끌 수밖에 없었기 때문이다. 1939년 5월 영국 식민지 시에라리온 총독은 이 신문 발행을 금지하기도 했는데 이는 영향력이 컸다는 반증이다.[36]

1936년 7월 18일 자 NT & EN 「파시스트 세계 전쟁, 에티오피아와 스페인」에서는 전쟁이 에티오피아에서 시작해 스페인으로 번지고 있다며 파시즘에 대해 다음과 같이 경고했다.

에티오피아가 패배할 때 사람들은 손 놓고 보고 있었다. 에티오피아가 아프리카이기 때문이고 백인의 나라가 아니기 때문이다. 사람들은 이탈리아의 선전을 들었다. 에티오피아는 원시적이고, 그들의 관습은 야만적이라는. 이제 사람들은 또다시 보고만 있다. 스페인 정치를 싫어한다. 스페인 사람들은 무질서하고, 아나키스트이고, 사회주의자, 빨갱이, 파업노동자 … 이탈리아 파시즘은 기독교 민주당, 사회주의자, 자유주의자 등 이탈리아 내부의 정치적 반대자를 공격할 때도 마찬가지 수법을 사용한다.[37]

이 글에서 실비아는 인종주의 비판과 파시즘 비판을 연결해 보여준다. 스테레오타입을 형성해 비판적 사고를 마비시키고 침략을 정당화하는 과정이 에티오피아와 스페인에서 똑같이 작동하고 있다고 보았다. 스테레오타입 반복을 통한 인종화(racialisation), 인종화를 통한 제국주의 침공의 정당화를 비판하고 있다.

1936년 8월 25일 노동당 좌파 의원 스태퍼드 크립스(Stafford Cripps)가 이 글에 대한 반론을 편지로 보내왔다. 편지에서 크립스는 "영국 노동자들은 에티오피아보다 스페인 문제에 더 관심 가질 것"이라며 회의적인 반응을 보이자 실비아는 답장에서 "에티오피아와 스페인 두 문제 모두를 국내 정치로 가져와 논의해야 한다. 그래야 파시즘이 무엇을 하려는지 파악할 수 있다. 시간 내서 우리 신문을 읽어봐라. 이탈리아와 스페인, 그리고 아프리카에서 무슨 일이 일어나고 있는지 알 수 있을 것이다"라고 응수했다.[38]

이탈리아와 스페인 파시즘에 대한 비판은 영국에 대한 비판으로 이어졌다. 영국은 에티오피아에서도 스페인에서도 세계 민주주의의 수호에 요구되는 역할을 수행하는 데 실패했다. 또한 실비아는 파시즘을 방어하지 못한 책임을 강대국과 국제연맹에도 물었다. 강대국이 에티오피아와 국제연맹을, 민주주의를 배신했기 때문인데 특히 영국의 책임이 크다고 봤다. 많은 아프리카인이 영국의 지배 아래 있기 때문이었다.[39] 1939년 3월 4일 사설에서는 "어제는 에티오피아, 오늘은 스페인, 내일은? '모든 의회의 어머니'(the mother of Parliaments) 영국이, 인권과 민주적 이상을 위해 오랫동안 투쟁해온 역사를 지닌 영국이… 프랑스가…"라고 한탄하며, 영국과 프랑스의 프랑코 군사독재의 승리 승인은 '문명에 대한 범죄'(crime against civilisation)라고 비판했다.[40]

"아디스아바바 홀로코스트가 세계를 흔들어놓고 있다. 6천 명이 학살됐다(미국 기자는 1만 4천 명이라고도 한다)"고 아디스아바바에서 1937년 2월 19일 벌어진 수천 명의 에티오피아인 학살에 대해 상세한 고발 기사를 게재했던 것도 NT & EN이었다.[41] 1937년 9월 실비아는 제네바에서 열린 국제연맹 회의에 참석해 그녀가 "희생자 민족"(victim nations)이라고 부른 "에티오피아, 스페인, 중국"을 지원해줄 것을 호소했다.[42]

에티오피아에서는 저항이 계속됐고 실비아는 계속해서 기사를 통해 영국 정부가 이탈리아의 에티오피아 침공을 승인하지 않도록 압력을 넣으려 했다. 1938년 3월 13일 트래펄가 시위에는 제1차 세계대전 이전 서프러제트 집회 이후, 최대 규모인 4만 명이 참가했다. 구호는 "챔벌레인 물러가라", "아비시니아의 독립 회복과 민주국가 스페인의 구원"이었다. 그러나 1938년 11월 2일 챔벌레인 정부는 결국 에티오피아 침공을 공식 승인했다.

런던으로 망명한 에티오피아인들의 친구로서 에티오피아 황제 하일레 셀라시에(Haile Sellasie)와 그의 딸 차하이(Tsehai Haile Selassie) 공주에게 도움을 아끼지 않았던 실비아는 1956년 아들 리처드 팽크허스트(Richard Keir Pethick Pankhurst)와 함께 에티오피아로 이주해 그곳에서 생을 마쳤다.

5. 맺음말

여성들에게 참정권운동이란 무엇이었는가? 그것은 사회구성원으로서 남성과 동등한 정치적 권리의 최소치를 얻는 운동이었다. 참정권은 민주주의의 필요조건은 될지언정 충분조건은 아니었다. 1906년《데일리 메일》지가 붙여준 조롱 섞인 이름 서프러제트는 결코 한마음 한뜻을 가진 집단이 아니었다. 에멀린과 크리스타벨은 제국주의 전쟁에 찬성하는 노선을 택했던 반면, 실비아는 반제국주의와 평화주의 노선을 끝까지 지켰다. 실비아와 같은 페미니스트의 입장은 소수에 지나지 않았으며, 한편으로는 자매애와 평등한 선거권을 말하면서 다른 한편으로는 자민족중심주의와 인종주의와 손을 잡는 경우가 더 많았다.

여성참정권운동이 전개된 시기는 민족주의와 제국주의 및 반제국주의가 공존하던 시대였다. 페미니스트의 사회운동과 민족주의의 관계가 일방향적인 것이 아니라 페미니즘이 민족주의를 구성하는 요소였고, 페미니즘은 민족주의에 의해 다시 구성되는 양방향적인 것이었던 것처럼, 제국주의 시대 여성참정권운동은 민족과 제국의 언어를 차용하거나 부정하며 전개되어나갔다. 서프러제트 운동은 민족주의와 제국주의 시대에 반(反)민족주의와 반(反)제국주의라는 '외로운 목소리'를 냈던 운동이 아니었던 것이다. 보편적 인간해방으로서 페미니즘은 성, 계급, 인종의 교차로를 따라 생겨나는 좁은 길을 따라갈 수밖에 없는 사상이 아니었을까?

11. 영미권 남성사 연구의 주요 의제들*

1. 머리말

남성사는 페미니즘과 여성학의 영향 속에서 시작되었다. 1960년대 후반 '새로운 페미니즘'(new feminism)이 나타나 사회적 성차별과 성에 따른 불평등을 인식하는 거시적인 이론 틀을 갖추기 시작했다. 그 맥락에서 여성문제를 포괄적으로 다루는 여성학(Women's Studies)과 역사학에 특화된 여성사(Women's History)가 등장했다. 여성사는 기존의 남성 중심적 역사서술이 여성을 배제해왔다고 비판하며 역사 속에서 여성을 되살려내자는 취지를 내세웠다. 1980년대가 되면 여성연구 전반에서 생물학적 성별이 아닌 젠더를 탐구의 중심에 놓는 큰 변화가 일어난다. 이 변화는 젠

---

* 이 글은 「서구 남성사 연구의 주요 의제들」, 『젠더와 문화』 10권(2017)에 게재된 내용을 요약하고 수정해 작성하였다.

더로서 여성의 대립 쌍인 남성을 주목하는 '남성연구'(Men's Studies 혹은 masculinity studies)를 촉발시켰고, 남성사도 그 맥락에서 출현하게 되었다.

남성사는 젠더적 존재로서의 남성을 역사성을 통해 파악하는 학문이라고 할 수 있다. 여성사의 경우와 마찬가지로 남성이라는 젠더는 사회적이고 문화적인 구성물이자 시대적으로 변하는 것이고, 그 일련의 과정이 여성성을 의식하며 반응해왔다고 전제한다. 남성사 연구자들은 과거 모든 역사가 남성의 역사라고 알려져 왔지만 주인공은 백인, 지배집단, 이성애자와 같이 정형화된 일부 집단이었음을 지적한다. 따라서 그 소수가 아닌 온전한 남성의 역사를 새로이 구성해야 한다는 과제가 남성사의 일차적 목표가 되었고, 사회적 규범이 만들어낸 이상적인 남성성으로 인해 많은 남성이 주변화되어왔다는 점을 부각시키게 되었다.[1]

1990년대에는 남성성 및 '남성과 페미니즘' 연구가 급증하고 남성운동이 활발해졌다. 학자들은 남성성 연구에서의 이러한 '골드러시'(gold rush)가 1980년대 말 아카데미에 제도적으로 정착한 페미니즘과 여성연구 프로그램이 낳은 결과물이라고 말한다. 학계에서 페미니스트 동료가 몇 배로 늘어나고 그들에게 훈련받은 학문 후속 세대들이 남성연구의 선구자가 되었다는 것이다.[2] 남성연구는 주로 사회학이 이끌어왔으며 심리학, 정신분석학, 비평이론, 역사학 등이 가세했다. 역사학 분야의 남성성 연구 수는 상대적으로 적지만 주목할 만한 성과들을 내놓았으며, 사회학 등이 제시한 남성성 연구의 문제의식을 반영하고 때로는 주제나 방법론도 차용한다.

이 글에서는 1980년대부터 오늘에 이르기까지 영미권을 중심으로 남성사 분야가 발전시켜온 주요 연구를 살펴본다. 특히 그 성과물들을 사회학이 이끌어온 남성연구의 주요 테제와 연결시켜 각각의 특징적 논점을 살펴보려 한다. 여성사 출범의 문제의식이기도 했던 '남성 되살려내기'를 구현한 역사 연구에서부터 남성연구의 중흥을 불러일으킨 '남성성의 위기'

테제, 코넬(Raewyn Connell)이 제창한 혁신적인 의제였던 '복수의 남성성'을 보여주는 역사적 사례들, 구조보다는 젠더의 수행성과 유동성을 주목하는 남성사 연구들을 차례로 소개하고자 한다.

2. 남성사 연구의 주요 의제들

1) 남성 되살려내기

남성사가 출범할 시점부터 학자들은 남성사 서술이 여성사에 비해 전통적인 역사 서술과의 차별성을 확보하기가 매우 어렵다는 점을 잘 인지하고 있었다. 과거의 '보편사'에서 남성은 언제나 일반적인 주체로 그려져왔고, 역사에서 다루었던 모든 중요한 사안들은 이미 정형화된 남성성과 강하게 연결되어왔기 때문이다. 따라서 남성사의 당면한 문제는 남성성, 남성이 누려온 특권과 그것을 작동케 하던 메커니즘을 해체해야 하는 것이었다. 이 문제의식은 남성사가 기존의 '남성 중심의 역사'와 다른 점이자 페미니즘이나 젠더사의 연장선에 놓여 있음을 보여주는 표지이기도 했다. 이제 학자들은 종종 전통적 역사에서 소홀하게 다루었던, 그리고 여성사에서 '여성의 주제'로 부각시킨 가족, 결혼, 육체, 섹슈얼리티와 같은 주제를 적극적으로 탐구하기 시작했다. 따라서 방법론상으로 남성사는 여성사의 '남성판'이라고도 볼 수 있으며, 여성사가 맞닥뜨렸던 한계와 비슷한 문제점들을 드러내기도 했다.

여기서 주목할 만한 연구는 리사 윌슨(Lisa Wilson)이 펴낸 『남자의 마음』(*Ye Heart of A Man*, 1999)이다. 식민지 시대 미국 동부에 살던 남성들의 삶을 조망한 작업으로, 남성의 가정성과 결혼, 나아가 그들이 느꼈던 역할 행동에 따른 부담감을 그려낸 연구다. 윌슨은 마치 집단 생애사(生

涯史)처럼 남성의 삶의 '전형적인 단계'를 묘사해나간다. 직업과 배우자를 찾는 일에 열중하는 청년 단계를 거쳐 남편으로, 아버지로, 가장으로서의 기혼남성의 삶, 그리고 은퇴하거나 홀아비가 된 남성의 말년을 그려내는 것이다.[3]

윌슨이 파악한 미국 식민지 시대 남자다움은 '쓸모'(usefulness)에 의해 규정되던 것이었다. 남성의 쓸모란 구체적으로 생산적인 직업, 시장, 공동체의 구성원으로서 수행되어야 했던 자질이자 책무였는데, 윌슨은 그런 남성의 삶과 정체성이 형성되던 핵심적인 곳이 바로 가정이었다고 주장한다. 기존의 역사가 남성을 가정보다는 사회라는 공적 영역의 전담자로 그려왔던 사실에 비추어본다면 이는 매우 신선한 접근이다. 그런데 이 주장은 별개 영역 이데올로기(separate-sphere ideology)에 대한 비판의 연장선에 있다고도 볼 수 있다. 18-19세기 영미 페미니즘 연구자들 사이에서는 별개 영역 모델이 적합하지 않다는 목소리가 높아지고 있었는데, 그 가운데 당시의 남성성이 매우 다양한 모습을 띠고 있었다는 내용도 한 부분을 차지했다.[4] 즉, 당시 남성의 진정한 모습을 보기 위해서는 공적인 삶(public life) 이외에도 가족과 환경을 보아야 한다는 필요성이 제기된 것이다.

같은 맥락에서 존 토쉬(John Tosh)의 『남성의 자리』(A Man's Place, 1999)도 주목할 만하다. 토쉬는 빅토리아 시대 남성성의 다른 단면을 밝히겠다는 의도로 에티켓 매뉴얼, 이혼 기록, 일기, 편지 등을 분석하여 19세기 중간계급 가정에서 남성들의 존재를 되살려냈다. 당시 남성들은 남편, 아버지, 가장으로서 다양한 역할을 해냈고, '남녀의 별개 영역, 별개 행동이라는 일상적 경험 속에서도 부부 사이의 동료애(companionship)는 결혼생활에서 가장 핵심적인 요소'였다. 19세기 영국에서는 낭만주의적 유산과 복음주의의 영향으로 인해 남자들에게 아내와 자식들에게 애정을 보일 것을 장려했는데, 토쉬는 그런 애정을 '심오한 애착'(profound attachment)이라

고 불렀다.[5]

하지만 빅토리아 시대 중반 최고조에 달했던 남성의 가정성은 곧 변질되며 '가정성에서의 탈출'(flight from domesticity)이 일어났다. 1870년대가 되면 중간계급의 결혼이 더 늦어지는 경향이 생겨났고, 제국주의의 영향으로 군사적이며 용맹한 하이퍼 남성성이 칭송되면서 미혼으로 남는 사람이 많아졌다. 소년소설에서는 남성들만으로 구성된 동성 사회를 그려내는 일이 유행하기도 했다. 19세기 후반이 되면 '직업과 가정 간의 까다로운 균형'이 완전히 직업상의 의무 쪽으로 옮겨지게 되었다.[6]

최근에는 가정성뿐만 아니라 전통적으로 여성의 영역으로 여겨져 온 '소비'와 같은 분야에서도 남성을 되살려내려는 시도들이 나타나고 있다. 18세기에 대두한 새로운 부르주아계급의 지배이데올로기는 사치를 정치적 악덕과 연결시키며 여성성의 중요한 덕목으로 규정했다. 지배계급 남성들은 스스로 그런 부정성으로부터 거리두기를 하면서 이른바 '위대한 남성적 금욕'(Great Masculine Renunciation)의 시대에 돌입하게 되었다.[7] 하지만 산업화는 생산과 소비의 지속을 요구했고, 남성들은 소비경제 속에서 스스로의 지위를 드러내기 위해 아내나 딸, 정부 등 여성을 '의례적 소비자'(Ceremonial Consumer)로 만들었다. 이런 현상에 대해 소스타인 베블런(Thorstein Veblen)은 '대리적'(代理的; Vicarious)이지만 '소비하는 일'이 여성의 몫이 되어버렸다고 주장했다.[8]

그런데 마크 스윈키키(Mark A. Swiencicki)는 소비와 같은 주제가 의도적으로 남성을 배제해왔고, 그 결과 남성의 소비는 연구되지도, 이론화되지도 못했다고 비판했다. 페미니스트 학자들이 소비의 젠더성에 집중한 나머지 '생산적 남성과 소비적 여성'이라는 정형화된 이분법적 틀을 오히려 강화해왔다는 지적이다.[9] 캐시 페이스(Kathy Peiss)는 남성들도 수많은 상품의 소비자였음을 부각시킨다. 19세기 말 20세기 초 이성애적 남성성은 문화적으로는 남성의 화장품 사용을 부정했지만, 실제로는 '세면도구'(toiletries)와 같은 이름을 달고 다양한 화장품들이 소비되었다는 것이다.[10] 실제로 20세기 전환기에 남성들은 건강식품, 스포츠용품을 다량으로 구매하기 시작했고, 모험소설을 애독했는가 하면, 심지어 의상에서조차 여성보다 2.5배 정도 많은 돈을 쓴 것으로 나타났다. 이들 연구는 남성을 되살려내는 작업에서 남성들에게 침묵을 강요했던 섹터들을 점점 더 발견하고 확장해간다는 측면에서도 큰 의미가 있다.

2) 남성성의 위기

1990년대 남성연구가 크게 발달하게 된 이유 중 하나는 '남성성의 위기'(crisis of masculinity)라는 개념 때문이었다. 학자들은 20세기 말부터 전 지구적 자본주의의 확대가 더욱 뚜렷해지고 경제적 재구조화, 임금하락, 기혼여성의 노동시장 진입과 같은 변화가 일어났으며 동시에 조직화된 페미니즘과 게이 해방운동 등이 백인·중산층·이성애적 남성성에 대한 비판을 가져왔다고 주장한다. 이는 곧 남성성 자체에 위기를 불러왔으며, 그 결과 남성성 연구가 급증하게 되었다는 것이다.[11]

그런데 역사학에서는 남성성의 위기가 나타난 시점을 보다 다양하게 보는 경향이 있다. 그리고 그 각각의 '위기'를 불러일으킨 원인을 탐구하는 한편, 그로 인해 오히려 남성성이 강화되게 되는 역설적 결과에도 관심을 기울인다. 린다 샤이어스(Linda M. Shires)는 19세기 중반 영국에서 강한 남성성이 나타나게 된 배후에는 다양한 정치적, 사회적 요인이 작동하고 있었다고 지적한다. 군왕의 자질이 부족했던 조지 4세(George IV, 재위 1820-1830)와 윌리엄 4세(William IV, 재위 1830-1837)의 통치, 1837년 어린 빅토리아(Victoria, 재위 1837-1901)의 왕위 등극으로 이어지는 19세기 초중반은 1832년 선거법 개정안과 여권운동의 발흥 같은 변수로 인해 사회적 혼란이 가중되고 있었다. 또한 복음주의 신앙의 부흥, 노동쟁의, 공교육의 대중화, 직업 전문주의에 대한 인식 형성과 같은 사회운동은 이미 상당한 발전을 이룩한 자본주의와 함께 구시대적 체제와 위계질서에 대한 지속적인 변화를 요구했다. 이러한 사회적 혼돈 속에서 "정력적이고, 현명하며, 믿음직한 아버지상은 필연적으로 당대의 문화적 요구가 되었다"는 것이다.[12] 이제 가부장으로서 강인하며 강력한 모습을 갖춘 19세기 남성성의 전형은 곧 식민지에 투사되게 된다. 제국이 지배하는 세상에 선을 보이게 된 영국 신사는 곧 국내적으로는 차별화된 성별과 계층의 영역을 유지하고, 국외적으로는 계급에 의거한 인종과 계층의 서열을 확립하기에 이른다.[13]

한편, 레오 브라우디(Leo Braudy)는 『기사도에서 테러리즘까지: 전쟁과 남성성의 변화』(From Chivalry to Terrorism, 2003)에서 강력한 남성성의 등장을 전쟁의 위협과 연결시킨다. 특히 1890년대는 유럽에서 제국주의적 프로파간다의 폭증과 함께 전쟁의 위협이 커진 시기였다. 그 이전에도 전쟁은 남성과 여성에게 자신의 역할에 부합하는 '미덕'을 요청했지만 이제 국가가 적극 나서서 날카로운 젠더 구분 선을 장려하게 되었고, 오로지 남성만이 역사를 구성하는 주체이자 이끌어가는 주체로 부각되게 되었다. 그런 현상이 가장 대규모로, 가장 집약적으로 표출된 사건이 제1차 세계대전이었는데, 그 전쟁은 '남녀에게 각각 부여된 젠더적 역할의 시험장'이기도 했다.[14] 하지만 제1차 세계대전 후 남성의 명예에는 어둡고 무거운 그림자가 드리워졌고, 결과적으로 "남성과 남성의 시민 정체성 사이, 그리고 남성과 남성성 사이의 관계들이 전례 없이 노골적인 화두로 대두"했다.[15] 그런 상황에서 파시즘은 남성 정체성을 더 날카롭게 연마하는 일환으로 성별을 분극화시켰다는 주장이다.

그런데 마이클 키멜(Michael S. Kimmel)은 남성성의 위기라는 것이 특정 시점에서만 발견할 수 있는 것이라기보다는 항상 계속되는 것이라고 지적

한다. 남성성이란 것이 사실 결코 완벽하게 제시될 수도, 해결될 수도 없고 심지어 끊임없는 의심의 대상이라서 지속적인 확인 작업이 필요하기 때문이다. 그는 미국의 역사를 예로 들면서 남성성의 역사가 눈부신 기술 발전과 군사적 성공, 일상의 무미건조함의 이야기이자 동시에 "언제나 두려움, 불안과 실패의 역사이기도 하다"라는 사실을 일깨운다.[16]

키멜의 『미국의 남성성』(Manhood in America, 1996)은 처세서로부터 만화책에 이르기까지 방대한 자료를 이용하여 미국의 남성성 발달과 변천을 추적한 작업이다. 그는 미국 역사에서 남성성의 위기가 발생한 최초의 시점으로 19세기 초반을 주목한다. 그 이전 시기까지 미국의 남성성은 토지 소유자나 독립적인 수공업자, 자영업자 혹은 농부라는 직업적 정체성에 근거하고 있었다. 하지만 19세기 초반에 일어난 산업혁명은 그런 전통적인 정의에 치명적인 타격을 가져왔고, 미국인들은 이제 요동치는 시장경제 속에서 훨씬 덜 안정적이지만 잠재적으로 보상이 더 큰 경제적 성공에 남성성을 투영하게 되었다는 것이다. "부의 축적과 신분, 그리고 지리적·사회적 이동성에 의해 측정되는 공적 영역에서의 활동"이 훨씬 더 고풍스러운 가부장제를 대체하게 되었다는 시각이다.[17]

산업화와 미국 경제의 관료 체제화, 그리고 서부 프런티어의 유혹은 미국인에게 남성성을 드러낼 수 있는 환경과 기회를 제공했다. 위기감을 느낀 남성들은 골드러시를 맞아 캘리포니아로 몰려갔다. 또한 여성이 공격적인 목소리를 내기 시작하자 남성들 사이에는 축구나 야구 같은 스포츠가 유행하기 시작한다. 소년들을 '진정한' 남자로 만들어주겠다고 약속한 보이스카우트의 열풍, 경제적인 측면에서 더 이상 카우보이가 중요하지 않은 시점에 카우보이 신화가 고양되면서 말 달리고 총을 쏴대는 남성성이 전파된 것도 그런 위기감에 대한 반작용이다. 제1차 세계대전의 열광적인 참여는 문화의 '여성화'와 '허약화'에 대한 두려움의 표현으로 해석할

2016년 트럼프 당선의 일등공신으로 불리는 분노한 백인 남성 지지자

수 있다. 심지어 적대적 환경 속에서도 활약을 멈추지 않았던 수많은 형제회나 KKK 등도 남성성을 드러내기 위한 노력의 산물이다.

20세기 중후반이 되자 여성해방운동과 베트남전쟁의 패배가 역설적으로 '진정한 남성성'에 대한 새로운 숭배를 촉발시켰다. 수전 제퍼즈(Susan Jeffords)는 베트남전을 다룬 영화와 소설, 그리고 논픽션을 분석하여 미국의 대중문화가 영웅적 남성성을 통해 '미국의 재남성화'(remasculinization)를 추구했다고 주장했다. 이런 담론들은 전쟁 패배의 원인을 군인이 아닌 '여성화된' 정치가에게 돌리면서 참전용사들을 정부에 의해 희생당한 것으로 그려냈다. 참혹한 전쟁터에서 군인들은 인간이 자연과 맺는 관계와 유사한 남성적 유대를 획득했는데 그런 형제애는 계급, 인종, 심지어 국적까지도 초월하는 일종의 '남성들만의 동맹'이었다. 여성은 매춘부나 집단 강간의 희생자로만 등장할 뿐이어서, 여성의 주체성이 말살됨과 동시에 남성들 사이에는 이성애적인 집합적 남성성이 구축되었다. 베트남전에 대한 대중문화의 재현방식이 전쟁 극복이라는 명제 아래 여성 위에 군림하는 가부장적 남성의 권력을 다시 조형해냈다는 주장이다.[18]

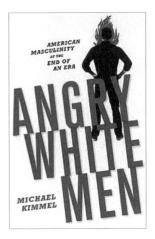

마이클 키멜의
『성난 백인 남성』 표지

남성성을 끊임없는 확인 과정으로 본 키멜은 지난 두 세기 동안 미국 남성들이 '자수성가한 남자'(The self-made man)로서의 이상에 근접하기 위해 부단히 노력해온 상태였다고 진단한다. 그 노력은 불안감과 함께 지속되어온 것으로, 그 불안이 결국 분노로 바뀌게 되는 과정을 살핀 저서가 『성난 백인 남성』 (*Angry White Men*, 2013)이다. 키멜은 분노한 백인 남성들이 인종적·성적 소수자, 정부의 관료, 페미니스트 등을 표적으로 삼으며 그들에게 미국의 쇠퇴에 대한 책임을 돌리게 되었다고 본다. 그는 이런 분노와 갈등에 대해 일종의 해결책을 내놓는데, 남성들 스스로가 남성적 본질에 관한 감각을 버려야 행복해질 수 있다는 것이다. "평등은 어떤 제로-섬 계산에서 남자들에게 '손실'이 아니다: 그것은 윈윈(win-win)이다"라면서 말이다.[19]

3) 복수의 남성성과 위계

남성성 연구가 진행되면서 또 다른 문제로 지적되었던 것은 모든 남성성을 단일한 권력 패턴으로 본다는 사실이었다. 이에 대한 일종의 해결책으로 나타난 것이 '복수의 남성성'(multiple masculinities) 개념이다. 즉, 단일한 남성성을 지양하고 여러 남성성을 가정하며 그들 사이에 분명한 위계가 있음을 강조하는 것이다. 대표적으로 '헤게모니적 남성성'(hegemonic masculinity) 이론을 꼽을 수 있는데, 이 개념은 1987년 코넬이 안토니오 그람시(Antonio Gramsci)의 용어를 차용하며 이론적으로 발전시킨 것이다.[20]

헤게모니적 남성성은 이상적인 가치, 즉, 권위 · 육체적 강인함 · 용기 · 명예와 같이 문화적으로 지배적인 남성성의 이상(ideal)을 일컫는다. 이를 중심으로 공모적 남성성(complicit masculinity), 대항적 남성성(competitive masculinities), 저항적 남성성(protest masculinity) 등 다양한 관계가 성립하며, 위계적으로 가장 아래에 종속적 남성성(subordinated masculinity)이 설정되는데, 동성애적 남성성이 이에 속한다.[21]

역사학 분야에서 복수의 남성성 개념을 적용시킨 사례로는 19세기 영국의 사립학교(public school)를 다룬 연구를 꼽을 수 있다. 『남자다운 권리행사』(*Manful Assertions*, 1991)는 19세기 이래 영미권에서 벌어진 남성성의 다양한 체현 과정을 다룬 것으로, 빅토리아 시대 도덕적으로 무장한 기독교적 남성성이 사실은 여성 억압을 위한 자기 만족적 위장이었다고 주장했다. 이 연구는 많은 부분을 사립학교 분석에 할애하면서 그 공간이 약한 성(sex)과 낮은 계급 모두를 지배하는 '남성상'을 만드는 일종의 수련장이었음을 드러낸다. 남성적인 헤게모니는 여성의 정복 혹은 예속에 의존하

Photo: Daily Telegraph

영국 엘리트 양성소인 사립학교의 학생들

고 있었기 때문에 그곳에서는 여성적 행동이라고 가정되는 것을 집요하게 캐내고 풍자하는 정교한 의식이 발달했는가 하면, 과도하고 심지어 그로 테스크한 성적 지배력을 둘러싼 판타지가 넘쳐났다.[22]

사립학교는 철저히 남성만으로 구성된 공간이었다. 엄격한 위계와 의식화된 코드, 계율과 질서의 총본산인 사립학교에는 프리펙트-페깅(prefect-fagging) 시스템이라고 불린 명문화된 상하관계가 존재했다. 그 거친 공간에서 소년들은 힘 있는 사람의 보호를 늘 필요로 했으며, 카리스마 있는 동료를 열렬히 추종하는 영웅 숭배적 현상도 보인다. 뿐만 아니라 자신들을 괴롭히는 사람에게 복수하기 위해 단합하고 저항하는 '대항적 남성성'을 창출하기도 한다. 사립학교는 심지어 비밀결사적인 요소를 띠었고, 그 결과 배타적인 형제애로 똘똘 뭉친 엘리트 집단을 양성했는데, 그곳에서의 퇴학이란 곧 남성성의 추락, 사회적 실패를 의미했다.[23]

여성이 부재한 이 공간에서는 동성애적 뉘앙스를 띤 장면이 많이 펼쳐졌다. 어린 나이에 어머니한테서 떨어졌다는 정서적 박탈감과 거친 남성들만의 세계에서 생존해나가야 하는 압박감, 강렬한 성적 욕망을 경험하는 청소년기에 여성과의 접촉이 차단되어 이른바 '정상적인' 관계를 맺을 수 없는 상황은 심리적 불안정으로 이어질 수 있었다. 사립학교는 시릴 코널리(Cyril Connolly)가 주장한 '영구적 사춘기 이론'(theory of permanent adolescence)의 완벽한 배양지로, 19세기 영국의 중·상류층의 남성성이란 기본적으로 동성애적이었다는 주장을 뒷받침하게 된다.[24] 이런 환경에서 고양되었던 '남성적 사랑'(manly love)이란 고대 그리스-로마적 커리큘럼에서 근거를 찾으며 이성애를 특징짓는 육체적 관계보다는 정신적 교감이라는 특성을 강조하고자 했다. 그런데 이 '남성들 간의 사랑'에는 강한 여성 혐오적인 성격이 배어 있었음을 주목해야 한다. 즉, 남성적 사랑은 동성애라는 범주 안에서조차 우월성을 확보하려 한 개념으로, 어느 한쪽이 여성적인 역할을 하는 것이 아니라, 좀 더 남성적이기 때문에 추구하는 사랑으로 인식해야 한다는 것이다.[25]

남성성 담론과 실천의 기제들은 비단 남성 집단 내에서만 발동되는 것이 아니라 젠더 위계에 따라 여성과 약한 남성, 청소년과 노년층, 유색인종 등의 타자를 주변화하고 배제하는 방식으로도 작동한다. 데이비드 앤더슨(David Anderson)은 아일랜드 대기근과 독립운동 시기에 영국의 문화 · 정치적 엘리트들이 지녔던 특권적인 '헤게모니적 남성성'이 아일랜드 남성들을 비합리적이고, 허풍이 심하고, '여성적' 감성을 가진 '열등한' 사람들로 그려냈다는 사실을 주목한 바 있다.[26] 미리나리니 신하(Mrinalini Sinha) 역시 1883년 상정된 일버트 법안(Ilbert Bill, 인도제국의 지방에서 영국인이 영국인 판사에 의해서만 재판받던 특전을 폐지하려던 법안)을 둘러싼 논쟁에서 자기 통제적이고 '남성적인' 영국인과 감성 과잉의 '계집애 같은' 벵갈인을 대비하는 담론이 양산되었다고 주장했다.[27]

그런데 설혜심은 제국주의의 중심부와 주변부 사이에 설정된 남성성의 위계에서 보이지 않는 균열을 발견한다. 제국주의는 서구의 비서구에 대한 경제적 · 정치적 정복뿐만 아니라 성적 착취의 과정으로, 이는 서구 남성과 비서구 여성이라는, 젠더적 위계의 양극단을 상정하고 작동되던 관계였다. 그리고 제국주의자 남성과 식민지 여성 사이의 성적 접촉은 실제적 정복과 정착을 위한 효용성뿐만 아니라 '과학'의 탈을 쓴 다양한 인종주의적 담론을 통해서 정당화되고 있었다. 하지만 흑인과 아랍인 남성의 엄청나게 큰 성기와 성적 능력에 대한 신화와 정보는 백인 남성에게 말하지 못할 위협이 되었고, 결국 백인 남성들은 성적 측면에서 자발적으로 '도피'하며 절제를 강조하는 새로운 남성상을 만들어내게 되었다는 주장이다. 흑인과 아랍인 남성의 엄청난 성적 능력에 대한 환상은 결국 공식적인 제국주의가 해체된 후에도 해결되지 못한 채 백인 남성들에게 잠재적인 열등감의 원천으로 남게 되었다. 성의 영역에서 '물리적 정복'은 가능했으나 진정한 우월성을 확보하지 못한 백인 남성의 불안감을 분석한 이 연구들은 '헤게모니적 남성성' 뒤에 숨겨진 열등성을 파헤친 한편, 그것을 감추기 위한 전략들을 분석한 것이다.[28]

코넬의 '헤게모니적 남성성' 개념은 많은 연구의 길잡이가 되었지만 곧 여러 가지 비판에 직면하게 되었다. 먼저 패트리샤 마틴(Patricia Y. Martin)은 헤게모니적 남성성이라는 개념 자체가 매우 일관적이지 않게 적용된다는 사실을 비판했다. 어떨 때는 고정적인 남성성을 이야기하다가 다른 때는 특정 시대와 장소에서 지배적인 유형을 일컫는다는 것이다.[29] 더 심각한 것은 이 이상에 정확하게 부합하는 남성들이 별로 없고, 엄청난 사회적 권력을 쥔 사람들조차 헤게모니적 남성성의 요소들을 갖추지 못했다는 사실이었다.[30] 다른 학자들은 헤게모니적 남성성은 오직 구조만을 보면서 주체를 보이지 않게 한다면서 "개인은 그 속에서 실종되어버렸다"고 비판했다.[31]

이런 비판에 대해 코넬은 실제 남성의 삶과 반드시 긴밀하게 부합하지

분노한 백인 남성을 주제로 삼은 영화의 효시로 알려지는
〈폴링 다운〉(Falling Down, 1993)의 한 장면

는 않더라도 헤게모니적 남성성이 조형될 수 있다고 항변한다. 이런 모델들은 여러 방식으로 이상과 판타지, 욕망을 광범위하게 퍼트린다면서 말이다.[32] 나아가 코넬은 아직은 헤게모니적 남성성 개념을 폐기할 수 없다고 말한다. 그러면서 오히려 지구적 시장의 탄생과 그에 부응하는 세계정치의 변화 속에서 새로운 헤게모니적 남성성이 탄생했다고 주장하기도 한다. 이 신자유주의 시장의 의제에서는 젠더가 거의 언급되지 않지만, "여전히 젠더화된 이 세계에는 암묵적인 젠더 장치가 있다"라면서 말이다.[33] 경제의 탈규제화는 경영자와 기업가에게 전략적으로 중요한 권력을 부여하게 되었고, 이제 그 집단은 지구경제에서 새롭게 출현하는 헤게모니적 남성성을 지닌다는 주장으로, 코넬은 그것을 '초국적 비즈니스 남성성'이라고 명명했다.

4) 수행성과 유동성

복수의 남성성 이론은 남성사를 한층 더 풍부하게 만들었지만 이것이 이성애 중심적으로 진행되어왔다는 사실은 여러 학자를 불편하게 만들었다. 여성연구에서는 남성/여성이라는 성 정체성을 본질적 정체성으로 이해하는 젠더 이분법의 한계가 이미 심각한 문제로 대두한 상태였다. 이런 맥락에서 교차성(intersectionality)이라는 개념이 등장하게 되는데, 이는 남성과 여성의 젠더 불평등뿐만 아니라 여성 사이의 차이를 구성하는 나이, 인종, 종족, 국가, 계급, 성적 지향성, 장애 여부 등이 여성의 현실을 어떻게 다르게 만드는지를 고려하는 것이다. 교차성의 관점에서 보자면 개인은 젠더 정체성뿐만 아니라 지속적으로 다른 사회적 정체성들을 획득하고 변화하면서 매우 복잡하고 유동적인 정체성이나 입장을 갖게 된다.[34]

사실 젠더 이분법과 젠더 단일주의에 대해 가장 신랄한 비판을 퍼부은 사람들은 퀴어(queer) 이론가들이었다. 젠더를 위계적 이분법으로 이해하는 경우 이성애 남성의 성적 특권이란 더욱 강화되기 마련이다. 이에 퀴어 이론가들은 남성성 연구가 이성애 중심으로만 진행되어왔다고 비판하며 게이 남성을 포함시켜야 한다고 주장했고, 결과적으로 남성성을 다루는 퀴어 연구가 상당히 많이 발전하게 되었다.[35] 이들은 섹슈얼리티와 젠더가 매우 복합적 관계를 맺고 있음을 주목하며 그 둘을 분리하지 않아야 한다고 강조한다. 여기서 한발 더 나아가 제기된 이론이 바로 '수행성'(performity)과 '유동성'(fluidity) 개념이다. 주디스 버틀러(Judith Butler)는 젠더 정체성이란 문화적으로 인정받은 젠더 행위를 "반복적으로 수행하는 것"으로, 그것은 "시간의 경과에 따라 불확실해지고, 행위의 양식화된 반복을 통해 외부적 공간에서 제도화되는 유동적 정체성이다"라고 주장했다.[36]

버틀러의 문제의식을 계승한 『제국주의와 남성성』은 영제국에서 피식민인들 뿐만 아니라 영국인들 역시 심리적 압박 속에 놓여 있었으며, 영국성을 드러내는 특정한 행동 양식을 수행해야 했음을 주장한 연구서다. 1857년 인도 항쟁 이후 식민지에서 영국의 위상이 크게 흔들리고 제국의 권위가 추락하기 시작하자 영국인들은 더 강력한 남성성을 창출하고 그것을 '퍼포먼스' 해야 했다. 새로운 정년 제도를 통해 제국에서는 더 이상 노쇠하고 무기력한 서양인을 구경조차 할 수 없게 되었다. 이제 강인하고 이성적이며 늠름한 젊은 식민 지배자의 모습은 거꾸로 거울 속의 자기 모습처럼 영국인 스스로의 정체성으로 내면화되게 되었다. 결국 인도에서 규정된 영국 남성성은 식민지뿐만 아니라 영국 본토에서도 젠더에 관한 풍습과 전형에 영향을 미치게 된다.[37]

19세기 후반 영제국의 한쪽 끝인 남아프리카에서는 앞서 언급한 교차성, 수행성과 유동적인 성 징체성을 극명하게 보여주는 사례가 펼쳐지고 있었다. 여성이 부재한 광산촌에서 서양인들은 허드렛일을 시키기 위해

원주민 소년들을 고용했는데, 이들은 가사를 돌봤을 뿐만 아니라 종종 남색의 대상이 되었다. 이들은 흔히 '소년 마누라'(nkotshane, boy wives)라고 불렸으며, 이들과의 아류 결혼과 같은 관행이 생겨났다. 광산 노동자들은 근처의 도시나 농장 등에서 여성들을 만날 기회가 충분히 있었음에도 불구하고 이들 소년을 선호했는데, 그 이유가 성병에 대한 우려 이외에도 '광산 결혼'의 안락함을 즐겼기 때문이라는 해석이 있다.[38] 소년 마누라들은 광산에 머무는 동안은 '직업'처럼 여성의 역할을 수행했지만 자신의 가정으로 돌아와서는 지극히 가부장적인 모습을 보였다. 이처럼 소년 마누라들은 여성의 젠더를 수행해야 하는 구조 속에 별다른 저항 없이 귀속되었는데, 이는 인종과 계급 같은 더 큰 제국주의적 틀이 작용했기 때문이다.[39]

조지 천시(George Chauncey)의 『게이 뉴욕』(Gay New York, 1994) 또한 남성의 정체성과 섹슈얼리티가 유동적이고 수행적임을 잘 드러낸 선구적 연구다. 천시는 오늘날의 게이 문화의 시작점을 1890년대로 거슬러 올라가며 19세기 초 뉴욕에 만연했던 게이 하위문화를 복원했다. 중간계급 남성이 동성애에 반해서 자신의 이성애주의를 규정했던 반면, 하층민 남성들은 놀라울 만큼 폭넓은 젠더와 성적 정체성을 구사했다. 게이 남성은 여성과도, 남성과도 자유롭게 섹스를 나누었으며 그러한 행위가 자신의 남성성을 훼손한다고 생각하지 않았다. 그것은 그들이 일상적으로 수행하는 많은 역할 중 하나일 뿐이었다. 물론 천시의 초점이 지나치게 게이 커뮤니티에 맞춰진 탓에 게이들의 당당한 모습이 성급한 일반화의 결과물일 수도 있다. 20세기 중반까지도 대부분의 게이 남성들은 자신들만의 은밀한 암호를 사용해 성적 파트너를 찾곤 했고, '정상적 남성'으로 보이는 복장과 행위를 '수행'하며 이중생활을 꾸려갔기 때문이다.[40]

한편 새라 카익소(Sarah A. Kaiksow)는 남성들이 남성적인 이상과 규범을 내면화하기 위해 노력한다는 사실이 곧 남성적 주체성이 "계속 도전

받고, 심리학적으로 연약한 공간임"을 드러내는 반증이라고 주장했다. 여기서 카익소는 "삶의 실제 경험은 문화적 이상보다 훨씬 지저분하다"라고 강조한다.[41] 실제 삶에서의 남성성의 실현이란 나름의 절충과 타협, 선택의 과정을 동반했다는 것이다. 웨더렐(Margaret Wetherell)과 에들리(N. Edley)는 헤게모니적 남성성에 대해 논의하면서 그런 남성성이란 여러 가지 의미를 가지고, 남성들은 그 복수의 의미들 가운데 상호작용에 필요한 것을 선택한다고 보았다.[42]

실제로 몇몇 실험적 연구들은 사람들이 상황에 따라 남성성의 우선순위를 선택한다는 사실을 증명하기도 했다. 심지어 '절대적'이라 할 수 있는 이성애적 규범조차도 특정한 문화적 맥락 속에서 후퇴하는 사례들을 드러내 보이기도 했다. 에릭 앤더슨(Eric Anderson)은 스스로가 게이라는 사실을 밝힌 운동선수가 탁월한 경기력을 보여줌으로써 동성애자라는 비난을 피해 가는 사례를 주목했다. 앤더슨은 이를 '남성성 보험'(masculinity insurance)이라고 부르며, 뛰어난 운동선수라는 자체가 헤게모니적 남성성의 특성을 체화하고 있는 것이기 때문에 게이라는 정체성을 가려준다고 주장했다. 물론 이런 종류의 남성성 보험은 게이 선수가 자신의 팀원들 사이에서 동성애적 욕망을 표현하지 않을 때만 적용될 수 있다는 단서가 따라붙는다.[43]

3. 맺음말

이 글에서는 1980년대부터 오늘날까지 생산된 남성사 연구의 주요 성과들을 크게 네 가지 주제로 엮어 살펴보았다. 최신 연구의 흐름을 가능한 최대로 반영하려 했지만, 지면의 제약 탓에 '육체로의 전환'(bodily turn)과 같은 내용을 다루지 못해 아쉽다. 육체와 사회적 과정의 상호작용은 초창기의 남성성 연구에서 가장 중심적 주제였고, 조지 모스(George L. Mosse)의 『남자의 이미지』(*The Image of Man*, 1996)[44]처럼 뛰어난 업적도 생산되었지만 점차로 그 위상이 축소되어온 것이 사실이다. 생물학적 성별이 아닌 젠더를 주목하는 시각의 변화가 담론과 표상(representation)에 초점을 맞추면서 육체나 섹스와 같은 육체적 행위를 '몸' 자체에서 분리시키는 기묘한 효과를 불러왔기 때문이다. 그런데 최근 여러 학자들은 육체가 남성성의 구성에서 피할 수 없는 중요한 요소라고 주장하며 이를 다시 주목하고 있다.[45]

　마지막으로 언급하고 싶은 것은 최근 비서구 지역을 대상으로 하는 남성성 연구가 폭발적으로 증가하고 있다는 점이다. 뿐만 아니라 트랜스내셔널(Transnational), 혹은 전 지구적(Global) 관점에서 서구 남성성 연구가 이룩한 성과와 문제의식을 여러 지역에 적용하거나 지역들 사이에 나타나는 차이를 주목하는 한편, 지구화로 인한 남성성의 변화를 살펴보는 작업도 활발하게 이루어지고 있다. 특히 눈에 띄는 것은 서구가 창출해낸 '남성성의 위기'라는 개념이 중동지역을 비롯한 여러 곳에서 독재 권력을 강화하는 국가적 차원의 프로젝트에 동원되어 여성 억압을 정당화하고 전통적 가부장제로 회귀해가는 현상이다.[46] 이런 연구들은 기존의 서구의 남성성 연구가 미처 바라보지 못했던 수많은 주제와 내용을 통해 향후 남성성 연구를 엄청나게 풍부하게 만들어줄 것이다. 뿐만 아니라 '세계사'가 곧 쌍방향적인 교류를 통해 이루어져 온 만큼, 전 지구적 남성성을 연구하는 작업은 지금까지 진행되어온 서구 중심적인 남성성 연구의 틀 자체를 새롭게 조형해야 할 필요성을 제기할지도 모른다. "세계적 젠더 질서가 만들어지는 것은 현존하는 젠더 체계들 사이의 상호작용 이상을 의미"하기 때문이다.[47]

4부

새로운 시각과 전망

12. 영국사와 대서양사의 접목:
대서양 복음주의 네트워크와 노예무역폐지운동 *

윤영휘

1. 머리말

대서양사(Atlantic History)는 16세기 이후 대서양 세계가 활발한 인적 교류를 통해 경제적, 문화적 측면에서 공동의 활동공간을 구성하고 있었다는 전제하에 이 지역의 역사를 연구하는 흐름 정도로 정리할 수 있을 것이다. 일찍이 대서양 국가들의 혁명을 비교사적 관점에서 분석한 로버트 파머(Robert Roswell Palmer)의 고전 『민주주의 혁명의 시대』(*The Age of the Democratic Revolution*, 1959)에서 이런 접근의 초기 형태가 보였으

---

*   이 글은 필자의 다음의 글들에서 발췌해 작성되었다. 「대서양 커뮤니케이션 통로 안에서의 노예제 논쟁: 복음주의 집단 안의 '노예' 기억들의 생성, 1737~1786」, 『서양사연구』 54집 (2016); 「영국 노예무역 폐지운동 연구의 역사: 회고, 한계, 발전 방향」, 『역사와 담론』 70집 (2014); 「대서양 복음주의 네트워크의 노예무역폐지주의」, 『영국연구』 22호 (2009).

며, 1980년대에 이르면 버나드 베일린(Bernard Bailyn)과 잭 그린(Jack P. Greene) 등이 초기 영제국을 연구하면서 대서양사를 하나의 독립된 연구 영역으로 발전시킨 바 있다.[1] 이들은 북아메리카 식민지와 영국, 다른 유럽 국가 그리고 세계 다른 지역과의 연결고리를 강조하여 전통적인 아메리카사 서술이 도외시했던 국제적, 다문화적 요소들을 강조하였다.

영국사에서도 다양한 주제가 대서양사의 틀에서 다뤄지고 있는데, 다음의 두 가지는 그 대표적인 사례라 할 수 있다. 첫 번째는 북아메리카 식민지사(史)로 한동안은 식민지 독립의 배경, 전개, 결과가 대서양적 차원에서 다뤄졌다. 그러다가 최근에는 17-18세기 본국과 식민지의 교류, 대서양 양안 종교 공동체들의 네트워크 등으로 연구 범위가 확대되는 추세이다. 두 번째 주제는 노예무역이다. 노예무역은 아프리카 흑인의 이송 및 매매 활동뿐 아니라 그것을 폐지하기 위한 움직임이 모두 대양을 연결하는 트랜스내셔널 차원에서 이뤄졌기 때문에, 대서양적 접근이 필요한 주제이다. 그동안 식민지사와 노예무역은 각자가 대표적인 영국사와 대서양사의 접목 사례로서 다뤄졌다. 그러나 대서양사의 틀 안에서 두 주제는 밀접한 연관성을 보이기 때문에 그 중요성은 좀 더 복합적으로 분석될 필요가 있다. 이 부분이 이 글에서 면밀히 분석될 지점이다.

2. 대서양 노예무역 역사의 이해구조

근대 노예무역은 포르투갈, 스페인에 의해 시작됐지만, 18세기에 이르면 영국이 주도하게 됐고, 그 폐지운동도 영국 의회를 중심으로 이뤄졌기 때문에 영국사의 중요주제 중 하나로 자리 잡았다. 그럼에도 노예무역이라는 주제는 대서양적 차원에서 접근해야 할 필요성이 있는데, 이는 노예무

존 라파엘 스미스, 〈노예무역〉

1514년부터 1866년까지 350여 년 동안 약 1,060만 명 이상의
흑인 노예들이 대서양 반대편으로 팔려 갔다.

역 자체가 대서양을 지리적 배경으로 삼아 이뤄졌기 때문이다.

최근 데이비드 엘티스(David Eltis)가 구축한 데이터베이스는 노예무역을
통한 부자유 노동력의 이주 흐름을 큰 틀에서 파악하는 데 도움을 준다.
그에 따르면 1514년부터 1866년까지 350여 년 동안 약 1,060만 명 이상의
흑인 노예들이 대서양 반대편으로 팔려 갔다. 흑인 노예들의 승선지는 지
금의 세네갈, 감비아, 베냉, 기니, 골든코스트 등 서아프리카에 집중되어
있으며, 이들의 매매는 18세기 전반(약 230만 명), 18세기 후반(약 350만
명), 19세기 초반(약 325만 명)에 최고조에 달했다. 엘티스는 또한 실제로
아메리카에 도달한 노예들의 수에 대한 통계도 제공하고 있다. 그에 따르
면 아프리카를 떠난 흑인 중 약 870만 명이 대서양 반대편에 내릴 수 있었
으며, 그들의 하선지는 북아메리카(300만), 스페인령 아메리카(약 526만),
서인도 제도(약 435만), 브라질(약 320만) 등에 집중되어 있었다. 엘티스 외
에 허버트 클라인(Herbert S. Klein), 스탠리 엔저맨(Stanley L. Engerman),

로저 앤스티(Roger Anstey) 등이 부분적으로 제시한 자료들을 종합해보았을 때, 16세기 초부터 19세기 중반의 기간 동안 약 1천만 명에 가까운 흑인들이 아프리카 서해안을 떠나 서인도 제도, 브라질, 북아메리카 등의 지역으로 이동하였으며 그중 약 18퍼센트 이상의 노예가 승선, 항해, 하역 과정에서 죽었다고 보는 것에는 큰 무리가 없을 것이다.[2]

인류 역사에 노예 및 농노와 같은 부자유 노동인구는 항상 존재해왔지만 1천만 명에 가까운 인구를 상품화해 판매한 사건은 이전에는 존재하지 않았다. 그리고 이 대서양 무역은 아프리카인들의 대륙 간 이동을 초래함으로써 대서양 세계의 인종 구성, 경제 구조, 정치외교 관계 등에 심오한 변화를 초래하였다. 이러한 특성을 가진 대서양 노예무역은 영국이라는 개별국가 역사의 틀을 벗어나 대서양사라는 새로운 틀 안에서 파악할 것을 요구한다.

두 번째로, 노예무역 이슈는 그것을 폐지하려는 움직임 또한 대서양적 교류 속에 이뤄졌기 때문에 대서양 차원에서 접근할 필요가 있다. 노예무역에 대한 반감이 확산되고 노예무역 폐지 사상으로 전환되어 그것을 폐지하기 위한 정치적 운동으로 발전하는 과정은 영국이라는 특정 국가를 넘어 조망하지 않으면 종합적으로 이해하기 어렵다. 노예무역폐지운동의 역사는 다음의 세 시기로 나눠볼 수 있는데 시기마다 이 움직임의 대서양적 성격이 드러난다.

제1기는 1730년대부터 1770년대까지로 아직 노예무역에 대한 반감이 대서양 세계에 퍼져가던 시기이다. 이 시기의 노예무역에 대한 반감의 확산을 이해하는 데 중요한 실마리를 준 사건은 1730-1740년대에 일어난 프로테스탄트 부흥운동인 '대각성운동'(the Great Awakening)이다. 물론 대각성운동 자체가 반노예제 감정을 확산시킨 것은 아니나 이 운동은 18세기 대서양 양안의 복음주의자들이 자신의 지리적, 교파적 차이를 넘어 대

아프리카인 노예의 승선 통계[3]

		1514– 1550	1551– 1600	1601– 1650	1651– 1700	1701– 1750	1751– 1800	1801– 1850	1850– 1866	총계
승선지	세네감비아	28,997	124,326	57,597	46,476	80,028	184,667	73,726	0	595,817
	시에라리온	0	1,408	90	2,790	10,522	142,475	83,601	1640	242,526
	상아해안	0	0	0	496	20,135	158,003	21,217	0	199,851
	황금해안	0	0	1,061	57,448	258,479	367,441	57,484	0	741,913
	베냉 만	0	0	10,259	174,985	570,971	490,423	268,405	13,184	1,528,227
	바아프라 만, 기니 만	2,513	9,270	25,270	71,253	136,232	569,335	288,026	675	1,102,574
	중서부 아프리카	983	32,614	257,190	129,217	496,369	1,082,805	1,381,984	70,408	3,451,570
	남서부 아프리카	0	0	0	11,364	8,922	49,675	319,828	12,126	401,915
	기타 아프리카	1,092	97,664	65,331	152,838	621,432	457,209	746,034	129,196	2,270,796
	아프리카 외 지역	0	0	0	0	0	0	490	0	490
	총계	33,585	265,282	416,798	646,867	2,203,090	3,502,033	3,240,795	227,229	10,535,679

아프리카인 노예의 하선 통계[4]

		1514– 1550	1551– 1600	1601– 1650	1651– 1700	1701– 1750	1751– 1800	1801– 1850	1850– 1866	총계
하선지	유럽	464	188	287	2,275	3,259	1,039	0	0	0
	북아메리카	0	0	0	9,349	113,249	123,638	54,911	1,541	302,688
	서인도 제도	5,992	23,384	21,404	354,961	973,220	1,978,196	797,641	158,290	4,313,088
	스페인령 아메리카	11,936	151,835	240,120	31,714	45,094	13,169	25,501	0	519,369
	브라질	0	868	33,556	78,661	579,560	738,251	1,727,376	7,900	3,166,172
	아프리카	0	319	155	2,242	274	2,531	122,999	16,277	144,797
	기타	1,212	28,980	14,004	10,405	48,655	33,176	30,733	0	167,165
	총계	19,604	205,574	309,526	489,607	1,763,311	2,890,000	2,759,161	184,008	8,620,791

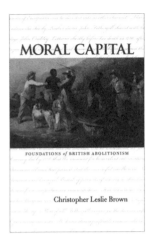

크리스토퍼 L. 브라운의
『도덕자본』 표지

서양 커뮤니케이션 통로를 성립할 계기를 제공한 점에서 반노예제 감정의 확산에 기여하였다. 여러 증거들은 이 네트워크가 영어권 대서양 세계에 흩어져 살던 사람들이 국가와 지역, 그리고 상이한 교파적 구분을 넘어 노예무역 이슈에 대한 공동의 감정과 기억을 형성하던 통로였음을 암시하고 있다.[5] 그리고 18세기 말로 가면서 노예무역이 확대됨에 따라 노예무역의 정당성은 이 대서양 커뮤니케이션 통로에서 자주 거론되는 주제가 되었다. 이런 과정을 통해 노예제 및 노예무역에 대한 반감을 가지고 있던 사람들은 자신들의 생각을 영어권 대서양 세계에 확산시킬 기회를 발견할 수 있었다.[6]

제2기는 미국 독립혁명기로, 이 시기 동안에는 1770년대 이전에 간헐적으로 나타나던 노예무역에 대한 반감이 일부 사상가들 사이에서 반노예제 이데올로기로 전환되고, 더 나아가 그것을 폐지하기 위한 정치적 운동으로 발전하였다. 컬럼비아 대학의 크리스토퍼 L. 브라운(Christopher L. Brown)은 18세기 말 미국 독립혁명이 초래한 영제국의 도덕적 위기 국면 속에서 많은 이들이 자신들의 정치적 주장에 힘을 싣기 위해 도덕적 우월성을 주장하면서 동시에 상대방의 부도덕함을 주장할 필요를 느끼게 되었다고 설명한 바 있다. 이 상황 속에서 노예무역에 대한 공격이 이전에 갖지 못했던 정치적 중요성을 획득하게 된 것이다. 예를 들면 영국인들이 식민지인들의 노예소유를 비판하며 그들의 자유와 독립 담론과의 모순을 지적할 때, 아메리카 식민지인들은 영국인에 의해 행해지는 노예무역을 비난하며 좀 더 근본적인 책임을 본국에 돌림으로써 자신들의 입지를 방어할 수 있었다.[7] 이런 점에서 미국 독립혁명이 초래한 갈등 국면은 노예무역에 대한 반감이 정치운동으로 진화하게 된 배경으로 역할을 하였다.

제3기는 영국 의회에서 노예무역 폐지가 본격적으로 거론되기 시작했던 1790년대부터 노예무역 폐지(1807)라는 실질적인 성과를 거두기까지이다. 그동안 이 시기의 반노예제운동은 영국 의회 내 노예무역 폐지법안 통과 시도를 중심으로, 또한 의회 내 투쟁을 주도한 윌리엄 윌버포스(William Wilberforce)와 그의 복음주의 정치가 동료들을 중심으로 서술되어왔다. 그러나 이런 움직임 뒤에도 대서양 양안의 반노예제 운동가들의 활발한 교류가 존재하였다. 무엇보다 영국의 반노예제 정치가들과 북아메리카 퀘이커들과의 교류는 영국의 반노예제운동 시작에 동력을 제공하였다. 1754년 필라델피아 퀘이커 협회가 노예소유를 공식적으로 금지하였고, 1770년대에 이르면 북아메리카뿐 아니라 영국에 있는 대부분의 퀘이커 협회들은 자신들의 공동체에서

노예소유주들을 추방하였다. 이는 기본적으로 신의 빛이 모든 사람에게 비추어지고 있으며, 성별, 국적, 심지어는 인종과 상관없이 누구나 그 빛을 받아들이고 구원을 받을 수 있다는 종교적 신념에 영향받은 행동이었다.

중요한 것은 퀘이커들의 이러한 선구자적 행동이 영국 정계에서 활동하는 복음주의 정치가들에게 영향을 주었다는 것이다. 예를 들어, 필라델

윌리엄 윌버포스
William Wilberforce
(1759–1833)

피아의 퀘이커 지도자이자, 대표적인 반노예제 운동가였던 안토니 베네제(Anthony Benezet)는 영국 감리교의 창시자 존 웨슬리(John Wesley)의 반노예제 사상 형성에 영향을 끼쳤다. 1774년 웨슬리가 출판하여 대서양 세계의 종교인들에게 지대한 영향을 끼친 『노예제에 대한 고찰』(Thoughts upon Slavery, 1774)의 서술 과정에 필요한 핵심적인 정보는 베네제가 제공하였다.[8] 이 외에도 미국에 거주하던 다수의 반노예제 운동가들이 그랜빌 샤프(Granville Sharp), 토머스 클락슨(Thomas Clarkson) 같은 영국의 반노예제 운동가들에게 중요한 정보원 역할을 하였다.[9] 1808년 출판된 『노예무역 폐지 운동사』(History of the Rise, 1808)에서 클락슨은 영국 반노예제 운동의 성공은 잉글랜드, 스코틀랜드, 아일랜드, 뉴잉글랜드 각지에 흩어져 있던 반노예제 운동가들이 '신의 손길'에 의해 조우하여 범대서양적 공조를 이룬 결과라고 평가한 바 있다.[10]

3. 새로운 연구의 필요성: 대서양 복음주의 네트워크 연구가 주는 실마리

이런 영국 노예제의 역사에 대한 이해 구조 속에서 볼 때 반노예제운동의 세 시기는 각각 다음의 질문을 제기한다. 우선, ① 노예무역에 대한 반감이 확산되던 시기(1730-1790년대)는 '영어권 대서양 세계에서 반노예제 감정이 어떻게 확산되었는가'라는 질문을 제기하며, ② 반노예제 사상이 등장했던 시기(1770-1790년대)는 '반노예제 감정이 어떻게 사회 개혁을 위한 정치적 사상으로 전환되었는가'라는 의문을 제기한다. 마지막으로, ③ 반노예제 정치 운동기(1790-1807)에서는 '반노예제 운동가들이 노예무역 폐지와 노예 해방이라는 목표를 어떻게 달성할 수 있었는가'라는 주제를 도출할 수 있다.

그동안 반노예제운동 연구가들의 관심은 세 번째 질문에서 두 번째 질문으로 초점이 이동 중이라고 평가할 수 있다. 예를 들어, 서인도 제도의 경제적 이익 감소에서 노예무역 폐지의 원인을 설명했던 에릭 윌리엄스(Eric Williams)나, 1970년대에 이런 경제 결정론을 비판하며 오히려 대중의 정치 참여에서 노예무역 폐지의 원인을 찾으려 했던 시모어 드레서(Seymour Drescher)는 노예제의 경제성에 관한 시각 차이에도 불구하고, 모두 "노예무역 폐지가 어떻게 이뤄졌는가?"라는 질문에서 벗어나지 않았다.[11] 그러나 1990년대부터 등장한 18세기 말 영제국의 위기 상황을 강조하는 설명에서는 노예무역에 대한 반감이 어떻게 실질적인 행동으로 전환되었는지, 즉 두 번째 질문에 좀 더 초점을 맞추고 있다. 그러나 이런 서술에서도 첫 번째 물음인 노예제도에 대한 반감의 형성과 확산 과정은 여전히 큰 관심사가 아니었다.

4. 복음주의 네트워크의 대서양적 성격

이에 대한 답을 찾기 위해서 18세기의 초중반 대서양 양안의 복음주의자들이 형성한 종교 네트워크는 중요한 실마리를 제공한다. 대서양 복음주의 네트워크는 대서양 양안의 복음주의자들 사이의 사상적, 물질적 교류가 촉발한 종교적, 사상적 일체감을 가리키는 말로 1980년대부터 수전 오브라이언(Susan OBrien)과 프랭크 램퍼드(Frank Lampard) 등이 사용한 개념이다.[12] 18세기 초·중반 대부분의 복음주의자들에게 전례 없었던 부흥의 소식은 매우 중요하게 보였기 때문에, 대서양 양안의 복음주의자들은 서신교환을 통해 대서양 반대편의 부흥운동의 소식을 듣고 또한 자기 지역의 소식을 전하고 싶은 열망을 가지게 되었다.

조너선 에드워즈
Jonathan Edwards
(1703-1758)

1730년대부터 시작된 제1차 대각성운동 기간 동안 다양한 프로테스탄트 교파의 성직자들이 새로운 부흥 운동을 지지하였고, 이들 중에는 벤저민 콜맨(Benjamin Colman), 사무엘 매더(Samuel Mather) 같은 북아메리카 식민지의 종교 지도자들과 아이작 왓츠(Isaac Watts), 존 웨슬리, 조지 횟필드(George Whitefield) 같은 영국의 복음주의자들이 있었다. 이들은 종교부흥의 소식을 공유하기 위해 정기적으로 서신을 교환하였다. 이런 대표적인 인물들 외에도 다수의 종교인이 복음주의 저널을 읽다가 관심 가는 글이 있을 경우 그 저자에게 편지를 보내기 시작했다. 이런 현상은 부흥운동이 대서양 양안의 복음주의자들에게 주었던 영향력과 파장에 기인한 것이었다.

몇 가지 대서양적 행사들 또한 복음주의자들 사이에 대서양 차원의 네트워크가 존재했음을 암시한다. 예를 들어, 1740년대에 대서양 양안의 복음주의자들은 특정일을 전 세계적 부흥을 위해 기도하고 금식하는 날로 정하는 운동을 시작하였고, 이는 곧 영국과 아메리카 식민지의 다양한 종교 단체에서 널리 지켜졌던 '연합기도회'(United Prayer Day)로 발전되었다. 영국과 식민지의 복음주의자들 사이에서는 '레터 데이'(Letter Day) 행사도 지켜졌나. 이들은 대시양 반대편에서 온 복음주 서신을 읽는 별도의 모임을 정기적으로 가지기 시작하였고, 이는 영어권 복음주의자들이 프로테스탄트 부흥운동의 대의를 공유하는 과정에 기여하였다.[13]

이런 서신과 행사 교류가 가지는 역사적 의의는 복음주의자들 사이에 대서양 커뮤니케이션 통로가 형성된 점에서도 찾아진다. 예를 들어, 조너선 에드워즈(Jonathan Edwards)의 『충실한 서술』(*A Faithful Narrative*, 1737)과 제임스 로브(James Robe)의 『서술』(*Narrative*, 1742) 같은 복음주의 문학의 대표작들이 출판되었을 때, 이 책들의 출판 소식은 대서양 양안의 복음주의 저널과 신문들을 통해 널리 알려지고, 복음주의 매체들의 유통 경로를 이용하여 대서양 양안 각지에 배포될 수 있었다. 위에서 언급된 복음주의자들의 행사들도 관련 뉴스가 복음주의 미디어를 통해 다수의 사람들 사이에 회람될 수 있었기 때문에 대서양적 차원에서 거행될 수 있었다.[14]

각 지역의 대표적인 복음주의 잡지들의 내용을 조사해보면 대서양 복음주의자들 사이의 지적 연결고리의 강도가 더 명확하게 드러난다. 대각성운동 기간 동안 런던의 출판업자들은 저명한 복음주의자들에게서 편지를 받아 대중을 위한 저널로 출판하였다. 이런 예를 따라 글라스고우의 윌리엄 맥컬록(Wiliam McCulloch), 에든버러의 로브, 보스턴의 토머스 프린스(Thomas Prins)가 자기 지역에

서 복음주의 잡지들을 창간하였다. 이들은 편지를 수집하고 재출판하는 데 있어 높은 상호의존성을 보였다. 예를 들어, 스코틀랜드에서 발행된 『글라스고우 위클리 히스토리』(*The Glasgow Weekly History*, 1741.11.-1742.12.)는 1742년 2월부터 스코틀랜드에서 시작된 부흥운동을 잉글랜드와 대서양 반대편에 전하는 매체로서 창설되었지만, 여전히 타지역에서 온 편지와 다른 지역 저널의 기사 재출판 비중이 높았

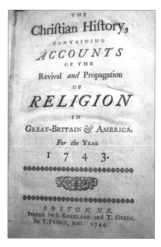

18세기 복음주의 저널
『크리스천 히스토리』

다. 일례로, 이 저널의 2권부터 51호 사이에 독립된 제목으로 실린 149개의 기사 중 아메리카 식민지와 잉글랜드에서 일어난 부흥운동을 전하는 기사들이 각각 16.7퍼센트(25개)와 24.8퍼센트(37개)의 비중을 차지하고 있었다.[15] 프린스가 보스턴에서 발행한 저널인 『크리스천 히스토리』(*The Christian History*, 1743.03.-1744.02.)에서는 뉴잉글랜드와 스코틀랜드 복음주의자들 사이의 긴밀한 연결고리가 발견된다. 이는 스코틀랜드에서 뉴잉글랜드의 지도자 에드워즈와 유사한 신학적 배경을 가진 장로교가 우세했기 때문이다. 일례로 1743년 3월부터 약 1년간 출판된 저널에서 언급된 86개의 부흥 장소 중 40퍼센트 이상이 스코틀랜드와 관련되었다.[16] 이런 증거들은 이 시기 동안 사상과 물질의 교환을 통한 복음주의자들의 종교적, 문화적 일체감 형성을 일정 수준 반영한다.

5. 노예제 이슈의 커뮤니케이션 통로

18세기 말로 가면서 노예무역의 규모가 커졌고, 이에 따라 노예제 이슈는 이 대서양 커뮤니케이션 통로의 중요한 논쟁거리가 되었다. 예를 들어, 1740년대 말의 부흥 운동가 조지 휫필드와 노예제를 옹호했던 복음주의자 알렉산더 가든(Alexander Garden) 사이에 프로테스탄트 부흥 운동의 성격을 둘러싼 논쟁이 일어나는데, 이는 곧 노예제의 신학적 근거에 대한 의견충돌로 전환되었다.[17] 이 사례가 중요한 이유 중 하나는 이것이 두 복음주의사의 논쟁을 넘어 대서양 세계 긱지에 사는 사람들이 괸심을 기지고 참여하는 대서양적 논쟁으로 발전한 점에 있었다.

복음주의자들 사이에 발생한 노예제에 대한 대서양적 논쟁은 18세기 말로 갈수록 더 빈번히 발생하며 논의의 치열함도 더해진다. 예를 들어,

1770년대의 반노예제주의자 벤저민 러시(Benjamin Rush)와 서인도 제도 농장주 리처드 니스벳(Richard Nisbet) 사이의 논쟁은 노예제가 성경의 입장에서 정당화될 수 있는지 여부에서 논쟁이 시작되어, 노예해방이 국가의 안보, 식민지 정책, 영국 경제 상황에 끼칠 영향까지 논의가 확대되어 치열하게 전개되었다.[18]

1780년대에 노예무역의 참상을 고발했던 제임스 램지(James Ramsay)와 서인도 제도 농장주들의 논쟁은 참여자의 수와 거류지가 더욱 확대되어 진행되었다. 램지는 1784년 「영국령 설탕 식민지에서 아프리카 노예들의 처우와 회심에 관한 글」(An Essay on the Treatment and Conversion of African Slaves in the British Sugar Colonies)을 통해 서인도 제도 노예 농장의 비참한 상태를 고발하였는데, 1년이 못 되어 3편의 출판물이 대서양 반대편에서 출판되어 그의 논지와 증거를 반박하였다.[19] 이에 램지가 1785년에 『개인적 비난과 반대에 대한 응답』(A Reply to the Personal Invectives and Objections, 1785)을 출판하여 재반박하고, 서인도 제도에서 오랫동안 선장으로 활약한 존 스미스(John Smith)가 램지를 지지하자, 서인도 제도 네비스섬의 대표 중 한 명인 제임스 토빈(James Tobin)이 이에 반발하여 램지와 몇 차례에 걸쳐 출판물을 통해 논쟁을 벌였다.[20] 이런 대서양적 차원의 논쟁을 통해 노예무역 폐지론자들의 논지와 수사가 대서양 세계에 퍼져 나간 과정을 관찰할 수 있다.

물론 대서양 복음주의 네트워크가 제공한 커뮤니케이션 통로 자체가 반노예제 감정을 고양한 것은 아니다. 그것은 노예무역을 반대하는 자들 뿐 아니라 지지하는 사람들을 위해서도 사용될 수 있었다. 그러나 노예제 및 노예무역을 둘러싸고 대서양 복음주의자들 안에서 일어난 논쟁은 기존의 입장에 도전하는 반노예제 주장에 대한 대중적 관심을 더욱 불러일으켰다. 또한 노예제에 반감을 가지고 있었던 사람들은 이런 논쟁에서 사용된 담론을 통해 자신들의 감정과 생각을 표현하기 시작하였다. 소수의 반노예제 사상이 좀 더 많은 사람에게 공유되면서 반노예제 주장은 좀 더 중요하게 받아들여졌고, 기존의 노예제 지지자들은 위협을 느끼기 시작하였다. 이런 점에서 영미 복음주의자들의 대서양 네트워크는 반노예제 감정이 대서양 세계에 퍼져나갈 가능성을 내포한 커뮤니케이션 통로의 형성에 기여하였다.[21]

이런 점에서 반노예제운동의 발전 과정은 대서양 복음주의 네트워크 발전의 맥락 속에서 종합적으로 살펴질 필요가 있다. 대서양 복음주의 커뮤니케이션 통로의 형성은 도덕과 종교적 관념의 변화와 정치적 행동 사이의 모호한 상관관계에 대한 중요한 이해의 실마리를 제공하기 때문에 향후 더 많은 연구가 필요한 분야이다. 대서양 복음주의 네트워크 속에서 일어난 활발한 문화적 교류와 대서양 세계에 노예제에 대한 반감 확산 과정 사이의 연결고리는 영국 반노예제운동에 대해 이전의 연구들이 충분히 답하지 않은 첫 번째 질문, 즉 영어권 대서양 세계에서 노예무역과 노예제에 대한 반하는 감정과 가치가 어떻게 확산되었는가에 대한 답을 찾는 데 중요한 기여를 할 것이다.

6. 맺음말

지금까지 살펴본 것처럼 한동안 영국사의 틀 안에서 연구되던 노예무역과 식민지 시대의 복음주의 네트워크 같은 주제들을 대서양적 차원에서 바라보는 것은 몇 가지 유용성이 있다. 우선 비교사적 접근만으로 조망할 수 없는 사건들을 좀 더 종합적으로 파악할 수 있게 해준다. 앞서 살펴본 것처럼 대서양 양안에서의 대서양 복음주의 네트워크의 발전과 반노예제운동의 발흥은 대서양 양안을 비교해서가 아니라 이 지역을 하나의 공간으로 바라보고 분석할 때 더 종합적인 이해가 가능하다. 이러한 접근을 통해 노예무역과 복음주의 네트워크같이 트랜스내셔널성(性)을 특징으로 하는 역사적 움직임의 본성이 드러날 수 있다.

또한 영국사 주제에 대한 대서양적 접근은 새로운 연구 영역의 생성 가능성을 제시한다. 일부 학자들은 대서양사가 결국은 대서양 양안 국가들의 역사서술의 합(合)에서 크게 벗어나지 않는다고 비판한다. 또 다른 일부는 대서양사가 여러 지역을 아우르는 또 다른 이름의 제국주의 역사서술이라고 평가절하하기도 한다. 하지만 위에서 살펴본 것처럼 복음주의 네트워크 안에서 일어난 활발한 문화적 교류와 대서양 세계의 노예제에 대한 반감 확산 현상은 기존 주제사의 범주를 넘는 또 다른 연구영역에 해당한다. 그것은 단지 대서양 양안을 지리적으로만 한 공간으로 보는 것이 아니라 대서양사의 틀 안에 정치, 종교, 경제 같은 주제를 다양하게 조합하고 있다. 그렇게 함으로써 '대서양 정치종교사', '대서양 경제사' 같은 새로운 하위 범주 영역의 탄생을 예고하고 있다. 이런 점에서 대서양사는 역사학의 연구 범주를 지칭하는 말임과 동시에 지속적으로 그 연구의 지평이 확대되고 있는 연구 과정에 대한 설명으로 볼 수도 있을 것이다.

13. 영국 군사사(軍事史) 연구의 흐름과 전망*

1. 군사사 정의와 그 중요성

군사사(軍事史, military history)란 기본적으로 군대 및 전쟁 — 군사제도,
군사전략 및 전술, 군사사상, 무기와 장비 등 — 에 관한 이야기로 정의될
수 있지만, 엄밀한 의미에서 이는 연구 범위를 어디까지로 설정할 것인가
와 관련되어 있다.¹ 여전히 군사사를 실제로 벌어진 전쟁의 역사로만 인식
하는 사람들이 있으나 이는 너무 편협한 정의라는 데 대부분 공감하고 있
다. 오늘날 군사사는 단순히 전쟁 자체만이 아니라 이와 관련된 정치, 경
제, 사회, 심지어는 문화와의 상호작용까지 포괄하는 분야로 인식되고 있
다. 흔히 전쟁사로 불리던 이 분야 연구는 1970년대 중반 이래 군사사라는

* 이 글은 필자의 다음 논문에 기초하고 있음을 밝힌다. 「군 막사의 경계를 넘어서: 서양
현대 군사사 연구의 동향과 전망」, 『서양사론』 제107호 (2010.12.), 5-32쪽.

보다 포괄적인 명칭 아래 그 관심 범위를 꾸준히 넓혀왔다.[2] 단순히 군대와 전쟁 자체만이 아니라 군대와 사회의 관계, 전쟁과 문화의 관계, 그리고 전쟁과 평화의 관계 등 총체적인 접근과 이해를 모색해온 것이다. 이러한 다층적인 접근 덕분에 전쟁이라는 극한 상황 속에서 승리를 위해, 보다 직접적으로는 생존을 위해 몸부림쳤던 인간 군상(群像)의 고뇌와 열망을 더욱더 총체적이며 생동감 있게 그려낼 수 있게 됐다.

사실상 역사학의 여러 분야 가운데 군사사처럼 그 인기의 등락(螢落)을 거쳐온 경우도 드물다. 20세기 이전까지 군사사는 역사학 분야 전체를 대표하는 으뜸 주제로 인식되곤 했다. 전쟁을 승리로 이끈 위대한 장군이나 국가의 중흥을 견인한 결전(決戰)에서의 승리 등은 역사가의 식탁에 오른 단골 메뉴였다. 하지만 제1차 세계대전 이후로 역사학이 다양화 및 세분화의 추세로 나아가면서 군사사는 뒷전으로 밀리기 시작했다. 급기야 제2차 세계대전 이후에는 언론매체나 출판시장을 통해 일반 대중에게는 그럭저럭 인기가 있었으나 상아탑에 속한 전문 역사학자들 사이에서는 일종의 기피 분야로 여겨졌다. 물론 이들 민간 역사가들이 군 전문용어나 군대 문화 등에 익숙하지 않은 탓도 있으나 이들 중 상당수는 위대한 장군의 활약상이나 전투의 연대기 나열에 급급한 군사사를 논리적 분석력이나 창의성이 미흡한 분야로 경시했다. 그러다 보니 군사사는 대학 사회에는 발을 들이지 못한 채 일반 대중의 전쟁이나 무기에 대한 낭만적 향수를 자극하는 수준에 머물러 있었다. 물론 상황이 이렇게 된 이면에는 과거의 영광에 안주해 시의적절하게 연구주제를 다변화해오지 못한 군사사 연구자들의 책임도 간과할 수 없다.[3]

그러나 이러한 제한사항에도 불구하고 전체적으로 볼 때, 멀게는 제2차 세계대전 이래로, 가깝게는 1970년대 말 이래로 군사사의 위상은 점차 향상되어왔다.[4] 1970년대 중반에 키건(John Keegan)의 저술로 촉발되어 '신

군사사'란 이름으로 유행한 '전쟁과 사
회연구', 파커(Geoffrey Parker) 덕분에
수준이 격상된 '군사혁명론' 논쟁 등이
1980년대에 역사학계의 중요한 화두로
떠올랐다. 이어서 1990년대 냉전 종식과
더불어 문화 측면에 관한 관심이 높아지
면서 군사사에서도 '전쟁과 문화'의 관
계를 비교사적 관점에서 고찰하려는 연
구가 활기를 띠었다. 전쟁이나 전투 양
상에 중요한 변화를 초래한 것은 첨단

존 키건
John Keegan
(1934-2012)

군사기술이나 무기 등에 대한 사람들의 대응 방식이었고, 이에 영향을 미
치는 중요 요소 중 하나가 '문화'라는 점을 인정하기 시작한 것이었다.

　이 글은 특히 19세기 이래 영국 군사사 분야 발전에 공헌한 대표적 역사
가들과 이들의 저술을 중심으로 군사사의 흐름을 고찰하고,[5] 이를 통해 군
사사의 중요성과 연구 필요성을 제시하면서 향후 연구주제를 전망하고 있
다. 군사사의 전통적 주제인 전투행위에만 집중하던 접근방식에서 탈피해
이를 둘러싸고 있는 외연(外延) ― 특히 사회와 문화 ― 과의 관계에 초점
을 맞췄다. 궁극적으로 당대 영국 사회의 사회구조 및 문화적 유산이 군대
조직, 병력 동원, 전투방식, 그리고 군사기술의 수용 양태 등에 상당한 영
향을 끼쳤다고 보기 때문이다.

2. 19세기 이전 군사사 연구

군사사는 인류의 문자 발명과 더불어 태동했다고 볼 수 있다. 글쓰기가 시

작될 시점에 이미 왕과 군대가 존재하고 있었기 때문이다. 통치자는 자신이 다른 집단과의 대결에서 어떻게 승리했고, 이로써 성취한 것이 무엇인가를 구전(口傳)이 아니라 확실한 기록으로 후대에 남기고자 했다. 바로 원초적 형태의 군사사가 탄생한 것이었다. 이러한 맥락에서 군사사는 지구상에 존재한 다양한 문화권들에서 거의 동일한 양태로 등장한 가장 오래된 역사서술 형태라고 볼 수 있다.

서양 세계에서 역사학과 더불어 군사사의 초석을 놓은 주역은 그리스인들이었다. 수많은 폴리스(Polis)로 분열되어 있던 그리스 반도에서는 이미 기원전 5세기경부터 상호 반목과 충돌이 다반사로 벌어졌다. 이러한 연유로 그리스인들의 일상생활과 특히 정치는 군사적 성격의 활동과 불가분의 관계를 맺어왔다. 실제로 폴리스가 단행한 중요한 결정들 대부분은 전쟁과 연관된 것이었다. 바로 이러한 분위기 속에서 헤로도토스(Herodotus)와 투키디데스(Thucydides) 같은 역사학의 원조(元祖)들이 출현했고, 이들에게 전쟁은 역사 연구의 핵심적인 주제였다. 전자의 『역사』(Historia, BC 440)는 페르시아 전쟁의 원인을 실제 전장 답사 후에 저술한 것이고, 후자 역시 자신이 직접 참전하기도 했던 펠로폰네소스전쟁의 원인 문제를 가능한 한 객관적인 태도로 고찰하고 있다.

기원전 4세기 중반 이래 그리스의 전성시대가 끝났다. 그리고 긴 세월 동안 반도의 북쪽에서 설욕의 칼날을 갈고 있던 마케도니아가 그리스 반도를 차지했다. 반도 통일 직후 암살당한 부친 필립 왕을 계승한 알렉산드로스 대왕(Alexander III Magnus, 재위 BC 330~323)은 불과 10년 안에 소아시아와 인도에 이르는 대제국을 건설했으나, 아쉽게도 33세의 나이로 요절하고 말았다. 그러다 보니 그에 대한 무용담이 널리 유행하게 됐고, 이러한 경향은 그리스 세계를 넘어서 진정한 지중해의 패자(覇者)로 올라선 로마제국으로까지 이어졌다. 이제 전쟁사는 위대한 군주나 영웅적 장군의 정복사업에 관한 흥미진진한 이야기로 귀착됐다. 자신이 이룩한 정복 전쟁의 업적을 『갈리아 전기』(*Commentarii de Bello Gallico*, BC 58-51)로 남긴 카이사르(Julius Caesar) 역시 이 부류에 해당한다고 볼 수 있다. 다소 예외적인 인물로 로마제국 후반기에 활약한 베게티우스(Vegetius)와 그의 『군사학 논고』(*Epitoma rei militarists*, 4세기 말)를 꼽을 수 있다.[6] 여기에서 그는 전투와 관련된 영웅적 경험담보다는 전략 및 전술의 원리는 물론 병사의 충원과 훈련 방법 등 군대의 다양한 요소들에 대해 집중적으로 기술하였다.

서로마제국이 멸망(476)하고 이어서 그리스도교 교회가 중세의 지배세력으로 등장하면서 자연스럽게 군사사는 쇠퇴했다. 전투나 전쟁에서의 승리는 위대한 장군의 영도력이 아니라 전적으로 신(神)의 섭리에 달려 있다고 믿은 시대였기 때문이다. 중세의 세계관 속에서 인간은 주체적인 판단자가 아니라 단지 신의 명령을 이행하는 도구에 불과할 따름이었다. 중세 전성기인 13세기경 베게티우스의 저술이 소개되고 아울러 기사도(騎士道) 역시 기본 틀을 갖추게 되면서 용감하고 예절 바른 기사의 무용담을 다룬 이야기가 구전(口傳)됐으나, 학문적 차원에서 주목할 만한 군사사 분야 업적은 출현하지 않았다.

14세기 중엽 이래 전장에서 화약이 본격적으로 사용됨과 더불어 성곽에 의존하고 있던 중세 지배세력의 군사적 기반이 무너졌다. 이러한 변화를 배경으로 이탈리아반도에서 르네상스라는 근대의 문을 여는 지적(知的) 혁명이 일어났다. 이 시기에는 그리스와 특히 4세기 말에서 5세기 초반에 활동한 베게티우스의 군사 관련 저술로 대표되는 로마제국 시기에 발간된 군사 입문서 유형의 필사본이 널리 유통됐다. 당대인 중에서는 누구보다도 도시국가의 혼란상을 절절하게 체험한 마키아벨리가 주로 고대의 전쟁을 분석해 1521년 전쟁 수행에 관한 참고형 저작(*The Art of War*, 1521)을 선보였다. 르네상스기의 학자들은 고전 고대의 전쟁 관련 저술로부터 기병 위주의 시대였던 중세 천 년 동안 무시 및 망각되어온 군대 훈련법, 요새 축성법, 군수물자 조달법 등 실제 전투에 유용한 새로운 지식과 아이디어를 도출했다.

이탈리아에서 발간된 군사 관련 저작들은 16세기 후반 영국에도 전파됐다. 1572년 새들러(John Sadler)가 베게티우스의 글들을 영어로 번역했고, 이를 기초로 프록터(Thomas Procter)가 자신의 책(*Of the Knowledge and Conducts of Warres*, 1578)에서 베게티우스의 글들에 대해 칭찬 일색으로 서술했다. 16세기 말 스페인의 압제에 저항한 네덜란드인들의 독립투쟁을 지원차 유럽 대륙에 파병되어 실전을 경험한 인물들에 의해 대륙의 선진 군사기술과 마키아벨리의 저술(*The Art of War*) 등 다양한 군 관련 책들이 영국에 소개됐다.[7] 이처럼 엘리자베스 여왕 통치기 이래로 영국에서도 군사서들이 활발하게 유통되기 시작했으나, 전체적으로 그 내용은 전투 실상에 관한 묘사와 이로부터 도출된 군사적 교훈을 뒤섞어서 열거하는 수준에 머물렀다.[8] 아니면 클래런던 백작(Edward Hyde, 1st Earl of Clarendon)의 6권짜리 책(*The History of the Rebellion and Civil Wars in England*, 1702-1704)에서 엿볼 수 있듯이, 특히 영국 내란 중 벌어진 충돌들에 대해 자기 진영을 옹호하려는 의도로 내란 후 쓴 저술들이 선을 보인 정도였다.

16-18세기 이른바 절대왕정 시대에는 전쟁이 다반사로 벌어진 데다가 마우리츠(Maurice of Nassau, Prince of Orange), 구스타프 아돌프(Gustav II Adolf, 재위 1611-1632), 그리고 프리드리히 대왕(Friedrich II, 재위 1740-1786) 같은 위대한 군사 지도사가 출현했다. 하지만 아이러니하게도 군사사에 관한 한 내세울 만한 창의적인 저술은 발견하기 어렵다. 기껏해야 군사 교범 성격의 글이나 전쟁 회고록 수준의 저작들이 발간되어 제한적으로 유통됐을 뿐이다. 이 시기에 각국은 병력 충원이나 훈련 같은 실질적

인 현안에 주로 관심을 기울였을 뿐, 논리와 사변(思辨)을 앞세우는 학술적 측면에는 별로 주목하지 않았다. 한마디로, 그리스와 로마, 중세, 그리고 절대왕정 시대를 거치면서 전쟁 관련 기록들이 점차 누적되어온 것은 사실이나, 진정한 의미에서 군사사가 하나의 학문 분야로 정립되기 시작한 것은 19세기에 접어들면서였다.

3. 19세기부터 제2차 세계대전까지 군사사 연구

19세기에는 프랑스혁명과 산업혁명이라는 양대 사건의 영향으로 획기적인 사회 변화가 일어났다. 이에 뒤질세라 군사사(학) 분야에서도 괄목할 만한 진전이 있었다. 무엇보다도 나폴레옹이라는 군사적 천재의 유럽 제패 전쟁을 체계적으로 분석하여 군사사가 하나의 독립된 학문 분야로 발전할 수 있는 지적 기반을 제공한 클라우제비츠(Carl von Clausewitz)와 조미니(Antoine Henri Jomini)가 등장했다.[9] 전자는『전쟁론』(On War, 1832)을, 그리고 후자는『전쟁술』(The Art of War, 1838)을 집필해서 전쟁의 개념에서부터 전략전술, 그리고 전쟁 수행에 이르는 군사학의 이론적 기초를 정립했다. 무엇보다도 전자의 경우, 나폴레옹이 벌인 다양한 전투들 속에서 시공을 초월하여 적용될 수 있는 보편적인 전쟁 원칙을 찾고자 했다. 사변적인 경향이 농후하다 보니 경험주의 전통이 강한 영국에서는 클라우제비츠보다는 전술 차원에서 프리드리히 대제 및 나폴레옹이 행한 전투들을 분석해 장차 전쟁 수행에 유용한 실질적 교훈을 도출한 조미니의 저작이 그나마 관심을 끌었다. 조미니 책의 영향을 받아서 영국에서는 맥도갤(Sir Patrick MacDougall)이 The Theory of War(1856)을, 그리고 햄리(Sir Edward Hamley)가 The Operations of War(1866)를 선보였다. 특히 후자

에드워드 셰퍼드 크리시
Sir Edward Creasy
(1812–1878)

의 책은 1858년 런던 남부 킴벌리에 설립된 참모대학(Staff College)에서 19세기 말까지 필독서로 읽힐 정도로 큰 인기를 누렸다.

영국의 경우, 다른 누구보다도 크리시 경(Sir Edward Creasy)이 나타나 제2차 세계대전 직후까지 군사사의 전범(典範)으로 답습될 연구 방법을 제시했다. 그는 저서(*Fifteen Decisive Battles of the World: From Marathon to Waterloo*, 1851)에서 역사적으로 결전(決戰)의 성격을 지닌 전투들을 선별해 이를 선악 구도로 대비시킨 후 선(善)의 승리가 서구사회를 진보로 이끌었다는 단선론적 관점으로 분석했다.[10] 크리시 경의 지적 세례 속에서 전쟁을 승리로 이끈 위대한 장군이나 국가의 중흥을 선물한 결정적 전투에서의 승리 등은 군사사 연구자의 단골 고찰 대상으로 자리 잡았다. 19세기 후반기에 출판시장이 활기를 띠면서 국가의 영광을 드높이고 일반 대중에게 자부심을 심어주는 내용으로 가득 찬 전쟁 관련 서적들이 인기를 누렸다.

더구나 이러한 접근방식은 제국주의 진출이라는 시대적 조류와 맞물려 서양의 우월한 군사적 전통이라는 '신화'를 창출해냈다. 크리시 경의 영향을 받은 영국의 군사사가들은 역사에서 결정적 전투는 19세기에 유럽 국가들이 강대국으로 부상하는 데 중요한 도움을 준 것으로 파악했다. 이때 승리는 단순한 무력 충돌이 아니라 해당 국가의 단합된 국민성이 발현되어 성취된 결과로 인식했다. 이러한 관점은 19세기 말에 기승을 부린 서구 열강의 제국주의 침탈 경쟁과 어우러져 제2차 세계대전 종전까지 다른 지역의 군사적 전통이나 발전을 도외시하는 유럽 중심주의적 태도를 조장했다. 유럽만이 우월한 군사적 전통을 갖고 있기에 열등한 다른 지역의 전통은 구태여 알려고 시도할 필요가 없다는 자만심을 불어넣었다. 이러한 경향은 최근에야 자성(自省)의 목소리와 함께 극복될 정도로 장기간 영향력을 발휘해왔다.

제1차 세계대전 이후 영국의 군사사 연구를 이끈 인물은 리들 하트 (Liddell Hart)와 그의 군 선배인 풀러(J. F. C. Fuller) 장군이었다. 특히 리들 하트는 자신이 직접 참전한 제1차 세계대전을 집중적으로 연구해 역사적으로 영국의 전쟁 수행방식을 도출하고, 이후의 전쟁에 대한 전략적 대비책을 제시하고자 했다(*The British Way in Warfare*, 1932). 풀러는 탱크로 대표되는 기계화 시대의 전쟁 개념과 운용방식을 창안하고 이를 실제 야전훈련을 통해 체계화하려고 했다. 하지만 넓게 보면, 이들 역시 여전히 크리시 경이 제시한 군사사 전통 — 흔히 '북과 트럼펫의 역사'(drum and trumpet history)로 묘사되는 주목할 만한 승전(勝戰)이나 이와 관련된 작전에 관한 내용 — 의 범주를 벗어나지 못했다고 볼 수 있다.

군이 들자면, 제1차 세계대전이 발발하기 직전에 옥스퍼드 및 케임브리지 대학교에 군사사 관련 기념 강좌가 설치된 것이 이후 군사사의 발전과 저변 확대에 희소식이라고 볼 수 있었다. 1909년 맨체스터 가디언 (Manchester Guardian)의 저널리스트 출신인 윌킨슨(H. S. Wilkinson)의 주도로 옥스퍼드 대학교에 전쟁사 관련 치첼 강좌(Chichele Chair)가 설치됐다. 그는 주로 나폴레옹이 벌인 전투들을 연구해서 가르쳤다.[11] 이후 이 강좌는 1923년 군 장교 출신으로 영국 탱크 발명의 수훈자인 스윈턴(E. Swinton)을 거쳐서 1939년 웨이벌(Archibald Wavell)까지 이어졌다. 케임브리지의 경우, 1912년에 보수당 의원 출신인 놀즈 경(Sir Lees Knowles)에 의해 군사사 관련 강좌가 개설되어 1915년에는 저명한 해군사가였던 코벳 경(Sir Julian Corbett)이 공식적으로 첫 강의를 실시했으나 이후 옥스퍼드처럼 활발하게 강좌가 이어지지는 못했다. 나름대로 제한사항들이 있었으나, 영국의 대표적인 두 명문대학에 군사사 강좌가 설치됐다는 사실은 향후 군사사 발전에 중요한 청신호였음이 분명하다. 무엇보다도 두 대학교의 젊은 지성(知性)인들에게 군사사에 대한 관심을 촉발하고, 실제로 이들 중 일부는 제2차 세계대전 후 전문적인 군사사 연구자로 명성을 떨쳤기 때문이다.[12]

4. 제2차 세계대전 이후 군사사 연구

양차 대전을 연거푸 겪은 후 전쟁 참화의 원흉이라는 인식 탓에 군사사 연구는 역사학계에서 주변부로 밀려났다. 전후에 평화주의, 반(反)군국주의, 그리고 좌파 사회주의 등이 유행하면서 근본적으로 전쟁을 다루는 분야인 군사사의 입지는 더욱 좁아졌다. 설상가상으로 학문 내부적으로 군사사는 제2차 세계대전 이후 인기를 끈 역사학의 다른 분야들 — 정치사, 사회경제사, 지성사, 종교사 등 — 과 경쟁해야만 했다. 1960년대 미국의 베트남 전쟁 개입은 서구사회에 강한 반전(反戰) 분위기를 고조시켰고, 이로 인해 전쟁이 연구 대상인 군사사는 더욱 난처한 처지에 놓이게 됐다.

새로운 활로가 절실하던 참에 1960년대 이후 서구 역사학계에서 유행한 사회사(社會史)가 군사사에 새로운 시각과 회생의 실마리를 제공했다. 이제 군사사는 전역(戰域)이나 전투에 대한 분석에서 벗어나 전쟁이 사회 변화에 미친 영향도 검토해야만 했다. 이른바 전쟁과 사회(war and society) 연구라는 새로운 문이 열리게 된 것이다.[13] 전쟁이 사회 변화의 동인이었다는 전제에서 출발하는 신(新) 연구 경향으로 인해 군사사의 범위는 크게

확장됐다. 이제 군사사 연구자는 전쟁이
나 전투와 더불어 전쟁이 사회제도나 정
책 등에 끼친 영향에도 주목해야만 했
다. 이러한 새로운 접근법은 일반 역사
학자들로부터도 호응을 얻었다. 오랫동
안 군사사를 물들이고 있던 '카키색'을
엷게 탈색시켜서 역사학 내 다른 분야
와의 소통을 원활하게 조율한 것이다.

마이클 하워드
Michael Howard
(1922–2019)

전쟁과 사회연구라는 새로운 지평
을 여는 데 선구적 역할을 한 인물은 하
워드(Michael Howard)로 저서로는 *The
Theory and Practice of War*(1965)가
있다. 옥스퍼드를 거쳐서 일찍이 런던의 킹스 칼리지에 학문적 둥지를 튼
하워드는 1960년대 초반부터 군사사 분야 발전을 위해서 고군분투해왔
다. 특히 그는 1962년 킹스 칼리지에 '전쟁연구 학과'(Department of War
Studies)를 창설했음은 물론, 군사사 연구 시 지향할 지침으로 "폭넓게, 깊
이 있게, 그리고 전후 관계를 고려할 것"(width, depth, context)을 제시해
연구 범위의 확장을 모색했다.[14] 전쟁이 사회 변화의 동인이었다는 전제에
서 출발하는 전쟁과 사회연구에 힘입어 군사사의 범위가 단순한 무력 충
돌을 넘어서 전쟁이 사회제도나 정책 등에 끼친 영향으로까지 확대되면서
역사학 일반과의 교류가 가능해졌다. 특히 당대 이름난 사회사가 중 한 명
인 마윅(Arthur Marwick)이 선보인 일련의 저작들은 20세기의 대표적 전쟁
인 양차 세계대전을 보다 포괄적인 시각에서 접근함으로써 군사사를 일반
역사의 장(場)으로 끌어들이는 데 상당한 도움을 줬다.[15]

하워드에 이어서 군사사의 지평 확대에 공헌한 역사가는 키건이었다.

하워드처럼 일찍이 1960년에 샌드허스트 왕립 육군사관학교에 학문적 거처를 마련한 키건은 군사사 분야에서 적극적으로 연구 활동을 벌였다. 특히 그의 저술(*The Face of Battle: A Study of Agincourt, Waterloo and the Somme*, 1976)은 1980년대에 접어들면서 전쟁연구가 '신군사사'라는 이름으로 역사학계 내에 명함을 내미는 데 크게 기여했다.[16] 그는 일반 병사들이 전투 중에 겪은 경험과 심리상태를 세밀하게 묘사함으로써,[17] 그동안 위대한 장군이나 결전 장면의 서술에만 집착해온 전통 군사사의 접근방식에서 탈피할 수 있었다.

키건의 선구적 연구로 인해 이제 군사사는 인류학, 고고학 등 인접 학문 분야와도 긴밀하게 협업해야만 했다. 군대와 사회의 관계를 연구하던 군사사가들은 곧 이 주제가 생각만큼 단순하지 않으며 광범위한 데이터 및 분석 틀이 필요하다는 점을 알아채고, 다른 학문 분야로부터 해결책을 구한 것이었다. 인류학자와의 접촉을 통해서 '전쟁의 진정한 원인이 무엇인가?'에 대해 재성찰하는 기회를 얻었고,[18] 이를 입증하는 과정에서 기록물이 아니라 출토된 먼 과거 유물을 다루는 고고학자의 도움을 받았다.[19]

제프리 파커
Geoffrey Parker
(1943-)

심리학으로부터는 과거 전쟁터에서 병사들이 느꼈을 심리상태를 파악하는 데 유용한 연구 방법을 차용해왔다.

이러한 진전에도 불구하고, 군사사가 역사학 학문 세계의 중심부로 진입하기에는 여전히 역부족이었다. 새로운 질적 도약이 절실하던 차에 이번에는 파커가 그 역할을 했다. 그의 저술(*The Military Revolution: Military Innovation and the Rise of the West, 1500-1800*,

1988)은 군사사가 일반역사의 범주로 편입하는 데 큰 도움을 줬다. 지난 두 세대 동안 군사사 분야에서 가장 주목을 받은 주제가 '군사혁명'에 대한 것임은 부인하기 어렵다. 16-17세기에 화약무기와 요새 진지 등 새로운 군사기술의 등장으로 전쟁 양상에 중요한 변화가 일어났고, 군사 면에서 시작된 이러한 흐름은 곧 해당 사회구조 및 국가 시스템의 체계화를 촉발했다는 명제를 둘러싸고 열띤 논쟁이 이어져 왔다.[20] 파커는 여기에서 한 걸음 더 나아가서 군사 측면의 발전이 유럽 대륙 내부에서는 근대국가가 형성되는 데, 그리고 외부 세계에서는 19세기 이래 서구가 우위를 점하는 데 핵심적인 역할을 했다고 주장함으로써 기존 논의에 더욱 활기를 불어넣었다.

원래 논쟁은 1955년 스웨덴 국왕 구스타프 아돌프의 군대를 연구한 로버츠(Michael Roberts)가 1560년경 유럽에서 군사혁명이라는 변화가 일어나기 시작했다고 주장하면서 점화됐다.[21] 이후 파커의 뒤를 이어 논쟁에 뛰어든 또 다른 연구자는 로저스(Clifford J. Rogers)였다. 그 역시 군사혁명의 존재를 수용했으나 중세사 전공자답게 변화의 시점에 대해서는 의견을 달리했다. 그는 파커가 끌어올려 놓은 군사혁명 시작 연도를 무려 200년 이상이나 앞당겼다. 그에 의하면, 1300년경 중세 전장에 새로운 무기들 ― 영국군의 장궁(longbow) 및 화약무기 ― 이 도입되면서 기사 중심의 기병대 위주로 편성된 중세의 군사 체제에 본질적인 변화가 초래되기 시작했다. 다시 말해, 전장의 중심 전력이 기병에서 보병으로 이동했는데, 이는 단순히 군대 차원의 문제가 아니라 궁극적으로 중세사회의 붕괴에 중요한 요인으로 작용했다는 것이다.[22]

그렇다면 군사혁명에 대한 논쟁은 그 시점을 앞당기는 선에서만 머물렀을까? 그렇지 않다. 그 출발 시점을 오히려 후대로 끌어내린 연구자가 있었으니 바로 블랙(Jeremy Black)이었다. 18세기 전공자인 블랙은 기존 연

제레미 블랙
Jeremy Black
(1955–)

구자들의 주장과는 달리 서양에서 군사혁명은 1660년에야 시작됐고, 유럽의 군사기술이 진정으로 다른 세계를 앞지른 시점도 바로 18세기 중엽 이후라고 주장했다.[23] 근본적으로 군사혁명은 군사기술의 발전보다는 '군사제도'의 선진화로부터 추동됐다는 블랙의 새로운 테제는 지구적 차원에서 비교사의 방법론으로 이 주제를 고찰할 필요성을 제기했다.

이처럼 연이어 벌어진 논쟁을 통해 군사혁명은 역사적, 지리적, 그리고 개념적으로 확대 및 진화해온 현상으로 이해되기에 이르렀다. 시간상 처음에는 16-17세기에 시작됐으나 곧 중세까지 거슬러 올라갔다가 얼마 후 심지어는 18세기 말까지 내려왔다. 또한 지리적 측면에서 초기에는 스웨덴이나 네덜란드와 같은 북유럽인들의 전쟁 경험에서 시작됐으나, 곧 섬나라 영국을 포함하는 유럽의 대부분 지역으로 확대됐다가 급기야는 아시아, 아프리카, 그리고 오스만제국으로까지 일견 전(全) 지구적으로 넓어졌다. 끝으로, 개념상 단순히 군사 면에서의 기술 발전 및 혁신, 그리고 군대조직의 변화로부터 넓게는 해당 사회구조 전체의 변화까지 포섭하는 개념으로 발전하게 됐다.

그러나 1990년대 중반에 이르면 군사혁명에 대한 관심은 소강상태에 접어든 반면, 이후로는 전쟁과 문화의 관계가 '문화적 진환'(cultural turn)이라고 불릴 정도로 연구자들의 관심을 끌었다. 물론 문화는 정의하기도 그렇다고 설명하기도 쉽지 않은 모호한 개념이지만, 군사사 연구에 문화적 요소가 가미됨으로써 연구 범위가 더욱 확장됐다. 무엇보다도 문화적 접근은 서구의 경계를 넘어서 비서구 세계의 군사적 실상에 대해서도 주목하는 계기를 마련해주었다. 서구예외주의 또는 유럽중심주의(Eurocentricism)에서 벗어나서 다른 대륙의 경우와 비교적으로 고찰할 수 있는 시각을 갖게 했다. 무엇보다도 서구 세계와 비(非)서구 세계 간의 상호작용(interaction) 측면을 조명함으로써 군사사의 내용을 보다 객관적이고 풍요롭게 채워주었다. 조만간 비서구 세계에서 군사사 연구가 더욱 축적되어 궁극적으로는 서구 중심으로 설정되어 있는 기존 준거 틀 및 넓게는 패러다임을 재검토하는 날이 도래하리라고 본다.

문화 측면에 대한 강조와 동일선상에서 1980년대에 접어들어 유행한 포스트모더니즘의 영향으로 한 국가의 전쟁방식을 당사국이 속한 문화권의 역사적 전통과 연계해 고찰하려는 경향이 대두했다. 그동안 이질적인 것으로만 여겨져 온 전쟁 행위와 무형(無形) 유산인 문화라는 두 분야를 접맥시켜 전자에 대한 이해를 보다 풍성하게 하려는 시도였다. 역사적으로 형성되어온 각국의 고유문화가 해당 국가의 전략구상 및 전쟁방식 결정에 암암리에 영향을 끼쳐왔다는 점에 주목했다. 이는 각국의 전통문화와 전쟁 수행방식 간에 밀접한 상관관계가 잠재되어 있다는 사실을 전제로 하고 있다.

1970년대 중반에 미국 정치학자 스나이더(Jack Snyder)가 '전략문화'(strategic culture)라는 개념을 처음 제기한 뒤 이는 곧 역사학 분야로 확대됐다. 특히 영국의 경우, 1932년에 리들 하트가 저서(*The British Way in Warfare*, 1932)에서 이미 논의한 바 있는 해군력을 주축으로 한 '간접접근'이라는 전통적 전쟁방식의 문제를 전략문화라는 좀 더 포괄적 관점에서 고찰하려는 연구를 자극했다.[24] 국제관계 분야 연구자들이 선도하는 와중에 1970년대 이래 하워드를 필두로 스트라챈(Hew Strachan), 프렌치(David French) 등 영국의 저명한 군사사 연구자들이 가세하면서 전쟁연구의 한

축을 담당하는 주제로 주목을 받았다.

이처럼 전략문화라는 개념을 통해 영국이 과거에 경험한 전쟁을 새롭게 보려는 움직임이 있었으나, 기본적으로 전략문화는 국제관계를 연구하는 학자들에 의해 제기되어 주로 이들에 의해 주도됐다. 물론 앞에서 언급한 바처럼 유명 군사사가들도 이에 가세했으나, 역사학에서는 포괄적인 문화라는 개념에 좀 더 관심을 집중해온 경향이 있었다. 넓은 의미에서 문화적 접근의 중요성을 내세우는 최근의 대표적인 연구자로 블랙을 꼽을 수 있다. 그는 저서(*Rethinking Military History*, 2004)에서 전(全) 지구적 관점에서 군사사의 다양성을 추구하고 이에 합당한 방법론을 개발하는 것이 향후 군사사 연구의 중심주제가 되어야 한다고 역설했다.[25]

나아가 군사사 연구의 다양성을 저해하는 중요한 요인으로 서구 세계 연구자들이 비서구 세계에 대해 품고 있는 단순화된 시각을 거론했다. 한 예로, 흔히 대항해 시대 이래로 서구가 다른 대륙을 군사적으로 압도해왔다고 일반화하는 경향이 있는데 이는 오해라는 지적이다. 심지어 19세기 이전까지 서구는 세계의 다른 문화권에 대해 군사적으로 우위를 점하지 못했다고 주장한다. 물론 전투행위에서 우수한 무기나 무기체계의 중요성을 부인하는 것은 아니나, 블랙의 연구는 베트남전쟁이나 소련의 아프가니스탄 침공에서 엿볼 수 있듯이 우월한 무기가 항상 승리를 담보하는 것은 아님을 일깨워주고 있다. 실제로 한 연구는 근대 유럽 전쟁에서 화약의 도입이 초래한 영향에 대한 기존의 해석은 당시 화약무기의 확산을 전 지구적 차원에서 고찰할 경우 달리 해석될 수 있는 여지가 있음을 입증하고 있다.[26]

비서구 세계에 대한 관심이 고조된 때문인지 식민지에서 벌어진 소규모 선생과 선투에 관한 연구 역시 관심을 끌었다. 특히 스트라챈은 편저(*Big Wars and Small Wars: the British Army and the Lessons of War in the*

Twentieth Century, 2006)를 통해 식민지 전투에서 미래전에 유용한 군사적 교훈을 도출하려는 시도까지 하고 있다. 물론 군사사 연구자들의 관심이 비단 인도나 아프리카와 같은 영국의 식민지 군대에만 국한된 것은 아니다. 오랫동안 서양 세계와 접촉 및 교류를 이어온 오스만제국은 물론 중국을 비롯한 동양 세계의 군사적 전통이나 군사사상에 대한 연구도 비교사적 측면에서 관심을 끌고 있다. 최근 포터(Patrick Porter)는 비서구 세계의 군사적 발전을 유럽 중심주의에서 벗어나 새롭게 조망하는 책(*Military Orientalism: Eastern War Through Western Eyes*, 2009)을 선보인 바 있다. 이처럼 다른 대륙이나 문화권의 군사 문제에 관한 연구가 활발해지면서 군사사의 공간적 범위는 가히 지구사(地球史)에 근접할 정도로 넓어졌다.

2천 년대 접어들어 군사사는 오히려 역사학 내 다른 분야와의 구분이 모호해질 정도로 연구주제가 한층 다양화됐다. 대표적으로 최근에도 꾸준히 관심을 끌고 있는 전쟁 기억과 전쟁 기념 및 희생자 추모에 관한 연구를 꼽을 수 있다. 물론 이러한 경향은 일찍이 퍼셀(Paul Fussell)의 선구적 작업에 이어서 1990년대 중반 윈터(Jay Winter)의 저술로 촉발됐지만, 이후에도 힘찬 기세로 진행 중이다.[27] 전쟁을 주도한 장군이나 정치가들보다도 직접 전투에 참여했던 장병들의 개인적 경험을 '기억'이란 매개로 재구성해 전쟁의 폭력성과 비극성을 부각하고, 이로써 향후 전쟁을 방지한다는 의도가 연구주제 자체에 은연중 내포되어 있다.

전쟁 기념도 마찬가지이다. 양차 세계대전 이후 영국 곳곳에 세워진 다양한 전쟁 기념 조형물에 대해 승리를 선양하는 찬가(讚歌)로서보다는 폭력에 의한 희생을 기억하고 나아가 개개인의 죽음을 집단화해 추모하는 공간 표상으로 해석하려는 연구가 활기를 띠고 있다. 특히 오늘날 이러한 노력은 하루가 다르게 발전하고 있는 이미지 재현 기술들과 어우러지면서 일반 대중의 관심을 끌어당기고 있다. 이처럼 심지어는 첨단기술을 다루

임페리얼 전쟁 박물관(런던)

영국 곳곳에 세워진 다양한 전쟁 기념 조형물에 대해 승리를 선양하는 찬가보다는
폭력에 의한 희생을 기억하고 나아가 개개인의 죽음을 집단화해
추모하는 공간 표상으로 해석하려는 연구가 활기를 띠고 있다.

는 인접 학문과의 접촉과 협업을 통해서 군사사 연구는 연구 방법론적으
로 정밀해졌고, 표현 방식상 한층 생동감 넘치는 현장감을 지니게 됐다.

다른 한편으로, 군사사의 범위가 지나치게 확장되어 자칫하면 전쟁연구
의 본령(本領)인 군대의 전투행위와 무기 발달에 관한 연구라는 '군사사의
본질'이 희석될 수도 있음을 우려하는 목소리도 있다.[28] 새로운 연구 경향
으로 인해 전략이나 특히 전투행위와 관련된 군사사 연구의 전통 주제가
주변부로 밀려났다고 우려하는 데서 오는 항변이다. 특히 '전쟁과 사회'
및 '전쟁과 문화'라는 접근방식으로 인해 군사사의 연구 범위가 너무 확대
되어 심지어는 전혀 피를 흘리지 않는 전쟁사를 초래, 결과적으로 군사사
의 정체성 자체가 모호해졌다고 보는 우려이다.[29] 이러한 경계심에도 불구
하고 군사사가 진입하고 협업해야 할 영역은 여전히 남아 있다.

5. 최근 군사사 연구 경향과 향후 과제

향후 군사사 연구는 어떠한 방향으로 전개되어야 힐까? 좁게는 향후 군사사 연구는 어떠한 주제에 주목해야 할까? 이러한 의문에 정확한 답변을 찾기는 쉽지 않다. 그동안 논의되어온 이슈들에 관한 연구도 아직 완결되지 않은 상태에서 여기에 새로운 주제를 더하기가 만만한 문제가 아니며, 신(新) 주제라고 하더라도 이미 간헐적으로 연구가 진행되어온 것이기에 참신성을 찾기가 어렵기 때문이다. 그렇다고 하더라도 최근 관련 연구자들의 관심을 끌고 있으며 앞으로도 그 추세가 이어질 것으로 여겨지는 몇 가지 연구 경향을 제시해보고자 한다.

우선, 향후 군사사가 더욱 관심을 기울일 주제는 젠더(gender)와의 관계가 아닐까 한다. 전통적으로 군사사 연구는 주로 남성 엘리트 전사의 활동에 초점이 맞추어져 왔다. 여기에는 사회적으로 남성성의 구축이라는 성(性)의 문제가 암암리에 내재해 있었다. 그리하여 적어도 제1차 세계대전 이전까지는 여성의 임무는 가정을 지키면서 건강한 자식을 출산해 그를 국가의 재목으로 키우는 일이었다. 불가피하게 동원되는 경우라도 제1차 세계대전까지도 기껏해야 군수산업체 노동자나 간호 인력으로 전후방 지역에서 남성들의 전쟁 수행을 보조하는 역할에 머물렀다.

하지만 제2차 세계대전부터는 특히 소련 군대의 경우처럼 여성이 실제 전투 요원으로 활동하는 경우가 늘어나기 시작했고, 이러한 경향은 전후 시기에도 이어져 오늘날 여군의 존재가 전혀 어색하지 않기에 이르고 있다.[30] 현실적으로 현재 우리나라는 물론이고 세계적으로 남성의 아성으로 여겨져 온 군대 내에서 여군의 비중과 기여도가 빠르게 향상되고 있다. 따라서 특히 공적 영역에서 행한 여성의 군수물자 생산 활동 및 전투행위, 군사문화, 그리고 젠더라는 세 요소 간의 상호작용 및 혼융(混融)에 대한 천착이야말로 군사사 연구의 주메뉴 중 하나로 향후에도 인기를 유지해가리라 생각한다.

이어서, 전쟁 결과에 대해 더 많은 관심이 요구된다. 다시 말해, 종전 후 전쟁이 해당 국가의 제반 측면에 어떠한 후유증 또는 상흔을 남겼고, 이에 대해 해당 국가나 사회는 어떻게 대응했는지 하는 점이다. 앞에서 언급한 바대로, 1970년대 말 이래 전쟁과 사회에 관한 연구가 꾸준히 진전되어 왔으나 시간 범위상 주로 전쟁 와중의 시기에 집중된 경향이 높았다. 전쟁이 모두 끝나고 난 다음에 해당 사회의 구성원들은 일상 속에서 전쟁이 초래한 변화와 충격을 어떻게 수용 및 해결했는지, 보다 직접적으로는 징집된 병사들의 소집해제는 어떻게 이뤄졌는지, 그리고 전후 상이군인에 대한 문제는 어떻게 처리됐는지 등에 관한 연구는 상대적으로 소홀했고, 특히 국내 군사사의 경우에는 공백 지대라고 할 정도로 관련 연구가 미진하다.

더불어 전쟁이 인공적이든 자연적이든 인간 삶의 환경에 미친 결과에 관해서도 관심을 기울일 필요가 있다. 사실상 이 주제는 아직 연구 초기 단계라고 할 정도로 서양에서도 2천년대 들어와서야 본격적으로 주목을 받았다.[31] 결론적으로, 제1차 세계대전 후 전쟁이 남긴 다양한 유산들은 얼마 후 또 다른 대(大)전쟁의 요인으로 작용했고, 더구나 전쟁과는 동전의 양면과 같은 전후 평화정착 문제와도 긴밀하게 연관되어 있기에 전쟁의 직접적 결과는 물론 '전후 정상상태로의 복귀'에 관한 문제는 지속적인 심층적 고찰이 요구된다.

끝으로, 군사사의 본령(本領)이라고 할 수 있는 전쟁(전투)사 측면에서 전쟁 수행 과정을 통합적으로 접근할 필요가 있다. 즉, 한 국가가 수행하는 전쟁에서 지상·해상·공중에서 벌어지는 전투행위를 종합적으로 고찰해야 해당 국가가 취한 전략 전술에 대한 정확하고 균형 잡힌 이해가 가능한데 그동안 전쟁사 연구는 주로 육상전 위주로 진행되어온 경향이 있다. 영국의 경우, 18세기 이래로 해군력이 군사전략 수립에서 중요한 비중을 차지해왔음은 주지의 사실이다. 더욱이 제1자 세계대선을 통해 공군이 급성장하면서, 일찍이 이탈리아 항공전략가 줄리오 두헤(Giulio Douhet)가 예견했듯이,[32] 공군력과 이의 운용은 국가전략 수립에서 불가결한 고려 요소로 대두했다. 실제로 양차 세계대전기에 영국에서 제한된 국방예산을 둘러싸고 전통의 해군과 새롭게 군의 첨단 부서로 떠오른 공군 간에 불거진 갈등이 이를 반증한다. 이러한 군의 통합성 또는 합동성 강화에 대한 필요성은 학문적 논의의 장을 넘어서서 현실적으로 오늘날 각국 군대의 화두로 자리하고 있다. 전쟁 계획 단계나 전쟁 수행 과정에서 각 군 상호 간에 얽혀 있는 복잡한 연결망에 대한 종합적 접근과 분석이 절실한 시점이다.

근본적으로 군사사는 전쟁과 관련된 역사적 사실을 탐구한다. 왜 연구할까? 과거에 해당 무력 충돌이 일어난 원인과 과정 등을 밝히는 목적도 있지만, 이와 동시에 인류 역사를 통해서 끈질기게 이어지는 처참한 집단 희생의 사슬을 끊는 데 과거의 경험에서 다소나마 유용한 교훈을 얻기 위함이다. 인류 역사 전체를 통해서 전쟁이 없었던 시대는 존재하지 않았다. 심지어 평화와 인권의 중요성이 강조되고 있는 오늘날에도 "오로지 죽은 자만이 전쟁의 종말을 보았다"는 경구를 입증이라도 하듯이, 지구상에서 무력 충돌은 계속되고 있다. 더욱이 미국의 9 · 11테러 및 이라크전쟁으로 촉발된 이른바 '테러와의 전쟁'이 그리스도교 문화권 대(對) 이슬람 문화권 간의 충돌로 인식되면서 비대칭적이고 비재래전 양상의 내전, 게릴라전, 그리고 테러리즘과 같은 이질적인 전투행위가 더욱 극성을 부리고 있는 실정이다.[33]

어떻게 하면 이러한 '시지푸스의 족쇄'를 풀어버릴 수 있을까? 바로 그

비밀의 열쇠가 군사사 어딘가에 숨겨져 있지 않을까 한다. 장차 벌어질 일을 예측할 수 있는 최선의 비결은 지금껏 우리가 걸어온 길을 뒤돌아보는 것이고, "전쟁은 역사를 이끄는 기관차"(War is the 'locomotive of history')라는 러시아 혁명가 트로츠키(Leon Trotsky)의 말마따나 역사상 중요한 전쟁이나 전투의 결과는 실제로 상당한 정도로 역사의 흐름을 변화시켜왔기 때문이다.[34] 이러한 측면에서 앞으로도 군사사 연구가 더욱 활성화되길 기대하며 글을 맺는다.

14. 백파이프와 킬트 문화의 이민?:
스코틀랜드인 이민의 역사와 연구*

이민경

1. 스코틀랜드인 이민의 역사

20세기 초반까지 전 세계 지표의 1/5이 영제국의 영토였을 만큼 영국인들은 이민과 이주의 역사에서 큰 비중을 갖는다. 세계 도처에 정착해 영국의 영향력 확대에 기여한 '영국인'은 그러나 잉글랜드, 스코틀랜드, 아일랜드, 웨일스 종족의 혼합물이다.[1] 흔히 '영국인' 하면, 킬트(Kilt)를 입고 백파이프(Bagpipes)를 부는 영국인을 상상한다. 물론 이 특징과 부합되는 영국인은 스코틀랜드인이다. 스코틀랜드인은 17세기부터 노동자, 무역상, 개척 정착민 등으로 식민지에 진출하였고, 18세기에는 이미 다수의 식민지에 정착했을 정도로 초기 영제국 이민사에서 중요성을 갖는다. 그럼에도 불

이 글은 2018년 『영국연구』 39호에 「스코틀랜드인에서 오스트레일리아 스코틀랜드인으로: 스코틀랜드인들의 오스트레일리아 이민과 역사연구」라는 제목으로 게재된 글을 수정·보완한 것이다.

영국의 종족성을 보여주는 지도

로우랜드와 하일랜드
(Lowland and Highland Divide)

구하고 스코틀랜드인 이민의 역사는 '영국인'을 상상시키는 대표성에 부합할 정도로 영국의 이민사에서 중심을 차지한다고 보기 어렵다. 최근에 아일랜드인이나 잉글랜드인 중심의 이민사 연구에서 나아가 스코틀랜드인 이민에 관한 더 많은 연구가 수행되어야 함을 학계가 지적하고 있는 이유가 여기에 있다.

일반적으로 19세기 초까지 영국을 떠난 스코틀랜드인 이민자들 가운데 다수를 차지하는 집단은 하일랜드인(Highlanders)이다. 이들로 하여금 영국을 떠나도록 한 주원인으로는 18세기 말 참담할 정도였던 흉년과 기근, 이에 영향을 받은 상업적 지주제도의 확산 및 임대료 상승 등을 들 수 있다. 이로 인해 19세기 초 영국 정부로부터 보조를 받던 이민자들이 노동자나 빈민이었던 것과는 달리, 초기 하일랜드인 이민자들로는 임차인이나 농장 소유자와 같은 유산계급 및 그에 딸린 부속 식솔들이 다수를 차지한다.[2] 이들과 더불어 주로 임차업에 종사했던 '소 엘리트' 로우랜드

(Lowland) 지주들 또한 초기 이민의 확장을 이끈 주요 집단에 속한다. 특히 로우랜드인들은 서인도 상인 및 대지주 집단인 플랜테이션 소유자, 또는 무역과 제조업 및 통상 비즈니스 영역 등의 종사자로 영향력을 가졌다.[3] 아울러 인쇄와 서적 생산으로 유명했던 스코틀랜드의 제지 재료공업이나 양조 및 증류와 같은 경공업 해외 수출 분야의 스코틀랜드인들 또한 이민의 확장에 영향을 준 집단으로 주목된다.[4] 이후 대외적 식민지 확장과 산업혁명의 진행으로 인한 상업과 산업, 그리고 사회 전반에 걸친 변화가 스코틀랜드인 이민자들의 특성에 영향을 미친다.

도시의 산업 확장과 함께 19세기 중반까지 스코틀랜드의 경제는 섬유공업에서 중공업 분야로 이동해갔다. 지속적인 영제국의 확장과 영국 사회의 대내외적 변화는 목축 경영뿐만 아니라 무역통상, 기술이 필요한 중공업 산업 분야 등에 스코틀랜드인 이민자들이 집중되는 현상을 가져온다. 특히 중공업 분야에 종사했던 스코틀랜드인들은 선착장 노동자들, 수송체계와 선박, 철도 엔진, 도로 건설 등과 관련된 엔지니어처럼 산업의 인프라 구조를 공급하는 영역이나 제국통상과 같이 영제국의 전 지구적 자본주의 체제와 밀접한 관계를 갖는다.[5]

18세기부터 식민지에 진출했던 군사 영역뿐만 아니라 의약, 식물학, 항해 관련업과 같은 주요 전문영역에서도 스코틀랜드인들의 식민지 이민은 두드러진다. 실제로 19세기에 이르면 스코틀랜드인들은 군인과 정착민, 무역 상인과 선원, 식물학자, 산림업자, 엔지니어, 선교사 및 교사, 대학 설립자, 은행가, 법률가, 기업 창업자들로서 식민지에서 긍정적인 명성을 쌓으며 식민지 사회에서 중요한 자리를 점한다.[6] 이와 같은 산업패턴 및 전문 직종의 다변화는 스코틀랜드인 이민뿐만 아니라 식민지 이민자 유형의 다양성으로도 연결된다.

최근에 영제국 식민지 정착민에 대한 연구를 수행하고 있는 학자들은 이러한 다양한 이민자들의 네트워크와 다문화적 관점에서 이민자들의 정체성이 고찰되어야 한다고 주장하고 있다. 이러한 동향은 영국인들의 이민사 연구에서 스코틀랜드인 이민자들의 문화 및 정체성 유지와 네트워크에 더 주목할 필요성을 제기한다. 사실 영제국 이민에서 이민의 대상이었던 식민지들에 대한 연구는 방대한 영제국의 크기와는 달리 북아메리카에 편중되어왔다고 볼 수 있다. 예를 들어, 오스트레일리아의 경우, 정착지 대부분의 지명이 스코틀랜드인 이민자들과 관련되어 있을 정도로 스코틀랜드인들은 경작 가능한 지역의 탐험과 식민지 정보의 확산, 지역 식민지 발달에 상당히 중요한 역할을 담당하였다.[7] 마찬가지로 아프리카, 아시아, 카리브해 등지에서도 스코틀랜드인들은 무역 통상 및 다양한 직종의 정착민으로서 영제국의 발달에 중요한 영향력을 갖는다. 그러나 이들 지역에의 진출이 20세기 전반까지 지속되었음에도 불구하고 스코틀랜드인의 이민은 영제국 이주사에서 아일랜드인들의 이민만큼 역사가들에게 큰 주목을 받지 못해왔다. 보통 스코틀랜드인 이민에 대한 서술은 영제국사 서술이나 포괄적인 영국의 이민 전반에 관한 서술의 일부분으로,[8] 또는 지역이나 종족의 분류 안에 간략히 언급되는 정도가 대부분을 차지한다.[9] 따라서 현재, 스코틀랜드인들의 이민에 대한 연구 확장의 필요성을 강조하며 여러 각도에서 다양한 연구 수행을 촉구하고 있는 것은 고무적인 현상이라고 볼 수 있다.

2. 스코틀랜드인 이민의 성격과 네트워크 연구

사회과학 분야에서 수행하고 있는 이민 연구에서는 '개인들의 조직화된 집단'을 국가가 인정하는 기관과 연결해주는 "편입"(incorporation)의 개념에서 사회관계 네트워크를 주목한다. 이민자들에게는 공적 구조와 제도에 합법적으로 포용되는 사람들로 존재하기 위해 네트워크가 중요한데, 이민사 사회가 초기 단계일수록, 합법적으로 포용되는 사람이 적을수록, 이민자 사회의 네트워크 보호와 초국가적 친족관계 등의 네트워크가 중요해진다.[10] 특히 스코틀랜드인들의 이민에서 다수가 관찰되는 식민지 정착 초기의 협소한 이민자 사회는 정착지에 대한 확고한 사회개념이 미흡한 경우에 해당하므로 이 '편입'의 개념을 적용하기가 쉽지 않다. 식민지 초기 이민의 경우에는 사회 일부로서의 중요성보다는 일상에서 접하는 사람들과의 네트워크가 중심을 차지할 가능성이 높기 때문이다. 이 때문에 식민지 정착지로의 편입과 특정 사회로의 통합 문제보다는 서로 다른 목표를 갖고 식민지에 온 이민자들 나름의 공유한 시간과 공간에 따른 네트워크 특성이 더욱 중요해진다.

여기서 매켄지(John M. MacKenzie)와 디바인(T. M. Devine)의 『스코틀랜드와 영제국』(Scotland and the British Empire, 2011)이 주목하는 네트워크와 이에 대한 사고의 '위험'에 대해 생각해 볼 필요가 있다. 이 두 학자는 스코틀랜드인의 "친족과 우정"이라는 네트워크 확립과 "'씨족적' 이민조합체 문화"를 주목한 바 있는데, 특별히 스코틀랜드인들의 네트워크가 정착지에서 '상호적 가치'의 정도를 표시해주는 일종의 장치였음을 지적하고 있다. 이러한 네트워크는 스코틀랜드 이민자 '자신들의 중요성', 또는 스스로의 무게를 각인시켜주는 장

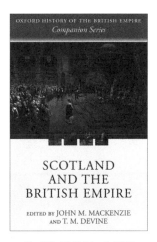

존 매켄지와 T. M. 디바인의
『스코틀랜드와 영제국』 표지

치인 동시에[11] 영제국 내에서의 존재성과 본국과의 관계망을 위한 장치로써 또 다른 중요성을 획득한다.

그러나 무엇보다 이러한 초기 정착 시기의 네트워크 체제를 스코틀랜드인 이민의 독특한 성격으로 고착시키는 위험에 빠지지 말아야 한다는 이들의 주장은 강조에 강조를 더하고 싶은 부분이다. 스코틀랜드인들의 이민과 이민자 네트워크가 단순한 도식화로 설명하기 어려울뿐더러, 이민자의 개별 특수성, 또는 예외적 특성이 네트워크의 '상투어법'과 같이 전수되면서 영국인 나아가 백인의 것으로 일반화되는 위험에 대해 사고의 전환을 요구하기 때문이다.[12]

한편, 개별 네트워크의 다양한 특성에 대해 고려한 연구들은 이 문제를 해결하기 위한 연구 방법론적 가능성을 발견하게 하는데, 매카시(Angela McCarthy) 외 8명의 학자가 출간한 『전 지구적 씨족』(A Global Clan: Scottish Migrant Networks and Identities Since the Eighteenth Century, 2006)은 이 분야에 기여도 있는 연구들을 수록하고 있다. 이 저서는 주로 개인 편지, 증언, 인터뷰, 회고록 등을 통해 이민자 '개인'의 입장과 일반 경험을 분석하는 연구들로 구성되어 있다. 특히 이민자들의 네트워크가 공동체의 기능과 영향력, 네트워크의 작동 방식, 그리고 규모 및 구성원의 성격 등에 따라 다르게 전개된다는 것을 드러내고 있다. 중요한 것은 '정착민이 하나의 장소에만 정주'하는 것을 기초로 해석해서는 안 된다고 지적하고 있다는 점이다. 이것이 중요한 이유는 개별 스코틀랜

안젤라 매카시 외,
『전 지구적 씨족』 표지

드 이민 네트워크가 아시아, 아메리카, 아프리카 대륙의 다른 스코틀랜드인 네트워크와도 연결될 가능성을 배제할 수 없기 때문이다. 따라서 다양한 사회적 네트워크들을 지엽적인 틀로 접근해서는 안 된다는 짐을 기억힐 필요가 있다.

특히 스코틀랜드인들의 아시아와 미국 정착 이민을 주 대상으로 한 거버 (D. Gerber)의 「두 사람의 네트워크」(A Network of Two: Personal Friendship and Scottish Identification in the Correspondence of Mary Ann Archibald and Margaret Woodrow, 1807-1840, 2006)는 초기 식민지 정착 시기의 네트워크 체제가 지역적 특수성이나 개인 또는 집단적 특수성에 의해 달라질 수 있다는 사실을 전달해준다. 여기서 거버는 상업이나 목초지 활동에 기반을 둔 남성적 네트워크와 식민지 전원에서의 삶과 주거 공간 유지를 담당하며 가정을 이끌어간 여성들의 네트워크 유대가 같을 수 없다고 주장한다. 그의 주장은 젠더에 따른 '수동성'과 '능동성'이란 기존 사회의 시각으로 정착 시기를 평가하기 어렵다는 '비교의 블랙홀'을 주지시킨다는 점에서 시사하는 바가 크다.

같은 맥락에서 매킬럽(Andrew MacKillop)은 「유럽인들, 브리튼인들, 스코틀랜드인들」(Europeans, Britons, and Scots: Scottish Sojourning Networks and Identities in Asia, c.1700-1815, 2006)에서 개인의 편지를 기초로 한 스코틀랜드인 이민자 네트워크를 분석하면서 기존 연구가 스코틀랜드인 이민에 대해 "지나칠 정도로 '씨족적'이었다는 '잘못된 인상'을 제공하고 있음"을 지적한다. 물론 스코틀랜드인 이민자 네트워크는 잉글랜드나 웨일스보다 강하고, 지역성과 친족적 동류의식이 국가나 민족의식보다 강한 것으로 나타난다.[13] 또한 하일랜드인이 로우랜드인보다 씨족성 및 파벌적 성향을 더 보이는 경향이 있다. 일부 식민지에서는 '스코틀랜드'라는 동질성에 의한 동류의식이 친족적 연대감과 거의 동등한 특성을 갖기도 한다.

혈연이나 가계, 출신, 인척과 같은 감각이 이민 초기의 더 나은 삶을 위한 이민자 네트워크를 건축하는 데 있어 더 많은 중요성을 획득한 것이다. 이러한 사실은 식민지 정착에서 네트워크의 기능이나 경험이 정착 사회 및 시기와 지역에 따라 다를 수 있다는 경우의 수를 주지시킨다. 따라서 이민자 네트워크는 초기 네트워크처럼 상호적 지지와 도움 및 정서적 위안이라는 특성도 형성하지만, 효과적인 식민지 사회 구축이란 기능성 및 경제성과 정치성 같은 기능 확장이 수반될 수도 있다는 것을 인식하게 된다. 네트워크에 대한 열린 사고가 요구되는 이유가 여기에 있다.

토마스 파드, 〈씨족의 마지막〉
19세기에 떠난 2백만 스코틀랜드인 이민자들을 묘사하였다.

19세기 중반 이후에는 이민의 다양성이 더욱 확장된다. 그러므로 스코틀랜드의 '사회적 힘의 뿌리'와 사회경제적 변화, 스코틀랜드인 이민의 다양성과 개별 네트워크의 경험 분석이 네트워크 연구에서 더욱 중요해진다. 이를 주목하는 연구에서는 스코틀랜드인의 공동체적 집단 경험의 일반화 문제의 경계선을 확장시키고 네트워크들의 특수성을 사고하도록 하는 기회를 가질 수 있다. 대표적 연구로는 리처드(Eric Richards)의 「19세기 스코틀랜드인 이민의 다양성」(Varieties of Scottish Emigration in the Nineteenth Century, 1985)을 들 수 있다. 이 연구는 개인의 전기 등 일반 이주 경험을 분석하면서 식민지 이민자들의 개별 경험과 네트워크 경험이 분리되기 어렵다는 사실을 전달한다. 여기서 서신이나 회고록 등과 같은 기록이 '작성자의 의도와 목적성뿐만 아니라 네트워크의 특성을 말하기도 한다'는 지적은 주지할 필요가 있다. 작성자의 의도와 수신자와의 소통이란 관점에서 기록에 내재해 있는 가족적 목적성, 사업적 목적성, 정부 보고와 같은 공적 목적성 등이 바로 네트워크와 연결될 수 있기 때문이다.

한편, 그레이(M. Gray)가 『스코틀랜드인들의 이민』(Scottish Emigration: The Social Impact of Agrarian Change in the Rural Lowlands, 1775-1875, 1973)에서 지적한 것처럼, 이민의 동인으로는 인구·사회구조적 변화뿐만 아니라 심리적 변화에 의한 추동력 또한 무시할 수 없다. 더 나은 삶에 대

윌리엄 올스워스, 〈이민자들〉

가족과 씨족 단위로 이민을 간 뉴질랜드의 스코틀랜드인 이민자들을 묘사했다.

한 기대감을 자극하는 스코틀랜드인 이민자 네트워크의 피드백이 이민의 중요한 동력이 될 수 있기에 그러하다. 다른 관점이지만, 역사에 나타나는 가시적 집단들의 네트워크만을 대상으로 설정하는 관행 또한 변화되어야 할 것이다. 프렌티스(M. D. Prentis)의 「스코틀랜드인 죄수들에 관해 우리는 무엇을 알고 있는가?」(What Do We Know about the Scottish Convicts?, 2004)는 이러한 관행이 가져올 수 있는 편협성을 지적하며 이 문제에 대한 방향성을 제시한다.[14] 죄수 수송은 식민지에서 필요로 했던 일종의 노동자 이주로도 해석될 수 있기 때문이다. 따라서 역사 속에서 비가시적이었던 스코틀랜드인 집단도 연구대상으로 확장시킬 필요가 있다는 것을 절감하게 된다. 이민사 연구가 우선적으로 가져야 할 방향성은 바로 다양한 가능성의 고려로부터 그 걸음을 옮겨가야 할 것이다.

3. 스코틀랜드인 이민자의 정체성과 문화 연구

스코틀랜드인 이민자 네트워크는 어려움에 맞닥트린 정착민들을 위해 상호 도움과 접촉의 지속을 통해 식민지 삶에 필수 불가결한 역할을 했다. 이러한 네트워크는 식민지의 많은 문화적 연합체들과 연관성을 갖는다. 사실 문화적 연합체는 타자에 대한 일종의 특정한 사회 방어를 창출하는 정체성 유지와 그것을 통한 스코틀랜드인의 존립 및 번성에 있어 중요한 장치였다. 사회학적으로 '식민지 정착민이나 이주민은 동일하게 식민지 사회에 통합되어야 하지만,'[15] 문화의 상상적 통일 감각에서는 종족의 고립 또는 분리의 지속이 특수함을 통한 스코틀랜드인들의 통합을 유지시키기에 유효했던 것이다. 이러한 문제를 관찰할 수 있는 대표적 연구로는 프렌티스의 『오스트레일리아에서의 스코틀랜드인들』(The Scots in Australia,

2008), 브리텐바흐(E. Breitenbach)의 『스코틀랜드인들의 교회와 미션』(*Scots Churches and Missions*, 2011), 그리고 크레이그(Cairns Craig)의 『스코틀랜드에 대한 이해』(*Intending Scotland: Explorations in Scottish Culture since the Enlightenment*, 2009)와 「지성인들의 제국」(Empire of the Intellect: The Scottish Enlightenment and Scotland's Intellectual Migrants, 2011)을 들 수 있다.

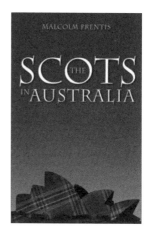

M. D. 프렌티스의
『오스트레일리아에서의
스코틀랜드인들』표지

프렌티스는 정설적 입장과 양적 영향력을 중심으로 스코틀랜드인 종족적 실체가 갖는 종족적 정체성을 '문화'라는 틀을 통해 고찰하고자 한다. 예를 들어, 신교도 칼뱅파의 덕목들인 검약, 도덕성, 경건한 신앙과 절약, 교육을 존중하는 성향들을 스코틀랜드인 이민자 사회의 종교적 특성 및 문화적 정체성 가운데 위치시키고 있다. 이와 같은 '교육에 대한 존중'이란 특성은 사회적 · 지적 배경의 시각에서 스코틀랜드 민주주의를 조망한 사운더스(L. J. Saunders)의 연구와도 맥을 같이 한다.[16] 특히 프렌티스가 주목하고 있는 계몽주의 산물과 식민지 교육의 장으로 지적 · 철학적 · 과학적 업적들을 이식하는 스코틀랜드인들의 역할에 대해서는 브리텐바흐(2011)와 크레이그(2011)에서 세부적인 예를 확인할 수 있다.

브리텐바흐는 선교와 제국주의 및 자본주의가 결부된 제국수의 확장이란 점에서 스코틀랜드인들의 장로교 교회 활동을 주목한다. 특히 "근면, 진지한 삶, 상업적이면서 전문적인 성공" 등 식민지에서 장로교회 네트워크가 추구한 바와 제국 식민지 교육기관 발전에의 기여도를 관찰하고 있다. 의학용품의 제공, 훈련기관을 통한 기술 및 과학적 방법의 전수, 식민지의 물리적 기반시설 발전과 다양한 경제 활동, 양육 활동 등에서 이들이 역할을 했다는 것이다. 이것이 문화제국주의의 일환일 수 있다는 논쟁을 피할 수는 없으나, 식민지에서 장로교회 활동이 남긴 저명한 교육 기관들, 선교 활동을 통한 국제 네트워크가 남긴 유산은 무시할 수 없다. 실제로 교회 활동을 통해 스코틀랜드인들이 부가한 "교육"의 가치는 새로운 땅에서 본국의 정체성 및 자신들의 존재성을 형성하고 구체화하기 위해 수행한 역할로 대변된다. 특히 스코틀랜드인 장로교도들의 교육 중심 선교 활동은 종교 및 교육문화의 확장을 통한 문화정체성 형성의 도모, 결과적으로 스코틀랜드 문화정체성으로서의 '교육문화'를 확인하도록 한다.

반면에 크레이그의 「지성인들의 제국」은 스코틀랜드 문화의 확산이 이

출처: Edinburgh World Heritage

스코틀랜드 계몽주의의 인물들

사교계 인물 앨리슨 러더퍼드(Alison Rutherford), 시인 로버트 번스(Robert Burns),
경제학자 애덤 스미스(Adam Smith), 지질학자 제임스 허턴(James Hutton),
철학자 데이비드 흄(David Hume), 건축가 로버트 아담(Robert Adam),
화학자 조지프 블랙(Joseph Black), 식물학자 존 호프(John Hope),
역사가 로드 하일레(Lord Hailes), 건축가 제임스 크레이그(James Craig),
의사 윌리엄 쿨렌(William Cullen) 등이 묘사되어 있다.

민자들에 의한 것임을 강조함으로써 스코틀랜드인 이민자들의 교육 수준과 지적 특성, 영제국 식민지 건설에서의 역할에 대한 일반 역사서술의 증거를 제시한다. 해외에 설립된 병원, 의과대학, 박물관 등 다양한 교육기관의 설립과 과학, 심리, 정치경제, 사회학, 문학과 비평, 인류학, 식물학 등의 분야에서 이룬 스코틀랜드 계몽 사상가들의 업적이 스코틀랜드인들의 네트워크를 통해 전파되었다는 것이다. 이 연구는 스코틀랜드 지성인들의 활동과 차후 세대에 미친 영향력이 식민지에서 스코틀랜드의 뿌리와 특징을 보여주는 예를 관찰하게 한다. 궁극적으로는 스코틀랜드를 문화적 '고국'으로 생각하게 하는 특징적인 문화 형성에 대한 식견을 제공해주고 있다.

더욱 포괄적인 분석은 크레이그의 『스코틀랜드에 대한 이해』에서 확인할 수 있다. 이 연구는 18세기의 흄으로부터 19세기 및 20세기의 포스트모던 사상가들까지 스코틀랜드인들의 지적 · 문화적 삶이 제국 식민지들과 세계의 정치 · 사상적 발전의 양상까지 확장해가는 문맥을 제공한다. 스코틀랜드 출신의 지적 인물들을 추적해보면, 스코틀랜드인 이민자들이 지성사의 영역에서 지배적이었음을 발견할 수 있고, 이는 제국과 전 세계에 퍼진 출판물과 정책들에서 가시적으로 나타나고 있다.[17]

이 같은 연구들에서 새로운 사회 리더를 양성하는 스코틀랜드의 교육 중심 철학과 발달된 대학교육이 스코틀랜드인 이민자들로 더 나은 직장 확보와 식민지 기층문화 프로젝트 건설에 공헌했음을 확인할 수 있다. 또한 해외로 진출해 다수의 전문직을 지배했던 스코틀랜드 출신 거대 인물들의 목록은 그들이 스코틀랜드의 문화업적을 대표함과 동시에 스코틀랜드 문화의 파급력이 그들을 통해 더욱 극대화되었다는 사실을 관찰하게 한다.

현재 진행되고 있는 연구들은 '동화'(Assimilation) 또는 '다문화주의의

출처: Selvedge Magazine

데이비드 앨런, 〈푸른 보닛을 쓰고 있는 18세기 로우랜드 양치기 소년들〉

푸른 보닛은 수백 년 동안 스코틀랜드인들이 착용한 모자로 스코틀랜드인을 상징한다.

뿌리'라는 시각에서 식민지에서 스코틀랜드인들이 만들어간 문화 형성 및 유지를 조명하고 있다. 스코틀랜드의 전통적 낭만성과 관련된 타탄 민속 의상이나 백파이프를 비롯한 음악과 춤처럼, 타자로부터 스코틀랜드인들을 구별해주고 특별한 존재성을 부각시켜온 문화장치나 통합문화의 존속 여부만을 확인하는 시각에서 탈피해야 함을 요구하고 있는 것이다. 식민지에서 타자들을 만난 스코틀랜드인들의 정체성 형성과 문화 형성에는 종족성과 함께 이주 시기 및 지역의 특성을 반영한 문화적 변경과 개조 등의 유동성이 내포되기 때문이다. 따라서 식민지라는 새로운 환경에서 형성해 간 스코틀랜드인들의 이민자 문화, 타자들과의 식민지 삶에서의 동화 문제 및 정체성 방어 문제 등과 더불어 정착기 스코틀랜드인의 삶의 패턴도 연구되어야 할 것이다. 다양한 시각에서 수행되는 연구의 다변화가 현재의 영제국 이민사 연구가 가야 할 일차적 출발점이어야 하지 않을까?

4. 스코틀랜드인 이민사 연구 앞에 놓인 과제

기존 스코틀랜드인들의 이민에 관한 대부분의 역사 연구는 스코틀랜드인들의 이민이 다른 영국 내 종족들보다 독특한 재능을 가진 이민자들의 디아스포라라는 현상을 지지해왔다. 전 지구적 차원에서 볼 때 그들의 기여도가 영제국의 건설에 있어 중요한 역할을 했다는 것이다. 그러나 이러한 '스코틀랜드 이민자'들의 지적 전문성이라는 차별성의 강조는 오히려 '어떻게 그것이 만들어지고 파생될 수 있었는지', 그리고 '식민지에서 어떻게 발현되며 스코틀랜드인의 정체성을 구성했는지' 질문하는 연구 또한 필요함을 제시해준다. 이는 제국의 네트워크들을 통한 연결선에서 영국과 본토 스코틀랜드 및 다양한 식민지 정착지들의 연결고리들을 연구해야 할 필요성을 시사하는 것이기도 하다.

특히 식민지에서 스코틀랜드인 이민자들의 정체성과 관련된 문제는 타자와 자신을 구별하는 특정한 소속감이란 측면 또한 고려해야 하므로 정착 시기의 환경, 원주민, 아시아 이민자, 타 유럽 이민자, 잉글랜드인, 아일랜드인과 웨일스인 등 스코틀랜드인 정착민들을 둘러쌌던 타자들에 대한 연구도 병행되어야 할 것이다. 이러한 시도는 식민지 정복사 역사서술의 전환과 함께 다문화주의와 다원적 사회의 이상으로 '공동체' 개념이 강조되고 있는 최근의 학계 조류에 동참하는 것이기도 하다. 아울러 이러한 연구들은 스코틀랜드인 이주에 대해 진정한 역사성의 부가와 의미 평가를 가능하게 하는 길을 열어줄 것이다.

네트워크 연구에서도 스코틀랜드인들이 형성한 조직들과 단체, 협회 운영과 구성 및 활동의 정량적 연구와 함께 식민지 독립 후 형성된 국가에 이 같은 단체들이 어떠한 영향력을 갖는지 고찰할 필요가 있다. 스코틀랜드인들의 네트워크와 국가형성의 연결고리에 대한 연구는 '포스트식민'

스코틀랜드인 기념비
에든버러에 있는 기념비로 미국 남북전쟁에 참가했던
스코틀랜드인들을 기념하였다.

조류에 부응하는 영제국과 영국성으로부터의 '탈식민' 연구가 가야 할 방향성을 생각하게 하는 것이기도 하다. 이 문제는 다시금 다원주의 및 다문화 조류에서 스코틀랜드인 이민 나아가 이민-이주사가 재조명해야 할 것이 무엇인지를 생각해야 할 필요성을 제기한다. 따라서 스코틀랜드인의 이민에 대한 역사 연구는 이제 스코틀랜드인과 경제, 교육, 학문, 종교 등 하위체들을 주목하거나 영제국에 결속된 거대 제국사에 기대는 것에서 나아가 국가 관계 속에서 스코틀랜드인 이민자를 의미 평가 대상으로 하는 연구로 발돋움해야 한다고 본다. 국가의 총체적 정체성 사고와 현재의 통합문화에서 스코틀랜드성을 재정립하는 것이 자기 주체성과 존재성으로 긍정적인 새발견을 할 수 있는 기회가 될 수 있을 것이기 때문이다.

21세기에 들어서면서 탈식민의 관점에서 민족주의가 다시 조명되며 다문화주의와 다원직 사회의 이상으로 공동체 개념이 강조되고 각각의 특성을 유지하며 공동체를 이루는 '통합'의 관점이 부상하고 있다. 그러므로 다각도의 탐구로 연구 패러다임의 변화를 만드는 스코틀랜드 이민사 연구의 미래는 이주와 교류로 글로벌한 세계를 만들고 있는 현대인들의 이주 역사가 가질 무지갯빛 미래이기도 할 것이다.

15. 북아일랜드 갈등의 기원을 찾아서 *

강미경

1. 머리말

2019년 12월 12일, 브렉시트(Brexit) 교착상태를 해결하기 위해, 보리스 존슨(Boris Johnson) 영국 총리가 추진한 조기 총선은 전체 650석 가운데 365석을 차지한 보수당(the Conservative Party)의 압도적 승리로 끝이 났다. 노동당(the Labour Party)은 59석을 잃은 203석으로 1983년 이래 최악의 패배를 기록했다. 이번 선거에서 보수당은 "브렉시트 완료"(Get Brexit done)를, 노동당은 "제2 브렉시트 국민투표"(Second Brexit referendum)를 공약으로 내걸었다. 결과적으로 보면 영국민은 어떻게든 브렉시트를 완료하길 원했던 것이다.

---

* 이 글은 필자의 이전 글들을 일부 발췌해 작성했다. 「17세기 초 얼스터 플랜테이션의 배경-런던데리(Londonderry를 중심으로)」, 『대구사학』 130집 (2018.02); 「제임스 1세의 얼스터 종교개혁과 아일랜드 가톨릭의 반응」, 『영국연구』 41호 (2019. 06).

위 이미지 내부 텍스트: GET BREXIT DONE / Conservatives

유세 중인 보리스 존슨 영국 총리

브렉시트 교착상태를 해결하기 위해 보리스 존슨 영국 총리가 추진한
조기 총선은 보수당의 압도적 승리로 끝이 났다.

　브렉시트를 결정했던 지난 2016년 국민투표 이후 "브렉시트 완료"의
최대 걸림돌 중 하나는 이른바 "백스톱"(backstop) 문제였다. 예정대로
브렉시트를 시행하게 된다면 영국은 유럽의 관세동맹에서 벗어나 사람
과 물자의 이동을 제한하는 국경 통제를 시작해야 한다. 그런데 문제는
현재는 영국령이지만 영국에 영구 통합될지 아일랜드와 통일할지를 두
고 오랜 세월 유혈 갈등을 겪었던 북아일랜드와 아일랜드 사이에도 국경
통제가 시작된다는 것이다. 당시 수상이었던 테레사 메이(Theresa May)
와 유럽연합(EU)은 강력한 국경 통제가 벨파스트 협정(Belfast Agreement,
1998)[1] 이후 간신히 봉합된 북아일랜드 문제를 재점화시킬 수 있다고 보
고 지난 3년간 협상을 계속했다. 즉, 브렉시트는 하되 북아일랜드와 아일
랜드 국경은 이전 상태를 유지한다는 안(backstop)을 두고 협상을 지속한
것이다.
　그렇다면 벨파스트 협정은 무엇인가? 1921년 아일랜드가 영국으로부

터 독립할 때, 아일랜드 32개 주 중 영국 출신 신교도 후손들이 살았던 아일랜드의 북쪽, 즉 오늘날 북아일랜드라 불리는 앤트림(Antrim), 아마(Armagh), 다운(Down), 런던데리(Londonderry), 퍼매너(Fermanagh), 티론(Tyrone) 6개 주는 영국령으로 남았다. 친영국 성향의 신교도들은 영국연합 왕국 속에 '연합'되어 있기를 원했던 것이다. 그러나 아일랜드 민족주의 성향을 가진 소수의 구교들은 북아일랜드가 연합을 탈퇴하여 아일랜드와 '통일'되기를 원했다. 그리고 서로 다른 종교와 입장을 배경으로 한 이들 사이의 갈등은 1960년대 후반부터 유혈사태로 이어졌다. 1972년 1월 30일, 북아일랜드 런던데리에서 일어난 이른바 '피의 일요일'(Bloody Sunday) 사건은 이런 유혈사태의 가장 대표적인 예라 할 수 있다. 이 갈등으로 1969년부터 1998년에 이르는 약 30년 동안 3,600명이 사망하고 50,000명 이상이 부상을 당했다. 벨파스트 협정은 오랜 기간 충돌해왔던 이 신·구교 사이에 이루어진 평화협정이었다.

이 협정에 따라 2005년 9월 구교계 강경파 무장단체인 아일랜드공화국

1972년 북아일랜드 런던데리에서 일어난
'피의 일요일' 사건의 한 장면

군(Irish Republican Army, IRA)이 무장해제를 공식 선언했고, 2007년 5월에는 신교도 정당인 민주연합당(Democratic Unionist Party, DUP)과 구교계 신페인당(Sinn Fein)의 공동정권이 출범했다. 하지만 협정 이후 20년이 지나도록 갈등은 완전히 사라지지 않았고 브렉시트 문제는 오래된 갈등의 새로운 불씨가 되었다. 브렉시트 협상 중이던 지난 2019년 1월 19일 런던 데리에서 신 IRA의 행동으로 추정되는 차량 폭발 테러가 발생한 것은 그 증거라 할 수 있다.

앞에서 언급된 것처럼 북아일랜드 갈등의 저변에는 종교 문제가 넓게 자리하고 있다. 그렇다면 북아일랜드의 종교적 갈등은 언제부터 시작되었나? 2011년을 기준으로 무종교, 무응답을 제외한 북아일랜드 종교 분포를 살펴보면 신교(성공회, 장로교, 감리교 등)의 비율이 약 42퍼센트, 구교(가톨릭)의 비율은 41퍼센트 정도이다. 전체 인구의 95퍼센트 이상이 가톨릭인 아일랜드와는 다르게 북아일랜드는 많이 감소하긴 했지만 여전히 신교의 비중이 높다. 그렇다면 북아일랜드에 언제부터 신교가 등장한 것인가?

2. 잉글랜드의 침입과 신교의 등장

아일랜드 땅에 발을 들인 최초의 노르만 군주 헨리 2세(Henry II, 재위 1154-1189) 시기부터 오랜 기간 아일랜드는 잉글랜드의 지배를 받았다. 헨리 2세 시기 아일랜드로 들어온 구 잉글랜드인(Old English)[2]들은 아일랜드에 정착해 아일랜드 가문과 결혼을 하고 아일랜드 문화에 동화되어 토착 아일랜드인처럼 아일랜드를 지배했다. 그러나 헨리 8세(Henry VIII,, 재위 1509-1547) 시기에 이르러 이전과는 다른 상황이 전개되었다. 잉글랜드

북아일랜드와 얼스터

얼스터 플랜테이션으로 북아일랜드에 신교세력이
대거 등장하게 된 계기가 되었다.

의 증강된 해군력이 스페인의 신대륙 독점권을 위협하자 스페인은 아일랜드를 잉글랜드를 공격하기 위한 교두보로 활용하려 했기 때문이다. 게다가 잉글랜드가 종교개혁으로 신교 국가로 탈바꿈하자 가톨릭 국가 스페인과 프랑스는 아일랜드 가톨릭과 연합해 잉글랜드에 공동으로 대적하려는 전략을 세웠다.

이에 맞선 헨리 8세의 전략은 가톨릭 국가들의 침략에 대비해 아일랜드에서 자신의 지배권을 강화하는 것이었다. 그는 이미 아일랜드 문화에 동화된 구 잉글랜드인 대신 왕의 대리인을 직접 파견해 아일랜드를 지배하고 잉글랜드 시스템을 그대로 아일랜드에 이식하려 했다. 이는 아일랜드의 정치, 사회 등 다방면에서 많은 문제를 야기시켰는데 그중 가장 대표적인 것이 종교 문제였다. 헨리 8세의 강압적인 통치에 반대하는 토착 아일랜드인과 구 잉글랜드인들은 가톨릭을 통해 공동의 유대를 강화했고 대륙의 가톨릭 국가들과 결탁했다. 엘리자베스 시기 얼스터(Ulster)[3]에서 일어난 '9년전쟁'(Nine Years' War, 1594-1603)은 이 시기부터 축적된 아일랜드인들의 불만이 폭발한 사건이었다고 할 수 있다. 이후 전쟁에 패하고 망명한 가톨릭 귀족들의 땅은 몰수되었고 엘리자베스를 계승한 제임스 1세는 그 지역에 잉글랜드와 스코틀랜드 신교도를 대거 이주시켰다. 이것이 바로 얼스터 플랜테이션(Ulster Plantation)으로 북아일랜드에 신교세력이 등장하게 된 계기이기도 했다.[4]

엘리자베스 시기 『요정여왕』(The Faerie Queene, 1590)을 저술한 에드먼드 스펜서(Edmund Spencer)와 아일랜드의 총독을 지냈던 에식스 백작(Robert Devereux, 2nd Earl of Essex)은 일찍이 아일랜드를 성공적으로 지배하는 것은 "아일랜드에 얼마나 많은 잉글랜드인을 보내는가"에 달려있다고 주장한 적이 있었다. 그리고 제임스 시기 아일랜드의 검찰총장(attorney-general)이었던 존 데이비스(John Davies) 역시도 제임스에게 "식민한 시민들의 수가 원주민보다 많지 않으면 잡초가 곡물을 뒤덮듯이 곧 원주민이 그들을 뒤덮을 것입니다"라고 언급했다.[5]

이는 당시 많은 잉글랜드인이 아일랜드 영토를 완전히 통제하는 최선의 방법이 잉글랜드인을 대규모로 아일랜드로 보내 그곳을 잉글랜드화시키는 것이라고 생각했다는 것을 의미한다. 당시는 토지가 부와 권력의 기반이었던 만큼 이 토지에 신교도 이주민을 정착시키는 것은 아일랜드인들의 세력을 약화시키는 좋은 방법이었다. 그리고 신교도의 식민을 통해 얼스터의 종교를 신교로 바꾸는 것은 플랜테이션을 위한 이데올로기적 구조의 핵심이기도 했다.[6]

3. 종교를 주제로 바라보다

오늘날 영국의 일부가 된 북아일랜
드의 정치적 혼란은 얼스터 플랜테
이션에 대한 이해 없이는 제대로 파
악하기 어렵다. 그럼에도 불구하고
오랫동안 이것은 학자들의 큰 관심
을 끌지 못했다. 왜냐하면 대부분
학자들의 관심이 얼스터 플랜테이
션 자체보다는 9년전쟁이나 1641
년 반란(Irish Rebellion of 1641) 그
리고 자코바이트전쟁(Jacobite War
in Ireland, 1688-1689)과 같은 중요
한 군사적 사건들에 집중되었기 때

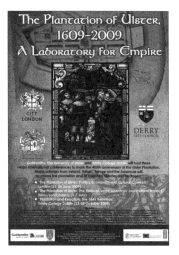

2009년에 개최된
얼스터 400주년 기념 학회 포스터

문이다. 얼스터 400주년을 기념하기 위해 얼스터와 더블린 그리고 런던
에서 개최된 3개 학회의 결과 출판된 *Plantation of Ulster: Ideology and
Practice*의 서문은 이런 연구 경향을 잘 드러내고 있다.[7]

근대 초 아일랜드의 역사에 대한 연구는 16-17세기 동안 일어났던, 아일
랜드의 발전을 검토하는 여러 주요 논문들의 출판과 함께 1990년대 이래로
일종의 르네상스를 경험했다. 그럼에도 불구하고, 이러한 연구들은 여전히
정치사 혹은 군사(軍史) 같은 전통적인 주제를 중심으로 하는 경향이 있으며
상당한 빈 곳이 남아 있다.[8]

하지만 위에 언급된 일부 한계에도 불구하고, 1990년대를 전후해 다양

스코틀랜드와 잉글랜드의 공동 왕,
제임스 6세 겸 1세(James 6 & 1)의
초상화

한 연구들이 등장한 것은 사실이다. 이들 가운데 현재 북아일랜드 갈등의 주요 원인이 종교라고 주장하는 연구를 살펴보려면 이 플랜테이션을 시작한 제임스 1세의 종교적 입장을 먼저 언급하지 않을 수 없다. 1603년, 엘리자베스 여왕의 뒤를 이어 잉글랜드 왕위를 계승할 당시 제임스가 가장 관심이 있었던 것은 바로 자신의 왕권이었다. 그는 종교정책을 시행할 때 자신의 왕권을 인정하고 복종하는 경우 개인적인 선호와 관계없이 그 종교를 관용하는 정책을 썼다. 그러므로 제임스가 얼스터를 비롯한 아일랜드에서 시도한 종교정책은 교회에 대한 왕의 간섭을 배제하는 장로교나 교황권이 왕권보다 우위에 있으며 필요한 경우 교황은 국왕을 폐위시킬 수 있다는 가톨릭의 주장보다는 국왕이 세속과 교회를 아우르는 강력한 권한을 가졌던 잉글랜드 국교로의 통합이 핵심이었다.[9] 때문에 제임스는 잉글랜드 계승 초기부터 아일랜드 내 가톨릭 성직자들을 추방하고 잉글랜드 스타일의 아일랜드 교회(Church of Ireland)를 설립하려 했다. 당시 도입된 신교의 영향은 제인 올마이어(Jane Ohlmeyer)가 잉글랜드의 법률과 의회 시스템보다 아일랜드에 더 극적인 영향을 미친 것은 신교였다고 한 것에서도 잘 드러난다.[10]

알란 포드(Alan Ford)는 제임스가 우월한 잉글랜드의 관습을 아일랜드인들에게 도입시키려 했던 것처럼 우월한 신교 즉 잉글랜드 국교를 '후진적'(backward)인 아일랜드 가톨릭교도들에게 도입하려 했다고 주장했다.

동시대 관찰자가 언급했던 것처럼 얼스터 플랜테이션이 "그 지역에 부와 진정한 형식의 종교를 가져올 것"으로 생각했다는 것이다.[11] 이를 위해 제임스는 얼스터의 가톨릭 교회와 주교구에 잉글랜드와 스코틀랜드에서 온 신교 주교들을 임명하고 얼스터의 전 지역에 신교 성직자들을 이주시켜 신교를 정착시키려 했다. 포드는 그 계획의 대표적인 인물과 도시로 아마 대주교(Archbishop of Armagh) 제임스 어셔(James Ussher)와 아마 시(city of Armagh)의 역할에 주목했다.[12]

존 맥카퍼티(John McCafferty)는 특히 주교들의 역할에 포커스를 맞추어 제임스의 종교정책을 설명한다. 잉글랜드의 주교들은 교황이 아니라 국교회의 수장인 국왕에 의해 임명되었으며 왕의 대권(royal prerogative)을 보호하고 왕의 의지를 대변해 교회를 운영했다. 그리고 왕권에 대항하는 귀족 세력을 견제하거나 해외에서 왕의 정책을 대변하기도 했다. 즉 당시 잉글랜드 주교들은 왕권의 동반자였다. 맥카퍼티에 따르면 제임스는 이 주교들을 이용해 얼스터에서 잉글랜드 스타일의 아일랜드 교회를 수립하고 아일랜드인들을 잉글랜드 스타일로 '문명화'(civilize)시키려 했다.[13] 포드나 맥카퍼티는 우월한 잉글랜드와 후진적인 아일랜드라는 전형적인 시각으로 얼스터 플랜테이션을 설명하고 있다. 이 연구들은 아일랜드의 종교개혁이 처음부터 종교적 박해와 밀접하게 연결되어 있었고, 얼스터의 신교화는 얼스터 식민정책의 중요한 부분이었다고 설명한다. 그리고 이런 종교정책이 이후 400년간 아일랜드의 정치·사회적 상황에 지속적으로 영향을 끼쳤음을 강조하고 있다. 그들은 사회·문화적인 다른 어떤 문제들보다 종교의 중요성을 부각시킨다. 그러나 그들의 주장에는 얼스터 플랜테이션의 한 축을 담당했던 스코틀랜드 장로교에 대한 논의가 부족하다.

장로교의 역할에 대해서는 핀레이 홈스(Finlay Holmes)의 대중적 저서로부터 조너선 발돈(Jonathan Bardon), 마이클 퍼시발-맥스웰(Michael

Perceval-Maxwell) 등의 저서를 참고할 수 있다.[14] 홈스의 저서는 장로교들이 어디에서 왔고 어떤 정체성과 특징을 가지고 있는지 그리고 얼스터에서 어떤 정치적 갈등을 야기했는지를 개괄적으로 설명하는 간단한 입문용이라 할 수 있다. 조녀선 발돈은 얼스터 플랜테이션이 본격적으로 시작된 1609년 이후 증가한 신교도 정착민의 수와 관련해 장로교를 연구했다. 그에 따르면, 얼스터의 신교도는 1611년의 성인 남자를 기준으로 살펴보았을 때 약 971명에서 1,290명 정도였다.[15] 퍼시벌 – 맥스웰이 추정한 전체 얼스터 인구는 1600년을 기준으로 약 25,000명에서 40,000명 정도였고 이들 대부분은 가톨릭이었다.[16] 신교도의 수가 전체 인구의 5%도 안 되는 수준이었던 것이다. 그런데 1622년에는 신교도인 스코틀랜드와 잉글랜드인의 인구가 약 19,000명 정도로 의미심장하게 성장했다. 이민자의 절반이 여성인 경우, 정착민의 수는 더 빠르게 증가할 수 있었고, 1630년대가 되면 그 숫자는 거의 8만 명에 이르렀다. 그런데 이 시기 이주한 신교도의 비율을 살펴보면 잉글랜드인보다 스코틀랜드인들의 숫자가 훨씬 많다. 게다가 종교에 끼치는 영향력이 큰 성직자들의 경우 1605년과 1633년 사이에 70명 이상의 스코틀랜드 성직자가 얼스터에서 도착했고 그들 중 10명 정도가 장로교였다. 물론 정부가 추진한 종교정책에 따라 잉글랜드 스타일의 아일랜드 교회가 성립되고, 또 그들에 의해 얼스터의 신교화가 추진되었지만 이주 인구의 많은 수를 차지했던 장로교의 영향력은 결코 무시할 수 없을 것이다.

하지만 잉글랜드 국교든 장로교든 신교 정착민과 성직자의 증가를 통해 얼스터를 개종시키려는 왕과 정부의 계획은 그들의 의도대로 흘러가지 않았다. 올리버 래퍼티(Oliver Rafferty)가 얼스터가 아일랜드의 다른 어떤 지역보다 신교로의 종교개혁에 영향을 받지 않았다는 것이 아일랜드 역사학의 정설이라고 주장했던 것처럼 플랜테이션 초기 단계에서 일부 가톨릭 성직자들이 아일랜드 교회를 따른 경우는 있었지만 대부분의 지역 주민들은 단호하게 가톨릭으로 남아 있었다.[17] 튜터 시기 진행된 아일랜드 종교개혁을 연구한 헨리 제프리스(Henry Jefferies)는 종교개혁을 시작했던 헨리 시기부터 에드워드(Edward VI, 재위 1547-1553) 시기까지 여전히 아일랜드의 가톨릭 세력이 건재했으며 신교 교리의 정착은 엘리자베스 시대에 와서야 가능했다고 주장한다.[18] 그러나 래퍼티에 따르면 엘리자베스 시대의 신교 정착은 아일랜드 남쪽에 한정된 것이었다. 얼스터의 경우 엘리자베스는 물론 제임스 초기까지도 여전히 가톨릭이 건재했다.[19]

잉글랜드 종교정책에 대한 가톨릭의 대응을 살펴보려면 세 명의 아일랜드 학자들에게 집중해야 한다. 이미 언급된 예수회 출신 래퍼티와 레이먼드 길레스피(Raymond Gillespie) 그리고 파드리그 레니한(Padraig Lenihan)이다. 특히 길레스피는 제도적 교회, 즉 잉글랜드 스타일의 아일랜드 교회에서 벗어나려는 아일랜드인들의 시도에 집중했다. 그는 아일랜드인들이 성직자가 제공하는 종교적인 내용과 자신들의 관습을 융합해 자신들만의 독특한 신앙심을 형성해가는 과정을 조사했다. 즉, 교파 사이의 경쟁보다 성직자와 일반인들의 교류에 집중한 것이다.[20] 길레스피에 따르면 종교는 문화는 물론 사람들이 살고, 생각하고, 행동하고, 표현하는 방식에 내재되어 있는 것이었다. 레니한은 1603년부터 강화된 잉글랜드의 정복 활동이 세 개의 스튜어트 왕국 사이에 종교적 경쟁을 불러왔다고 주장했다.[21] 이와 유사한 입장으로 로버트 암스트롱(Robert Armstrong)의 저서를 참고할 수 있다.[22]

얼스터 지역을 신교로 개종시킴으로써 얼스터를 변화시키려 했던 잉글랜드 왕과 정부의 계획은 사실 크게 성공하지 못했다. 오히려 그 계획은 아일랜드 교회, 장로교, 가톨릭 교회와 같은 주요 종교집단이 서로 갈등하게 함으로써 현재 나타나는 종교적 분쟁의 기원이 되었다고 할 수 있다.

4. 다른 시각들

최근 얼스터 플랜테이션을 연구하는 한 방법은 17세기 초 잉글랜드, 스코
틀랜드, 아일랜드 사이의 관계적 중요성을 고려하여 그들을 하나의 역사
연구 단위, 즉 '영국'으로 이해할 수 있다는 'New British History'이다. 포
코크(John Greville Agard Pocock)가 일찍이 17세기 영국사는 "대서양 군도
의 역사"(History of Atlantic Archipelago)이며, 세 문화 간의 접촉과 관통의
역사라고 주장[23]했던 것과 유사하게 니콜라스 캐니(Nicholas Canny)는 아
일랜드 역사를 영국 해외 확장의 역사, 식민지 활동 또는 대서양의 역사에
포함시켜야 한다고 주장했다.[24] 그리고 제인 올마이어는 엘리자베스 시대
국가 형성과 스튜어트 시대의 '제국' 프로젝트라는 관점에서 아일랜드 역
사와 얼스터 식민을 이해하고자 했다.[25] 일부 역사가들은 17세기 아일랜드
역사를 잉글랜드와 스코틀랜드뿐만 아니라 웨일스와 유럽 국가들과의 관
련까지 확대해 연구할 것을 제안했다. 휴 키어니(Hugh Kearney) 역시도 아
일랜드 역사를 웨일스를 포함한 '네 왕국' 차원에서 보아야 한다고 주장했
고, 더 나아가 올마이어는 웨일스가 아니라 프랑스와 에스파냐를 포함한
'다섯 왕국'이 더 적합하다고 보았다.[26] 데이비드 아미티지(David Amitage)
는 여기에 아메리카 식민지를 더하여 제국주의라는 관점에서 새로운 영
국사에 접근할 것을 제안하고 있다.[27] 프랑스와 에스파냐의 지역적 연관
성을 고려한다면 '다섯 왕국'은 과장된 것이라 할 수 있지만, 이 주장들은
아일랜드 정황을 대륙과의 관계 측면에서 바라보았다는 점에 의의가 있
다.[28] 더불어 이와 연관하여 논쟁 중인 것 하나는 'nation'이라는 용어의 사
용이다. 이 시기 혼잡한 국경 건너기의 결과 'old English', 'new English',
'Irish', 'Scottish', 'English' 등과 같은 용어들의 혼란스럽게 사용되고 있
다. 즉, 이 용어들을 엄밀하게 어떻게 정의하는가의 문제이다.

빈센트 캐리(Vincent Carey), 데이비드 에드워즈(David Edwards), 케네스 니콜스(Kenneth Nicholls)의 연구는 식민 당시 새로운 체제와 연관된 폭력의 문제, 특히 식민 당국의 계엄령이 광범위하게 사용된 것에 대해 다루었다. 그러나 이러한 연구들은 대부분 식민지 정착민들의 시각으로 쓰였다는 점에서 균형 잡힌 시각을 제시하지 못했다고 할 수 있다. 그 외에도 얼스터 플랜테이션의 전체 과정을 연구한 필립 로빈슨(Philip Robinson)은 얼스터 플랜테이션이 아일랜드에 정착지를 세우려는 모든 시도 중 가장 성공적인 것이었고, 17세기 유럽에서 일어난 인구 이동 중 가장 큰 경우였다고 주장했다.[29]

주로 런던데리 플랜테이션에 집중하고 있기는 하지만 얼스터 연구에서 테오도르 무디(Theodore W. Moody)의 특별한 기여를 언급하지 않을 수 없다.[30] 1922년 아일랜드 공문서 보관소(Irish Public Record Office)의 화재로 당시 보관 중이던 많은 공문서가 소실되었다. 많은 역사가들이 정부의 공공기록에 의존해 연구를 진행했기 때문에 그 화재로 17세기 아일랜드 역사의 많은 부분이 사라진 것으로 여겨졌다. 그러나 무디는 당시 플랜테이

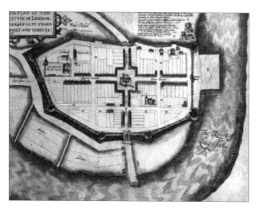

1622년 토마스 레이븐(Thomas Raven)이 그린 런던데리 지도

션에 참여했던 런던시(city of London) 상인들이 남겨둔 기록들을 수집하여 방대한 연구 결과를 내놓았다. 그는 왕의 요구에 따라 런던데리 플랜테이션을 떠맡게 된 런던시와 그 플랜테이션을 이행하기 위해 런던 상인들이 설립한 아일랜드 협회(The Irish Society), 그리고 런던데리 플랜테이션의 전 과정을 세밀하게 서술하고 있다. 비록 그의 연구가 플랜테이션의 경제적 측면을 더 강조하고 있기는 하지만 결과적으로 앞서 언급된 모든 학자들에게 큰 영향을 주었던 것은 분명한 사실이라 할 수 있다.[31]

주석

1. 잉글랜드혁명과 영국혁명, 그리고 새로운 영국사

1 Great Britain 또는 Britain은 북아일랜드를 제외한 본섬을 가리키는 말이나, 간혹 영국 전체를 가리키는 용어로도 사용된다.

2 John Morrill, "The Causes of the British Civil Wars," *The Journal of Ecclesiastical History* 43 (1992); John Young, *Celtic Dimensions of the British Civil Wars* (Edinburgh: John Donald, 1977); John Coffey, *Politics, Religion and British Revolutions: the Mind of Samuel Rutherford* (Cambridge: Cambridge University Press, 1997).

3 제임스는 1604년 10월 20일 발표한 한 포고문에서 영국의 왕이 되려는 자신의 야망을 표출하였다. "나는 왕실 모양에 있어서 잉글랜드와 스코틀랜드라는 분리된 이름을 더 이상 사용하지 않는 것이 좋다고 생각하며, 앞으로 여러 가지 일에서 영국(Britain)의 왕이라는 이름과 형식을 사용할 것이다." J. F. Larkin and P. L. Hughes, eds., *Stuart Royal Proclamations*, 2 vols. (Oxford: Clarendon Press, 1973), vol. i, p. 94-5.

4 내란 당시의 논쟁에 대해서는 R. C. Richardson, *The Debate on the English Revolution Revisited* (London: Routledge, 1977). ch. 1을 참고하라.

5 Samuel R. Gardiner, *History of England from the Accession of James I to the Outbreak of the Civil War*, 10 vols. (London: Longman, 1883-4).

6 Christopher Hill, *The English Revolution 1640* (London: Lawrence & Wishart, 1940), p. 1.

7 Christopher Hill, *Society and Puritanism in Pre-Revolution England* (London: Penguin, 1964), p. 511.

8 Anthony Fletcher, *The Outbreak of the English Civil War* (London: Arnold, 1981), p. 408.

9 Conrad Russell, *Unrevolutionary England, 1603-1642* (London: Hambledon, 1990).

10 다양한 수정주의 역사가들과 그들의 주장을 위해서는 다음을 참고하라. Conrad Russell, *The Origins of the English Civil War* (London: Macmilan, 1973); Howard Tomlinson, ed., *Before the English Civil War* (London: Macmillan, 1983).

11 John Morrill, *The Revolt of the Provinces* (London, 1976); Mark Kishlansky, "The emergence of adversary politics in the Long Parliament," *Journal of Modern History* 49 (1977); Kevin Sharpe, "Introduction: parliamentary history 1603-29: in or out of perspective?" ed. Kevin Sharpe, *Faction and Parliament* (Oxford, 1973), pp. 1-42.

12 John Morrill, "The Religious Context of the English Civil War," *Transactions of the Royal Historical Society* 34 (1984).

13 아르미니안주의는 16세기 네덜란드의 신학자 제임스 아르미니우스(James Arminius)에 의해 제기되었으며, 칼뱅주의의 예정설에 반발해 신의 주권보다는 인간의 자유의지를 강조하고 있다. Nicholas Tyacke, "Puritanism, Arminianism and Counter-Revolution," ed. Conrad Russell, *The Origins of the English Civil War* (London: Macmillan, 1973), pp. 119-143.

14 Peter White, "The Rise of Arminianism Reconsidered," *Past and Present* 101 (1983); Kevin Sharpe, *The Personal Rule of Charles I* (London: Yale University Press, 1992).

15 John Morrill, *The Nature of English Revolution* (London: Longman, 1993), p. 10.

16 잉글랜드혁명의 종교적 원인을 주장한 연구는 다음을 참고하라. M. G. Finlayson, *Historians, Puritanism and the English Civil War* (Toronto: University of Toronto Press, 1983); A. J. Fletcher, *The Outbreak of the English Civil War*

(London: Edward Arnold, 1981); John Morrill, "The Religious Context of the English Civil War," *Transactions of the Royal Historical Society* 34 (1984); P. Collinson, *The Birthpangs of Protestant England* (London: Macmillan, 1988); W. Hunt, *The Puritan Moment: the Coming of Revolution in an English County* (Cambridge, Massachusetts: Harvard University Press, 1983); N. Tyacke, *Anti-Calvinists: the Rise of English Arminianism c.1590-1640* (Oxford: Clarendon Press, 1987).

17 J. G. A. Pocock, "British History: a plea for a new subject," *Journal of Modern History* 47 (1975); J. G. A. Pocock, "The Limits and Divisions of British History: in Search of an Unknown Subject," *American Historical Review* 87 (1982); J. G. A. Pocock, "Two kingdoms and three histories? Political thought in British contexts," ed. R. A. Mason, *Scots and Britons: Scottish Political Thought and the Union of 1603* (Cambridge: Cambridge University Press, 1994). 포코크가 British Isles란 용어 대신 Atlantic Archipelago를 사용한 이유 는 Britain 또는 British의 개념 속에 Ireland가 제외되어 있기 때문이다. Pocock, "British History: a plea for a new subject," pp. 606, 608-609.

18 Brendan Bradshaw & John Morrill, eds., *The British Problem c.1534-1707: State Formation in the Atlantic Archipelago* (London: Macmillan, 1996); Alexander Grant & Keith Stringer, *Uniting the Kingdom?: The Making of British History* (London: Routledge, 1995); Steven G. Ellis and Sarah Barber, eds., *Conquest and Union: Fashioning a British State 1485-1725* (London: Routledge, 1995); Brendan Bradshaw and Peter Roberts, eds., *British Consciousness and Identity: The Making of Britain, 1533-1707* (Cambridge, 1998); S. J. Connolly, ed., *Kingdoms United? Great Britain and Ireland since 1500: Integration and Diversity* (Dublin: Four Courts Press, 1999); Glenn Burgess, ed., *The New British History: Founding a Modern State, 1603-1715* (London, 1999).

19 Conrad Russell, *The Causes of the English Civil War* (Oxford: Clarendon Press, 1990), pp. 24, 26-35.

20 Morrill, "The Causes of the British Civil Wars," pp. 627-628.

21 Peter Donald, *An Uncounselled King: Charles I and the Scottish Troubles, 1637-41* (Cambridge: Cambridge University Press, 1990); David Stevenson, *Scottish Covenanters and Irish Confederates* (Belfast: Ulster Historical

Foundation, 2005).

22 John Morrill, "The Fashioning of Britain," eds. S. Ellis and S. Barber, *Conquest and Union: Fashioning a British State, 1485-1725* (London: Longman, 1995); John Morrill, ed., *The Scottish Covenant in Its British Context* (Edinburgh, 1990).

23 Karl Bottigheimer, *English Money and Irish Land: The 'Adventurers' in the Cromwellian Settlement of Ireland* (Oxford: Clarendon Press, 1971); T. C. Barnard, *Cromwellian Ireland: English Government and Reform in Ireland, 1649-1660* (Oxford: Oxford University Press, 1975); Ciaran Brady, *The Chief Governors: The Rise at-d Fall of Reform Government in Tudor Ireland, 1536-1588* (Cambridge: Cambridge University Press, 1994); Nicholas Canny, "The Attempted Anglicization of Ireland in the Seventeenth Century: An Exemplar of 'British History,'" ed. R. G. Asch, *Three Nations: A Common History* (Bochum: Brockmeyer, 1993).

24 Hugh Kearney, *The British Isles* (Cambridge: Cambridge University Press, 1989); Jane Ohlmeyer, *Civil War and Restoration in the Three Stuart Kingdoms* (Cambridge: Cambridge University Press, 1993).

25 Nicholas Canny, *Making Ireland British* (Oxford: Oxford University Press, 2001); Jane Ohlmeyer, "A laboratory for Empire? Early modern Ireland and English imperialism," ed. Kevin Kenny, *Ireland and the British Empire* (Oxford: Oxford University Press, 2005).

26 David Edwards, Padraig Lenihan and Clodagh Tait, eds., *Age of atrocity: violence and political conflict in early modern Ireland* (Dublin: Four Courts Press, 2007); Eamon Darcy, Annaleigh Margey and Elaine Murphy, eds., *The 1641 Depositions and the Irish Rebellion* (London: Pickering and Chatto, 2012); Aidan Clarke, "The 1641 Massacres," eds. Jane Ohlmeyer and Micheál Ó Siochrú, *Ireland, 1641: Contexts and Reactions* (Manchester: Manchester University Press, 2013).

2. 휘그 해석을 넘어서

1 Edmund Burke, *Reflections on the Revolution in France* (1790; Harmondsworth: Penguin, 1982), p. 99.

2 이런 관점을 요령 있게 제시한 글로는 Christopher Hill, "A Bourgeois Revolution?," ed. J. G. A. Pocock, *Three British Revolutions: 1641, 1688, 1778* (Princeton: Princeton University Press, 1980)을 보라. 이 같은 해석을 더 정교하게 발전시킨 연구로는 Robert Brenner, *Merchants and Revolution: Commercial Change, Political Conflict, and London's Overseas Traders, 1550-1653* (London: Verso, 2003), 특히 후기를 보라.

3 Macaulay, *History of England*, vol. 1, chap. 3.

4 Douglass C. North and Barry R. Weingast, "Constitutions and Commitment: The Evolution of Institutions Governing Public Choice in Seventeenth-Century England," *Journal of Economic History* 49:4 (December 1989)가 이후 논의의 출발점이 되었다. 김대륜, 「18세기 영국의 경제와 정치제도: 분석의 시각에 관한 검토」, 『대구사학』 107 (2012.05.)은 이런 해석을 비판적으로 검토한다.

5 G. M. Trevelyan, *The English Revolution 1688-1689* (London: Thornton Butterworth, 1938). 출간 연도를 눈여겨봐야 한다.

6 Trevelyan, *The English Revolution*, pp. 7, 11-12.

7 Trevelyan, *The English Revolution*, pp. 14, 37-38, 113.

8 Trevelyan, *The English Revolution*, p. 176.

9 Linda Colley, *Britons: Forging the Nation 1707-1837* (New Haven: Yale University Press, 1992); David Armitage, *The Ideological Origins of the British Empire* (Cambridge: Cambridge University Press, 2000).

10 Stephen Bartow Baxter, *William III* (London: Longmans, 1966).

11 Maurice Ashley, *James II* (Minneapolis: University of Minnesota Press, 1977).

12 John Miller, *James II: A Study in Kingship* (Hove, East Sussex: Wayland Publishers, 1977). 이 책은 예일대학출판부에서 2000년과 2008년에 재간행되었다. 필자가 이 글에서 이용한 것은 예일대학출판부에서 2000년에 출간된 판본이다.

13 J. R. Jones, "James II's Whig Collaborators," *Historical Journal* 3:1 (1960), pp. 65-73; J. R. Jones, *The Revolution of 1688 in England* (New York: W. W. Norton, 1973).

14 Scott Sowerby, *Making Toleration: The Repealers and the Glorious Revolution* (Cambridge, Mass: Harvard University Press, 2013). 다음도 보라. Sowerby, "Forgetting the Repealers: Religious Toleration and Historical Amnesia in Later Stuart England," *Past & Present* 215 (2012); Sowerby, "Opposition to Anti-Popery in Restoration England," *Journal of British Studies* 51:1 (2012); Sowerby, "Of Different Complexions: Religious Diversity and National Identity in James II's Toleration Campaign," *English Historical Review* 124:506 (2009).

15 John Morrill, "The Sensible Revolution," ed. Jonathan Israel, *The Anglo-Dutch Moment: Essays on the Glorious Revolution and Its World Impact* (Cambridge: Cambridge University Press, 1991).

16 Jonathan Israel, "General Introduction," *The Anglo-Dutch Moment*, p. 10.

17 Lois G. Schwoerer, "Introduction," ed. Lois G. Shcwoerer, *The Revolution of 1688-1689: Changing Perspectives* (Cambridge: Cambridge University Press), pp. 1-21.

18 이스라엘과 슈워러가 편집한 책 이외에 Robertr Beddard ed., *The Revolutions of 1688: The Andrew Browning Lectures* (Oxford: Oxford University Press) 에도 스코틀랜드와 아일랜드, 북아메리카의 맥락에서 혁명을 서술한 글이 실려 있다.

19 Israel, "The Dutch Role in the Glorious Revolution," *The Anglo-Dutch Moment*; Israel and Geoffrey Parker, "Of Providence and Protestant Winds: The Spanish Armada of 1588 and the Dutch Armada of 1688," *The Anglo-Dutch Moment*.

20 W. A. Speck, *Reluctant Revolutionaries: Englishmen and the Revolution of 1688* (Oxford: Oxford University Press, 1988), p. 15.

21 Tim Harris, *Restoration: Charles II and His Kingdoms* (London: Penguin, 2006); Harris, *Revolution: The Great Crisis of the British Monarchy* (London: Penguin, 2006).

22 Steve Pincus, *1688: The First Modern Revolution* (New Haven: Yale University Press, 2009).

23 커피하우스에서 일어난 활발한 토론에 대해서는 Steve Pincus, "'Coffee Politicians Does Create': Coffeehouses and Restoration Political Culture," *Journal of Modern History* 67:4 (1995)도 보라. 이 논문이 개진하는 주장을

수정하면서 좀 더 폭넓게 커피하우스의 토론을 다루고 있는 논의로는 Brian Cowan, *The Social Life of Coffee: The Emergence of the British Coffeehouse* (New Haven: Yale University Press, 2005)를 보라.

24 Pincus, *1688: The First Modern Revolution*, p. 87.

25 Pincus, *1688: The First Modern Revolution*, pp. 121, 137.

26 이 점에 대해서는 Pincus, *1688: The First Modern Revolution*, pp. 366-399 와 함께 그의 또 다른 논문 "Rethinking Mercantilism: Political Economy, the British Empire, and the Atlantic World in the Seventeenth and Eighteenth Centuries," *William and Mary Quarterly* 69:1 (January 2012)을 보라.

27 Steve Pincus, *The Heart of Declaration: The Founders' Case for an Activist Government* (New Haven: Yale University Press, 2016), chap. 1.

3. 공화주의에 대한 연구사적 검토

1 Issac Kramnick, "Republican Revisionism Revisited," *American Historical Review*, vol. 87, no. 3 (1982), p. 629; J. O. Appleby, "Republicanism and Ideology," *American Quarterly*, vol. 37, no. 4 (1985), p. 461; Don Herzog, "Some Questions for Republicans," in "Civic Republicanism and Its Critics," *Political Theory*, vol. 14, no. 3 (1986), p. 473.

2 J. B. Macpherson, *The Political Theory of Possessive Individualism, Hobbes to Locke* (1963).

3 J. G. A. Pocock, *Politics, Language and Time, Essays on Political Thought and History* (1971), pp. 81-147(이하 *P.L.T*로 약함); J. G. A Pocock, *The Machiavellian Moment, Florentine Political Thought and the Atlantic Republican Tradition* (1975), pp. 40, 58, 62, 74, 98, 106, 114, 148, 292, 335 340, 386, 423, 460, 452, 487, 492, 499, 501, 503, 517-518, 546, 550(이하 *M.M*으로 약함); J. G. A. Pocock, *Virtue, Commerce, and History, Essays on Political Thought and History Chiefly in the Eighteenth Century* (1985), pp. 37-71, 91-123(이하 *V.C.H*로 약함).

4 주 3) 참조. 이외에도 J. G. A. Pocock, "Cambridge Paradigms and Scotch Philosophers: A Study of the Relations Between the Civic Humanist and the

Civil Jurisprudential Interpretation of Eighteenth-Century Social Thought," ed. Istvan Hont and Michael Ignatieff, *Wealth and Virtue, The Shaping of Political Economy in the Scottish Enlightenment* (1983), pp. 235-236을 참조.

5　Hans Baron, The Crisis of the Early Italian Renaissance, Civic Humanism and Republican Liberty in an Age of Classicism and Tyranny (1996); 김영한, 「H. 바론의 시민적 휴머니즘에 관한 논의」, 『사학논지』 4.5 합집 (1977), 1-32쪽.

6　Hannah Arendt, *The Human Condition* (1958), *On Revolution* (1963); M. Canovan, "Politics as Culture: Hannah Arendt and Public Realm," *History of Political Thought*, vol. Ⅵ, no. 3 (1985), pp. 617-642; P. Springborg, "Arendt, Republicanism and Patriarchalism," History of Political Thought, vol. Ⅹ, no. 3 (1989), pp. 499-524; Shiraz Dorra, The Public Realm and the Public Self, The Political Theory of Hannah Arendt (1989), pp. 45-69.

7　*M.M.*, pp. 49-80, 550.

8　*P.L.T.*, p. 144; *M.M.*, pp. 424, 469, 529, 548; J. G. A. Pocock, "Virtue and Commerce in the English Century," *Journal of Interdisciplinary History*, 3 (1972), pp. 124, 127, 129, 130-131, 134(이하 V.C.E라 약함); J. G. A. Pocock, "Early Morden Capitalism: the Augustan Perception," ed. E. Kamenka and R. S. Neale, *Feudalism, Capitalism and Beyond* (1975), pp. 63-64, 70, 82-83(이하 E.M.C로 약함); J. G. A. Pocock, "The Machiavellian Moment Revisited: A Study in History and Ideology," *Journal of Modern History*, vol. 53, no. 1 (1948), p. 58(이하 M.M.r로 약함); J. G. A. Pocock, "Radical Criticisms of the Whig Order in the Age between Revolutions," ed. Margaret Jacob and James Jacob, *The Origins of Anglo American Radicalism* (1984), pp. 38-39(이하 R.C로 약함).

9　이러한 주장을 처음으로 한 논문은 Quentin Skinner, "Meaning and Understanding in the History of Ideas," *History and Theory*, vol. 8, no. 1 (1969), pp. 3-53이다. Quentin Skinner의 방법론에 대한 논쟁에 대해서는 James H. Tully ed., *Meaning and Context: Quentin Skinner and His Criticsm* (1988)을 참조. 또한 이러한 방법론과 독일의 개념사 방법론과의 유사성에 대해서는 Melvin Richter, "Reconstructing the History of Political Languages: Pocock, Skinner, and Geschichtliche Grundbegriffe," *History and Theory*, vol. ⅩⅩⅨ, no. 1 (1990), pp. 38-70을 참조.

10　J. P. Diggins, "The Oyster and the Pearl: The Problem of Contextualism in Intellectual History," *History and Theory*, vol. 23, no. 2 (1984), p. 152.

11 *P.L.T.*, pp. 14-15.

12 J. G. A. Pocock, "What is Intellectual History," ed. Juliet Gardiner, *What is History Today* (1988), p. 114.

13 *P.L.T.*, p. 104.

14 V.C.E., p. 122.

15 M.M.r., pp. 50-52. 포코크의 방법론에 대한 최근의 글은 다음을 참조. J. G. A. Pocock, "The Concept of a Language and Metier d'historien: Some Considerations on Practice," ed. Anthony Pagden, *The Language of Political Theory in Early Modern Europe* (1987), pp. 19-38.

16 *P.L.T.*, PP. 13-15.

17 *V.C.H.*, PP. 7-8.

18 J. O. Appleby, op. cit., p. 463.

19 *P.L.T.*, pp. 85-86.

20 *M.M.*, pp. 66-72; E.M.C., pp. 64-65.

21 *P.L.T.*, pp. 89-90; *M.M.*, ch. Ⅵ. Ⅶ; E.M.C., pp. 65-66.

22 *P.L.T.*, p. 90; *M.M.*, pp. 383-400

23 *M.M.*, pp. 345-347, 361-371.

24 Iain Hampshire-Monk, "Political Language in Time-the Work of J. G. A. Pocock," *British Journal of Political Science*, vol. 14, part. 1 (1984), p. 91.

25 *M.M.*, p. 384.

26 J. G. A. Pocock, *The Ancient Constitution and the Feudal Law* (1975), p. 141.

27 *Ibid.*, pp. 143-144.

28 *Ibid.*, p. 147.

29 Iain Hampshire-Monk, *op. cit.*, pp. 93-94.

30 *M.M.*, P. 397.

31 James Harrington, *The Commonwealth of Oceana* (1656), ed. J. G. A. Pocock, *The Political Works of James Harrington* (1977), pp. 170-171, 229.

32 *V.C.H.*, p. 41.

33 *P.L.T.*, p. 109.

34 James Harrington, *op. cit.*, p. 161.

35 *Ibid.*, p. 163.

36 *V.C.H.*, p. 96; J. G. A. Pocock, "Modernity and Anti-Modernity in the Anglophone Political Tradition," ed. S. N. Eisenstadt, *Patterns of Modernity*

volume I: The West (1987), p. 51.

37 C. B. Macpherson, *op. cit.*, chap. 6, pp. 182-188.

38 E.M.C., pp. 70-71.

39 *P.L.T.*, pp. 11-112.

40 *P.L.T.*, p. 114.

41 Iain Hampsher-Monk, *op. cit.*, p. 92.

42 *P.L.T.*, pp. 127-130, 135; *M.M.*, pp. 416-421.

43 J. C. Davis, "Pocock's Harrington: Grace, Nature and Art in the Classical Republicanism of James Harrington," *Historical Journal*, vol. 24, no. 3 (1981), p. 685.

44 *P.L.T.*, p. 127; M.M.r., p. 61.

45 R.C., p. 35.

46 M.M.r., p.65.

47 *V.C.H.*, p. 61, 70-71.

48 J. G. A. Pocock, "An Appeal from the New to the Old Whigs? A Note on Joyce Appelby's Ideology and the History of Political Thought," *Intellectual History Group Newsletter*, 3 (1981), p. 47.

49 *P.L.T.*, p. 144; V.C.E., p. 124, 127-129; M.M., p. 424; J. G. A Pocock, "The Myth of John Locke and the Obession with Liberalism," ed. J. G. A. Pocock and Richard Ashcraft, *John Locke* (1980), pp. 3-21; M.M.r., p. 65; *V.C.H.*, p. 108.

50 *M.M.*, pp. 425-426; M.M.r., p. 64; *V.C.H.*, p. 108.

51 R.C., p. 38.

52 *Ibid.*, p. 87.

53 M.M.r., p. 65.

54 M.M.r., pp. 66-67.

55 *M.M.*, pp. 432-436; M.M.r., p. 66.

56 *M.M.*, pp. 426-427.

57 *M.M.*, p. 423.

58 M.M.r., p. 53.

59 *V.C.H.*, p. 70.

60 *M.M.*, pp. 460-461.

61 V.C.H., p. 66.

62   *M.M.*, p. 68.

63   Lance Banning, "Jeffersonian Ideology Revisited: Liberal and Classical Ideas in the New Americal Republic," *William and Mary Quarterly*, vol. 43, no. 1 (1986), pp. 11-12.

64   Isaac Kramnick, "Republican Revisionism Revisited," *American Historical Review*, vol. 87, no. 3 (1982), pp. 629-664.

65   *Ibid.*, p. 633.

66   *Ibid.*, p. 635.

67   *Ibid.*, pp. 637-639.

68   *Ibid.*, pp. 64-645; Isaac Kramnick, "Eighteenth-Century Science and Radical Social Theory: The Case of Joseph Priertley's Scientific Liberalism," *Journal of British Studies*, vol. 25 (January 1985), pp. 1-30; "Religion and Radicalism, English Political Theory in th age of Revolution," *Political Theory*, vol. 5, no. 4 (1977), pp. 505-530.

69   *Ibid.*, pp. 637-649.

70   *Ibid.*, pp. 657, 662.

71   Issac Kramnick, *Bolingbroke and His Circle, The Politics of Nostalgia in the Age of Walpole* (1968), pp. 236-260.

72   R.C., pp. 38-39; *V.C.H.*, pp. 241-243; E. P. Thompson, "Eighteenth-Century English Society: Class Struggle without Class?" *Social History*, vol. III, no. 2 (1978), pp. 133-165.

73   J. J. Appleby, *Capitalism and A new Social Order: The Jeffersonian Vision of the 1790s* (1984).

74   J. P. Diggins, *The Lost Soul of American Ploitics: Virtue, Self-interest, and the Foundation of Liberalism* (1984); "Commrades and Citizens: New Mythologies in American Historiography," *American Historical Review*, vol. 90, no. 3 (1985), pp. 630-638.

75   Paul Conkin, "Comment on J. P. Diggins," *Ibid.*, p. 642.

76   J. G. A. Pocock, "Between Gog and Magog: The Republican Thesis and the Ideologia Americana," *Journal of the History of Ideas*, vol. xlviii, no. 2 (1987), pp. 344-345.

77   *Ibid.*, p. 345.

78   Lance Banning, op. *cit.*, pp. 12-15.

79　Donald Winch, "Economic Liberalism as Ideology: The Appleby Version," *Economic History Review*, 38 (1985), pp. 287-297.

80　Donald Winch, *Adam Smith's Politics, An Essay in Historiographic Revision* (1978), p. 26.

81　J. O. Appleby, *Economic Thought and Ideology in Seventeenth-Century England* (1978).

82　J. O. Appleby, *Capitalism and a New Social Order: The Jeffersonian Vision of the 1790's* (1984), pp. 49-50, 60.

83　Donald Winch, "Economic Liberalism as Ideology: The Appleby Version," *Economic History Review*, 38 (1985), p. 292; Donald Winch, *Adam Smith's Politics, An Essay in Historiographic Revision* (1978), chap. 4-7을 참조. 그런데 J. T. Kloppenberg가 이에 동조하고 나섰다. 그에 의하면 애플비의 시장적 자유주의나 제퍼슨의 '소유적 개인주의'는 분명히 로크와 애덤 스미스의 사상과는 관련이 없다. 그것은 홉스의 사상에 기초한 것이다. 왜냐하면 존 던(John Dunn)이 일찍이 밝혔듯이 로크의 사상 밑바탕에는 칼뱅주의적 청교도 정신이 자리 잡고 있어서 사적 이해의 무제한적 추구라는 관념은 로크로부터 나올 수 없기 때문이다. 신에 의해 만들어진 자연법이 그러한 충동을 늘 제한한다는 것이다. 또한 애덤 스미스도 시장 기능이 도덕적 목표의 완성으로 가는 수단일 뿐이지 그 자체가 정치 경제의 목적이라고 보지는 않았다는 것이다. J. T. Kloppenberg, "The Virtues of Liberalism: Christianity, Republicanism, and Ethics in Early American Political Discourse," *Jaurnal of American Hostory*, vol. 74, no. 6 (1987), pp. 16-18.

84　J. G. A. Pocock, "Between Gog and Magog: The Republican Thesis and the Ideologia Americana," *Journal of the History of Ideas*, vol. XLVIII, no. 2 (1987). pp. 325-336.

85　*Ibid*., pp. 332-334.

86　*Ibid*., p. 337.

87　J. P. Diggins, op. cit., pp. 631-634.

88　Jeffrey C. Isaac, "Republicanim vs Liberalism? A Reconsideration," *History of Political Thought*, vol. IX, no. 2 (1988), pp. 349-377.

89　*Ibid*., p. 357.

90　Ibid., pp. 358-359.

91　Lance Banning, *op. cit*., p. 12.

92 미국 수공업자들의 공화주의에 대해서는 다음을 참조. Rowland Berthoff, "Peasants and Artisans, Puritans and Republicans: Personal Liberty and Communal Equality in American History," *Journal of American History*, vol. 69, no. 3 (1982) pp. 579-598; Sean Wilentz, "Artisan Republican Festival and the Rise of Class Conflict in New York City, 1799-1837," ed. M. H. Frisch and D. J. Walkowitz, *Working-Class America: Essays on Labour, Community, and American Society* (1983), pp. 37-77.

93 이하 페팃의 주장은 다음을 보라. Philip Pettit, *Republicanism: A Theory of Freedom and Government* (Oxford: Oxford University Press, 1997), pp. vi-50.

94 Isaiah Berlin, "Two Concepts of Liberty," *Four Essays on Liberty* (Oxford: Oxford University Press, 1969), pp. 118-172; J. G. A. Pocock, 같은 책 1993년 판, pp. 553-583.

95 Richard H. Fallon, Jr., "What is Republicanism and is it Worth Reviving?" *Harvard Law Review*, 52 (1989), pp. 1698-1699.

96 Melvin L. Rogers, "Republican Confusion and Liberal Clarification," *Philosophy and Social Criticism*, v. 34 n. 7 (2008), p. 800.

97 Shelly Burtt, "The Politics of Virtue Today: A Critique and a Proposal," *American Political Science Review* 87 (1993), p. 360.

98 스키너의 자유론에 대해서는 Quentin Skinner, *Liberty before Liberalism* (Cambridge: Cambridge University Press, 1998), 拙譯, 『퀜틴 스키너의 자유주의 이전의 자유』(푸른역사, 2007) 참조.

99 Philip Pettit, "Keeping Republican Freedom Simple: On a Difference with Quentin Skinner," *Political Theory*, 30, 3 (2002), pp. 339-356.

100 Philip Pettit, "Liberal/Communitarian: MacIntyre's Mesmeric Dichotomy," ed. John Horton and Susan Mendus, *After MacIntyre, Critical Perspectives on the Work of Alasdair MacIntre* (Cambridge: Polity, 1994), pp. 176-204; "Reworking Sandel's Republicanism," *Journal of Philosophy*, 95, 2 (1998), pp. 73-96.

101 Philip Pettit and Frank Lovett, "Neorepublicanism: A Normative and Institutional Research Program," *Annual Review of Political Science*, 12 (2009), p. 15.

102 대표적으로 마이클 샌들은 페팃의 공화주의를 '길들여진'(tame) 공화주의라

고 비꼬면서 그것으로는 자유주의 사회의 모순을 극복할 수 없다고 비판한다. Michael Sandel, "Reply to Critics," ed. Anita L. Allen and Milton C. Regan, Jr., *Debating Democracy's Discontent, Essays on American Politics, Law, and Public Philosophy* (Oxford: Oxford University Press, 1998), pp. 325-327.

103 Philip Pettit, *Republicanism: A Theory of Freedom and Government* (Oxford, Oxford University Press, 1997), p. 9.

104 *Ibid.*, pp. 80-81.

105 Quentin Skinner, *Liberty before Liberalism* (Cambridge, Cambridge University Press, 1998). 이하 내용은 이 책의 요약임.

106 *Liberty before Liberalism*, pp. 78-79.

107 *Ibid.*, p. 81.

108 Pettit, *Republicanism*, pp. 24-7, 51, 69, 113, 273. 그러나 그도 '자의적 지배에 종속된' 인간들은 '정말로 부자유스럽다'라고 기탄없이 단언한다. *Ibid.*, p. 5.

109 *Liberty before Liberalism*, p. 82.

110 *Ibid.*, pp. 84-86.

111 Quentin Skinner, "Freedom as the Absence of Arbitrary Power," ed. Cécile Laborde and John Maynor, *Republicanism and Political Theory* (Oxford: Oxford, Blackwell, 2008), pp. 83-101.

112 Quentin Skinner, 앞의 책, pp. 23, 69f.

113 Quentin Skinner, "The Republican Ideal of Political Liberty," eds. Gisela Bock, Quentin Skinner and Maurizio Viroli, *Machiavelli and Republicanism* (Cambridge: Cambridge University Press), pp. 307-309,

114 Ibid., 293, 304-306, 308-309; Quentin Skinner, 앞의 책, pp. 32, n103

115 Quentin Skinner, "Rethinking Political Liberty," *Historical Workshop Journal*, 61 (2006), pp. 160-165.

116 C. B. Macpherson, *The Political Theory of Possessive Individualism: Hobbes to Locke* (Oxford: Oxford University Press, 1962), pp. 107-159.

117 Keith Thomas, "The Levellers and the Franchise," ed. Gerald Edward Aylmer, *The Interregnum: The Quest for Settlement 1646-1660* (London: Macmillan, 1972), pp. 57-78.

118 J. G. A. Pocock, "Radical Criticisms of Whig Order in the Age of between Revolutions," ed. Margaret Jacob and James Jacob, *The Origins of Anglo-American Radicalism* (London, 1984), p. 37.

119 Kari Polanen, "Voting and Liberty: Contemporary Implications of the Skinnerian Re-thinking of Political Liberty," *Contributions to the History of Concepts* 3 (2007), p. 26.

4. 영국 산업혁명 다시 보기

1 Davis Landes, *The Unbound Prometheus: Technical Change and Industrial Development in Western Europe from 1750 to the Present* (Cambridge: Cambridge University Press, 1969), p. 41.

2 Arnold Toynbee, *Lectures on the Industrial Revolution in England* (London, 1884).

3 R. M. Hartwell, ed., *The Causes of the Industrial Revolution* (London: Methuen, 1967), p. 1.

4 Harold Perkin, *The Origins of Modern English Society* (London: Routledge & K. Paul, 1969), pp. 3-4.

5 P. Deane and W. A. Cole, *British Economic Growth 1688-1959* (Cambridge: Cambridge University Press, 1962), p. 78; N. F. R. Crafts and C. K. Harley, 1992, "Output Growth and the British Industrial Revolution: A Restatement of the Crafts-Harley View," *Economic History Review*, 2nd ser., vol. 45, no. 4 (1992), pp. 711-12.

6 이들 요인에 대한 정리는 다음을 볼 것. Hartwell, *Causes of the Industrial Revolution*, pp. 58-59.

7 J. Mokyr, "Editor's Introduction: The New Economic History and the Industrial Revolution," idem, ed., *The British Industrial Revolution: An Economic Perspective* (Boulder: Westview Press, 1993), pp. 78-83.

8 차명수, 「산업혁명」, 배영수 편, 『서양사강의』 (한울, 2007), 369-70쪽.

9 Kenneth Pomeranz, *The Great Divergence: China, Europe, and the Making of the Modern World Economy* (Princeton: Princeton University Press, 2000), pp. 31-22, 264. 이 주제에 관해서는 다음을 볼 것. 이영석, 『영국사 깊이 읽기』, 7장.

10 N. F. R. Crafts, "Industrial Revolution in Britain and France: Some Thoughts on the Question 'Why Was England First?'" *Economic History Review*, 2nd ser., vol. 30, no. 3 (1977), p. 441.

11 P. Mathias, *The First Industrial Nation* (London: Methuen, 1969), pp. 128-29.

12 Edward Baines, *History of Cotton Manufacture in Great Britain* (1835; London: Cass, 1966 edn), pp. 85, 88.

13 Andrew Ure, *The Philosophy of Manufacture* (1835; London: Cass, 1966 edn), p. 29.

14 Baines, *History of Cotton Manufacture in Great Britain*, p. 76. 18세기 인도 면직물 공업과 유럽에서 인도 면직물 열광에 관해서는 다음을 볼 것. Giogio Riello, *Cotton: The Fabric that Made the Modern World* (Cambridge: Cambridge University Press, 2013), chs. 6-9.

15 Baines, *History of Cotton Manufacture in Great Britain*, p. 77.

16 10 Anne, c. 19; 12 Anne, sec, 2, c. 9. Baines, *History of Cotton Manufacture in Great Britain*, p. 105 참조.

17 Jack Goody, *The East in the West* (Cambridge: Cambridge University Press, 1996), p. 93.

18 Goody, *The East in the West*, p. 115.

19 K. N. Chaudhuri, *The Trading World of Asia and the English East India Company, 1660-1760* (Cambridge: Cambridge University Press, 1978), p. 237.

20 Baines, *History of Cotton Manufacture in Great Britain*, p. 65.

21 Baines, *History of Cotton Manufacture in Great Britain*, p. 66.

22 Baines, *History of Cotton Manufacture in Great Britain*, p. 68.

23 Baines, *History of Cotton Manufacture in Great Britain*, p. 74.

24 Ure, *Philosophy of Manufactures*, p. 27; Charles Babbage, *On the Economy of Machinery and Manufacture* (1832; New York: Kelly, 1971 edn), p. 6.

25 이영석, 『공장의 역사』, 82-91쪽 참조.

26 Ure, *Philosophy of Manufactures*, 13; 이영석, 『공장의 역사』, 185-86쪽.

27 유어의 두 가지 관점에 관해서는 다음을 볼 것. Simon Schaffer, "Babbage's intelligence: calculating engines and the factory system," *Critical Inquiry*, vol. 21 (Autumn, 2001), p. 223; Steve Edwards, "Factory and Fantasy in Andrew Ure," *Journal of Design History*, vol. 14, no. 1 (2001), pp. 20-21.

28 Ure, *Philosophy of Manufactures*, pp. 366-67.

29 Pomeranz, *The Great Divergence*, pp. 12, 66.

30 John Evelyn, *Diary and Correspondence of John Evelyn*, vol 2, ed. William Bray (London: Henry Colburn, 1850), p. 191. 『식물지』(*Sylvia or A Discourse of Forest Trees*, 1664)의 저자로 알려진 이블린은 옥스퍼드 대학을 거쳐 미들템 플 법학원에서 수학했다. 그의 일기는 1818년까지 원고 상태로 묻혀 있다가 출판 되었다. 1641-1697년간의 시기를 다루고 있다.

31 Dorothy Marshall, *Dr. Johnson's London* (New York and London: Wiley & Sons, 1968), 2장 참조.

32 David Levine, *Reproducing Families: The Political Economy of English Population History* (Cambridge: Cambridge University Press, 1987), p. 97.

33 E. A. Wrigley, *Continuity, Change and Chance: The Character of the Industrial Revolution in Englnad* (Cambridge: Cambridge University Press, 1990), pp. 78, 80-81.

34 John R. M'cCullock, "On Baines and Ure," *Edinburgh Review*, vol. 61 (July 1835), p. 455.

35 M'cCullock, "On Baines and Ure," p. 456.

36 R. C. Allen, *The British Industrial Revolution in Global Perspective* (Cambridge: Cambridge University Press, 2009). 산업계몽주의는 앨런의 최근 논문에서 더 강조되고 있다. R. C. Allen, "Why the Industrial Revolution was British: Commerce, Induced Invention and the Scientific Revolution," *Economic History Review*, vol. 64, no. 1 (2011), pp. 357-84.

6. 19세기에 펼쳐진 영국식 외교정책의 방향

1 R. J. Vincent, *Nonintervention and International Order* (Princeton: Princeton University Press, 1974); Martha Finnemore, *The Purpose of Intervention: changing beliefs about the use of force* (New York: Cornell University Press, 2004); Henry G. Hodges, *Doctrine of Intervention* (Princeton: The Banner Press, 1915); Michael P. Sullivan, *Isolationism* (World Book Deluxe, 2001).

2 김현수, 『해리 S. 파크스』(용인: 단국대학교 출판부, 2011); 한승훈, 「고립정책과 간섭정책의 이중주: 조일수호조규에 대한 영국의 인식과 대응」, 『역사비평』 114 (역사문제연구소, 2016).

3 김상수, 「영국의 고립 청산 외교: 영국동맹의 성립과정을 중심으로」 (한양대학교 박사학위논문, 1992); 김상수 「영국의 '고립' 청산의 발단: 삼국간섭과 관련하여」, 『서양사론』 54 (서양사학회, 1997), 115-145쪽; 하워드, 크리스토퍼, 김상수 · 김원수 옮김, 『(대영제국의) 영광스러운 고립』 (서울: 한양대학교출판원, 1995); 김현수, 「19세기 영국의 외교정책: "위대한 고립책"(Splendid Isolation Policy)」, 『서양사론』 43 (서양사학회, 1994), 189-217쪽; 김원수, 「일본의 대한제국 보호국화와 영국의 대한정책-영일동맹과 러일전쟁을 중심으로」, 『한국독립운동사연구』 51 (한국독립운동사연구소, 1997), 187-215쪽; 김원수 「영국의 해양 패권과 동아시아 외교 전략의 전환」, 『서양사학연구』 45 (한국서양문화사학회, 2017), 65-90쪽; 최문형, 『제국주의 시대의 열강과 한국』 (서울: 민음사, 1990); David Gillard, Struggle for Asia, 1828-1914 (London: Methuen & Co., 1977); Johan Marius Goudswaard, Some aspects of the end of Britain's "splendid isolation, 1898-1904" (Rotterdam: W. L. & J. Brusse, 1952).

4 Gillard, Struggle for Asia, 1828-1914; G. D. Clayton, Britain and the Eastern Question: Missolonghi to Gallipoli (London: University of London, 1971).

5 강석영 · 최영수 공저, 『에스파냐 포르투갈 사』 (서울: 대한교과서, 1996), 183-185쪽.

6 Todd Fisher, The Napoleonic Wars: The Rise And Fall Of An Empire (Oxford: Osprey Publishing, 2004), p. 222.

7 Dictionary: Last accessed on (April 15, 2018), http://krdic.naver.com/ detail. nhn? docid=608100.

8 Vincent, Nonintervention and International Order, pp. 8-10.

9 무장간섭(武裝干涉)이라고도 하며, 남의 나라 내정에 무력으로 간섭, 또는 그런 간섭을 의미한다. 대표적 사례로 포함외교(砲艦外交)가 있다.

10 The Spectator, "Pistols at dawn," (February 5, 2010).

11 J. M. Thompson, Napoleon Bonaparte: His Rise and Fall (London: Basil Blackwell, 1951), pp. 244-245.

12 David R. Ringrose, Spain, Europe, and the 'Spanish Miracle', 1700–1900(Cambridge: Cambridge University Press, 1998), p. 325.

13 John Michael Francis, Iberia and the Americas: Culture, Politics, and History (Santa Barbara: ABC-CLIO., 2006), p. 905.

14 A Web of English History, "Castlereagh's State Paper of 1820: Minute of the Cabinet, May 5, 1820," last modified on (April 23, 2017), http://www.historyhome.co.uk/forpol/statepap.htm 참조.

15 동맹은 동맹국이 제3국과 마찰이 있을 때 무조건 동맹국을 도와야 하는 조건이 기본이다. Define Alliance. Dictionary.com.

16 Sir Charles Webster, *The Foreign Policy of Castlereagh, 1815-1822* (London: G. Bell and sons, 1963), pp. 267, 270.

17 H. W. V. Temperley, *The Foreign Policy of Canning, 1822-1827* (London: G. Bell and sons, 1925), p. 44.

18 H. Penson and L. M. Temperley, *Foundations of British Foreign Policy* (London: Frank Cass & Co., 1966), pp. 65-66.

19 빈센트의 설명이 중도의 의미를 좀 더 쉽게 이해하게 해준다. 그의 표현에 의하면, 간섭행위는 제삼자로서 참견(interference)이나 개입(stepping-in)하는 행위를 말하지만 '끼어들다'(interposition) 또는 '사이에 나타나다'(coming-between)란 의미도 있으므로 정치·외교 관점에서 두 국가 사이에 중재(mediation)를 하는 제3국의 행위도 간섭 행위로 볼 수 있다고 하였다. Vincent, *Nonintervention and International Order*, pp. 7-8.

20 H. W. V. Temperley, "The Later American Policy of George Canning," *American Historical Review* 11 (1906), pp. 779-797.

21 Muriel E. Chamberlain, *Lord Palmerston* (Wales: GPC Books, 1987), pp. 33-43.

22 Jasper Ridley, *Lord Palmerston* (London: Dutton, 1970), pp. 105-106.

23 Harold V. Livermore, *A New History of Portugal* (Cambridge: Cambridge University Press, 1969).

24 Penson & Temperley, *Foundations of British Foreign Policy*, pp. 135-138. 템퍼리는 파머스턴의 간섭정책을 범간섭(pan-interference) 정책이라고 불렀다. H. W. V. Temperley, *Life of Canning*, p. 276.

25 E. D. Steele. *Palmerston and Liberalism* (Cambridge: Cambridge University Press, 1991), pp. 331-366.

26 J. Y. Wong, *Deadly Dreams: Opium, Imperialism, and the Arrow War (1856–1860) in China* (Cambridge: Cambridge University Press, 2002). 프랑스의 개입은 인도차이나를 목표로 연합을 취한 것이다. 이는 동맹이 아니고 공조(共助)였다. 2차 아편전쟁은 베이징 조약(1860)으로 그 막을 내렸다.

27 이 표현은 1895년에 캐나다 하원의장이며 재무장관이던 포스터(G. E. Forster)가 캐나다 의회에서 "우리 모국인 영국은 유럽에서 위대하게 고립되어 있습니다"라고 처음 언급하였다. 이듬해 1896년 1월에 퀸스랜드 총독으로 취임한 조셉

챔벌린이 자신의 취임 연설문에 이 단어를 다시 썼고 《타임》지가 주요제목으로 쓰면서 영연방 전역에 퍼졌다. John Chamley, *Splendid Isolation?: Britain, the Balance of Power and the Origins of the First World War* (London, Hodder and Stoughton, 1999).

7. 모리스 카울링과 영국의 '하이 폴리틱스'

1   Kevin Jefferys, *Politics and the People: A History of British Democracy since 1918* (London: Atlantic Books, 2007) 참조.

2   Stephen Driver, *Understanding British Party Politics* (Cambridge: Polity Press, 2011), pp. 40-41.

3   Robert McKenzie, *British Political Parties* (London: Heinemann, 1955) 참조.

4   Alisa Henderson and Stephen Tierney, "Can Referendums Foster Citizen Deliberation? The Experience of Canada and the United Kingdom," eds. Michael Keating and Guy Laforest, *Constitutional Politics and the Territorial Question in Canada and the United Kingdom: Federalism and Devolution Compared* (London: Palgrave Macmillan, 2018), p. 159.

5   Joseph Schumpeter, *Capitalism, Socialism and Democracy* (New York: Harper, 1950). p. 285.

6   Lewis Namier, *The Structure of Politics at the Accession of George III* (London: Macmillan, 1929) 참조.

7   Eric Hobsbawm, "Twentieth-Century British Politics," *Past and Present*, vol. 11 (1957), p. 108.

8   Geoffrey Elton, *Political History: Principles and Practice* (London: Penguin, 1970), p. 61.

9   이 다섯 권의 저서는 다음과 같다(출판시기 순 나열). Maurice Cowling, *1867: Disraeli, Gladstone and the Revolution. The Passing of the Second Reform Bill* (Cambridge: Cambridge University Press, 1967); Maurice Cowling, *The Impact of Labour* (Cambridge: Cambridge University Press, 1971); Andrew Jones, *The Politics of Reform 1884* (Cambridge: Cambridge University Press, 1972); Alastair Cooke and John Vincent, *The Governing Passion: Cabinet*

Government and Party Politics in Britain, 1885-86 (Brighton: The Harvester Press, 1974); Maurice Cowling, *The Impact of Hitler: British Politics and British Policy, 1933-1940* (Cambridge: Cambridge University Press, 1975).

10 Maurice Cowling, *Mill and Liberalism* (Cambridge: Cambridge University Press, 1963) 참조.

11 Maurice Cowling, *The Nature and Limits of Political Science* (Cambridge: Cambridge University Press, 1963) 참조.

12 Jose Harris, "High Table," *History Today*, vol. 45 (1995), p. 61.

13 Cowling, *1867*, p. 339.

14 Cowling, *Labour*, p. 109 참조.

15 Cowling, *Hitler*, p. 1 참조.

16 Royden Harrison, "Bulletin of the Society for the Study of Labour History," *Labour History Review*, vol. 15 (1967), p. 40.

17 Henry Pelling, "1867: Disraeli, Gladstone and Revolution by Maurice Cowling; Disraelian Conservatism and Social Reform by Paul Smith," *The Historical Journal*, vol. 11 (1968), p. 595.

18 *The Times*, 26 April 1971, p. 16.

19 Peter Stead, "1922 and All That," *The Historical Journal*, vol. 17 (1974), p. 208.

20 James Hinton, "Bulletin of the Society for the Study of Labour History," *Labour History Review*, vol. 24 (1972), p. 65.

21 *The Spectator*, 26 July 1975, p. 111.

22 *The Observer*, 27 July 1975, p. 23.

23 *The Times*, 26 April 1971, p. 16.

24 Jean Dunbabin, "The Impact of Hitler. British Politics and British Policy 1933 - 1940. By Maurice Cowling," *The Historical Journal*, vol. 19 (1976), p. 307.

25 Cowling, *Labour*, p. 3.

26 David Craig, "'High Politics' and the 'New Political History'," *The Historical Journal*, vol. 53 (2010), p. 457.

27 Cowling, *Labour*, p. 11.

28 Craig, "'High Politics'," p. 457.

29 Cowling, *1867*, p. 6.

30 Cowling, *1867*, p. 311-312.
31 Cooke and Vincent, *The Governing Passion*, p. 20-22 참조.
32 Cowling, *1867*, p. 60.
33 Cowling, *Labour*, p. 39.
34 Cowling, *1867*, p. 316.
35 Craig, "'High Politics'," p. 458.
36 Cowling, *Hitler*, p. 9.
37 Craig, "'High Politics'," p. 460.
38 Robert McKenzie and Allan Silver, *Angels in Marble: Working Class Conservatives in Urban England* (Chicago: University of Chicago Press, 1968) 참조.
39 Cowling, Labour, p. 4-5 참조.
40 Robert Crowcroft, "Maurice Cowling and the Writing of British Political History," *Contemporary British History*, vol. 22 (2008), pp. 284-285.
41 Jonathan Parry, "High and Low Politics in Modern Britain," *Historical Journal*, vol. 29 (1986), p. 755.
42 Stead, "1922 and All That," pp. 207-208.
43 Kenneth Morgan, *Consensus and Disunity: The Lloyd George Coalition Government, 1918-1922* (Oxford: Oxford University Press, 1979), pp. 351-356.
44 Jon Lawrence and Miles Taylor, "Introduction," eds. Jon Lawrence and Miles Taylor, *Party, State and Society: Electoral Behaviour in Britain Since 1820* (Aldershot: Scolar Press, 1997), p. 18.
45 Philip Williamson, *Stanley Baldwin: Conservative Leadership and National Values* (Cambridge: Cambridge University Press, 1999) 참조.
46 Bill Schwarz, "Politics and Rhetoric in the Age of Mass Culture," *History Workshop Journal*, vol. 46 (1998); Henry Matthew, "Rhetoric and Politics in Britain, 1860-1950," ed. Philip Waller, *Politics and Social Change in Modern Britain* (Brighton: The Harvester Press, 1987); Matthew Roberts, "Constructing a Tory World-View: Popular Politics and the Conservative Press in Late-Victorian Leeds," *Historical Research*, vol. 79 (2006) 등 참조.

8. 근대 초 영국사에서 여성의 몸과 월경 담론

1   Naomi Wolf, *The Beauty Myth: How Images of Beauty Are Used Against Women* (New York: William Morrow, 1991); 나오미 울프, 윤길순 옮김, 『무엇이 아름다움을 강요하는가』(김영사, 2016).

2   Gloria Steinem, "If Men Could Menstruate," *Ms. Magazine* (October 1978).

3   고원, 「미셸 푸코와 몸의 역사」, 한국서양사학회 엮음, 『몸으로 역사를 읽다』(푸른역사, 2011), 20쪽.

4   다니엘 아리스 · 로이 포터 · 조르주 비가렐로 외, 주명철 옮김, 『몸의 역사』 1권 (길, 2014).

5   박이은실, 『월경의 정치학』(동녘, 2015), 13쪽.

6   Sherry B. Ortner, "Is Female to Male as Nature Is to Culture?," eds. M. Z. Rosaldo & L. Lamphere, Women, Culture and Society (Stanford: Stanford University Press, 1974), pp. 67-87.

7   Thomas Laqueur, *Making Sex: Body and Gender from the Greeks to Freud* (Cambridge: Harvard University Press, 1990); 토마스 라커, 이현정 옮김, 『섹스의 역사: 고대에서 현대에 이르는 남성과 여성의 변천사』(황금가지, 2000).

8   라커, 『섹스의 역사』, 1-47쪽.

9   라커의 영향을 받은 대표적인 저서로는 다음이 있다. Anthony Fletcher, *Gender, Sex and Subordination in England 1500-1800* (New Haven: Yale University Press, 1995); Elizabeth Foyster, *Manhood in Early Modern England: Honour, Sex, and Marriage* (London: Longman, 1999).

10 Fletcher, *Gender, Sex and Subordination*, p. 83.

11 라커, 『섹스의 역사』, 23쪽.

12 Katharine Park and Robert Nye, "Destiny is Anatomy," *New Republic* 18 (1991), pp. 53-57; Katharine Park, *Secrets of Women: Gender, Generation, and the Origins of Human Dissection* (New York: Zone Books, 2006).

13 Park and Nye, 'Destiny is Anatomy,' p. 54.

14 Karen Harvey, "The Substance of Sexual Difference: Change and Persistence in Representations of the Body in Eighteenth-Century England," *Gender and History* 14.2 (2002), pp. 202-223.

15 Laura Gowing, "Women's Bodies and the Making of Sex in Seventeenth-Century England," *Signs* 37.4 (2012), pp. 813-822.

16 Michael Stolberg, "A Woman Down to her Bones: The Anatomy of Sexual Difference in the Sixteenth and Early Seventeenth Centuries," *Isis* 94 (2003), pp. 274-299.

17 Michael Stolberg, "Examining the Body," eds. Sarah Toulalan and Kate Fisher, *The Routledge History of Sex and the Body, 1500 to the Present* (London and New York: Routledge, 2013), pp. 91-105.

18 이런 비판에 직면해 라커는 18세기 이전에도 몇몇 의사들이 두 성 모델을 지지했다는 사실은 인정했지만, 하나의 성 모델이 매우 확고했던 탓에 그 영향은 미약했다고 재반박한 바 있다. Thomas Laqueur, "Sex in the flesh," *Isis* 94 (2003), pp. 300-306.

19 Lauren Kassell, "Medical Understandings of the Body, c. 1500-1750," eds. Sarah Toulalan and Kate Fisher, *The Routledge History of Sex and the Body, 1500 to the Present* (London and New York: Routledge, 2013), p. 62.

20 Lyndal Roper, *The Holy Household: Women and Morals in Reformation Augsburg* (Oxford: Clarendon, 1989); Patricia Crawford, *Parents of Poor Children in England, 15801800* (Oxford: Oxford University Press, 2010).

21 Carole Levin, "'We Shall Never Have a Merry World While the Queene Lyveth': Gender, Monarchy, and the Power of Seditious Words," ed. Julia M. Walker, *Dissing Elizabeth: Negative Representations of Gloriana* (Durham, NC: Duke University Press, 1998), pp. 77-95; Rachel Weil, *Political Passions: Gender, the Family and Political Argument in England, 16801714* (Manchester: Manchester University Press, 1999).

22 Mary E. Fissell, *Vernacular Bodies: The Politics of Reproduction in Early Modern England* (Oxford: Oxford University Press, 2004).

23 Hilda L. Smith, "Gynecology and Ideology in Seventeenth-Century England," ed. Berenice A. Carroll, *Liberating Women's History: Theoretical and Critical Essays* (Urbana: University of Illinois Press, 1976), pp. 97-114; Audrey Eccles, *Obstetrics and Gynaecology in Tudor and Stuart England* (London: Croom Helm, 1982); Angus McLaren, *Reproductive Rituals: The Perception of Fertility in England from the Sixteenth Century to the Nineteenth Century* (London: Methuen, 1984).

24 Laura Gowing, "Knowledge and Experience, c. 1500-1750," eds. Sarah Toulalan and Kate Fisher, *The Routledge History of Sex and the Body, 1500 to

the Present (London and New York: Routledge, 2013), p. 239.

25 Fissell, *Vernacular Bodies*, p. 1.

26 Fissell, *Vernacular Bodies*, p. 2.

27 Fissell, *Vernacular Bodies*, pp. 196-243.

28 Laura Gowing, *Common Bodies: Women, Touch, and Power in Seventeenth-Century England* (New Haven: Yale University Press, 2003); "Women's Bodies and the Making of Sex in Seventeenth-Century England," *Signs* 37.4 (2012), pp. 813-822.

29 Gowing, *Common Bodies*, p. 204.

30 Gowing, "Women's Bodies and the Making of Sex," p. 818.

31 Gowing, *Common Bodies*, p. 9.

32 Gowing, *Common Bodies*, p. 150.

33 Bettina Bildhauer, "The Secrets of Women: A Medieval Perspective on Menstruation," eds. Andrew Shail & Gillian Howie, *Menstruation: A Cultural History* (New York: Palgrave Macmillian, 2005), p. 65.

34 Janice Delaney, Mary Jane Lupton, and Emily Toth, *The Curse: A Cultural History of Menstruation* (Urbana: University of Illinois Press, 1988), p. 171.

35 Patricia Crawford, *Blood, Bodies and Families in Early Modern England*p. (New York: Routledge, 2014), p. 19.

36 Patricia Crawford, "Attitudes to Menstruation in Seventeenth Century England," *Past and Present* 91 (1981), p. 47-73.

37 Crawford, *Blood, Bodies and Families*, p. 37.

38 Margaret Healy, "Dangerous Blood: Menstruation, Medicine and Myth in Early Modern England," eds. Michael Worton and Nana Wilson-Tagoe, *National Healths: Gender, Sexuality and Health in a Cross-cultural Context* (London: UCL Press, 2004), pp. 83-95.

39 Healy, "Dangerous Blood," p. 89.

40 Healy, "Dangerous Blood," pp. 90-91.

41 Healy, "Dangerous Blood," p. 89.

42 Bethan Hindson, "Attitudes towards Menstruation and Menstrual Blood in Elizabethan England," *Journal of Social History* 43.1 (2009), pp. 89-114.

43 Hindson, "Attitudes towards Menstruation," p. 93.

44 Hindson, "Attitudes towards Menstruation," p. 90.

45 Hindson, "Attitudes towards Menstruation," p. 96.

46 Gianna Pomata, "Menstruating Men: Similarity and Difference of the Sexes in Early Modern Medicine," ed. Valeria Finucci and Kevin Brownlee, *Generation and Degeneration: Tropes of Reproduction in Literature and History from Antiquity through Early Modern Europe* (London: Duke University Press, 2001), pp. 109-152.

47 Michael Stolberg, "Menstruation and Sexual Difference," eds. Andrew Shail and Gillian Howie, *Menstruation: A Cultural History* (Basingstoke: Palgrave Macmillan, 2005), pp. 90-101.

48 Hindson, "Attitudes towards Menstruation," pp. 100-101.

49 Sara Read, *Menstruation and the Body in Early Modern England* (Basingstoke: Palgrave Macmillan, 2013).

49 Read, *Menstruation and the Body*, p. 10.

51 Read, *Menstruation and the Body*, pp. 60-81.

52 Read, *Menstruation and the Body*, pp. 122-144.

9. 19세기 영국 페미니즘의 진화

1 조앤 스콧, 공임순 · 이화진 · 최영석 옮김, 『페미니즘 위대한 역사』 (앨피, 2006), 75-76쪽.

2 Ray Strachey, *The Cause: a short history of the women's movement in Great Britain* (Kennikat Press, 1928), p. 5.

3 Strachey, *The Cause*, p. 13.

4 Barbara Caine, *English Feminism 1780-1980* (Oxford: Oxford University Press, 1997), pp. 53-87.

5 Caine, *English Feminism* 1780-1980, pp. 1-10.

6 1858년에 창립된 랭엄 플레이스 서클은 여성 고용과 여성 고등 교육의 확대, 기혼여성의 재산권 확보, 선거권 획득을 이루는 데 주력했다. 이성숙, 『여성, 섹슈얼리티, 국가』 (책세상, 2009), 72-73쪽. 랭엄 플레이스 서클에 관해서는 Candida Ann Lacey, ed., *Barbara Leigh Smith Bodichon and the Langham Place Group* (London and New York: Rougtledge, 1987); Mary Lyndon Shanley,

Feminism, Marriage and the Law in Victorian England 1850-1895 (Princeton University Press, 1989) 참조.

7   Ricahrd J. Evans, *The Feminist: Women's Emancipation Movement 1840-1920* (London and New York: Routledge, 1977); 리처드 에번스 지음, 정현백 외 옮김, 『페미니스트』(창작과비평사, 1977), 23쪽.

8   Catherine Hall, *The Early Formation of Victorian Domestic Ideology, White, Male and Middle Class: explorations in feminism and history* (London: Routledge, 1992).

9   리처드 에번스 지음, 정현백 외 옮김, 『페미니스트』, 4쪽.

10 Sally Alexander "Women, Class and Sexual Difference in the 1830s and 1840s: Some Reflections on the Writing of a Feminist History," in *British Feminist Thought*, ed., Terry Lovell (Cambridge: Basil Blackwell, 1990), pp. 28-50: Sheila Rowbotham, *Women in Movement: Feminism and Social Action* (New York: Routledge, 1992).

11 Barbara Taylor, *Eve and the New Jerusalem: Socialism and Feminism in the Nineteenth Century* (London: Harvard University Press, 1983).

12 Taylor, *Eve and the New Jerusalem*, p. 99

13 Taylor, *Eve and the New Jerusalem*, pp. 130-156.

14 Laura Schwartz, *Infidel Feminism: Secularism, religion and women's emancipation, England 1830-1914* (Manchester and New York: Manchester University Press, 2013).

15 Barbara Caine, *Victorian Feminists* (Oxford: Oxford University Press, 1993).

16 Philippa Levine, *Feminist Lives in Victorian England: Private Roles and Public Commitment* (Oxford: Blackwell, 1990).

17 Philippa Levine, *Victorian Feminism 1850-1900* (University Press of Florida, 1987).

18 Jane Purvis, *Hard Lessons: The Lives and Educations of Working-class Women in Nineteenth-century England* (Minneapolis: University of Minnesota Press, 1989).

19 Judy Lown, *Women and Industrialization: Gender at Work in Nineteenth-Century England* (Minneapolis: Minnesota UP., 1990).

20 Nicola Verdon, *Rural Women Workers in Nineteenth-Century England: Gender, Work and Wages* (Woodbridge, Suffolk: Boydell Press, 2002).

21 Shanley, *Feminism, Marriage, and the Law in Victorian England, 1850-1895.*

22 Caroline Norton, Joan Huddleston ed., *Caroline Norton's defense: English laws for women in the nineteenth century* (Chicago: Academy Chicago, 1982).

23 Clare Midgley, *Feminism and Empire: Women Activists in Imperial Britain, 1790-1865* (London and New York: Routledge, 2007).

24 M. J. D. Roberts, "Feminism and the State in Later Victorian England," *The Historical Journal*, 38:1 (1995), pp. 85-110.

25 Hall, *The Early Formation of Victorian Domestic Ideology.*

26 Ben Griffin, *The Politics of Gender in Victorian Britain: Masculinity, Political Culture* (Cambridge University Press, 2012).

27 Hilary Fraser, Stephanie Green and Judith Johnston, *Gender and The Victorian Periodical* (Cambridge University Press, 2003).

28 실라 로우버덤, 이효재 옮김, 『영국 여성 운동사』 (종로서적, 1982), 96쪽.

29 Harold Smith, *The Women's Suffrage Movement in Britain, 1866-1928* (New York: Palgrave Macmillan, 1998).

30 Sandra Stanley Holton, *Suffrage days: stories from the women's suffrage movement* (London: Routledge, 1996).

31 Diane Atkinson, *Rise Up Women!: The Remarkable Lives of the Suffragettes* (Kindle Edition, 2018).

32 Brian Howard Harrison, *Separate Spheres: The Opposition to Women's Suffrage in Britain, 1867-1928* (London: Croom Helm, 1978).

33 Midge Mackenzie, *Shoulder to Shoulder: A Documentary history of the Militant Suffragettes* (Alfred A. Knopf, 1975); Lisa Tickner, *The Spectacle of Women: Imagery of the Suffrage Campaign, 1907-14* (Chicago: University of Chicago Press, 1988).

34 Claire Eustance and Angela V. John, ed., *The Men's Share? Masculinities, Male Support, and Women's Suffrage in Britain, 1890-1920* (Psychology Press, 1997).

10. 다시 보는 서프러제트

1   싱의 전기를 쓴 아니타 아난드(Anita Anand)의 연구와 인도 여성의 영국과 인도
    에서의 참정권운동 역사를 연구한 서미타 무커르지(Sumita Mukherjee)의 연구
    가 여기에 해당한다. Anita Anand, *Sophia: Princess, Suffragette, Revolutionary*
    (London: Bloomsbury Publishing, 2015); Sumita Mukherjee, "Herabai Tata
    and Sophia Duleep Singh: Suffragette Resistances for India and Britain, 1910 -
    1920," eds. Rehana Ahmed and Sumita Mukherjee, *South Asian Resistances
    in Britain, 1858-1947* (London: A&C Black, 2012), pp. 106-124; Sumita
    Mukherjee, ed., *Indian Suffragettes: Female Identities and Transnational
    Networks* (Oxford: Oxford University Press, 2018).

2   여성참정권운동의 세계사를 쓴 역사가 재드 아담스(Jad Adams)의 연구가 이 관
    점에 해당한다. Jad Adams, *Women and the Vote: A World History* (Oxford:
    Oxford University Press, 2014).

3   Ian Christopher Fletcher, Philippa Levine, and Laura E. Nym Mayhall, *Women's
    Suffrage in the British Empire: Citizenship, Nation and Race* (New York:
    Routledge, 2000)에 실린 논문들이 이런 관점을 취하고 있다.

4   Iain R. Smith and Adreas Stucki, "The Colonial Development of Concentration
    Camps(1868-1902)," *The Journal of Imperial and Commonwealth History*,
    39(3) (2011), p. 418.

5   Kitchener to Brodrick (War Office, 21 June 1901). Kitchener Papers,
    30/57/20/2, National Archives, Kew. Iain R. Smith and Adreas Stucki, "The
    Colonial Development of Concentration Camps," p. 419에서 재인용.

6   Iain R. Smith and Adreas Stucki, "The Colonial Development of Concentration
    Camps(1868-1902)," p. 430.

7   Laura E. Nym Mayhall, "The South African War and the Origins of Suffrage
    Militancy in Britain, 1899-1901," ed. Ian Christopher Fletcher, Philippa
    Levine, and Laura E. Nym Mayhall, *Women's Suffrage in the British Empire:
    Citizenship, Nation and Race* (New York: Routledge, 2000), p. 8.

8   Ibid.

9   Jad Adams, *Women and the Vote: A World History* (Oxford: Oxford University
    Press, 2014), p. 118.

10 Mayhall, "The South African War and the Origins of Suffrage Militancy," p. 9.

11 Mayhall, "The South African War and the Origins of Suffrage Militancy," p. 11.

12 Jad Adams, *Women and the Vote*, p. 224.

13 Laura E. Nym Mayhall, *The Militant Suffrage Movement: Citizenship and Resistance in Britain, 1860-1930* (Oxford: Oxford University Press, 2003), p. 88.

14 Lucy Bland, *Banishing the Beast: Feminism, Sex and Morality*, 2nd ed. (London: Tauris Parke, 2002), p. 242.

15 『여성의 전함』은 실비아가 파트너 실비오 에라스무스 코리오(Silvio Erasmus Corio)와 함께 1914년 3월 21일 창간했고, 1917년까지 발행됐다. 실비아는 신문값을 노동 대중 여성들이 살 수 있는 가격에 맞추기 위해 전체 4페이지 가운데 약 50퍼센트의 지면에 광고를 실어야 했다. 1917년 『노동자의 전함』(*Workers' Dreadnought*)으로 개명해 1924년까지 발행됐다.

16 Angela K. Smith, "The Pankhursts and the War: Suffrage Magazines and First World War Propaganda," *Women's History Review* 12.(1) (2003), pp. 106, 112.

17 Angela K. Smith, "The Pankhursts and the War," pp. 103-113.

18 Katherine Connelly, *Sylvia Pankhurst: Suffragette, Socialist and Scourge of Empire* (London: Pluto Press, 2013), p. 111.

19 이 절의 내용은 저자의 논문「파시즘과 페미니즘 사이에서: 영국파시스트연합의 여성 활동가들」, 『대구사학』 92 (2008), 6-10쪽 내용을 수정한 것이다.

20 Julie Gottlieb, *Feminine Fascism: Women in Britain's Fascist Movement* (London: I. B. Tauris, 2003), p. 147.

21 *Action*, 28 November 1936.

22 Wilhelm Reich, *The Mass Psychology of Fascism* (London: Harmondswirth, 1970), p. 66.

23 Cecily Hamilton, *Life Errant* (London, 1935), p. 68; quoted in Julie Gottlieb, *Feminine Fascism*, p. 159.

24 Norah Elam, *op. cit.*

25 Norah Elam, "Fascism, Women and Democracy," *Fascist Quarterly*, 1(3) (1935), pp. 290-298.

26 Barbara Caine, *English Feminism 1780-1980* (Oxford: Oxford University Press, 1997), p. 205.

27 Julie Gottlieb, *Feminine Fascism*, p. 97.

28 *ibid.*

29 Julie Gottlieb, *Feminine Fascism*, pp. 335-336.

30 "Ex-Suffragette joins the BUF: Mussolini's Prediction," *Fascist Week*, No. 7, (22-28 December 1933).

31 Mary Richardson, "My Reply to Sylvia Pankhurst," *The Blackshirt*, No. 62, (29 June 1934).

32 Martin Durham, *Women and Fascism* (London: Routledge, 1998), pp. 64-65.

33 June Purvis, Sylvia Pankhurst Suffragette Political Activist Artist and Writer, *Gender and Education*, 20(1) (2008), p. 80.

34 염운옥, 『생명에도 계급이 있는가 – 유전자 정치와 영국의 우생학』 (책세상, 2009), 68-78쪽 참조.

35 R. Pankhurst, "Sylvia and New Times and Ethiophia News, in Ian Bullock and R. Pankhurst," *Sylvia Pankhurst: From Artist to Anti-Fascist* (London: Palgrave Macmillan, 1992), p. 151.

36 Katherine Connelly, *Sylvia Pankhurst: Suffragette, Socialist and Scourge of Empire* (London: Pluto Press, 2013). p. 140.

37 Richard Pankhust, "Sylvia Pankhurst, Ethiopia, and the Spanish Civil War," Women's *History Review*, 15(5) (2006), p. 775.

38 Richard Pankhust, "Sylvia Pankhurst," p. 776.

39 Estelle Sylvia Pankhurst, *A Sylvia Pankhurst Reader* (Manchester: Manchester University Press, 1993), p. 211.

40 Richard Pankhust, "Sylvia Pankhurst," p. 780.

41 아디스아바바 학살 혹은 그라치아니 학살이라고 불리는 이 사건은 1937년 2월 19일에서 21일, 3일 동안 2,000-3,000명의 에티오피아인이 학살당한 사건이다. 두 명의 에리트레아인 청년에 의한 암살 시도가 실패한 후 자행된 보복 학살의 명령자는 로돌포 그라치아니(Rodolfo Graziani) 총독이었다. 그는 무솔리니의 사령관 중 한 명으로 리비아와 에티오피아에서 식민지 전쟁을 지휘했던 사령관이다.

42 Richard Pankhust, "Sylvia Pankhurst," p. 778.

11. 영미권 남성사 연구의 주요 의제들

1 설혜심, 「서양 여성사의 역사」, 『학림』 28 (2007), 92-93쪽.

2 Judith Newton, "White Guys," *Feminist Studies*, 24:3 (1998), p. 55.

3 Lisa Wilson, *Ye Heart of a Man: The Domestic Life of Men in Colonial New England* (New Haven: Yale University Press, 1999).

4 Martin Francis, "The Domestication of the Male? Recent Research on Nineteenth and Twentieth-Century British Masculinity," *Historical Journal*, 45:3 (2002), p. 638.

5 John Tosh, *A Man's Place: Masculinity and the Middle-Class Home in Victorian England* (New Haven: Yale University Press, 1999).

6 안네 샤를로트 트렙, 「가정에서의 남성성」, 토마스 퀴네 외, 조경식·박은주 옮김, 『남성의 역사』 (솔, 2001), 78-79쪽.

7 J. C. Flügel, *The Psychology of Clothes* (London: Hogarth Press, 1930).

8 T. 베블런, 이완재·최세양 옮김, 『한가한 무리들』 (통인, 1995), 97-121쪽.

9 Mark A. Swiencicki, "Consuming Brotherhood: Men's Culture, Style and Recreation as Consumer Culture, 1880-1930," *Journal of Social History*, 31:4 (1998), p. 774.

10 Kathy Peiss, "Of Makeup and Men: The Gendering of Cosmetics," The Material Culture of Gender Conference, Winterthur Museum, (November 1989), p. 2.

11 Newton, "White Guys," p. 576. 오늘날 한국 사회에서도 남성성의 위기에 대한 목소리가 높으며 남성들이 역차별을 당하고 있다는 항의가 나타나고 있는데, 일부 사회학자들은 그 이유를 남성들이 노동 현장에서 여성을 경쟁자로 인식하게 되었고, 반면 시민권을 주장할 수 있는 근거인 노동은 몰락하고 있기 때문이라고 풀이한다. 엄기호, 「남성성의 위기와 한국의 남성문화」, 한국여성연구소 엮음, 『젠더와 사회: 15개의 시선으로 읽는 여성과 남성』 (동녘, 2014).

12 Linda M. Shires, "Patriarchy, Dead Men, and Tennyson's Idylls of the King," *Victorian Poetry*, 30:3/4 (1992), p. 403.

13 박형지·설혜심, 『제국주의와 남성성: 19세기 영국의 젠더 형성』 (아카넷, 2016).

14 레오 브라우디, 김지선 옮김, 『기사도에서 테러리즘까지: 전쟁과 남성성의 변화』 (삼인, 2010), 545쪽.

15 브라우디, 『기사도에서 테러리즘까지』, 653쪽.

16 Michael S. Kimmel, *Manhood in America: A Cultural History* (New York: Free Press, 1996), p. 8.

17 Kimmel, *Manhood in America*, p. 17.

18 Susan Jeffords, *The Remasculinization of America: Gender and the Vietnam War* (Bloomington: Indiana University Press, 1989).

19 Kimmel, *Angry White Men: American Masculinity at the End of an Era* (New York: Nation Books, 2013), p. 283.

20 R. W. Connell, *Gender and Power* (Sidney: Allen and Unwin, 1987).

21 우리 학계에서는 competitive masculinities와 protest masculinity의 번역이 아직 합의된 바가 없고 두 개념 다 '대항적 남성성'으로 표기되곤 한다. 이 글에서는 공부 잘하는 모범생과 달리 완력으로 힘을 과시하는 경쟁적 남성성을 '대항적 남성성'(competitive masculinities)으로, 아내의 수입에 의존해 살면서 사나운 개를 키우는 등을 통해 남성성을 보상하려는 보상적 남성성을 '저항적 남성성'(protest masculinity)으로 번역하기로 한다.

22 Michael Roper and John Tosh, eds., *Manful Assertions: Masculinities in Britain since 1800* (London: Routledge, 1991), pp. 13-15.

23 설혜심, 「19세기 영국의 퍼블릭 스쿨, 제국, 남성성—톰 브라운의 『학창시절』을 중심으로」, 『영국연구』 11 (2004), 99-114쪽.

24 Cyril Connolly, *The Enemies of Promise* (London: Andre Deutsch, 1988).

25 설혜심, 「19세기 영국의 퍼블릭 스쿨, 제국, 남성성」, 106-110쪽.

26 David Anderson, *Mansex Fine: Religion, Manliness and Imperialism in Nineteenth-Century British Culture* (Manchester: Manchester University Press, 1998).

27 Mrinalini Sinha, *Colonial Masculinity: the 'Manly Englishman' and 'Effeminate Bengli' in the Late Nineteenth Century* (Manchester: Manchester University Press, 1995).

28 Sul Heasim, "Orientalism in America during the Latter Half of the Nineteenth Century, Portrayals of Marriage Guides," *AJWS*, 8:2 (2002); 설혜심, 「제국주의와 섹슈얼리티」, 『역사학보』 178 (2003).

29 P. Y. Martin, "Why Can't a Man Be More Like a Woman?: Reflections on Connell's Masculinities," *Gender & Society*, 12:4 (1998).

30 M. Wetherell and N. Edley, "Negotiating Hegemonic Masculinity: Imaginary Positions and Psycho-Discursive Practices," *Feminism and Psychology*, 9:3

(1999).

31 S. M. Whitehead, *Men and Masculinities: Key Themes and New Directions* (Cambridge: Polity Press, 2002), p. 93.

32 Connell and James W. Messerschmidt, "Hegemonic Masculinity: Rethinking the Concept," *Gender and Society*, 19:6 (2005), p. 838.

33 R. W. 코넬, 안상욱 · 현민 옮김, 『남성성/들』(이매진, 2010), 21쪽.

34 김현미, 「젠더와 사회구조」, 『젠더와 사회』(한국여성연구소, 2014), 86-87쪽.

35 Steven Maynard, "Queer Musings on Masculinity and History," *Labour/Le Travail*, 42 (1998).

36 Judith Butler, *Gender Trouble: Feminism and the Subversion of Identity* (New York: Routledge, 1990), p. 40.

37 박형지 · 설혜심, 『제국주의와 남성성』.

38 Ronald Hyam, *Empire and Sexuality: The British Experience* (Manchester: Manchester University Press, 1992), pp. 98-99.

39 박형지 · 설혜심, 『제국주의와 남성성』, 170-172쪽.

40 George Chauncey, *Gay New York: Gender, Urban Culture, and the Making of the Gay Male World, 1890-1940* (New York: Basic Books, 1994).

41 Sarah Kaiksow, "Subjectivity and Imperial Masculinity: A British Soldier in Dhofar, 1968-1970," *The Journal of Middle East Women's Studies*, 4:2 (2008), p. 62.

42 Wetherell and Edley, "Negotiating Hegemonic Masculinity."

43 Eric Anderson, "Openly Gay Athletes: Contesting Hegemonic Masculinity in a Homophobic Environment," *Gender and Society*, 16:6 (2002).

44 조지 L. 모스, 이광조 옮김, 『남자의 이미지』(문예출판, 2004).

45 Connell and Messerschmidt, "Hegemonic Masculinity: Rethinking the Concept," Ava Baron, "Masculinity, the Embodied Male Worker, and the Historian's Gaze," *International Labor and Working-Class History*, 69 (2006).

46 Paul Amar, "Middle East Masculinity Studies: Discourses of 'Men in Crisis' Industries of Gender in Revolution," *Journal of Middle East Women's Studies*, 7:3 (2011).

47 코넬, 『남성성/들』, 20쪽.

12. 영국사와 대서양사의 접목

1 Robert R. Palmer, *The Age of the Democratic Revolution: a political history of Europe and America, 1760–1800* (Princeton: Princeton University Press, vol. 1, 1959; vol. 2, 1964); Bernard Bailyn, *Atlantic History: Concept and Contours* (Cambridge, Mass: Harvard University Press, 2005); Jack P. Greene and Philip D. Morgan, eds., *Atlantic History: A Critical Appraisal* (Oxford: Oxford University Press, 2008).

2 Herbert S. Klein, Stanley L. Engerman, Robin Haines, Ralph Shlomowitz, "Transoceanic Mortality: The Slave Trade in Comparative Perspective," *The William and Mary Quarterly*, vol. 58 (2001), pp. 93-118; Roger Anstey, *The Atlantic Slave Trade and British Abolition, 1760-1810* (London: Macmillan, 1975), pp. 3-37.

3 "The Trans-Atlantic Slave Trade Database"(http://www.slavevoyages.org/voyage/search, 2019.11.30. 검색).

4 "The Trans-Atlantic Slave Trade Database" (http://www.slavevoyages.org/voyage/search, 2019.11.30. 검색).

5 대서양 복음주의 네트워크에 대해서는 다음을 참조. Susan [Durden] O'Brien, "A Transatlantic Community of Saints: The Great Awakening and the First Evangelical Network, 1735-1755," *American Historical Review*, vol. 91, no. 4 (1986), pp. 811-832; Frank Lambert, "'Pedlar in Divinity': George Whitefield and the Great Awakening, 1737-1745," *The Journal of American History*, vol. 77, no. 3 (1990), pp. 812-837.

6 Young Hwi Yoon, "The Spread of Antislavery Sentiment through Proslavery Tracts in the Transatlantic Evangelical Community, 1740s-1770s," *Church History: Studies in Christianity and Culture* 81, no. 2 (2012), pp. 364-369.

7 Christopher Leslie Brown, *Moral Capital: Foundation of British Abolitionism* (Chapel Hill: North Carolina University Press, 2006), pp. 371-372.

8 John Wesley, *The Works of the Rev. John Wesley* 4 vols. (Bristol printed: Philadelphia, re-printed by Melchior Steiner, 1783), III, p. 453.

9 Maurice Jackson, *Let this Voice Be Heard: Anthony Benezet, Father of Atlantic Abolitionism* (Philadelphia: University of Pennsylvania Press, 2009), pp. 138-167.

10 Thomas Clarkson, *History of the Rise, Progress and Accomplishment of the Abolition of the African Slave-Trade by British Parliament* 2 vols. (Philadelphia: Published by James P. Parke, 1808), I, pp. 193-202.

11 Eric Williams, *Capitalism and Slavery* (London: Deutsch, 1964); Seymour Drescher, *Econocide, British Slavery in the Era of Abolition* (Pittsburgh: University of Pittsburgh Press, 1977).

12 대서양 복음주의 네트워크에 대한 참고자료는 각주 5를 참조.

13 이 두 행사에 대한 자세한 설명은 다음 논문 참조. Frank Lambert, *Inventing the "Great Awakening"* (Princeton: Princeton University Press, 1999), pp. 164-165. 윤영휘, 「대서양 복음주의 네트워크의 노예무역폐지주의」, 『영국연구』 제22권 (한국영국사학회, 2009), 56-78쪽.

14 Jonathan Edwards, "Unpublished Letter of May 30, 1735," ed. C. C. Goen, *The Works of Jonathan Edwards*, vol. 9 (New Heaven: Yale University Press, 1957), pp. 99-111.

15 Young Hwi Yoon, "The Spread and Transformation of Antislavery Sentiment in the Transatlantic Evangelical Network, 1730s-1790s" (PhD dissertation, University of Warwick, 2011), pp. 72-73.

16 James Robe, *A Faithful Narrative of the Extraordinary Work of the Spirit of God, at Kilsyth* (London: sold by S. Mason, 1742-43, 1742); *The Christian History*, 1743-1744, LCP, Per C 62 Log.7042.O (W.L. Fox).

17 휫필드-가든 논쟁은 다음을 참조. George Whitefield, *Three Letters from the Reverend Mr. G. Whitefield: viz Letter III* (Philadelphia: B.F ranklin, 1740); Alexander Garden, *Six Letters to the Rev. Mr. George Whitefield* (Boston: T. Fleet, 1750).

18 러쉬와 니스벳 논쟁은 다음을 참조. Benjamin Rush, *An Address to the Inhabitants of the British Settlements in America* (Philadelphia: Printed and sold by John Dunlap, 1773); Richard Nisbet, *Slavery not Forbidden by Scripture* [Philadelphia: Printed (for John Sparhawk), 1773].

19 램지와 서인도 제도 농장주들의 논쟁은 다음을 참조. James Ramsay, *An Essay on the Treatment and Conversion of African Slaves in the British Sugar Colonies* (London: Printed and sold by James Phillips, 1784); Anonymous, *Remarks on a Pamphlet Written by the Rev. James Ramsay, M.A.* (London: Printed for and sold by J. P. Bateman, 1784).

20 램지, 스미스, 토빈의 논쟁은 다음을 참조. James Ramsay, *A Reply to the Personal Invectives and Objections* (London: printed and sold by James Phillips, 1785); John Samuel Smith, *A Letter from Cap. J. S. Smith to the Revd Mr Hillon the State of the Negroe Slaves* (London, 1786); John Tobin, *A Short Rejoinder to the Reverend Mr. Ramsay's Reply* (Salisbury: Printed for G. and T. Wilkie, 1787).

21 Yoon, "The Spread and Transformation of Antislavery Sentiment in the Transatlantic Evangelical Network, 1730s-1790s," pp. 90-91.

13. 영국 군사사 연구의 흐름과 전망

1 군사사 입문 시 맨 먼저 낯설게 다가오는 것이 아마도 관련 용어가 아닐까 한다. 이의 해소를 위해 군사사에서 자주 접하는 몇 가지 기본 용어를 설명하면 다음과 같다. War는 전쟁과 관련된 모든 것(정치, 경제, 사회, 문화 등)을 포괄하여 정의할 시, Warfare는 이 중에서 실제 전쟁 수행과 직접 관련되는 것들을 중심으로 정의할 시에 사용한다. Campaign(전역, 戰役)은 태평양 전역이나 북아프리카 전역처럼 일정한 공간적 범위 안에서 일정한 시간대 안에 벌어지는 서로 연관된 일련의 전투를 포괄하여 정의할 시, Battle은 말 그대로 개별 전투를 지칭할 시에 사용한다. 이러한 용어를 병력 및 무기의 운용이라는 측면과 연계시킬 경우, War 또는 Warfare는 전략(strategy), Campaign은 작전술(operational art), 그리고 Battle은 전술(tactics)과 매칭된다고 볼 수 있다.

2 국내의 경우, 류한수, 「클리오와 아테나의 만남: 영미권의 군사사 연구동향과 국내 서양사학계의 군사사 연구 활성화를 위한 제언」, 『서양사론』 제98호 (2008. 9), 283-308쪽을 볼 것.

3 Robert M. Citino, "Review Essay: Military Histories Old and New-A Reintroduction," *American Historical Review*, vol. 112, no. 4 (October 2007), pp. 1089-1090. 상대적으로 소수인 군사사 전공 연구 인력이 설상가상으로 두 부류로 나뉘어 있다는 현실도 군사사 분야 발전을 제한해왔다. 즉, 직업군인 출신 연구자들은 전략이나 작전술과 같은 순수 군사 측면에 주목한 데 비해, 민간 출신 연구자들은 실제 전투보다는 좀 더 넓은 맥락에서 전쟁과 관련된 주제들에 주목하는 경향이 있기 때문이다.

4 자세한 내용은 다음 관련 도서들을 참고할 것. David A. Charters, M. Milner and J. Brent Wilson, eds., *Military History and the Military Profession* (Westport: Praeger, 1992); Jeremy Black, *Rethinking Military History* (London: Routledge, 2004); Stephen Morillo and Michael F. Pavkovic, *What is Military History?* (Cambridge: Polity Press, 2006); Donald A. Yerxa, *Recent Themes in Military History: Historians in Conversation* (Columbia: University of South Carolina Press, 2008). 그리고 군사사에 관한 전문 학술서로는 국내의 경우『군사』와『군사연구』를, 해외의 경우 *Journal of Military History, War in History, War and Society* 등을 꼽을 수 있다.

5 예를 들면 다음과 같다. Sir Edward Creasy, *Fifteen Decisive Battles of the World: From Marathon to Waterloo* (1851), reprinted edn (Da Capo Press, 1994); Michael Howard, *Studies in War and Peace* (London: Temple Smith, 1970); John Keegan, *The Face of Battle: A Study of Agincourt, Waterloo and the Somme* (London: Penguin, 1976); Geoffrey Parker, *The Military Revolution, Military Innovation and the Rise of the West, 1500-1800* (Cambridge: Cambridge University Press, 1988); Jeremy Black, *Rethinking Military History* (London: Routledge, 2004).

6 Flavius Renatus Vegetius, *Epitome of Military Science*, trans. N. P. Milner (Liverpool University Press, 1993). 이 책의 축약본 번역서를 참고할 것. 정토웅 옮김,『군사학 논고』(지만지 고전천줄읽기, 2009).

7 서동하, "Military Elites in Early Modern England and the Study of War,"『영국연구』제27호 (2012), 1-35쪽.

8 Ian F. W. Beckett, *A Guides to British Military History: The Subject and the Sources* (Barnsley: Pen & Sword Military, 2016), p. 5.

9 클라우제비츠와 조미니를 비롯한 17-19세기의 대표적인 군사 사상가들에 대해서는 Peter Paret, ed., *The Makers of Modern Strategy from Machiavelli to the Nuclear Age* (New Heaven: Princeton University Press, 1986); Azar Gat, *The Origins of Military Thought from the Enlightenment to Clausewitz* (Oxford: Oxford University Press, 1989)를 참고할 것.

10 Sir Edward Creasy, *Fifteen Decisive Battles of the World: From Marathon to Waterloo* (1851), reprinted edn. (Da Capo Press, 1994).

11 그의 저술로는 *The French Army before Napoleon* (1915); *The Defence of Piedmont* (1927); *The Rise of General Bonaparte* (1930) 등을 들 수 있다.

12 예컨대, 1960년대 이래 샌드허스트를 둥지로 삼아 군사사 발전을 위해 활발하게 활동한 키건(John Keegan), 챈들러(David Chandler), 더피(Christopher Duffy) 등은 모두 젊은 시절 옥스퍼드 대학교에서 군사사를 공부했다.

13 개괄적인 이해를 위해서는 Rex Pope, *War and Society in Britain 1899-1948* (London: Longman, 1991)을 참조할 것.

14 M. Howard, *The Causes of Wars and Other Essays*, 2nd ed. (Harvard University Press, 1984), pp. 195-197.

15 마워의 저술들을 꼽으면 다음과 같다: *The Deluge: British Society and the First World War* (London: Little Brown Co., 1965); *Britain in the Century of Total War: War, Peace and Social Change, 1900-1967* (London: Little Brown Co., 1968); *War and Social Change in the Twentieth Century: A Comparative Study of Britain, France, Germany, Russia and the United States* (London: St. Martin's Press, 1974); ed., *Total War and Social Change* (Basingstoke: Palgrave Macmillan, 1988).

16 John Keegan, *The Face of Battle: A Study of Agincourt, Waterloo and the Somme* (London: Penguin, 1976); 존 키건, 정병선 옮김, 『전쟁의 얼굴』(지호, 2005).

17 키건은 역사적으로 중요한 분수령이 된 세 개의 전투 — 아쟁쿠르 전투(1415), 워털루 전투(1815), 솜 전투(1916) — 를 선별, 전투 중 병사들 간에 또는 부대 내에서 실제로 어떠한 일이 벌어졌는가를 고찰했다. 군사사 연구에 대한 그의 새로운 접근법 덕분에 특히 양차 세계대전 참전 노병(老兵)들이 구술사 형식으로 각자의 실제 전투 경험을 털어놓기 시작했다.

18 인간 본성에 대한 견해차라는 측면에서 전쟁의 원인에 대한 인류학적 관점은 크게 둘로 갈리고 있다. 인간의 '폭력적'인 본성상 원시시대 이래로 전쟁은 불가피했다는 주장과 이와는 반대로 전쟁은 인간 본성보다는 사회-문화적 요인에 의해 조장되어온 것이기에 이를 피하는 것이 가능했다고 보는 입장이다. 전자의 경우에는 L. Keely, *War before Civilization: The Myth of the Peaceful Savage* (Oxford: Oxford University Press, 1997); S. LeBlanc and K. Register, *Constant Battles: The Myth of the Peaceful, Noble Savage* (London: St. Martin's Press, 2003)를, 후자의 경우에는 B. Ferguson and N. Whitehead, eds., *War in the Tribal Zone: Expanding States and Indigenous Warfare* (School of American Research Press, 1992)를 참고할 것.

19 S. Morillo, *What is Military History?*, p. 63. 예를 들면, 일정한 장소에서 출토된

인간의 해골에 새겨진 칼자국이라든가 옆구리 갈비뼈에 박힌 화살촉 등을 통해 당대에 인간 몸에 가해진 폭력의 흔적을 엿볼 수 있다. 특히 해당 사회 지도층의 무덤에서 출토된 무기와 갑주류, 그리고 고대 건축이나 비석에 새겨진 전투 장면 등은 당대 전쟁의 실상을 파악하는 데 결정적인 도움을 주었다.

20 군사혁명론 논쟁에 대해서는 Clifford J. Rogers, ed., *The Military Revolution Debate: Readings on the Military Transformation of Early Modern Europe* (London: Westview Press, 1995); 이명환, 「근대 초 유럽의 군사혁명론」, 『서양 사론』 제94호 (2007.09.), 247-279쪽; 주경철, 「제4장 근대적 폭력, 폭력적 근대: 군사혁명과 유럽의 팽창」, 『대항해시대: 해상팽창과 근대세계의 형성』 (서울대출판부, 2008), 185-238쪽을 참고할 것.

21 Michael Roberts, "The Military Revolution, 1560-1660," ed. Clifford J. Rogers, *The Military Revolution Debate*, pp. 13-25.

22 Clifford J. Rogers, "The Military Revolution of the Hundred Years War," ed. C. Rogers, *The Military Revolution Debate*, pp. 55-93.

23 J. Black, *A Military Revolution? Military Change and European Society, 1550-1800* (London: Palgrave, 1991).

24 Liddell Hart, *The British Way in Warfare* (London: Faber, 1932). 책 출간 후 언론의 열렬한 호평에 고무된 그는 3년 후 제목을 변경해 수정 증보판을 선보였다(*When Britain Goes to War: Adaptability and Mobility*, London: Faber, 1935).

25 J. Black, *War and the World: Military Power and the Fate of Continents, 1450-2000* (New Haven: Yale University Press, 1998); *Rethinking Military History* (London: Routledge, 2004); *Introduction to Global Military History, 1775 to the Present Day* (London: Routledge, 2005).

26 Kenneth Chase, *Firearms: A Global History to 1700* (Cambridge: Cambridge University Press, 2003).

27 Paul Fussell, *The Great War and the Modern Memory* (Oxford: Oxford University Press, 1975); Jay Winter, *Sites of Memory, Sites of Mourning: The Great War in European Cultural History* (Cambridge: Cambridge University Press, 1995). 이 주제에 대한 이해를 위해서는 다음 국내의 연구서들을 참고할 것. 전진성 외, 『기억과 전쟁: 미화와 추모 사이에서』 (휴머니스트, 2009); 최호근, 『기념의 미래』 (고려대 출판문화원, 2019).

28 예컨대, 베스트(Geoffrey Best)는 군사사 연구자들이 실제 전투행위보다는 전

투와 직접적 관련성이 약한 주변적 요소에 더 많은 관심을 기울이는 경향에 대해 우려를 표명했다(임지현 · 김원수 외 옮김, 「군사사란 무엇인가?」, 『오늘날의 역사학』, 역사비평사, 1992, 55-57쪽). 원로 군사사가인 하워드도 마찬가지로 "군사사의 중심에는 항상 전쟁사에 관한 연구, 즉 군대의 전투행위에 관한 연구가 놓여 있어야 한다"고 조언한바 있다(Michael Howard, "Military History and the History of War," eds. W. Murray and Richard H. Sinnreich, *The Past as Prologue: the Importance of History to the Military Profession*, Cambridge University Press, 2006). 이들의 주장에 따르면, 군사사라는 하천의 본류(本流)는 여전히 전쟁사이며 다른 요인들은 지류(支流)에 해당했다.

29 Jeremy Black, *Rethinking Military History* (London: Routledge, 2004), p. 53.

30 전쟁과 여성이라는 주제에 관한 국내 연구로 류한수의 「제2차 세계대전기 여군의 역할과 위상: 미국 · 영국 · 독일 · 러시아 비교 연구」, 『서양사연구』 제35권 (2006), 131-159쪽이 있음. 물론 영국에서 이 분야는 '전쟁과 사회'라는 접근방식의 유행과 더불어 1980년대부터 상당한 관심을 받아왔다. 예컨대, G. Braybon, *Women Workers in the First World War* (London: Routledge, 1981); G. Braybon and P. Summerfield, *Out of the Cage: Women's Experiences in Two World Wars* (London: Routledge, 1987); P. Summerfield, *Women Workers in the Second World War: Production and Patriarchy in Conflict* (London: Routledge, 1989) 등을 들 수 있다.

31 몇 권의 선구적인 연구업적을 제시하면 다음과 같다. Jay Austin and Carl Bruch, eds., *The Environmental Consequences of War: Legal, Economic and Scientific Perspectives* (Cambridge: Cambridge University Press, 2000); R. Tucker and E. Russell, eds., *Natural Enemy, Natural Ally: Toward a Environmental History of Warfare* (Corvallis: Oregon State University Press, 2004); C. E. Closmann, ed., *War and the Environment: Military Destruction in the Modern Age* (College Station: Texas A&M University Press, 2009); M. Dudley, *An Environmental History of the UK Defence Estate, 1945 to the Present* (London: Continuum, 2012).

32 이탈리아 출신의 저명한 항공전략가로서 제1차 세계대전 중 줄기차게 공군력의 중요성을 역설하고, 전후에 이를 책자(*The Command of Air*, 1921)로 정리해 전략폭격(strategic bombing)의 개념을 제창했다. 자세한 내용은 줄리오 두헤, 이명환 옮김, 『제공권』(책세상, 1999)을 참고할 것.

33 흔히 국경 없는 전쟁으로 불리는 '비대칭전쟁'(asymmetric warfare)은 군사적으

로 압도적 우위에 있는 적을 상대로 비(非)전통적인 수단과 방법 ─ 기습, 테러, 게릴라전, 비인도적 무기 사용 등 ─ 을 동원해 대항하는 것을 말한다. 이 경우에 시민과 군인, 정규군과 비정규군 간에 구분이 흐려지면서 특정 이념이나 종교를 토대로 결성된 비(非)국가 또는 초(超)국가적 집단이 중심적인 행위자로 대두하게 된다.

34 Max Boot, *War Made New: Technology, Warfare, and the Course of History, 1500 to Today* (New York: Gotham, 2006); 맥스 부트, 송대범 · 한태영 옮김, 『전쟁이 만든 신세계: 전쟁, 테크놀로지 그리고 역사의 진로』(플래닛미디어, 2007).

14. 백파이프와 킬트 문화의 이민?

1 본 글에서는 단어 '이주'는 일정 기간의 정착을 위한 주거지 이동의 의미에서, '이민'은 국적의 변동을 수반하는 장기간의 정착을 위한 이동의 의미로 사용하기로 한다. 또한 단어 '민족'과 '종족'은 구분하여 사용하고 있다. 단어 '민족'은 '국가와 연결된 'nation'의 의미에서 '종족'은 좀 더 문화적 차원에서 'ethnic group'의 의미로 사용하였다.

2 Gordon Donaldson, *The Scots Overseas* (London: Robert Hale, 1966), pp. 59-60, 66, 92-93. 초기 정착민으로 유명한 하일랜드 이민자 가계를 이어간 지도자로는 인(James Inn), 캠벨(Hugh Campbell), 포브스(William Forbes), 맥닐(Daniel McNeil), 맥알리스터(Coll McAlister) 등이 있다.

3 로우랜드 출신으로 첫 노스캐롤라이나 주지사였던 드러먼드(William Drummond)나 의원 폴록(Thomas Pollock) 외에는 1700년 이전에 로우랜드인들은 거의 이민자로 눈에 띄지 않는다.

4 Donaldson, *The Scots Overseas*, pp. 63, 84-85; David S. Macmillan, *Scotland and Australia 1788-1850: Emigration, Commerce and Investment* (Oxford: Clarendon Press, 1967), pp. 3-5.

5 Donaldson, *The Scots Overseas*, pp. 5, 82-85; John M. MacKenzie and T. M. Devine, *Scotland and the British Empire* (Oxford: Oxford University Press, 2011), p. 3; Angela McCarthy, ed., *A Global Clan: Scottish Migrant Networks and Identities Since the Eighteenth Century* (London: Tauris Academic

Studies, 2006), p. 2; R. A. Cage, ed., *The Scots Abroad: Labour, Capital, Enterprise, 1750-1914* (London, Croom Helm, 1985); 1825년에서 1938년까지 약 2만3천3백만 명의 스코틀랜드인들이 이민을 떠났는데, 매켄지와 디바인은 영제국의 세계체제를 창출하는 데 기여한 스코틀랜드인들의 복잡한 형태의 파트너쉽을 주목한다. 이는 로우랜드 산업가나 지주들처럼 스코틀랜드 이민자의 경우, 목축, 농경, 지주, 산업, 행정, 통상 등 다양한 영역에 분포해 있었기 때문인 것으로 해석할 수 있다.

6 MacKenzie and Devine, *Scotland and the British Empire*, p. 2; J. M. Fraser, "The Impact of the Scots on Early Australian History," *Journal of Australian Studies* 19 (1986), pp. 56-64.

7 Donaldson, *The Scots Overseas*, pp. 152-155. 산이나 도시 지명에 이름을 남긴 이들은 대표적으로 크로퍼드(Aberdeen, Crawford), 커닝엄(Cunningham), 던시네인(Dunsinane), 프레이저(Fraser), 그리녹(Greenock), 린제이(Lindsay), 무르치슨(Murchison), 맥도왈(MacDowall), 스튜어트(Stuart) 등이 있다. 상인 기업가 캠벨(Robert Campbell), 선박 항해가 맥켈럽(Archibald McKellup), 저명한 상인 배리(Alexander Barry), 오스트레일리아에 양을 처음 소개한 헌터(John Hunter), 군 장교이면서 오스트레일리아 번영의 핵심 인물이자 메리노 양의 목축 실험에 공로가 큰 맥아더(John MacArthur), 주지사로 봉직한 매쿼리(Lachlan Macquarie) 그리고 브리스반 경(Sir Thomas Brisbane), 19세기 초 스코틀랜드인들의 이주 장려에 영향을 미친 첫 장로교 목사 랭(John Dunmore Lang) 등 초기 오스트레일리아의 이주민 사회에 정치·경제적 영향력을 미친 인물들이 바로 스코틀랜드 출신이다.

8 David Armitage & Michael J. Braddick, *The British Atlantic World, 1500-1800* (New York: Palgrave MacMillan, 2002); Michael Hechter, *Internal Colonialism: The Celtic Fringe in British National Development* (New York: Routledge, 2017, 1st ed. 1975); Tom Nairn, *The Brake-up of Britain: Crisis and Neo-nationalism* (Australia: Common Ground Publishing Pty Ltd., 2015, 1st ed. 1977)은 영국 내에 존재하는 종족적 특성을 결합하여 다른 종족에 대한 잉글랜드의 억압을 비판적으로 고찰하는 가운데 스코틀랜드를 언급하고 있다.

9 John M. MacKenzie, "Scotland and Empire Ethnicity, Environment and Identity," *Northern Scotland*, vol. 1 (2010), pp. 12-39; 1985년 출고된 R. A. Cage, *The Scots Abroad* (1985) 경우처럼, 거시적인 제국적인 이슈들을 다루면서 스코틀랜드인들의 영제국에의 기여도에 대한 관찰을 시도하는 등의 연구들을 들

수 있겠다.

10 보리스 니스반트, 「이민 연구의 새로운 관점: 국민국가에서 세계사회로」, 『역사비평』110호 (2015), 299-300쪽.

11 MacKenzie and Devine, *Scotland and the British Empire*, p. 12.

12 사실 18세기 말에서 20세기 초까지 최소한 2백만 명이 스코틀랜드를 떠났는데, 미국을 제외하고 다수가 해외에서의 더 나은 기회를 위해 캐나다, 뉴질랜드, 오스트레일리아, 남아프리카 케이프 코드(Cape Cod)로 향했다. 이를 고려해보면 스코틀랜드인 이민을 단순한 현상으로 설명하기 어렵다는 것을 알 수 있다.

13 Eric Richards, "Scottish Networks and Voices in Colonial Australia," ed. McCarthy, *A Global Clan*, pp. 150-182.

14 Malcolm D. Prentis, "What Do We Know about the Scottish Convicts?" *Journal of the Royal Australia Historical Society* 90 (2004), pp. 36-52. 프렌티스는 이들이 5-6퍼센트밖에 안 되는 집단이기에 연구대상 집단을 형성하지 못하고 무시되어왔으며, 이들의 과거가 수치스러운 것이어서 비가시적이 되었다는 주장을 한다. 따라서 흑인이나 유대인 죄수들과 같은 1퍼센트의 집단도 연구대상으로 부상되고 있는 현재, 오스트레일리아의 스코틀랜드 죄수 집단에 대한 연구 또한 더 활발히 이루어져야 한다고 주장한다.

15 니스반트, 「이민 연구의 새로운 관점」, 295쪽.

16 L. J. Saunders, *Scottish Democracy 1815-1849: The Social and Intellectual Background* (Edinburgh: Oliver & Boyd, Ltd., 1950).

17 실제로 스코틀랜드의 지성사 분야의 사상가들은 식민지 대학의 분과 과장을 재임하면서 영제국 식민지들에서 스코틀랜드의 뿌리와 특징을 대변하며 차후 세대에 영향을 미쳐왔다.

15. 북아일랜드 갈등의 기원을 찾아서

1 성금요일 협정(Good Friday Agreement)이라고도 한다.

2 이후 얼스터 플랜테이션 시기 이주해온 잉글랜드인들과 구분하기 위해 구 잉글랜드인이라 칭했다.

3 당시 얼스터라 불렸던 지역은 현재 북아일랜드라고 부르는 지역과는 조금 다른 지역적 범위를 가지고 있다. 그러나 현재는 거의 같은 의미로 사용되고 있기는 하

다. 전통적으로 얼스터라 불리는 지역은 티론(Tyrone), 도네갈(Donegal), 데리(Derry), 퍼매너(Fermanagh), 카반(Cavan), 아마(Armagh), 앤트림(Antrim), 다운(Down), 그리고 모나한(Monaghan)을 포함하는 9개 주였고, 북아일랜드는 현재 아일랜드에 속하는 도네갈, 카반, 모나한을 제외한 6개 주를 지칭한다. 그리고 제임스 시기 식민이 이루어진 지역은 티론, 도네갈, 데리, 퍼매너, 카반, 아마 6개 주였다. 앤트림은 제임스에 대한 충성의 대가로 앤트림 백작 랜달 맥도넬(Randal McDonnell, 8th Earl of Antrim)에게, 다운은 국왕의 충신인 스코틀랜드 귀족 제임스 해밀턴(James Hamilton)과 휴 몽고메리(Hugh Montgomery)에게 할당되었다. 그리고 모나한은 국왕에게 충성했던 얼스터의 친족장 맥케나(McKenna)의 영향력 아래 두었다. 강미경, 「제임스 1세의 얼스터 종교정책과 아일랜드 가톨릭의 반응」, 『영국연구』 41 (2019), 3쪽.

4   강미경, 「제임스 1세의 얼스터 종교정책과 아일랜드 가톨릭의 반응」, 2-3쪽.

5   George Hill, *An Historical Account of the Plantation in Ulster at the Commencement of the Seventeenth Century, 1608-1620* (Belfast: M'caw, Stevenson and Orr, 1877), p. 70; Jonathan Bardon, *The Plantation of Ulster* (Dublin: Gill Books, 2012), p. 112.

6   George Hill, *An Historical Account of the Plantation in Ulster*, p. 70; Bardon, *The Plantation of Ulster*, p. 112.

7   2009년 얼스터 플랜테이션 400주년을 기념해 영국, 아일랜드를 비롯한 유럽 그리고 미국의 학자들이 참가하는 세 개의 학술대회가 개최되었다. Goldsmiths University of London, The University of Ulster, Trinity College Dublin이 공동 주최한 이 학술대회는 '얼스터 플랜테이션 (1609-2009): 제국의 실험실'[The Plantation of Ulster (1609-2009): A Laboratory for Empire]이라는 공동 주제 아래 얼스터 플랜테이션은 물론 플랜테이션이 야기한 분쟁과 유산을 재평가하는 자리였다. 첫 번째 학술대회는 2009년 6월 25-26일 런던에서 'Plantation of Ulster: Politics, Economics and Cultural Context'라는 주제로, 두 번째 학술대회는 7월 3-5일 데리(런던데리)에서 'Plantation of Ulster: The Political, Socio-economic and Cultural Impact' 그리고 세 번째 학술대회는 'Plantation and Reaction: The 1641 Rebellion'이라는 주제로 10월 23-25일 사이 더블린에서 열렸다.

8   Éamonn Ó Ciardha and Micheál Ó Siochrú, eds., *The Plantation of Ulster: Ideology and Practice* (Manchester: Manchester University Press, 2012), xi.

9   강미경, 「제임스 1세 왕권신수설 형성의 정치적 배경」, 『역사교육논집』 38 (2007); 강미경, 「뷰캐넌의 장로교 저항 사상과 제임스 6세의 왕권신수설」, 『대구사학』 98

(2010).

10   Jane Ohlmeyer, "Seventeenth-Century Ireland and the New British and Atlantic Histories," *The American Historical Review*, vol. 104, No. 2 (April, 1999).

11   Alan Ford, *The Protestant Reformation in Ireland 1590-1641* (Dublin: Four Courts Press, 1997).

12   Alan Ford, *James Ussher: Theology, History, and Politics in Early-Modern Ireland and England* (Oxford: Oxford University Press, 2007).

13   Alan Ford and John McCafferty, eds., *The origins of sectarianism in early modem Ireland* (Cambridge: Cambridge University Press, 2005).

14   Finlay Holmes, *The Presbyterian Church in Ireland: A Popular History* (Dublin: Columba Press, 2000); Michael Perceval-Maxwell, *The Scottish Migration to Ulster in the Reign of James 1*; Jane Ohlmeyer, ed., *Political Thought in Seventeenth-Century Ireland: Kingdom Or Colony* (Cambridge: Cambridge University Press, 2000).

15   Jonathan Bardon, *The Plantation of Ulster* (Dublin: Gill Books, 2012).

16   Michael Perceval-Maxwell, *The Scottish Migration to Ulster in the Reign of James 1* (Belfast: Ulster Historical Foundation. 1999), p. 17.

17   Oliver Rafferty, *Catholicism in Ulster, 1603-1983* (Columbia: University of South Carolina Press, 1994).

18   Henry Jefferies, *Priests and Prelates of Armagh in the Age of Reformation, 1518-1558* (Dublin: Four Courts Press, 1997); Henry Jefferies, *The Irish Church in the Tudor Reformation* (Dublin: Four Courts Press, 2010).

19   Oliver Rafferty, *Catholicism in Ulster, 1603-1983* (Columbia: University of South Carolina Press, 1994).

20   Raymond Gillespie, *Devoted People: Belief and Religion in Early Modern Ireland* (Manchester: Manchester University Press, 1997).

21   Padraig Lenihan, *Consolidating Conquest, Ireland 1603–1727* (London: Pearson Longman, 2008).

22   Robert Armstrong, *Protestant war: the 'British' of Ireland and the wars of the three kingdoms* (Manchester: Manchester University Press, 2005).

23   J. G. A. Pocock, "The New British History in Atlantic Perspective: An Antipodean Commentary," *The American Historical Review*, vol. 104, No. 2

(April, 1999).

24 Nicholas Canny, *Making Ireland British 1580-1650* (Oxford: Oxford University Press, 2001).

25 Jane Ohlmeyer, "A laboratory for Empire? Early modern Ireland and English imperialism," ed. Kevin Kenny, *Ireland and the British Empire* (Oxford: Oxford University Press, 2005).

26 Hugh Kearney, *The British Isles* (Cambridge: Cambridge University Press, 1989); Jane Ohlmeyer, *Civil War and Restoration in the Three Stuart Kingdoms* (Cambridge: Cambridge University Press, 1993).

27 David Amitage, "Making the Empire British: Scotland in the Atlantic World, 1542-1707," *Past and Present*, 155 (1997); David Amitage, *The Ideological Origins of the British Empire* (Cambridge: Cambridge University Press, 2000).

28 김중락, 「잉글랜드 제임스 1세의 얼스터 식민정책」, 『역사교육논집』 62권 (2017); 김중락, 「얼스터(Ulster) 식민과 스코틀랜드인의 이주」, 『대구사학』 130권 (2018).

29 Philip Robinson, *The Plantation of Ulster: British Settlement in an Irish Landscape, 1600-1670* (Dublin: Gill and Macmillan, 1984).

30 Theodore W. Moody, *The Londonderry plantation, 1609-41: the city of London and the plantation of Ulster* (Belfast, W. Mullan and son, 1939); Theodore W. Moody, *The Bishopric of Derry and the Irish Society of Londonderry, 1602-1705* (Dublin: Stationery Office for the Irish Manuscripts Commission, 1968).

31 강미경, 「17세기 초 얼스터 플랜테이션의 배경 - 런던데리(Londonderry)를 중심으로」, 『대구사학』 130권 (2018).

참고문헌

1. 잉글랜드혁명과 영국혁명, 그리고 새로운 영국사

[단행본]

Barnard, T. C., *Cromwellian Ireland: English Government and Reform in Ireland, 1649-1660*, Oxford: Oxford University Press, 1975.

Bottigheimer, Karl, *English Money and Irish Land: The 'Adventurers' in the Cromwellian Settlement of Ireland*, Oxford: Clarendon Press, 1971.

Bradshaw, Brendan & John Morrill, eds., *The British Problem c.1534-1707: State Formation in the Atlantic Archipelago*, London: Macmillan, 1996.

_____, Brendan and Peter Roberts, eds., *British Consciousness and Identity: The Making of Britain, 1533-1707*, Cambridge, 1998.

Brady, Ciaran, *The Chief Governors: The Rise at-d Fall of Reform Government in Tudor Ireland, 1536-1588*, Cambridge: Cambridge University Press, 1994.

Burgess, Glenn, ed., *The New British Histoty: Founding a Modern. State, 1603-1715*, London, 1999.

Canny, Nicholas, "The Attempted Anglicization of Ireland in the Seventeenth Century: An Exemplar of 'British History,'" ed. R. G. Asch, *Three Nations:*

A Common History, Bochum: Brockmeyer, 1993.

_____, *Making Ireland British*, Oxford: Oxford University Press, 2001.

Clarke, Aidan, "The 1641 Massacres," eds. Jane Ohlmeyer and Micheál ó Siochrú, *Ireland, 1641: Contexts and Reactions*, Manchester: Manchester University Press, 2013.

Coffey, John, *Politics, Religion and British Revolutions: the Mind of Samuel Rutherford*, Cambridge: Cambridge University Press, 1997.

Collinson, P., *The Birthpangs of Protestant England*, London: Macmillan, 1988.

Connolly, S. J. ed., *Kingdoms United? Great Britain and Ireland since 1500: Integration and Diversity*, Dublin: Four Courts Press, 1999.

Darcy, Eamon, Annaleigh Margey and Elaine Murphy, eds., *The 1641 Depositions and the Irish Rebellion*, London: Pickering and Chatto, 2012.

Donald, Peter, *An Uncounselled King: Charles I and the Scottish Troubles, 1637–41*, Cambridge: Cambridge University Press, 1990.

Edwards, David, Padraig Lenihan and Clodagh Tait, eds., *Age of atrocity: violence and political conflict in early modern Ireland*, Dublin: Four Courts Press, 2007.

Ellis, Steven G. and Sarah Barber, *Conquest and Union: Fashioning a British State 1485–1725*, London: Routledge, 1995.

Finlayson, M. G., *Historians, Puritanism and the English Civil War*, Toronto: University of Toronto Press, 1983.

Fletcher, Anthony, *The Outbreak of the English Civil War*, London: Edward Arnold, 1981.

Gardiner, Samuel R., *History of England from the Accession of James I to the Outbreak of the Civil War*, 10 vols., London: Longman, 1883–84.

Grant, Alexander & Keith Stringer, *Uniting the Kingdom? The Making of British History*, London: Routledge, 1995.

Hill, Christopher, *Society and Puritanism in Pre-Revolution England*, London: Penguin, 1964.

_____, *The English Revolution 1640*, London: Lawrence & Wishart, 1940.

Hunt, W., *The Puritan Moment: the Coming of Revolution in an English County*, Cambridge, Massachusetts: Harvard University Press, 1983.

Kearney, Hugh, *The British Isles*, Cambridge: Cambridge University Press, 1989.

Larkin, J. F. and P. L. Hughes, eds., *Stuart Royal Proclamations*, 2 vols., Oxford: Clarendon Press, 1973.

Morrill, John, "The Fashioning of Britain," eds. S. Ellis and S. Barber, *Conquest and Union: Fashioning a British State, 1485-1725*, London: Longman, 1995.

_____, "The Religious Context of the English Civil War," *Transactions of the Royal Historical Society* 34, 1984.

Morrill, John, ed., *The Scottish Covenant in Its British Context*, Edinburgh, 1990.

_____, *The Nature of English Revolution*, London: Longman, 1993.

_____, *The Revolt of the Provinces*, London: Allen and Unwin, 1976.

Ohlmeyer, Jane, "A laboratory for Empire? Early modern Ireland and English imperialism," ed. Kevin Kenny, *Ireland and the British Empire*, Oxford: Oxford University Press, 2005.

_____, *Civil War and Restoration in the Three Stuart Kingdoms*, Cambridge: Cambridge University Press, 1993.

Pocock, J. G. A., "Two kingdoms and three histories? Political thought in British contexts," ed. R. A. Mason, *Scots and Britons: Scottish Political Thought and the Union of 1603*, Cambridge: Cambridge University Press, 1994.

Richardson, R. C., *The Debate on the English Revolution Revisited*, London: Routledge, 1977.

Russell, Conrad, *The Causes of the English Civil War*, Oxford: Clarendon Press, 1990.

_____, *The Origins of the English Civil War*, London: Macmilan, 1973.

_____, *Unrevolutionary England, 1603-1642*, London: Hambledon, 1990.

Sharpe, Kevin, "Introduction: parliamentary history 1603-29: in or out of perspective?" ed. Kevin Sharpe, *Faction and Parliament*, Oxford, 1973.

_____, *The Personal Rule of Charles I*, London: Yale University Press, 1992.

Stevenson, David, *Scottish Covenanters and Irish Confederates*, Belfast: Ulster Historical Foundation, 2005.

Tomlinson, Howard, ed., *Before the English Civil War*, London: Macmillan, 1983.

Tyacke, Nicholas, "Puritanism, Arminianism and Counter-Revolution," ed. Conrad Russell, *The Origins of the English Civil War*, London: Macmillan, 1973.

_____, *Anti-Calvinists: the Rise of English Arminianism c.1590-1640*,

Oxford: Clarendon Press, 1987.

Young, John, *Celtic Dimensions of the British Civil Wars*, Edinburgh: John Donald, 1977.

[논문]

Kishlansky, Mark, "The emergence of adversary politics in the Long Parliament," *Journal of Modern History* 49, 1977, pp. 617-40.

Morrill, John, "The Causes of the British Civil Wars," *The Journal of Ecclesiastical History* 43, 1992, pp. 624-33.

Pocock, J. G. A., "British History: a Plea for a New Subject," *Journal of Modern History* 47, 1975, pp. 601-621.

_____, "The Limits and Divisions of British History: in Search of an Unknown Subject," *American Historical Review* 87, 1982, pp. 311-36.

White, Peter, "The Rise of Arminianism Reconsidered," *Past and Present* 101, 1983, pp. 34-54.

김중락, 「영국혁명과 잉글랜드혁명: 수정주의의 한계와 극복」, 『역사교육논집』 23-4 호, 1992.

_____, 「잉글랜드 제임스 1세의 얼스터 식민정책」, 『역사교육논집』 62호, 2017.

_____, 「크리스토퍼 힐과 잉글랜드혁명 그리고 시민혁명론」, 『영국연구』 10호, 2003.

_____, 「혁명의 이중성과 해석의 이중성」, 『역사교육논집』 23-4호, 1992.

2. 휘그 해석을 넘어서

Armitage, David, *The Ideological Origins of the British Empire*, Cambridge: Cambridge University Press, 2000.

Ashley, Maurice, *James II*, Minneapolis: University of Minnesota Press, 1977.

Baxter, S. B., *William III*, London: Longmans, 1966.

Beddard, Robert, ed., *The Revolutions of 1688: The Andrew Browning Lectures 1988*, Oxford: Clarendon Press, 1991.

_____, *Merchants and Revolution: Commercial Change, Political Conflict, and London's Overseas Traders, 1550-1653*, London: Verso, 2003.

Burke, Edmund, *Reflections on the Revolution in France*, Harmondsworth: Penguin, 1982.

Colley, Linda, *Britons: Forging the Nation 1707-1837*, New Haven: Yale University Press, 1992.

Cowan, Brian, *The Social Life of Coffee: The Emergence of the British Coffeehouse*, New Haven: Yale University Press, 2005.

Harris, Tim, *Restoration: Charles II and His Kingdoms*, London: Penguin, 2006.

Harris, Tim, *Revolution: The Great Crisis of the British Monarchy*, London: Penguin, 2006.

Hill, Christopher, "A Bourgeois Revolution?" ed. J. G. A. Pocock, *Three British Revolutions: 1641, 1688, 1778*, Princeton: Princeton University Press, 1980.

Hume, David, *The History of England: From the Invasion of Julius Caesar to the Revolution of 1688*, 6 vols., Indianapolis: Liberty Fund, 1983.

Israel, Jonathan, ed., *The Anglo-Dutch Moment: Essays on the Glorious Revolution and Its World Impact*, Cambridge: Cambridge University Press, 1991.

Jones, J. R., *The Revolution of 1688 in England*, New York: W. W. Norton, 1973.

MacAulay, Thomas Babington, *History of England from the Accession of James II*, 4 vols., London: J. M. Dent & Sons, 1906.

Miller, John, *James II: A Study in Kingship*, New Haven: Yale University Press, 2000.

North, Douglass C. and Weingast, Barry R., "Constitutions and Commitment: The Evolution of Institutions Governing Public Choice in Seventeenth-Century England," *Journal of Economic History* 49:4, December 1989.

Pincus, Steve, "'Coffee Politicians Does Create': Coffeehouses and Restoration Political Culture," *Journal of Modern History* 67:4, 1995.

_____, "Rethinking Mercantilism: Political Economy, the British Empire, and the Atlantic World in the Seventeenth and Eighteenth Centuries," *William and Mary Quarterly* 69:1, 2012.

_____, *1688: The First Modern Revolution*, New Haven: Yale University Press, 2009.

_____, *The Heart of Declaration: The Founders' Case for an Activist Government*, New Haven: Yale University Press, 2016.

Shcwoerer, Lois G., ed., *The Revolution of 1688-1689: Changing Perspectives*, Cambridge: Cambridge University Press, 1992.

Sowerby, Scott, "Forgetting the Repealers: Religious Toleration and Historical Amnesia in Later Stuart England," *Past and Present* 215, 2012.

_____, "Of Different Complexions: Religious Diversity and National Identity in James II's Toleration Campaign," *English Historical Review* 124:506, 2009.

Sowerby, Scott, "Opposition to Anti-Popery in Restoration England," *Journal of British Studies* 51:1, 2012.

_____, *Making Toleration: The Repealers and the Glorious Revolution*, Cambridge, Mass: Harvard University Press, 2013.

Speck, W. A., *Reluctant Revolutionaries: Englishmen and the Revolution of 1688*, Oxford: Oxford University Press, 1988.

Trevelyan, G. M., *The English Revolution 1688-1689*, London: Thornton Butterworth, 1938.

김대륜, 「18세기 영국의 경제와 정치제도: 분석의 시각에 관한 검토」, 『대구사학』 107, 2012.05.

[더 읽으면 좋은 자료]

Harris, Tim, *Revolution: The Great Crisis of the British Monarchy*, London: Penguin, 2006.

Pincus, Steve, *1688: The First Modern Revolution*, New Haven: Yale University Press, 2009.

3. 공화주의에 대한 연구사적 검토

Kramnick, Isaac, *Republicanism and Bourgeois Radicalism, Political Ideology in Late Eighteenth-Century England and America*, Ithaca and London: Cornell University Press, 1990.

Pettit, Philip, *Republicanism: A Theory of Freedom and Government*, Oxford: Oxford University Press, 1997.

_____, "Reworking Sandel's Republicanism," *Journal of Philosophy*, 95(2), 1998.

_____, "Keeping Republican Freedom Simple: On a Difference with Quentin Skinner," *Political Theory*, 30(3), 2002.

Pocock, J. G. A, *Politics, Language and Time: Essays on Political Thought and History*, Chicago: The University of Chicago Press, 1971.

_____, *The Machiavellian Moment: Florentine Political Thought and the Atlantic Republican Tradition*, Princeton: Princeton University Press, 1975.

_____, *Virtue, Commerce, and History: Essays on Political Thought and History Chiefly in the Eighteenth Century*, Cambridge: Cambridge University Press, 1985.

Skinner, Quentin, "The Republican Ideal of Political Liberty," eds. Gisela Bock, Quentin Skinner and Maurizio Viroli, *Machiavelli and Republicanism*, Cambridge: Cambridge University Press, 1990.

_____, "On Justice, the Common Good, and the Priority of Liberty," ed. Chantal Mouffe, *Dimensions of Radical Democracy*, London: Verso, 1992.

_____, *Liberty before Liberalism*, Cambridge: Cambridge University Press, 1998. (졸역, 『퀜틴 스키너의 자유주의 이전의 자유』, 푸른역사, 2007)

_____, "Rethinking Political Liberty," *Historical Workshop Journal*, 61(1), 2006.

_____, "Freedom as the Absence of Arbitrary Power," eds. Cécile Laborde and John Maynor, *Republicanism and Political Theory*, Oxford: Blackwell, 2008.

조승래, 『공화국을 위하여 – 공화주의의 형성과정과 핵심사상』, 길, 2010.

_____, 『공공성 담론의 지적 계보 – 자유주의를 넘어서』, 서강대학교 출판부, 2014.

4. 영국 산업혁명 다시 보기

Baines, Edeard, *History of Cotton Manufacture in Great Britain*, 1835; London: Cass, 1966 edn.

Chaudhuri, K. N., *The Trading World of Asia and the English East India Company, 1660-1760*, Cambridge: Cambridge University Press, 1978.

Crafts, N. F. R. and C. K. Harley, "Output Growth and the British Industrial Revolution: A Restatement of the Crafts-Harley View," *Economic History Review*, 2nd ser., vol. 45, no. 4, 1992.

_____., "Industrial Revolution in Britain and France: Some Thoughts on the Question 'Why Was England First?'" *Economic History Review*, 2nd ser., vol. 30, no. 3, 1977.

Deane, Phyllis and W. A. Cole, *British Economic Growth 1688-1959*, Cambridge: Cambridge University Press, 1962.

Edwards, Steve, "Factory and Fantasy in Andrew Ure," *Journal of Design History*, vol. 14, no. 1, 2001.

Evelyn, John, *Diary and Correspondence of John Evelyn*, vol. 2, ed. William Bray, London: Henry Colburn, 1850.

Goody, Jack, *The East in the West*, Cambridge: Cambridge University Press, 1996.

Hartwell, R. M., ed., *The Causes of the Industrial Revolution*, London: Methuen, 1967.

Landes, Davis, *The Unbound Prometheus: Technical Change and Industrial Development in Western Europe from 1750 to the Present*, Cambridge: Cambridge University Press, 1969.

Levine, David, *Reproducing Families: The Political Economy of English Population History*, Cambridge University Press, 1987.

Marshall, Dorothy, *Dr. Johnson's London*, New York and London: Wiley & Sons, 1968.

Mathias, Peter, *The First Industrial Nation*, London: Methuen, 1969.

M'cCullock, J. R., "On Baines and Ure," *Edinburgh Review*, vol. 61, July 1835.

Mokyr, Joel, ed., *The British Industrial Revolution: An Economic Perspective*, Boulder: Westview Press, 1993.

Perkin, Herold, *The Origins of Modern English Society*, London: Routledge & K.

Paul, 1969.

Pomeranz, Kenneth, *The Great Divergence: China, Europe, and the Making of the Modern World Economy*, Princeton: Princeton University Press, 2000.

Riello, Giogio, *Cotton: The Fabric that Made the Modern World*, Cambridge: Cambridge University Press, 2013.

Schaffer, Simon, "Babbage's Intelligence: Calculating Engines and the Factory System," *Critical Inquiry*, vol. 21, Autumn, 2001.

Ure, Andrew, *The Philosophy of Manufacture*, 1835; London: Cass, 1966 edn.

Wrigley, E. A., *Continuity, Change and Chance: The Character of the Industrial Revolution in England*, Cambridge: Cambridge University Press, 1990.

이영석,『공장의 역사: 근대 영국 사회와 생산, 언어, 정치』, 푸른역사, 2012.

_____,『다시 돌아본 자본의 시대』, 소나무, 1999.

_____,『영국사 깊이 읽기』, 푸른역사, 2016.

차명수,「산업혁명」, 배영수 편,『서양사강의』, 한울, 2007.

5. 글래드스턴과 디즈레일리

Bebbington, David W., *The Mind of Gladstone: Religion, Homer, and Politics*, Oxford: Oxford University Press, 2004.

_____., *William Ewart Gladstone: Faith and Politics in Victorian Britain*, Grand Rapids: William B. Eerdmans, 1993.

Biagini, Eugenio F., *Gladstone*, New York: St. Martin's, 2000.

Blake, Robert, *Disraeli*, London: Methuen, 1966.

Crosby, Travis L., *The Two Mr. Gladstones: A Study in Psychology and History*, New Haven: Yale University Press, 1997.

Feuchtwanger, E. J., *Disraeli*, London: Arnold, 2000.

_____., *Gladstone*, New York: St. Martin's, 1975.

Jenkins, Roy, *Gladstone: A Biography*, New York: Random House, 1997.

Jenkins, Terence A., *Disraeli and Victorian Conservatism*, New York: St. Martin's, 1996.

Kirsch, Adam, *Benjamin Disraeli*, New York: Schocken Books, 2008.

Machin, G. I. T., *Disraeli*, London: Longman, 1995.

Magnus, Philip, *Gladstone: A Biography*, New York: E. P. Dutton, 1964.

Matthew, H. C. G., *Gladstone 1809-1898*, Oxford: Oxford University Press, 1997.

Monypenny, William F. & George E. Buckle, *The Life of Benjamin Disraeli, Earl of Beaconsfield*, 6 vols., London: Murray, 1910-1920.

Morley, John, *The Life of William Ewart Gladstone*, 3 vols., London: Macmillan, 1903.

O'Kell, Robert, *Disraeli: The Romance of Politics*, Toronto: University of Toronto Press, 2013.

Partridge, Michael, *Gladstone*, London: Routledge, 2003.

Ramm, Agatha, *William Ewart Gladstone*, Cardiff: University of Wales Press, 1989.

Ridley, Jane, *Young Disraeli 1804-1846*, London: Sinclair-Stevenson, 1995.

Shannon, Richard, *Gladstone*, 2 vols., London: Methuen, 1982; Chapel Hill: University of North Carolina Press, 1999.

Shannon, Richard, *Gladstone: God and Politics*, London: Continuum Books, 2007.

Smith, Paul, *Disraeli: A Brief Life*, Cambridge: Cambridge University Press, 1996.

Vincent, John, *Disraeli*, Oxford: Oxford University Press, 1990.

Walton, John K., *Diaraeli*, London: Routledge, 1990.

Weintraub, Stanley, *Disraeli: A Biography*, New York: Dutton, 1993.

[더 읽으면 좋은 자료]

Aldous, Richard, *The Lion and the Unicorn: Gladstone vs Disraeli*, New York: W. W. Norton, 2006.

Biagini, Eugenio F., "William Ewart Gladstone," eds. Robert Eccleshall and Graham Walker, *Biographical Dictionary of British Prime Ministers*, London: Routledge, 1998.

Leonard, Dick, *The Great Rivalry: Gladstone and Disraeli*, New York: Macmillan, 2008.

Lynch, Michael, "Benjamin Disraeli," eds. R. Kelly and J. Cantell, *Modern British Statesmen 1867-1945*, Manchester: Manchester University Press, 1997.

_____, "William Ewart Gladstone," eds. R. Kelly and J. Cantell, *Modern British Statesmen 1867-1945*, Manchester: Manchester University Press, 1997.

Matthew, H. C. G., "Gladstone, William Ewart," eds. H. C. G. Matthew and Brian

Harrison, *Oxford Dictionary of National Biography*, v. 22, Oxford: Oxford University Press, 2004.

Parry, Jonathan, "Disraeli, Benjamin," eds. H. C. G. Matthew and Brian Harrison, *Oxford Dictionary of National Biography*, v. 16, Oxford: Oxford University Press, 2004.

Walton, John, "Benjamin Disraeli, First Earl of Beaconsfield," eds. Robert Eccleshall and Graham Walker, *Biographical Dictionary of British Prime Ministers*, London: Routledge, 1998.

김기순, 『디즈레일리와 글래드스턴: 국가경영의 이념, 정책, 스타일』, 서울: 소화, 2017.

6. 19세기에 펼쳐진 영국식 외교정책의 방향

Chamley, John, *Splendid Isolation?: Britain, the Balance of Power and the Origins of the First World War*, London: Hodder and Stoughton, 1999.

Clayton, G. D., *Britain and the Eastern Question: Missolonghi to Gallipoli*, London: University of London, 1971.

Finnemore, Martha, *The Purpose of Intervention: changing beliefs about the use of force*, New York: Cornell University Press, 2004.

Gillard, David, *Struggle for Asia, 1828-1914*, London: Methuen & Co., 1977.

Goudsward, Johan Marius, *Some aspects of the end of Britain's "splendid isolation," 1898-1904*, Rotterdam: W. L. & J. Brusse, 1952.

Hodges, Henry G., *Doctrine of Intervention*, Princeton: The Banner Press, 1915.

Jarrett, Mark, *The Congress of Vienna and its Legacy: War and Great Power Diplomacy after Napoleon*, London: I. B. Tauris & Company, 2013.

Penson, H. and L. M. Temperley, *Foundations of British Foreign Policy*, London: Frank Cass & Co., 1966.

Steele, E. D., *Palmerston and Liberalism*, Cambridge: Cambridge University Press, 1991.

Sullivan, Michael P., *Isolationism*, World Book Deluxe, 2001.

Temperley, H. W. V., *The Foreign Policy of Canning, 1822-1827*, London: G. Bell and sons, 1925.

Vincent, R. J., *Nonintervention and International Order*, Princeton: Princeton University Press, 1974.

Webster, Sir Charles, *The Foreign Policy of Castlereagh, 1815-1822*, London: G. Bell and sons, 1963.

Wilson, Keith M., ed., *British Foreign Secretaries and Foreign Policy: from Crimean War to the First War*, London: Croom Helm, 1987.

Wong, J. Y., *Deadly Dreams: Opium, Imperialism, and the Arrow War (1856–1860) in China*, Cambridge: Cambridge University Press, 2002.

강석영 · 최영수 공저, 『에스파냐 포르투갈사』, 서울: 대한교과서, 1996.

김현수, 『해리 S. 파크스』, 용인: 단국대학교 출판부, 2011.

최문형, 『제국주의 시대의 열강과 한국』, 서울: 민음사, 1990.

하워드, 크리스토퍼, 김상수 · 김원수 옮김, 『(대영제국의)영광스러운 고립』, 서울: 한양대학교출판원, 1995.

7. 모리스 카울링과 영국의 '하이 폴리틱스'

Cooke, Alastair and John Vincent, *The Governing Passion: Cabinet Government and Party Politics in Britain, 1885-86*, Brighton: The Harvester Press, 1974.

Cowling, Maurice, *1867: Disraeli, Gladstone and the Revolution. The Passing of the Second Reform Bill*, Cambridge: Cambridge University Press, 1967.

_____, *Mill and Liberalism*, Cambridge: Cambridge University Press, 1963.

_____, *The Impact of Hitler: British Politics and British Policy, 1933-1940*, Cambridge: Cambridge University Press, 1975.

_____, *The Impact of Labour*, Cambridge: Cambridge University Press, 1971.

_____, *The Nature and Limits of Political Science*, Cambridge: Cambridge University Press, 1963.

Craig, David, "'High Politics' and the 'New Political History'," *The Historical Journal*, vols., 53, 2010.

Crowcroft, Robert, "Maurice Cowling and the Writing of British Political History," *Contemporary British History*, vols., 22, 2008.

Driver, Stephen, *Understanding British Party Politics*, Cambridge: Polity Press, 2011.

Dunbabin, Jean, "The Impact of Hitler. British Politics and British Policy 1933 – 1940. By Maurice Cowling," *The Historical Journal*, vols., 19, 1976.

Elton, Geoffrey, *Political History: Principles and Practice*, London: Penguin, 1970.

Fielding, Steven, "High Politics," ed. David Brown, Robert Crowcroft and Gordon Pentland, *The Oxford Handbook of Modern British Political History, 1800-2000*, Oxford: Oxford University Press, 2018.

Harris, Jose, "High Table," *History Today*, vols., 45, 1995.

Harrison, Royden, "Bulletin of the Society for the Study of Labour History," *Labour History Review*, vols., 15, 1967.

Henderson, Alisa and Stephen Tierney, "Can Referendums Foster Citizen Deliberation? The Experience of Canada and the United Kingdom," ed. Michael Keating and Guy Laforest, *Constitutional Politics and the Territorial Question in Canada and the United Kingdom: Federalism and Devolution Compared*, London: Palgrave Macmillan, 2018.

Hinton, James, "Bulletin of the Society for the Study of Labour History," *Labour History Review*, vols., 24, 1972.

Hobsbawm, Eric, "Twentieth-Century British Politics," *Past and Present*, vols., 11, 1957.

Jefferys, Kevin, *Politics and the People: A History of British Democracy since 1918*, London: Atlantic Books, 2007.

Jones, Andrew, *The Politics of Reform 1884*, Cambridge: Cambridge University Press, 1972.

Lawrence, Jon and Miles Taylor, "Introduction," ed. Jon Lawrence and Miles Taylor, *Party, State and Society: Electoral Behaviour in Britain Since 1820*, Aldershot: Scolar Press, 1997.

Matthew, Henry, "Rhetoric and Politics in Britain, 1860-1950," ed. Philip Waller, *Politics and Social Change in Modern Britain*, Brighton: The Harvester Press, 1987.

McKenzie, Robert and Allan Silver, *Angels in Marble: Working Class Conservatives in Urban England*, Chicago: University of Chicago Press, 1968.

McKenzie, Robert, *British Political Parties*, London: Heinemann, 1955.

Morgan, Kenneth, *Consensus and Disunity: The Lloyd George Coalition Government, 1918-1922*, Oxford: Oxford University Press, 1979.

Namier, Lewis, *The Structure of Politics at the Accession of George III*, London: Macmillan, 1929.

Parry, Jonathan, "High and Low Politics in Modern Britain," *Historical Journal*, vols., 29, 1986.

Pelling, Henry, "1867: Disraeli, Gladstone and Revolution by Maurice Cowling; Disraelian Conservatism and Social Reform by Paul Smith," *The Historical Journal*, vols., 11, 1968.

Roberts, Matthew, "Constructing a Tory World-View: Popular Politics and the Conservative Press in Late-Victorian Leeds," *Historical Research*, vols., 79, 2006.

Schumpeter, Joseph, *Capitalism, Socialism and Democracy*, New York: Harper, 1950.

Schwarz, Bill, "Politics and Rhetoric in the Age of Mass Culture," *History Workshop Journal*, vols., 46, 1998.

Stead, Peter, "1922 and All That," *The Historical Journal*, vols., 17, 1974.

Williamson, Philip, *Stanley Baldwin: Conservative Leadership and National Values*, Cambridge: Cambridge University Press, 1999.

8. 근대 초 영국사에서 여성의 몸과 월경 담론

Bildhauer, Bettina "The Secrets of Women: A Medieval Perspective on Menstruation," eds. Andrew Shail & Gillian Howie, *Menstruation: A Cultural History*, New York: Palgrave Macmillian, 2005.

Crawford, Patricia, "Attitudes to Menstruation in Seventeenth Century England," *Past and Present* 91, 1981.

_____, *Blood, Bodies and Families in Early Modern England*, New York: Routledge, 2014.

_____, *Parents of Poor Children in England, 1580-1800*, Oxford: Oxford University Press, 2010.

Delaney, Janice, Mary Jane Lupton, and Emily Toth, *The Curse: A Cultural History of Menstruation*, Urbana: University of Illinois Press, 1988.

Fissell, Mary E., *Vernacular Bodies: The Politics of Reproduction in Early Modern England*, Oxford: Oxford University Press, 2004.

Fletcher, Anthony, *Gender, Sex and Subordination in England 1500-1800*, New Haven: Yale University Press, 1995.

Foyster, Elizabeth, *Manhood in Early Modern England: Honour, Sex, and Marriage*, London: Longman, 1999.

Gowing, Laura, "Women's Bodies and the Making of Sex in Seventeenth-Century England," *Signs* 37.4, 2012.

_____, *Common Bodies: Women, Touch, and Power in Seventeenth-Century England*, New Haven: Yale University Press, 2003.

Harvey, Karen, "The Substance of Sexual Difference: Change and Persistence in Representations of the Body in Eighteenth-Century England," *Gender and History* 14.2, 2002.

Healy, Margaret, "Dangerous Blood: Menstruation, Medicine and Myth in Early Modern England," eds. Michael Worton and Nana Wilson-Tagoe, *National Healths: Gender, Sexuality and Health in a Cross-cultural Context*, London: UCL Press, 2004.

Hindson, Bethan, "Attitudes towards Menstruation and Menstrual Blood in Elizabethan England," *Journal of Social History* 43.1, 2009.

Kassell, Lauren, "Medical Understandings of the Body, c. 1500-1750," eds. Sarah Toulalan and Kate Fisher, *The Routledge History of Sex and the Body, 1500 to the Present*, London and New York: Routledge, 2013.

Laqueur, Thomas, "Sex in the flesh," *Isis* 94, 2003.

Laqueur, Thomas, *Making Sex: Body and Gender from the Greeks to Freud*, Cambridge, Mass.: Harvard University Press, 1990; 토마스 라커, 이현정 옮김, 『섹스의 역사: 고대에서 현대에 이르는 남성과 여성의 변천사』, 황금가지, 2000.

Levin, Carole, "'We Shall Never Have a Merry World While the Queene Lyveth': Gender, Monarchy, and the Power of Seditious Words," ed. Julia M. Walker, *Dissing Elizabeth: Negative Representations of Gloriana*, Durham, NC: Duke University Press, 1998.

Ortner, Sherry B., "Is Female to Male as Nature Is to Culture?," eds. M. Z. Rosaldo, & L. Lamphere, *Women, Culture and Society*, Stanford: Stanford University Press, 1974.

Park, Katharine and Nye, Robert, "Destiny is Anatomy," *New Republic* 18, 1991.

Park, Katharine, *Secrets of Women: Gender, Generation, and the Origins of Human Dissection*, New York: Zone Books, 2006.

Pomata, Gianna, "Menstruating Men: Similarity and Difference of the Sexes in Early Modern Medicine," ed. Valeria Finucci and Kevin Brownlee, *Generation and Degeneration: Tropes of Reproduction in Literature and History from Antiquity through Early Modern Europe*, London: Duke University Press, 2001.

Read, Sara, *Menstruation and the Body in Early Modern England*, Basingstoke: Palgrave Macmillan, 2013.

Roper, Lyndal, *The Holy Household: Women and Morals in Reformation Augsburg*, Oxford: Clarendon, 1989.

Steinem, Gloria, "If Men Could Menstruate," *Ms.Magazine*, October 1978.

Stolberg, Michael, "A Woman Down to her Bones: The Anatomy of Sexual Difference in the Sixteenth and Early Seventeenth Centuries," *Isis* 94, 2003.

Stolberg, Michael, "Examining the Body," eds. Sarah Toulalan and Kate Fisher, *The Routledge History of Sex and the Body, 1500 to the Present*, London and New York: Routledge, 2013.

_____, "Menstruation and Sexual Difference," eds. Andrew Shail and Gillian Howie, *Menstruation: A Cultural History*, Basingstoke: Palgrave Macmillan, 2005.

Weil, Rachel, *Political Passions: Gender, the Family and Political Argument in England, 1680-1714*, Manchester: Manchester University Press, 1999.

Wolf, Naomi, *The Beauty Myth: How Images of Beauty Are Used Against Women*, New York: William Morrow, 1991; 나오미 울프, 윤길순 옮김, 『무엇이 아름다움을 강요하는가』, 김영사, 2016.

고원, 「미셸 푸코와 몸의 역사」, 한국서양사학회 엮음, 『몸으로 역사를 읽다』, 푸른역사, 2011.

다니엘 아리스 · 로이 포터 · 조르주 비가렐로 외, 주명철 옮김, 『몸의 역사』 1권, 길,

2014.

박이은실, 『월경의 정치학』, 동녘, 2015.

9. 19세기 영국 페미니즘의 진화

Atkinson, Diane, *The Suffragettes in Pictures*, Sutton Pub Ltd, 1996.

_____, *Votes for Women*, Cambridge: Cambridge University Press, 1989.

Bryson, Valerie, *Feminist Political Theory*, Macmillan Press LTD, 1992.

Burman, Sandra, ed., *Fit Work for Women*, St. Martin's Press, 1979.

Caine, Barbara, *Victorian Feminists*, Oxford: Oxford University Press, 1993.

_____, *English Feminism 1780-1980*, Oxford: Oxford University Press, 1997.

Eustance, Claire, ed., *The Men's Share?: Masculinities, Male Support, and Women's Suffrage in Britain, 1890-1920*, Psychology Press, 1997.

Evans, Ricahrd, *The Feminist: Women's Emancipation Movement 1840-1920*, London and New York: Routledge, 1977; 리처드 에번스, 정현백 외 옮김, 『페미니스트』, 창작과비평사, 1977.

Fletcher, Ian Christopher, Laura E. Nym Mayhall and Philippa Levine, ed., *Women's suffrage in the British Empire: citizenship, nation and race*, London and New York: Routledge, 2000.

Fraser, Hilary, Stephanie Green and Judith Johnston, *Gender and The Victorian Periodical*, Cambridge: Cambridge University Press, 2003.

Griffin, Ben, *The Politics of Gender in Victorian Britain: Masculinity, Political Culture*, Cambridge: Cambridge University Press, 2012.

Hall, Catherine, *The Early Formation of Victorian Domestic Ideology, White, Male and Middle Class: explorations in feminism and history*, London: Routledge, 1992.

Harrison, Brian Howard, *Separate Spheres: The Opposition to Women's Suffrage in Britain, 1867-1928*, London: Croom Helm, 1978.

Holton, Sandra Stanley, *Suffrage days: stories from the women's suffrage movement*, London: Routledge, 1996.

John, Angela, and Claire Eustance, *The Men's Share? Masculinities, Male Support, and Women's Suffrage in Britain, 1890-1920,* Psychology Press, 1997.

Lacey, Candida Ann, ed., *Barbara Leigh Smith Bodichon and the Langham Place Group,* London and New York: Rougtledge, 1987.

Levine, Philippa, *Victorian Feminism 1850-1900,* University Press of Florida, 1987.

_____, *Feminist Lives in Victorian England: Private Roles and Public Commitment,* Oxford, Blackwell, 1990.

Lovell, Terry, *British Feminist Thought: A Reader,* Cambridge: Basil Blackwell, 1990.

Lown, Judy, *Women and Industrialization: Gender at Work in Nineteenth-Century England,* Minneapolis: Minnesota University Press, 1990.

Midgley, Clare, *Feminism and Empire: Women Activists in Imperial Britain, 1790–1865,* London and New York: Routledge, 2007.

Norton, Caroline, Joan Huddleston, ed., *Caroline Norton's defense: English laws for women in the nineteenth century,* Chicago: Academy Chicago, 1982.

Purvis, Jane, *Hard Lessons: The Lives and Educations of Working-class Women in Nineteenth-century England,* Minneapolis: University of Minnesota, 1989.

Roberts, M. J. D., "Feminism and the State in Later Victorian England," *The Historical Journal,* 38:1, 1995.

Rowbotham, Sheila, *Women in Movement: Feminism and Social Action,* New York: Routledge, 1992.

Schwartz, Laura, *Infidel Feminism: Secularism, Religion and Women's Emancipation, England 1830-1914,* Manchester and New York: Manchester University Press, 2013.

Shanley, Mary L., *Feminism, Marriage, and the Law in Victorian England, 1850-1895,* Princeton: Princeton University Press, 1989.

Smith, Harold, *The Women's Suffrage Movement in Britain, 1866-1928,* New York: Palgrave Macmillan, 1998.

Strachey, Ray, *The Cause: a short history of the women's movement in Great Britain,* Kennikat Press, 1928.

Taylor, Barbara, *Eve and the New Jerusalem: Socialism and Feminism in the Nineteenth Century,* London: Harvard University Press, 1983.

Tickner, Lisa, *The Spectacle of Women: Imagery of the Suffrage Campaign, 1907-14*, Chicago: University of Chicago Press, 1988.

Verdon, Nicola, *Rural Women Workers in Nineteenth-Century England: Gender, Work and Wages*, Woodbridge, Suffolk: Boydell Press, 2002.

실라 로우버텀, 이효재 옮김, 『영국 여성 운동사』, 종로서적, 1982.

이성숙, 『여성, 섹슈얼리티, 국가』 책세상, 2009.

조앤 스콧, 공임순 · 이화진 · 최영석 옮김, 『페미니즘 위대한 역사』, 앨피, 2006.

[더 읽으면 좋은 자료]

Gleadle, Kathryn, *The Early Feminists: Radical Unitarians and the Emergence of the Women's Rights Movement, 1831-51*, London: St. Martin's Press, 1998.

Logan, Deborah, *Harriet Martineau, Victorian Imperialism, and the Civilizing Mission*, London and New York: Routledge, 2010.

Vallely, Judith, *Struggle and suffrage in Glasgow: women's lives and the fight for equality*, Barnsley, South Yorkshire: Pen & Sword History, 2019.

10. 다시 보는 서프러제트

Bland, Lucy, *Banishing the Beast: Feminism, Sex and Morality*, 2nd ed., London: Tauris Parke, 2002.

Caine, Barbara, *English Feminism 1780-1980*, Oxford: Oxford University Press, 1997.

Connelly, Katherine, *Sylvia Pankhurst: Suffragette, Socialist and Scourge of Empire*, London: Pluto Press, 2013.

Durham, Martin, *Women and Fascism*, London: Routledge, 1998.

Fletcher, Ian Christopher, Philippa Levine, and Laura E. Nym Mayhall, *Women's Suffrage in the British Empire: Citizenship, Nation and Race*, New York: Routledge, 2000.

Gottlieb, Julie, *Feminine Fascism: Women in Britain's Fascist Movement*, London: I. B. Tauris, 2003.

Mayhall, Laura E. Nym, *The Militant Suffrage Movement: Citizenship and*

Resistance in Britain, 1860-1930, Oxford: Oxford University Press, 2003.

Pankhurst, Estelle Sylvia, *A Sylvia Pankhurst Reader*, Manchester: Manchester University Press, 1993.

Pankhurst, Richard, "Sylvia and New Times and Ethiophia News, in Ian Bullock and R. Pankhurst," *Sylvia Pankhurst: From Artist to Anti-Fascist*, London: Palgrave Macmillan, 1992.

_____, "Sylvia Pankhurst, Ethiopia, and the Spanish Civil War," *Women's History Review*, 15(5), 2006.

Purvis, June, Sylvia Pankhurst Suffragette Political Activist Artist and Writer, *Gender and Education*, 20(1). 2008.

Reich, Wilhelm, *The Mass Psychology of Fascism*, London: Harmondswirth, 1970.

Smith, Angela K. "The Pankhursts and the War: Suffrage Magazines and First World War Propaganda," *Women's History Review* 12(1), 2003.

Smith, Iain R. and Adreas Stucki, "The Colonial Development of Concentration Camps(1868-1902)," *The Journal of Imperial and Commonwealth History*, 39(3), 2011.

염운옥, 「파시즘과 페미니즘 사이에서: 영국파시스트연합의 여성 활동가들」, 『대구사학』 92, 2008.

염운옥, 『생명에도 계급이 있는가 - 유전자 정치와 영국의 우생학』, 책세상, 2009.

[더 읽으면 좋은 자료]

Adams, Jad, *Women and the Vote: A World History*, Oxford: Oxford University Press, 2014.

Anand, Anita, *Sophia: Princess, Suffragette, Revolutionary*, London: Bloomsbury Publishing, 2015.

이민경, 「오스트레일리아 여성참정권운동과 여성운동의 정치학」, 『서양사연구』 59권, 2018.

황혜진, 「감옥에 갇힌 여성 참정권 투쟁기들: 계급을 넘어선 유대 또는 계급에 따른 분열」, 『서양사연구』 59권, 2018.

11. 영미권 남성사 연구의 주요 의제들

Amar, Paul, "Middle East Masculinity Studies: Discourses of 'Men in Crisis' Industries of Gender in Revolution," *Journal of Middle East Women's Studies*, 7:3, 2011.

Anderson, David, *Mansex Fine: Religion, Manliness and Imperialism in Nineteenth-Century British Culture*, Manchester: Manchester University Press, 1998.

Anderson, Eric, "Openly Gay Athletes: Contesting Hegemonic Masculinity in a Homophobic Environment," *Gender and Society*, 16:6, 2002.

Baron, Ava, "Masculinity, the Embodied Male Worker, and the Historian's Gaze," *International Labor and Working-Class History*, 69, 2006.

Braudy, Leo, *From Chivalry to Terrorism*, New York: Alfred A. Knopf, 2001; 레오 브라우디, 김지선 옮김, 『기사도에서 테러리즘까지: 전쟁과 남성성의 변화』, 삼인, 2010.

Butler, Judith, *Gender Trouble: Feminism and the Subversion of Identity*, New York: Routledge, 1990.

Chauncey, George, *Gay New York: Gender, Urban Culture, and the Making of the Gay Male World, 1890-1940*, New York: Basic Books, 1994.

Connell, R. W. and James W. Messerschmidt, "Hegemonic Masculinity: Rethinking the Concept," *Gender and Society*, 19:6, 2005.

Connell, R. W., *Gender and Power*, Sidney: Allen and Unwin, 1987.

_____., *Masculinities*, Cambridge: Polity Press, 1995; R. W. 코넬, 안상욱 · 현민 옮김, 『남성성/들』, 이매진, 2010.

Connolly, Cyril, *The Enemies of Promise*, London: Andre Deutsch, 1988.

Flügel, J. C., *The Psychology of Clothes*, London: Hogarth Press, 1930.

Francis, Martin, "The Domestication of the Male? Recent Research on Nineteenth and Twentieth-Century British Masculinity," *Historical Journal*, 45:3, 2002.

Hyam, Ronald, *Empire and Sexuality: The British Experience*, Manchester: Manchester University Press, 1992.

Jeffords, Susan, *The Remasculinization of America: Gender and the Vietnam War*, Bloomington: Indiana University Press, 1989.

Kaiksow, Sarah, "Subjectivity and Imperial Masculinity: A British Soldier in Dhofar, 1968-1970," *The Journal of Middle East Women's Studies*, 4:2, 2008.

Kimmel, Michael S., *Angry White Men: American Masculinity at the End of an Era*, New York: Nation Books, 2013.

_____., *Manhood in America: A Cultural History*, New York: Free Press, 1996.

Kühne, Thomas, *Männergeschichte-Geschlechtergeschichte*, Frankfurt a. M.: Campus, 1996; 토마스 퀴네 외, 조경식·박은주 옮김, 『남성의 역사』, 솔, 2001.

Martin, P. Y., "Why Can't a Man Be More Like a Woman?: Reflections on Connell's Masculinities," *Gender & Society*, 12:4, 1998.

Maynard, Steven, "Queer Musings on Masculinity and History," *Labour / Le Travail*, 42, 1998.

Mosse, George L., *The Image of Man*, Oxford: Oxford University Press, 1996; 조지 L. 모스, 이광조 옮김, 『남자의 이미지』, 문예출판, 2004.

Newton, Judith, "White Guys," *Feminist Studies*, 24:3, 1998.

Peiss, Kathy, "Of Makeup and Men: The Gendering of Cosmetics," The Material Culture of Gender Conference, Winterthur Museum, November 1989.

Roper, Michael, and John Tosh, eds., *Manful Assertions: Masculinities in Britain since 1800*, London: Routledge, 1991.

Shires, Linda M., "Patriarchy, Dead Men, and Tennyson's Idylls of the King," *Victorian Poetry*, 30:3/4, 1992.

Sinha, Mrinalini, *Colonial Masculinity: the 'Manly Englishman' and 'Effeminate Bengli' in the Late Nineteenth Century*, Manchester: Manchester University Press, 1995.

Sul, Heasim, "Orientalism in America during the Latter Half of the Nineteenth Century, Portrayals of Marriage Guides," *AJWS*, 8:2, 2002.

Swiencicki, Mark A., "Consuming Brotherhood: Men's Culture, Style and Recreation as Consumer Culture, 1880-1930," *Journal of Social History*, 31:4, 1998.

Tosh, John, *A Man's Place: Masculinity and the Middle-Class Home in Victorian England*, New Haven: Yale University Press, 1999.

Veblen, Thorstein, *The Theory of the Leisure Class: An Economic Study of*

Institutions, New York: Macmillan, 1899; T. 베블런, 이완재 · 최세양 옮김, 『한가한 무리들』, 통인, 1995.

Wetherell M. and N. Edley, "Negotiating Hegemonic Masculinity: Imaginary Positions and Psycho-Discursive Practices," *Feminism and Psychology*, 9:3, 1999.

Whitehead, S. M., *Men and Masculinities: Key Themes and New Directions*, Cambridge: Polity Press, 2002.

Wilson, Lisa, *Ye Heart of a Man: The Domestic Life of Men in Colonial New England*, New Haven: Yale University Press, 1999.

박형지 · 설혜심, 『제국주의와 남성성: 19세기 영국의 젠더 형성』, 아카넷, 2016.

설혜심, 「19세기 영국의 퍼블릭 스쿨, 제국, 남성성 -『톰 브라운의 학창시절』을 중심으로」, 『영국연구』 11, 2004.

_____, 「서양 여성사의 역사」, 『학림』 28, 2007.

_____, 「제국주의와 섹슈얼리티」, 『역사학보』 178, 2003.

한국여성연구소 엮음, 『젠더와 사회: 15개의 시선으로 읽는 여성과 남성』, 동녘, 2014.

[더 읽으면 좋은 자료]

Carter, Philip, *Men and the Emergence of Polite Society, Britain, 1660-1800*, Harlow: Longman, 2001.

Fletcher, Anthony, *Gender, Sex and Subordination in England, 1500-1800*, New Haven: Yale University Press, 1995.

Foyster, Elizabeth, *Manhood in Early Modern England: Honour, Sex, and Marriage*, Harlow: Longman, 1999.

Harvey, Karen, "The History of Masculinity, circa 1650-1800," *Journal of British Studies*, 44, 2005.

Mangan, J. A. and James Walvin, eds., *Manliness and Morality*, Manchester: Manchester University Press, 1987.

McLaren, Angus, *The Trials of Masculinity: Policing Sexual Boundaries, 1870-1930*, Chicago: University of Chicago Press, 1997.

차용구, 『남자의 품격: 중세의 기사는 어떻게 남자로 만들어졌는가』, 책세상, 2015.

12. 영국사와 대서양사의 접목

Anstey, Roger, *The Atlantic Slave Trade and British Abolition, 1760-1810*, London: Macmillan, 1975.

Bailyn, Bernard, *Atlantic History: Concept and Contours*, Cambridge, Mass: Harvard University Press, 2005.

Brown, Christopher Leslie, *Moral Capital: Foundation of British Abolitionism*, Chapel Hill: North Carolina University Press, 2006.

Clarkson, Thomas, *History of the Rise, Progress and Accomplishment of the Abolition of the African Slave-Trade by British Parliament*, 2 vols., Philadelphia: Published by James P. Parke, 1808.

Dresher, Seymour, *Econocide: British Slavery in the Era of Abolition*, Chapel Hill: University of North Carolina Press, 2010.

Edwards, Jonathan, "Unpublished Letter of May 30, 1735," ed. C. C. Goen, *The Works of Jonathan Edwards*, vol. 9, New Heaven: Yale University Press, 1957.

Greene, Jack P. and Morgan, Philip D., eds. *Atlantic History: A Critical Appraisal*, Oxford: Oxford University Press, 2008.

Lambert, Frank, *Inventing the "Great Awakening"*, Princeton: Princeton University Press, 1999.

O'Brien, Susan [Durden], "A Transatlantic Community of Saints: The Great Awakening and the First Evangelical Network, 1735-1755," *American Historical Review*, vol. 91, no. 4, 1986.

Ramsay, James, *An Essay on the Treatment and Conversion of African Slaves in the British Sugar Colonies*, London: Printed and sold by James Phillips, 1784.

Rush, Benjamin, *An Address to the Inhabitants of the British Settlements in America*, Philadelphia: Printed and sold by John Dunlap, 1773.

The Christian History, 1743-1744, LCP, Per C 62 Log.7042.O, W.L. Fox.

Wesley, John, *The Works of the Rev. John Wesley*, 4 vols., Bristol printed: Philadelphia, re-printed by Melchior Steiner, 1783.

Whitefield, George, *Three Letters from the Reverend Mr. G. Whitefield: viz Letter III*, Philadelphia: B.Franklin, 1740.

Williams, Eric, *Capitalism and Slavery*, London: Deutsch, 1964.

Yoon, Young Hwi, "The Spread of Antislavery Sentiment through Proslavery Tracts in the Transatlantic Evangelical Community, 1740s-1770s," *Church History: Studies in Christianity and Culture* 81, no. 2, 2012.

윤영휘, 「대서양 복음주의 네트워크의 노예무역폐지주의」, 『영국연구』 제22권, 한국영국사학회, 2009.

[인터넷 자료]

"The Trans-Atlantic Slave Trade Database" (http://www.slavevoyages.org/voyage/search, 2019.11.30. 검색).

[더 읽으면 좋은 자료]

• 대서양사 관련

Bailyn, Bernard, *Atlantic History: Concept and Contours*, Cambridge, Mass: Harvard University Press, 2005.

Greene, Jack P. and Philip D. Morgan, eds. *Atlantic History: A Critical Appraisal*, Oxford: Oxford University Press, 2008.

• 대서양 노예무역 관련

Brown, Christopher Leslie, *Moral Capital: Foundation of British Abolitionism*, Chapel Hill: North Carolina University Press, 2006.

Thomas, Hugh, *The Slave Trade: History of the Atlantic Slave Trade, 1440-1870*, W&N, 2006.

• 대서양 복음주의 네트워크 관련

O'Brien, Susan [Durden], "A Transatlantic Community of Saints: The Great Awakening and the First Evangelical Network, 1735-1755," *American Historical Review*, vol. 91, no. 4, 1986.

윤영휘, 「대서양커뮤니케이션 통로 안에서의 노예제 논쟁: 복음주의집단 안의 '노예' 기억들의 생성, 1737-1786」, 『서양사연구』 54집, 한국서양사연구회, 2016.05.

13. 영국 군사사 연구의 흐름과 전망

Austin, Jay and Carl Bruch, eds., *The Environmental Consequences of War: Legal, Economic and Scientific Perspectives*, Cambridge: Cambridge University Press, 2000.

Beckett, Ian F. W., *A Guides to British Military History: The Subject and the Sources*, Barnsley: Pen & Sword Military, 2016.

Black, Jeremy, *A Military Revolution? Military Change and European Society, 1550-1800*, London: Palgrave, 1991.

_____, *Introduction to Global Military History, 1775 to the Present Day*, London: Routledge, 2005.

_____, *Rethinking Military History*, London: Routledge, 2004.

_____, *War and the World: Military Power and the Fate of Continents, 1450-2000*, New Haven: Yale University Press, 1998.

Boot, Max, *War Made New: Technology, Warfare, and the Course of History, 1500 to Today*, New York: Gotham, 2006; 맥스 부트, 송대범 · 한태영 옮김, 『전쟁이 만든 신세계: 전쟁, 테크놀로지 그리고 역사의 진로』, 플래닛미디어, 2007.

Braybon, G. and P. Summerfield, *Out of the Cage: Women's Experiences in Two World Wars*, London: Routledge, 1987.

Braybon, G., *Women Workers in the First World War*, London: Routledge, 1981.

Charters, David A., M. Milner and J. Brent Wilson, eds., *Military History and the Military Profession*, Westport: Praeger, 1992.

Chase, Kenneth, *Firearms: A Global History to 1700*, Cambridge: Cambridge University Press, 2003.

Citino, Robert M., "Review Essay: Military Histories Old and New-A Reintroduction," *American Historical Review*, vol. 112, no. 4, October 2007.

Closmann, C. E., ed., *War and the Environment: Military Destruction in the Modern Age*, College Station: Texas A&M University Press, 2009.

Creasy, Edward, *Fifteen Decisive Battles of the World: From Marathon to Waterloo* (1851), reprinted edn. Da Capo Press, 1994.

Dudley, M., *An Environmental History of the UK Defence Estate, 1945 to the Present*, London: Continuum, 2012.

Ferguson, B. and N. Whitehead, eds., *War in the Tribal Zone: Expanding States and Indigenous Warfare*, School of American Research Press, 1992.

Fussell, Paul, *The Great War and the Modern Memory*, Oxford: Oxford University Press, 1975.

Gat, Azar, *The Origins of Military Thought from the Enlightenment to Clausewitz*, Oxford: Oxford University Press, 1989.

Hart, Liddell, *The British Way in Warfare*, London: Faber, 1932.

Howard, Michael, "Military History and the History of War," eds. W. Murray and Richard H. Sinnreich, *The Past as Prologue: the Importance of History to the Military Profession*, Cambridge University Press, 2006.

_____, *Studies in War and Peace*, London: Temple Smith, 1970.

Keegan, John, *The Face of Battle: A Study of Agincourt, Waterloo and the Somme*, London: Penguin, 1976.

Keely, L., *War before Civilization: The Myth of the Peaceful Savage*, Oxford: Oxford University Press, 1997.

LeBlanc, S. and K. Register, *Constant Battles: The Myth of the Peaceful, Noble Savage*, London: St. Martin's Press, 2003.

Marwick, Arthur, *Britain in the Century of Total War: War, Peace and Social Change, 1900-1967*, London: Little Brown Co., 1968.

_____, *The Deluge: British Society and the First World War*, London: Little Brown Co., 1965.

_____, *War and Social Change in the Twentieth Century: A Comparative Study of Britain, France, Germany, Russia and the United States*, London: St. Martin's Press, 1974.

Morillo, Stephen and Michael F. Pavkovic, *What is Military History?*, Cambridge: Polity Press, 2006.

Paret, Peter, ed., *The Makers of Modern Strategy from Machiavelli to the Nuclear Age*, New Heaven: Princeton University Press, 1986.

Parker, Geoffrey, *The Military Revolution, Military Innovation and the Rise of the West, 1500-1800*, Cambridge: Cambridge University Press, 1988.

Pope, Rex, *War and Society in Britain 1899-1948*, London: Longman, 1991.

Rogers, Clifford J., ed., *The Military Revolution Debate: Readings on the Military Transformation of Early Modern Europe*, London: Westview Press, 1995.

Summerfield, Penny, *Women Workers in the Second World War: Production and*

Patriarchy in Conflict, London: Routledge, 1989.

Tucker, R. and E. Russell, eds., *Natural Enemy, Natural Ally: Toward a Environmental History of Warfare*, Corvallis: Oregon State University Press, 2004.

Vegetius, Flavius Renatus, *Epitome of Military Science*, trans. N. P. Milner, Liverpool University Press, 1993.

Winter, Jay, *Sites of Memory, Sites of Mourning: The Great War in European Cultural History*, Cambridge: Cambridge University Press, 1995.

Yerxa, Donald A., *Recent Themes in Military History: Historians in Conversation*, Columbia: University of South Carolina Press, 2008.

류한수, 「제2차 세계대전기 여군의 역할과 위상: 미국 · 영국 · 독일 · 러시아 비교 연구」, 『서양사연구』 제35권, 2006.

_____, 「클리오와 아테나의 만남: 영미권의 군사사 연구동향과 국내 서양사학계의 군사사 연구 활성화를 위한 제언」, 『서양사론』 제98호, 2008. 9.

서동하, "Military Elites in Early Modern England and the Study of War," 『영국연구』 제27호, 2012.

이내주, 「군 막사의 경계를 넘어서: 서양 현대 군사사 연구의 동향과 전망」, 『서양사론』 제107호, 2010.12.

이명환, 「근대 초 유럽의 군사혁명론」, 『서양사론』 제94호, 2007.09.

임지현 · 김원수 외 옮김, 「군사사란 무엇인가?」, 『오늘날의 역사학』, 역사비평사, 1992.

전진성 외, 『기억과 전쟁: 미화와 추모 사이에서』, 휴머니스트, 2009.

최호근, 『기념의 미래』, 고려대 출판문화원, 2019.

14. 백파이프와 킬트 문화의 이민?

Armitage, David & Braddick, Michael J. *The British Atlantic World, 1500-1800*, New York: Palgrave MacMillan, 2002.

Cage, R. A., ed., *The Scots Abroad: Labour, Capital, Enterprise, 1750-1914*, London: Croom Helm, 1985.

Clack, Ian D., *Aboriginal Languages and Clans, An Historical Atlas of Western* and *Central Victoria, 1800-1900*, Melbourne, 1990.

Craig, Cairns, *Intending Scotland: Explorations in Scottish Culture since the Enlightenment*, Edinburgh: Edinburgh University Press, 2009.

Donaldson, Gordon, *The Scots Overseas*, London: Robert Hale, 1966.

Dziennik, Matthew P., "Whig Tartan: Material Culture and Its Use in the Scottish Highlands, 1746-1815," *Past and Present* 217, November 2012.

Fraser, J. M., "The Impact of the Scots on Early Australian History," *Journal of Australian Studies* 19, 1986.

Gerber, David A., "A Network of Two: Personal Friendship and Scottish. Identification in the Correspondence of Mary Ann Archibald and. Margaret Woodrow, 1807-1840," ed. McCarthy, Angela, *A Global Clan*, 2006.

Gray, Malcolm, *Scottish Emigration: The Social Impact of Agrarian Change in the Rural Lowlands, 1775-1875*, Cambridge: Cambridge University Press, 1973.

Hechter, Michael, *Internal Colonialism: The Celtic Fringe in British National Development*, New York: Routledge, 1st ed., 1975, 2017.

McCarthy, Angela, ed., *A Global Clan: Scottish Migrant Networks and Identities Since the Eighteenth Century*, London: Tauris Academic Studies, 2006.

MacKenzie, John M., "Empire and National Identities: The Case of Scotland," *Transactions of the Royal Historical Society*, vol. 8, 1998.

_____., "Scots and Imperial Frontiers," *Journal of Irish and Scottish Studies* 3/1, Autumn 2009.

_____., "Scotland and Empire Ethnicity, Environment and Identity," *Northern Scotland*, vol. 1, 2010.

MacKenzie, John M. and Devine, T. M., *Scotland and the British Empire*, Oxford: Oxford University Press, 2011.

MacKillop, Andrew, "Europeans, Britons and Scots: Scottish Sojourning Identities and Networks in India, c.1700-1815," ed. Angela McCarthy, *A Global Clan*, 2006.

McLintock, Alexander H., *The History of Otago: the Origins and Growth of a Wakefield Class Settlement*, Dunedin, NZ: Otago Centennial Historical Publications, 1940.

Macmillan, David S., *Scotland and Australia 1788-1850: Emigration, Commerce and Investment*, Oxford: Clarendon Press, 1967.

Narin, Tom, *The Brake-up of Britain: Crisis and Neo-nationalism*, Australia: Common Ground Publishing Pty Ltd., 1st ed., 1977, 2015.

Nicholas, Stephen, ed., *Convict Workers: Reinterpreting Australia's Past*, Cambridge: Cambridge University Press, 1988.

Prentis, Malcolm, D. McCarthy, "What Do We Know about the Scottish Convicts?" *Journal of the Royal Australia Historical Society* 90, 2004.

Richards, Eric, "Varieties of Scottish Emigration in the Nineteenth Century," *Historical Studies* 21, October 1985.

Saunders, L. J., *Scottish Democracy 1815-1849: The Social and Intellectual Background*, Edinburgh: Oliver & Boyd, Ltd., 1950.

김광억 · 이태주 · 한근수 · 김경학 · 강정원 · 김세근 · 권석인 · 장정아 · 황익주 · 이정덕 · 오명석, 『종족과 민족: 그 단일과 보편의 신화를 넘어서』, 서울: 아카넷, 2005.

니스반트, 보리스, 「이민 연구의 새로운 관점: 국민국가에서 세계사회로」, 『역사비평』 110호, 2015. 02.

이민경, 「스코틀랜드인에서 오스트레일리아 스코틀랜드인으로: 스코틀랜드인들의 오스트레일리아 이민과 역사연구」, 『영국연구』 39, 2018. 06.

클라크, F. G., 임찬빈 옮김, 『호주의 역사: 유형지에서 공화국 전야까지』(*Australia: A Concise Political and Social History*), 서울: 나남 출판, 1996.

[더 읽으면 좋은 자료]

1. 북아메리카의 스코틀랜드인 이민자들에 대한 연구(스코틀랜드인들의 서부 플랜테이션 경제, 북부 캐나다 탐험 및 무역, 대서양 노예무역, 캐나다에 미친 중요한 역할을 주목한 연구)

Balder, Jenni, *Scots in Canada*, Edinburgh: Luth Press Limited, 2003.

Hamilton, Douglas J., *Scotland, the Caribbean and the Atlantic World, 1750-1820*, Manchester: Manchester University Press, 2005, reprint ed., 2010.

Newman, Peter C., *Company of Adventures: The Story of the Hudson's Bay Company*, Harmondsworth: Penguin Books, 1985.

Rich, E. E., *Hudson's Bay Company 1670-1870*, 2 Vols., London: Hudson's Bay

Record Society, 1958, 1999.

2. 아프리카, 아시아, 카리브해 등지의 스코틀랜드인들에 대한 연구

Devine, T. M. and Angela McCarthy eds., *The Scottish Experience in Asia, c. 1600 to the Present: Settlers and Sojourners*, Cham, Switzerland: Springer Nature, 2017.

MacKenzie, John M. and Nige R. Dalziel, *The Scots in South Africa: Ethnicity, Identity, Gender and Race, 1772-1914*, Manchester and New York: Manchester University Press, 2007.

3. 스코틀랜드인 이민의 정황에 대한 연구(스코틀랜드 정부, 정치학, 사회 이데올로기 및 종교와 교육, 경제적 성취가 이끈 이민의 상황)

Blackie, John Stuart, *The Scottish Highlanders and the Land Laws: An Historico-Economical Enquiry*, London: Chapman and Hall, 1885.

Bumsted, J. M., *The People's Clearance: Highland Emigration to British North America 1770-1815*, Edinburgh: Edinburgh University Press, 1982.

Macmillan, David S., *Scotland and Australia 1788-1850: Emigration, Commerce and Investment*, Oxford: Clarendon Press, 1967.

McLintock, Alexander H., *The History of Otago: the Origins and Growth of a Wakefield Class Settlement*, Dunedin, NZ: Otago Centennial Historical Publications, 1940.

Mitchison, Rosalind, "Government and the Highlands, 1707-1745," eds. Nicholas T. Phillipson and Rosalind Mitchison, *Scotland in the Age of Improvement: Essays in Scottish History in the Eighteenth Century*, Edinburgh: Edinburgh University Press, 1970.

Pittock, Murray G. H., *The Invention of Scotland: The Stuart Myth and the Scottish Identity, 1638 to the Present*, London, 1991.

4. 스코틀랜드인들의 디아스포라에 대한 연구

Devine, Thomas Martin, *Scotland's Empire 1600-1815*, London: Allen Lane, 2003.

Devine, T. M., *To the Ends of the Earth: Scotland's Global Diaspora 1750-2010*, London: Allen Lane, 2011.

Harper, M., *Adventurers and Exiles: The Great Scottish Exodus*, London: Profile

Books, 2003.

McCarthy, Angela and John M. MacKenzie, eds., *Global Migrations: The Scottish Diaspora since 1600*, Edinburgh: Edinburgh University Press, 2016.

Fry, Michael, *The Scottish Empire*, East Lothian and Edinburgh: Tuckwell Press Ltd, 2001.

Pryor, Beth, "Scottish Emigration to British North America 1770-1783: The First Phase of Scottish Highland Diaspora," *Master's Thesis*, Buffalo State College, 2017.

5. 스코틀랜드인들의 기여도에 대한 연구(제국 식민지 정착기 역사, 공동체적 가치 패턴 및 문화정체성, 스코틀랜드 민족주의에 대한 연구)

Bailyn, Bernard, *Voyages to the West: A Passage in the Peopling of America on the Eve of the Revolution*, New York: Alfred A. Knopf, 1986.

Fry, Michael, *The Scottish Empire*, East Linton: Tuckwell Press Ltd., 2001.

Herman, Arthur, *How the Scots Invented the Modern World: The True Story of How Western Europe's Poorest Nation Created our World & Everything in it*, New York: Crown Publishing Group, 2001.

MacKenzie, John M., "Scots and Imperial Frontiers," *Journal of Irish and Scottish Studies*, vol. 3, no. 1, 2009.

_____., "Scotland and Empire Ethnicity, Environment and Identity," *North Scotland* 1, 2010.

Pittock, Murray G. H., *The Invention of Scotland: The Stuart Myth and the Scottish Identity, 1638 to the Present*, London and New York: Routledge, 1991.

Spiers, Edward M., *The Scottish Soldiers and Empire, 1854-1902*, Edinburgh: Edinburgh University Press, 2006.

Stockwell, Sarah, *The British Empire: Themes and Perspectives*, Malden MA: Blackwell, 2008.

Wilkie, Ben, *Weaving the Tartan· Culture, Imperialism, and Scottish Identities in Australia, 1788-1938*, Woodbridge: The Boydell Press, 2017.

15. 북아일랜드 갈등의 기원을 찾아서

Rich, Barnabe. *A New Description for the Plantation in Ulster*, London: Thomas Adams, 1610.

Steele, Robert. ed., *A Bibliography of Royal Proclamations of the Tudor and Stuart Sovereigns and of Others Published under Authority 1485-1714 with an Historical Essay on Their Origin and Use I*, Oxford: Clarendon Press, 1910.

Armitage, D. *The Ideological Origins of the British Empire*. Cambridge: Cambridge University Press, 2000.

Armstrong, Robert, *Protestant war: the `British` of Ireland and the wars of the three kingdoms*. Manchester: Manchester University Press, 2005.

Bagwell, Richard, *Ireland under the Stuarts and during the interregnum* 1. London: Longmans, Green and Co., 1909.

_____, *Ireland under the Tudor* 2. London: Longmans, Green and Co., 1885.

Bardon, Jonathan, *The Plantation of Ulster*. Dublin: Gill Books, 2012.

_____, *The Plantation of Ulster-The British Colonisation of the North of Ireland in the Seventeenth Century*. Dublin: Gill Books, 2012.

Canny, Nicholas, *Making Ireland British 1580-1650*. Oxford: Oxford University Press, 2001.

Clarke, Aidan, "The genesis of the Ulster rising," ed. Peter Roebuck, *Plantation to Partition*, Belfast: Blackstaff Press, 1981.

Davies, John and Moryson, Fynes, ed., Henry Morley, *Ireland under Elizabeth and James the First*, London: George Routledge and Sons, 1890.

Elliott, M., *The Catholics of Ulster: A History*. New York: Basic Books, 2001.

Falkiner, Caesar L., "The Counties of Ireland," *Illustration of Irish History and Topography, Military of the Seventeenth Century*, London, New York and Bombay: Longmans, Green and co., 1904.

Ford, Alan and McCafferty, John, eds., *The Origins of Sectarianism in Early Modern Ireland*, Cambridge: Camberdge University Press, 2005.

Ford, Alan, *James Ussher: Theology, History, and Politics in Early-Modern Ireland and England*, Oxford: Oxford University Press, 2007.

_____, *The Protestant Reformation in Ireland, 1590-1641*, Dublin: Four Courts Press, 1997.

Gillespie, Raymond, "The end of an era: Ulster and the outbreak of the 1641 rising," *Natives and Newcomers*, eds. Ciarán Brady and Raymond Gillespie. Dublin: Irish Academic Press, 1986.

_____, *Devoted People: Belief and Religion in Early Modern Ireland*, Manchester: Manchester University Press, 1997.

Hill, George, *An Historical Account of the Plantation in Ulster at the Commencement of the Seventeenth Century, 1608-1620*, Belfast: M'caw, 1877.

Holmes, Finlay, *The Presbyterian Church in Ireland: A Popular History*, Dublin: Columba Press, 2000.

Hunter, Robert, "The Bible and the Bawn: an Ulster Planter inventorised," eds. Ciaran Brady and Jane Ohlmeyer, *British Interventions in Early Modern Ireland*, Cambridge: Cambridge University Press, 2005.

_____, "The end of O'Donnell power," eds., William Nolan, Liam Ronayne and Máiread Dunleavy, *Donegal: History and Society*, Dublin: Geography Publications, 1999.

_____, "Ulster Plantation towns," eds. D. W. Harkness & Mary O'Dowd, *The Town in Ireland: Historical studies XIII*, Belfast: Appletree Press, 1981.

Jefferies, Henry, *The Irish Church in the Tudor Reformation*, Dublin: Four Courts Press, 2010.

_____, *Priests and Prelates of Armagh in the Age of Reformation, 1518-1558*, Dublin: Four Courts Press, 1997.

Kearney, Hugh, *The British Isles*, Cambridge: Cambridge University Press, 1989.

Lake, Peter, "Antipopery: the Structure of a Prejudice," ed. Richard Cust and Ann Hughes, *Conflict in early Stuart England*, London & New York: Longman, 1989.

Lenihan, Padraig, *Consolidating Conquest, Ireland 1603-1727*, London: Pearson Longman, 2008.

Moody, Theodore, *The Bishopric of Derry and the Irish Society of Londonderry, 1602-1705*, Dublin: Stationery Office for the Irish Manuscripts Commission, 1968.

_____, *The Londonderry plantation, 1609-41; the city of London and the plantation of Ulster*, Belfast, W.Mullan and son, 1939.

Ó Ciaedha, Émonn & Ó Siochrú, Micheál. *The Plantation of Ulster: ideas and ideologies*, Manchester: Manchester University Press, 2012.

Ó Cuív, Brían, "The Irish Language in the Early Modern Period," eds. Moody, Martin and Byrne, *A New History of Ireland: Early Modern Ireland, 1534-1691*, Oxford: Oxford University Press, 1976.

Ohlmeyer, Jane, "A laboratory for Empire? Early Modern Ireland and English Imperialism," ed., Kevin Kenny, *Ireland and the British Empire*, Oxford: Oxford University Press, 2004.

_____, *Civil War and Restoration in the Three Stuart Kingdoms*, Cambridge: Cambridge University Press, 1993.

Ohlmeyer, Jane, ed., *Political Thought in Seventeenth-Century Ireland: Kingdom Or Colony*, Cambridge: Cambridge University Press, 2000.

Palmer, William, *The Problem of Ireland in Tudor Foreign Policy, 1485-1603*, Woodbridge: Boydell & Brewer, 1994.

Perceval-Maxwell, Michael, *Scottish Migration to Ulster in the Reign of James I*, Belfast: Publications of the Ulster-Scot Historical Foundation, 1973.

Pocock, J. G. A., "The New British History in Atlantic Perspective: An Antipodean Commentary," *The American Historical Review*, Vol. 104, No. 2, April 1999.

Rafferty, Oliver, *Catholicism in Ulster, 1603-1983*, Columbia: University of South Carolina Press, 1994.

Robinson, Philip, *The Plantation of Ulster: British Settlement in an Irish Landscape, 1600-1670*, Dublin: Gill and Macmillan, 1984.

Silke, John, *Ireland and Europe, 1559-1607*, Dublin: Dundalgan, 1966.

강미경, 「17세기 초 얼스터 플랜테이션의 배경 - 런던데리(Londonderry)를 중심으로 - 」, 『대구사학』 130, 2018.

_____, 「제임스 1세의 얼스터 종교정책과 아일랜드 가톨릭의 반응」, 『영국연구』 41, 2019.

김중락, 「얼스터(Ulster) 식민과 스코틀랜드인의 이주」, 『대구사학』 130, 2018.

_____, 「잉글랜드 제임스 1세의 얼스터 식민정책」, 『역사교육논집』 62, 2017.

박지향, 『슬픈 아일랜드』, 기파랑, 2008.

무디 · 테오 W. 프랭크 X. 마틴, 박일우 옮김, 『아일랜드의 역사 – 도전과 투쟁, 부활과 희망의 대서사시』, 한울, 2009.

찾아보기

- 주요 인명

필자소개

강미경 | 역사학 박사. 경북대학교 사학과 강사. 16-7세기 영국의 정치·사상사를 전공했고 제임스 1세의 종교정책으로 박사학위를 받았다. 최근에는 17세기 초 얼스터(북아일랜드)에서 시행되었던 잉글랜드의 플랜테이션에 관심을 두고 연구를 진행중이다. 관련 논문으로는 「제임스 1세의 얼스터 종교정책과 아일랜드 가톨릭의 반응」(2019), 「17세기 초 얼스터 플랜테이션의 배경 – 런던데리(Londonderry)를 중심으로」(2018), 「제임스 1세의 가톨릭 정책」(2012) 등이 있다.

김기순 | 역사학 박사. 한림대학교 인문학부 명예교수. 19세기 영국 정치사와 사상사, 아일랜드 문제를 연구하였다. 주요 논문으로는 「글래드스턴과 여론정치: 아일랜드 자치법안에 관한 대중청원운동을 중심으로(1886, 1893)」(2001), 「J. S. 밀의 민주주의론」(2018)이 있고, 저서로는 『신념과 비전의 정치가 글래드스턴』(2007), 『글래드스턴과 아일랜드: 자치법안 정치사 연구』(2009), 『디즈레일리와 글래드스턴: 국가 경영의 이념, 정책, 스타일』(2017)이 있다.

김대륜 | 역사학 박사. 대구경북과학기술원 기초학부 부교수. 영국의 근대 경제성장과 국가의 관계, 근대 초 영국과 북아메리카 식민지의 정치문화, 영제국의 기원과 발전에 관심을 기울이고 있다. 지은 책으로는 『패권의 비밀』(공저, 2017), 『세계의 대상인들』(공저), 『서양사강좌』(공저), 『역사의 비교』(2018)가 있고, 옮긴 책으로는 『근대세계체제 1』(공역, 2013) 등이 있다. 최근 논문으로는 「『영국 노동계급의 형성』 다시 읽기」, 「18세기 영국의 경제와 정치제도」, "Mercantilism, still a useful concept for imperial history?" 등이 있다.

김중락 | 역사학 박사. 경북대학교 사범대학 역사교육과 교수. 영국혁명, 청교주의, 스코틀랜드 종교개혁, 결투, 마녀사냥 등의 주제에 관심을 가지고 연구를 진행하고 있다. 주요 저서로는 『스코틀랜드 종교개혁사』(2017)가 있고, 논문으로 「국왕 죽이기: 잉글랜드 찰스 1세의 재판과 반역법」(2006), 「결투 길들이기」(2008), "The Scottish – English – Romish Book: the character of the Scottish Prayer Book of 1637"(2011) 등이 있다.

김현수 | 영국 글래스고 대학교 문학 박사. 단국대학교 사학과 교수. 19세기 영국 외교의 전개 과정 분석 및 영국 외무부 형성사 그리고 영국 왕실사에 관심을 갖고 연구해오고 있다. 주요 논문으로는 「1840-60년대의 영국외무부, 내적도약 가능했나?: 소속인원 확대 및 공무원시험제 수용여부를 중심으로」(2012), 저서로 『이야기 영국사』(2006), 『대영제국의 동아시아 외교주역: 해리 S. 파크스』(2011) 등이 있으며, 옮긴 책으로 『왕실 스코틀랜드 영국사』(1993)가 있다.

배인성 | 문학 박사 전북대학교 사학과 강사. 19세기 주목받지 못한 여성들의 삶을 역사적으로 재현하는 연구를 진행하고 있다. 주요 논문으로는 「해리엇 마티노, 글쓰기, 그리고 '여성 문제'」(2009), 「'평등한 공동체'를 꿈꾸다: 윌리엄 톰슨과 안나 휠러의 『인류 절반의 호소』를 중심으로」(2010), 「마리아 스튜어트의 저항의 기록과 역사적 의미」(2016), 「캐롤라인 노턴의 법적 글쓰기와 읽기」(2014), 「라이트

의 미국 사회 읽기와 '나쇼바' 실험」(2018) 등이 있다.

배혜정 │ 문학 박사. 부산대학교 교양교육원 강사. 여성 교육, 여성 담론, 페미니즘의 역사 등 영국 근대 여성사에 관한 다양한 주제를 연구해왔고, 현재는 여성의 몸과 섹슈얼리티 문제를 공부하고 있다. 주요 논문으로는 「'파멜라 논쟁'의 승자: 18세기 영국 중간계급의 여성담론」(2016), 「『로빈슨 크루소』와 부르주아 남성성」(2017), 「20세기 초 영국 페미니즘의 다른 목소리: 『프리우먼』의 '진보적' 페미니즘」(2019) 등이 있다.

설혜심 │ 문학(역사학) 박사. 연세대학교 사학과 교수. 주요 저서로는 『인삼의 세계사: 서양이 은폐한 '세계상품' 인삼을 찾아서』(2020), 『소비의 역사』(2017), 『그랜드 투어: 엘리트 교육의 최종단계』(2013), 『지도 만드는 사람: 근대 초 영국의 국토, 역사, 정체성』(2007), 『역사, 어떻게 볼 것인가: 마녀사냥에서 트위터까지』(2011), 『온천의 문화사』(2001), 『서양의 관상학, 그 긴 그림자』(2002), 『제국주의와 남성성: 19세기 영국의 젠더 형성』(공저, 2016) 등이 있다.

염운옥 │ 역사학 박사. 경희대학교 글로컬역사문화연구소 연구교수. 인종, 젠더, 계급이 교차하는 몸의 역사, 도시위생사에 관심을 가지고 연구하고 있다. 주요 논문으로는 「식민주의와 인종주의: 아리안 인종론과 영국, 인도, 그리스」(2018), 「잃어버린 기회? 로런스 사건과 맥퍼슨 보고서, 제도적 인종주의」(2014) 등이 있고, 저서로는 『낙인찍힌 몸: 흑인부터 난민까지 인종화된 몸의 역사』(2019), 『생명에도 계급이 있는가: 유전자 정치와 영국의 우생학』(2009)이 있다.

원태준 │ 런던 대학교 킹스칼리지 역사학 박사. 포항공과대학교 인문사회학부 대우조교수. 20세기 전반에 걸친 영국의 정치외교사를 연구하고 있다. 주요 논문으로는 "Britain's Retreat East of Suez and the Conundrum of Korea 1968-1974", 「통합의 대안인 '또 다른 통합': 영국, 영연방과 대서양자유무역지역(AFTA)의 딜레마, 1961-1969」,

저서로『20세기 서양의 일상과 풍경(공저)』(2019) 등이 있다.

윤영휘 | 철학 박사. 경북대학교 사학과 조교수. 대서양 노예무역과 도덕자본(moral capital)에 관심을 가지고 연구를 진행하고 있다. 주요 논문으로는 "The Spread of Antislavery Sentiment through Proslavery Tracts"(2012, Sidney E. Mead Prize 수상 논문), 「노예제 기록물의 생성과 반노예제 운동에 대한 기억의 형성」(2016년 제7회 역사학회 논문상 수상 논문) 등이 있고, 저서로는『서양근대교회사 - 혁명의 시대와 그리스도교』(2018)가 있다.

이내주 | 역사학 박사. 육군사관학교 군사사학과 명예교수. 전쟁사 속의 창의적 전략전술 구사와 무기체계, 전쟁과 철도, 그리고 전쟁과 군산복합체 등의 주제에 관심을 가지고 연구를 진행하고 있다. 주요 저서로는『전쟁과 무기의 세계사』(2017),『군신의 다양한 얼굴』(2018),『영웅, 그들이 만든 세계사』(2020) 등이 있고, 옮긴 책으로는『전쟁술』(1999),『배틀: 전쟁의 문화사』(공역, 2006),『전략문화와 세계 각국의 전쟁수행 방식』(2007) 등이 있다.

이민경 | 문학 박사. 가톨릭 관동대학교 Verum 교양대학 조교수. 영제국사, 이주사, 문화사, 젠더사에 관심이 많다. 주요 논문으로「빅토리아 시대 이민을 통한 '아동구원 증후군'의 기원」(2016), 「19세기 영국에 온 '1848' 프랑스혁명: 낭만주의적 Drama giocoso?」(2016), 「오스트레일리아 여성참정권운동과 여성운동의 정치학」(2018), 「19세기 전반 영제국 식민지 오스트레일리아로의 이민과 이민여정의 사회상」(2019) 등이 있으며, 저서로『기억은 역사를 어떻게 재현하는가』(2017, 문화사학회 엮음)가 있다.

이영석 | 문학 박사. 광주대학교 명예교수. 영국 사회사, 노동사, 생활사 분야의 많은 논저를 펴냈다. 최근 저서로『공장의 역사』(2012),『지식인과 사회』(2014),『영국사 깊이 읽기』(2016),『제국의 기억, 제국의 유산』(2019) 등이 있다.

조승래 | 문학 박사. 청주대학교 역사문화학과 명예교수. 서양의 공화주의를 연구해오고 있다. 주요 저서로는 『공화국을 위하여』, 『공공성 담론의 지적 계보』(2014) 등이 있고 역서로는 『퀜틴 스키너의 자유주의 이전의 자유』(2007)가 있다.

역사학의 역사
-영국사 연구의 흐름과 쟁점

1판 1쇄 찍음 2020년 5월 15일
1판 1쇄 펴냄 2020년 5월 25일

지은이 영국사학회 편
펴낸이 김정호
펴낸곳 아카넷

출판등록 2000년 1월 24일(제406-2000-000012호)
주   소 10881 경기도 파주시 회동길 445-3 2층
전   화 031-955-9510(편집)·031-955-9514(주문) ㅣ 팩시밀리 031-955-9519
책임편집 김일수
www.acanet.co.kr ㅣ www.phildam.net

ⓒ 영국사학회, 2020

Printed in Paju, Korea.

ISBN 978-89-5733-678-6 (93920)